■ 普通高等教育“十二五”规划教

现代应用文教程

XIANDAI
YINGYONGWEN JIAOCHENG

刘文琦　罗晓东◎主　编
熊大冶◎主　审

北京师范大学出版集团
BEIJING NORMAL UNIVERSITY PUBLISHING GROUP
北京师范大学出版社

图书在版编目（CIP）数据

现代应用文教程 / 刘文琦，罗晓东主编. —北京：北京师范大学出版社，2011.7（2013.7重印）
ISBN 978-7-303-11308-8

Ⅰ. ①现… Ⅱ. ①刘…②罗… Ⅲ. ①汉语－应用文－写作－高等学校－教材 Ⅳ. ①H152.3

中国版本图书馆 CIP 数据核字（2010）第 140302 号

营销中心电话 010-58802181 58805532
北师大出版社高等教育分社网 http://gaojiao.bnup.com
电子信箱 gaojiao@bnupg.com

出版发行：北京师范大学出版社 www.bnup.com
北京新街口外大街 19 号
邮政编码：100875
印　　刷：北京中印联印务有限公司
经　　销：全国新华书店
开　　本：170 mm × 230 mm
印　　张：26.75
字　　数：480 千字
版　　次：2011 年 7 月第 1 版
印　　次：2013 年 7 月第 2 次印刷
定　　价：39.80 元

策划编辑：祁传华　　　　责任编辑：祁传华
美术编辑：毛　佳　　　　装帧设计：毛　佳
责任校对：李　菡　　　　责任印制：孙文凯

现代应用文教程

主　编　刘文琦　罗晓东

主　审　熊大冶

编　者　（按撰写章节顺序排名）

刘文琦　雷良启　欧阳静　宋东东

罗晓东　谈国龙　高小艳　吴秋梅

钟舟海　刘　璐　陈　磊　刘世权

前言

本教材是根据应用文写作课程的特点和大学生学习应用文写作的需要而编写的。

随着我国社会主义市场经济体制的建立与发展，应用文的写作越来越受到社会的重视，应用文写作能力已成为人们在社会活动中必备的基本技能。为了提高大学生写作应用文的能力，我们在长期从事应用文写作教学的基础上，经过长时间的准备，编写了这本《现代应用文教程》。本书以“够用，适用，实用”为原则，不追求应用文写作学科的系统性和完整性，不追求应用文写作理论的难度和深度，而是突出了应用文写作的操作性和实用性，紧紧围绕着提高大学生应用文写作能力的目的，注重通俗性，突出实用性，使学生通过学习，能够做到学以致用，提高实用文体的写作能力。在本书的编写过程中，力求做到文笔流畅、语言精练、深入浅出、重点突出、实用性强。本书在每一章节后附有特色鲜明、格式规范的例文和例文简析作为示范，以便学生学习和借鉴。

本书既可作为各类高校开设应用文写作课程的教材，又可作为各类成人教育学校应用文写作课程的教材，还可作为各类在职人员学习应用文写作的自学读本。

本书由刘文琦、罗晓东任主编。参加本书编写的人员有：刘文琦（江西应用技术职业学院）、雷良启（江西师范大学）、欧阳静（江西应用技术职业学院）、宋东东（江西应用技术职业学院）、罗晓东（江西应用技术职业学院）、谈国龙（江西应用技术职业学院）、高小艳（江西应用技术职业学院）、吴秋梅（江西应用技术职业学院）、钟舟海（江西理工大学）、刘璐（赣南医学院）、陈磊（江西应用技术职业学院）、刘世权（江西应用技术职业学院）等（按撰写章节顺序排名）。在本书的编写过程中几经修改，最后由刘文琦、罗晓东总纂定稿。

江西师范大学中文系熊大冶教授任本书主审。熊大冶教授在百忙之中仔细审阅了本书，提出了宝贵的意见并精心修改。在此，致以衷心的谢意。

在本书的编写过程中，参考借鉴了有关教材和专著，并引用了一些报纸、杂志和书籍中的例文，在此向有关作者表示衷心的感谢。

虽然本书作者通力合作，力求做到精益求精，但因作者水平所限，疏漏之处在所难免，敬请广大同行和读者提出宝贵意见。

编　者

2011 年 3 月

目录

Contents

第一章　应用文概述

第一节　应用文的产生与发展

一、应用文的概念

应用文是人们在日常的工作、学习和生活中普遍使用的一种实用性文体。它是国家机关、社会团体、企事业单位和人民群众在日常工作和生活中处理公务及个人事务所使用的具有直接实用价值和一定惯用格式的文章的总称。

二、应用文的历史沿革

应用文是人类在社会实践中由于生产和适应社会发展的需要而产生的文书，其内容形式是随着生产的发展和社会的变革而发展的。在我国，应用文的“雏形”是殷商时期刻于甲骨的“卜辞”。这些刻在龟甲、兽骨上的应用文记事简单，还没有形成一定的写作程式。最早的应用文专集是春秋时出现的《尚书》，其中出现的“典”、“谟”、“训”、“诰”、“誓”、“命”六种体裁对后世公文写作产生了深远的影响。

到了秦汉时期，应用文种类逐渐增多，格式也比较细致具体。魏晋南北朝时期开始出现了研究应用文体的文章、专著，如曹丕的《典论·论文》、刘勰的《文心雕龙》等。

唐宋时期，应用文除继承和沿用前代的种类之外，还出现了明确为国家机关使用的“关”、“移”、“刺”、“册”、“令”、“符”、“御礼”、“诰命”、“咨报”和“敕牍”等种类。

清代时期，应用文的种类极为繁多，甚至连写作格式及书写要求都有严格的规定。清代刘熙载是较早将“应用文”作为文体来研究的学者。他在《艺概·文概》中说：“辞命体，推之即可为应用之文。应用文有上行、平行、下行。重其辞乃所以重其实也。”当时，他对应用文的性质和行文关系已有了一定的研究。清代时期的上行文有疏、奏、表等，下行文有“谕”和“旨”等，平行文有平咨、平关等。

中华人民共和国成立以来，对应用文写作中的繁文缛节进行了一系列的改革。仅行政公文处理办法，国务院就先后四次发文，不断修改完善，应用文进入了一个新的发展时期。为了与国际接轨，使公文的内容和形式更加规范化、国际化、科学化，国务院于2000年8月24日颁布了最新的《国家行政机关公文处理办法》，规定公文的文种有13类13种，并在用纸、格式等方面制定了要求。

由于社会的进步和科学文化技术的发展，应用文已经社会化。应用文写作作为工具性手段，如同外语、计算机操作一样，已成为每个现代人必须具备的技能之一。当今社会也非常重视各类人才在应用文写作方面的能力。比如，国家机关在招收公务员时必考"应用文写作"（现在改考比应用文写作能力要求更高的"申论"）。其内容主要有三个方面：一是概括能力，要求概括一定数量文字的主要内容；二是在实际处理事务时所需要的应用表达能力，要求把有关问题的处理意见有条理地表述清楚；三是完整文章的写作，即综合分析和语言表达能力。这种考试实际上就是应用文写作能力和综合素质的测试，这也是在招聘、录用人才方面的一个趋势。随着信息网络技术的发展，应用文载体形式也日趋多样化、现代化。正是应用文发展中的种种变化，推动了应用文写作教育的发展。现在越来越多的人站在推进社会发展和提高人的素质的高度来认识应用文写作问题，并在实践中不断提高自己的应用文写作能力。

第二节　应用文的特点与分类

一、应用文的特点

（一）广泛性

应用文文体种类繁多，内容的涉及面很宽泛。上至国家大事，下至各个单位或个人的日常事务，都和应用文有着密切的联系。可以说，社会各界、各行各业，无论处理公文还是办理私事，都要使用应用文文体，只不过由于具体内容、功能、对象的不同，选用的文种不同罢了。正因如此，应用文使用范围的广泛性是其他文体所不能比拟的。

（二）实用性

应用文是为解决问题而写的。无论是党政机关、企事业单位、社会团体撰写的公务文书，还是人们在日常生活、学习、工作中撰写的事务文书，其根本目的都是为了处理或解决实际问题，都是具有一定实用价值的。

（三）程式性

大多数应用文都有其惯用的格式和写作程序。应用文惯用的格式是人们在长期实际使用中形成的。违反它，人们就会感到不习惯，甚至达不到行文的目的。当然。应用文的格式也不是一成不变的，但已形成的样式，在一定时期内是相对稳定的。

二、应用文的分类

应用文按性质、作用、格式、使用范围、写作要求和处理方法的不同，主要分为公务文书(简称公文)和事务文书两大类。另外，还有一些专业文书，如外交、司法、军事等文书。本书着重介绍行政公文、常用事务文书的一般写法和要求。应用文的具体分类，如下表所示。

应用文的分类

类别	包括文种	性质作用	格　式	使用范围	写作要求	处　理
公文	13 类 13 种：命令(令)、决定、公告、通告、通知、通报、议案、报告、请示、批复、意见、函、会议纪要	处理机关公务的文书，由法定作者制发，具有法定权威和效用，是处理机关公务的依据和凭证	按国务院的最新规定，有比较严格的要求，有比较固定的格式，不能随意改变	机关、单位之间使用，分上行文、下行文、平行文，有些对群众公布	朴实庄重、简要得体	有规定的处理程序
事务文书	计划、总结、简报、调查报告、市场分析报告、规章制度、合同、广告、启事、消息、书信、礼仪类文书和演讲稿等	机关、企事业单位在工作中形成和处理的常用文书，综合或单项反映机关工作、业务情况，具有指导或参考作用	有一定格式要求，标题和前言都有较规范的写法	单位与单位之间、个人与单位之间或个人与个人之间使用	观点与材料统一，叙议结合，文句通畅、明白，直叙其事，说理简要	有些是内部文件，有一定保密要求，有些重要文书要编号登记，一般不归档

第三节　应用文的语言

一、应用文的语言要求

(一)明确通俗

明确，就是清楚明白、确切无误。把该做什么，不该做什么，怎么做，达到什么目的，都明白确切地交代清楚，不引起误会，不产生歧义。通俗，就是语言要浅显易懂，要适合一般人的阅读水平。应用文语言的明确、通俗，主要表现在：一是选用含义确定、明白的词语；二是选用通俗易懂的词语，不要用过时、冷僻的词语，更不要生造词语。

(二)简明扼要

简明扼要，就是叙事简明完备、简而不漏、要而不繁。应用文语言的简明扼要主要表现在：一是叙事说理开门见山，主旨确定之后，就要话不离题；二是遣词造句，要惜字如金。

(三)朴实得体

朴实，就是语言要朴实无华，强调直接叙述，不求辞藻华丽；得体，就是语言的运用能力与写作的特定目的、特定需要、特定对象一致，使行文收到预期的效果。应用文语言的朴实得体主要表现在：一是根据不同文体的需要，说话讲究分寸、适度；二是一般不使用语气词、感叹词、儿化词，不用具有描绘性、形象性的词语。

(四)庄重规范

庄重，就是端庄、郑重，是发文单位办理公务的严正立场、严肃态度的体现；规范，就是要合乎应用文写作中约定俗成或明文规定的标准。应用文语言的庄重规范主要表现在：一是要使用规范的书面语言，排斥口语词语和方言词语，不滥用简称、略语；二是恰当使用专用语。

二、应用文的语言特点

(一)有一套固定的习惯用语

由于应用文的写作必须开门见山、鲜明突出，所以不同的文种根据不同的对象、不同的需要，在用语上形成了若干固定的习惯用语。例如，行政公文的标题，其事由部分一般都用介词“关于”和表达中心内容的动宾短语或偏正短语组成介词结构作公文名称的定语。又如，在不少文件的开头常用“根据”、“为了”、“鉴于”、“现将”等惯用语。

(二)保留了某些文言词语

应用文为实而写，应言简意赅，这在客观上要求保留某些文言词语。例如，“业经”、“兹将”、“顷奉”、“谨悉”、“惠鉴”、“接洽”、“定夺”、“函达”、“此复”、“尚希”、“恕不”、“查照”等词语。在应用文中适当使用一些文言词语，可以起到白话文起不到的语言效果。

>>> 思考与练习

1. 如何理解“应用文”这一概念？
2. 为什么说应用文写作已成为现代人必须具备的技能之一？
3. 怎样理解应用文语言的朴实得体？

第二章　便条　条据

第一节　便　　条

一、便条的概念

便条是书信的简便形式，主要用以传递信息、说明事项。它一般不需邮寄，也不需写信封，通常直接交给或请人代交或留交给收便条的人即可。

便条的特点是简便，写作方法比较灵活，不受太多的限制，以说明为主。

二、便条的种类

便条一般可分为请假条、留言条、意见条、托事条。

三、便条的写作

(一)便条的格式

便条由标题、称谓、正文、署名和日期组成。

1. 标题

标题要写明便条的种类，如“留言条”。

2. 称谓

称谓是对接收对象的称呼，平时怎么称呼对方，就怎么写，如“××老师”。

3. 正文

正文用简单的几句话写明，如你因何事、何病，请多久假，或拜访××不遇、相约不遇，留下要说的话，或托人办什么事，或提什么意见等。如果事情重要，一般不宜过多交代，但要写明联系方法，以便与对方取得联系。

4. 署名

将写条人的姓名写在正文后右下方。

5. 日期

另起一行写在署名人后面，一般不写年，只写月、日。

(二)几种常用便条的写作

1. 请假条

请假条是因某种原因不能参加正常工作、学习时，写给对方的说明性便条。

请假条一般由标题、称谓、正文、结束语、落款组成。

(1)标题。第一行居中写“请假条”。

(2)称谓。另起一行顶格写，后加冒号。

(3)正文。首先说明理由，可简写，再写明请假日期、时间。

(4)结束语。写“请批准”等，也可在后写“此致敬礼”字样。

(5)落款。在正文的右下方分两行书写，第一行署名，若是学生，在姓名前可加上“学生”，表示对老师的尊敬；第二行写日期。

【例文 2-1】

请　假　条

张经理：

今天早晨我突然头痛发高烧，经朝阳医院×医师检查系重感冒，无法前来上班，暂请假三天(××月××日～××日)，请批准。

附医院证明

郭××

××月××日

【例文 2-2】

请　假　条

刘经理：

我祖母昨晚从海外归来，要我今天陪她去老家看望亲戚朋友，因走得急，无法亲自来请假，特托王兰同志带来假条，请事假一天，请批准。

此致

敬礼

陈××

××月××日

2. 留言条

留言条是因没有见到对方而留言的一种简短书信。它的内容可以是传递信息，委托办事，也可以是仅仅告诉对方一声。

留言条由标题、称谓、正文、结束语、落款组成。

(1)标题。第一行居中写“留言条”。

(2)称谓。第二行顶格写，后面加冒号。

(3)正文。需要对方办什么事情，或者告诉对方什么信息，直截了当地写出来。如果事情重要，一般不过多交代，写明联系办法，以便与对方取得联系。

(4)结束语。一般用“谢谢”、“祝好”等简短的表示祝愿或谢意的词结尾。

(5)落款。署名、日期。

总之，在对方能明白的基础上，可灵活书写，使用对方了解的简称、缩略语。

【例文 2-3】

留　言　条

王刚先生：

今天下午我来找你，有重要事情商量，不巧没找到，不能久等。明日上午九时再来，请等我。

祝好！

张　林

××月××日

3. 意见条

意见条是向有关部门或个人反映意见的简便书信。

意见条由标题、称谓、正文、落款组成。

(1)标题。第一行居中写“意见条”。

(2)称谓。第二行顶格写，后面加冒号。

(3)正文。直截了当地写清楚向对方反映的意见。

(4)落款。署名、日期。

【例文 2-4】

意　见　条

王市长：

你今天的报告讲得太快了。我们记不下笔记，建议打印出来，发给我们学习。

市委宣传部赵强

××月××日

4. 托事条

托事条是请别人代办某些事情的简便书信。

托事条由标题、称谓、正文、结束语、落款组成。

(1)标题。第一行居中写“托事条”。

(2)称谓。第二行顶格写，后面加冒号。

(3)正文。直截了当地说清楚请别人代办的事情。

(4)结束语。一般用“谢谢”等简短的表示谢意的词。

(5)落款。署名、日期。

【例文 2-5】

托　事　条

××酒店：

你们需要的海鲜已运到，特托小李带来书信告知，请尽快来我公司购买。

四海贸易公司

××月××日

【简析】

以上5例便条，格式规范，正文中的事项写得简明扼要，结构也很完整。

第二节　条　　据

一、条据的概念

条据是个人或单位之间因买卖、借钱、借物等关系给对方的一种作为凭证或说明的具有固定格式的条文。

二、条据的种类

常用的条据有借条、收条、欠条、领条。

三、条据的写作要求

(1)字迹要清楚工整，只能用钢笔或毛笔写，不能用铅笔或圆珠笔写；只能用蓝墨水或黑墨水写，不能用红墨水写。

(2)条据上的款项金额、物品数量必须大写，不能小写；款项金额后面要加上一个“整”字，以防涂改。

(3)借条或欠条中，必须写清归还期限，以免无理拖延。

(4)条据写成后，不可涂改，如需要改时，应由出据单位或个人在改动处加盖公章或私章，以表示负责。

四、常用条据的写作

(一)借条

借条是借到个人或单位钱物时给对方的凭证。

借条由标题、正文、结尾、落款组成。

1. 标题

标题为“借条”，在第一行居中写。

2. 正文

正文以“今借到”开头，用汉字大写写清钱、物的数量，有些物品必须写明规格、特征，并写明归还的日期。

3. 结尾

结尾写上“此据”二字。这有两层含义：一是表示正文到此为止；二是如果尚有其他内容，纯属无效。因此，“此据”不宜与正文相距太远，一般不留空行。

4. 落款

落款是借物(款)人署名，写明日期(年、月、日)。

【例文 2-6】

借　　条

今借到财会科人民币叁仟元整，用于出公差费用，日后按规定报销。

此据

孙振林

××××年××月××日

【例文 2-7】

借　　条

今借到团委壹台尼康相机，作大会备用，会后即还。

此据

办公室(盖章)

××××年××月××日

(二)收条

收条也叫收据，是在收到单位或个人的钱物时给对方的凭证。

收条由标题、正文、结尾、落款等组成。

1. 标题

标题为“收条”或“收据”，在第一行居中写。

2. 正文

正文一般以“今收到”开头，主要写明收到某人交付的钱款的数量、币种及物品的名称和数量。钱、物数量用汉字大写，不能有涂改痕迹，一般不留空格，重要物品应写明其特征；如果是钱款，必须注明币种，如“人民币”等字样，数额后加“整”字，以示到此为止；金额大写时，“百”、“千”应写作“佰”、“仟”。代收时一般应注明物品的有关情况，并写明代收人姓名，代收条一式两份，以作备查。

3. 结尾

结尾写上“此据”二字。

4. 落款

落款署上“收款人：×××”字样，也可省略“收款人”三字，并署上日期。

【例文 2-8】

收　条

今收到王刚同志送来壹台586电脑(无光驱，菲利浦15寸彩显)。

此据

张　林

××××年××月××日

【例文 2-9】

收　据

今收到×××交来人民币叁仟贰佰伍拾元整。

此据

廖　文

××××年××月××日

(三)欠条

欠条是当单位或个人付钱物时，在付不清或拿不出的情况下，写给对方作为约期归还的凭证。

欠条主要包括三种类型：

(1)借了个人或单位钱物，归还了一部分，对尚欠部分所写的凭证，原借条追回。

(2)借钱物时未写借据，事后补写的凭证。

(3)购置物品时未能当场兑付，作为赊欠所写的凭证。

欠条由标题、正文、结尾、落款组成。

1. 标题

标题为“欠条”，在第一行居中写。

2. 正文

上述第(1)种欠条应写明原借多少，今还多少，尚欠多少；第(2)种欠条应注明原借钱数量、“今补欠条，作为凭证”；第(3)种欠条直接写明今欠对方钱物若干，并写明原因。

3. 结尾

结尾一般只写“此据”。

4. 落款

署名、日期。

【例文 2-10】

欠　条

原借王刚同志人民币贰仟元整，今还壹仟伍佰元整，尚欠伍佰元整。

此据

吴　玉

××××年××月××日

【例文 2-11】

欠　　条

原借王刚同志人民币贰仟元整。今补欠条，作为凭证。

黄　剑

××××年××月××日

【例文 2-12】

欠　　条

今欠到王刚同志人民币贰仟元整，本月底还清。

此据

肖　云

××××年××月××日

(四)领条

领条是个人或组织从有关机关、部门领取钱物时，写给负责发放人留存的凭证。领条一般是在领取非广泛性发放物品时写的，广泛性发放物品大都采用造表签字的形式。

领条由标题、正文、结尾、落款组成。

1. 标题

标题为“领条”，在第一行居中写。

2. 正文

正文以“今领到”开头，用汉字大写写清钱、物数量，有些物品必须写明规格、特征。

3. 结尾

结尾写上“此据”字样。

4. 落款

领取人署名，写明日期。

【例文 2-13】

领　　条

今领到教务处发放的《辞海》壹部。

此据

王　海

××××年××月××日

【例文 2-14】

领　　条

今领到总务部门下列办公用品：办公桌贰张（五抽屉和三抽屉各一），文件柜（铁制中号）叁个，开水壶叁只。

此据

刘振锋

××××年××月××日

【例文 2-15】

今借到财务科人民币捌佰元整，作回家探亲之用，日后按规定报销，多退少补。

此据

王××

2010 年 2 月 3 日

【例文 2-16】

欠　　条

原借财务科人民币壹佰元整，已还伍拾元，尚欠伍拾元。

胡××

2010 年 3 月 10 日

【例文 2-17】

教材科发给我班的五十本书收到啦！

二班班长张××

2010 年 9 月 2 日

【简析】

以上 3 例存在的问题如下：

第一，没有标题。条据写作，必须有个标题，才能使人看了一目了然。而[例文 2-15]、[例文 2-17]均无标题，这是与条据的写作要求不相符的。

第二，没有归还时限。在[例文 2-16]中，虽然写了“尚欠伍拾元”的字样，却没有写清归还时间，这就容易造成长期拖欠的不良后果。

第三，用词欠妥。在条据的写作中，不能使用议论、描写、抒情的手法，更不能出现感叹性词语。但是，在[例文 2-17]中却使用了感叹性词语“啦！”。这是不符合条据写作要求的。

>>> 思考与练习

1. 写便条时，哪些内容务必写清楚？
2. 写请假条时，为什么必须写明请假的原因？

3. 谈谈条据的写作要求。

4. 常用的条据有哪些?

5. 下列两例中有哪些错误?请指出并作修改。

(1) **请 假 条**

老李:我因病故请假 3 天。

此致敬礼

邹明 4 月 2 日

(2) **领 条**

今领到厂劳资科发给的劳动布工作服 96 套,高筒胶鞋 82 双。此系工人劳保用品。

××车间罗××

2010 年 6 月 8 日

第三章　请柬　聘书　启事　海报

第一节　请　　柬

一、请柬的概念

请柬又称请帖、邀请书，是机关单位、社会团体或个人为邀请宾客参加某一活动时所使用的一种告知性应用文，一般用于联谊会、业务洽谈会、学术研讨会、友好往来的各种纪念活动、婚宴、诞辰或重要会议等。

发送请柬，一方面是表示邀请者对被邀请者的尊敬；另一方面也表明活动的隆重。由于请柬是请客用的，它表达了一种礼仪，所以即使宾客近在咫尺，也需递送请柬，而不能以口头或电话通知的方式代替书面的请柬。

二、请柬的种类

(一)按形式分

请柬按形式分，有横式请柬和竖式请柬。

(二)按目的分

请柬按目的分，有会议请柬、仪式请柬、参展请柬、宴会请柬等。

三、请柬的写作

(一)请柬的格式

请柬一般由标题、称谓、正文、结语、落款组成。

1. 标题

标题为"请柬"、"请帖"或"邀请书"字样，一般要做艺术加工，可用美术体的文字，还可适当做些装饰，如图案、花边、套色、烫金等。通常，请柬已按照书信格式印制好，发文者只需填写正文即可。

单面单页的请柬，标题位置在上部正中，字体稍大。有封面的请柬，标题一般在封面中部，也有的放在封面的某一个部位。有的请柬标题加上了事由，如"纪念××出版社建社××周年请柬"等。

2. 称谓

第一行顶格写被邀请者姓名或被邀请者单位名称。个人姓名后应加相应的尊称，如"先生"、"女士"、"老师"、"教授"等，称呼后加冒号。如果邀请的是夫妇俩，注意将两人的姓名并列书写。

3. 正文

正文要写明邀请的目的，交代清楚被邀请者参加的活动或会议的名称，如座谈会、联谊晚会、招待会、婚礼等，并具体明确地告知活动或会议的时间、地点和注意事项等。

4. 结语

结语又称敬辞，是表示敬意和诚意的礼仪性语言，如“恭请光临”、“敬请惠顾”、“敬请莅临指导”等。

5. 落款

落款写邀请人姓名或邀请单位全称及发出邀请的时间。以单位名义发出的请柬应在此处加盖单位公章。

(二)请柬写作的基本要求

1. 严谨、准确

请柬的文字虽然很少，但写作时不可疏忽，一定要写清被邀请者的姓名和身份、邀请的事由，以及应注意的事项等内容。特别要注意核对时间、地点和人名等内容，务必做到清晰明了，绝对无差错。

2. 款式和装帧设计美观、精致、庄重、大方

请柬既是书信，又是艺术品。人们接到一帧精美的请柬时，会感到快乐和亲切，并会将其当作纪念品保存下来，故请柬的设计应悦目、协调、匀称、整齐。

3. 语言达雅兼备，符合礼仪

所谓“达”，就是通顺、明白，不产生歧义；所谓“雅”，就是讲究文字美，措辞文雅得体。

4. 发送要认真斟酌

发请柬要挑选严肃庄重的场合，这既是为了表明举办活动的隆重性，又是对所邀请客人的尊重。此外，请柬的发送还需要掌握好时机，发送得太早，被邀请者容易遗忘；发送得太晚，又会使被邀请者难以安排，影响活动的进行。

【例文 3-1】

请　　柬

尊敬的××先生：

敝公司定于2010年×月×日8：00—17：30在上海瑞金大厦3号楼展览大厅举办现代家具贸易洽谈会。恭候光临。

××公司

2010年×月×日

【简析】

这是一则邀请对方参加贸易洽谈会的请柬。时间、地点具体明确，内容简洁，语言谦恭得体。

第二节 聘 书

一、聘书的概念

聘书又称聘请书，是单位或个人用来聘请有关人员担任某一职务或承担某项工作任务时使用的一种专门文书。

聘任制度古已有之。近年来，随着经济体制和劳动制度改革的不断深入，聘任制已成为一些单位和部门开展人事工作的重要手段，聘书的使用率越来越高，使用范围也日渐扩大。有时聘书还是单位与个人或个人与个人之间互通有无、调剂力量、加强协作、互相支援的重要手段。

聘书除了表达聘请单位对被聘人员的敬重，加强被聘者的责任感以外，还能起到一种凭据的作用，表示出双方的约定，有利于相互守约和协作。

二、聘书的写作

(一)聘书的格式

聘书一般由标题、称谓、正文、结语、落款组成。

1. 标题

标题为“聘书”或“聘请书”字样，写在第一行居中位置，字号要求较大。一般来说，买来的印制精美的现成聘书，封面上都有“聘书”或“聘请书”字样，不需要再写。

2. 称谓

在聘书内芯第一行顶格写被聘请者姓名、称呼；也可以写在正文中，套在“兹聘请××(单位名称)××(个人姓名)先生(女士、教授)为本公司××(职务名称)”的句式中。

3. 正文

聘书的正文可繁可简，简单的聘书一般只写明聘任的职务及任职期限。繁复的聘书可包括聘任的具体职务、职责、权限、聘请起止时间、工作报酬及待遇、对被聘者的要求和希望等具体事宜。如内容较多，可分条列项，一一加以说明。

4. 结语

结语是在正文之末另起一行空两格写“此聘”或“特此聘请”，以示郑重；

也可用敬祝语结束，如“此致”、“敬礼”等。后面不加标点。

5. 落款

落款包括署名和日期，在文后右下方写聘请单位名称，并加盖公章。若是以单位负责人名义发放的聘书，应有负责人签名或加盖私章，并在其姓名前冠以职务名称。

(二)聘书写作的基本要求

(1)聘请单位与应聘者之间应充分交流、协商，就有关事项达成协议后，方能写作聘书。

(2)交代要清楚。如为什么聘请、聘请谁、聘去干什么等，一定要写清楚。

(3)文字要简洁。一般专用书信的内容往往力求具体、详细，而聘书则力求言简意赅，只需讲明聘请的有关内容即可。

(4)要加盖公章。聘书一般是以单位名义发出的，所以一定要加盖公章后才能生效。

【例文 3-2】

聘　请　书

为维护本公司的合法权益，特聘请××律师事务所律师王××、李××担任我公司的法律顾问。本公司一切对外法律事务均委托法律顾问办理。公司每月付给王××和李××酬金每人××元。因工作需要支出的差旅费、出差补贴由公司按规定报销。聘期自 2009 年 2 月起至 2013 年 2 月止，暂为四年。

此聘

××公司(公章)

2009 年 1 月 30 日

【简析】

这是一则某公司聘请律师担任法律顾问的聘请书。正中“聘请书”字样为标题，正文是聘书的核心内容，包括聘任的目的、职务、工作职责、报酬及待遇、任职期限等，条理清晰，言简意赅，同时体现出发文者郑重严肃、谦虚诚恳的态度。

第三节　启　　事

一、启事概述

(一)启事的概念

启事的本意是公开陈述事情，“启”是告知、陈述的意思，“事”指事情。

启事是机关团体、企事业单位或个人向社会公众陈述事宜、告知音讯、请求协助时所使用的告知性应用文。

启事一般张贴在公共场所或刊登在报纸上，也有的在广播、电视中播出。

启事内容要周到完整，语言要具体明确、中肯礼貌。如果内容多，还应分条说明。

(二)启事的特点

1. 内容的广泛性

启事可以用于开业、庆典、单位成立、招生、招聘、商标的使用与更换等多种事宜。

2. 告知的回应性

启事不同于只是向社会“告知”的声明，它要求通过告知得到社会上广泛的回应，以解决自己的某件公务事宜。

3. 参与的自主性

启事不具有强制性和约束力。启事的对象有参与的自主性，可以参与或不参与。

4. 传播的新闻性

启事通过张贴、登报、广播、电视等各种新闻媒体公开传播消息，对社会公众来说，是广告性消息，具有新闻性质。

二、启事的种类

根据启事的用途和目的，可分为寻人启事、寻物启事、招领启事、征订启事、开业启事、招聘启事、更名启事、庆典启事、租赁启事等种类。

三、启事的格式

启事由标题、正文和落款等组成。

(一)标题

在第一行居中位置用比正文大的字号写上文种；或说明事项内容和文种，如“招聘启事”、“征稿启事”等；或写明单位名称、内容和文种，如“立达科技开发总公司开业启事”。

(二)正文

一般要求在第二行空两格写正文。启事内容一般包括目的、意义、内容、形式、要求等项目。正文因启事所说明的事项不同而有差异，总的要求是把要说明的事情写得条理清楚、简明扼要。

正文后可以写上“此启”或“特此启事”的结束语。

(三)落款

在正文后偏正右边，写上启事单位名称，如“××公司”、“××人”。单位名称如已写入标题，后边就不必再写了。然后将联系人、联系地址和方式、电话号码、邮政编码以及其他有关事项写清楚，最后写上年、月、日。

四、常用启事的写作

(一)寻物、寻人启事

寻物、寻人启事是机关团体、企事业单位或个人公开向社会申明寻找丢失物品或寻找、查询有关人员时所使用的一种应用文。这种启事由标题、正文和落款三部分组成。

1. 标题

标题由事由和文种组成，如“寻物启事”、“寻人启事”等，也有的标题直接写上文种名称“启事”。

2. 正文

正文主要包括两项内容：如为寻物启事，要简明、准确地介绍丢失物品的时间、地点、名称、数量、特征等项内容，失物的特征要写得详细、具体，其中包括物品的形状、质地、色彩、记号等；如为寻人启事，要根据寻找的对象的情况来写。例如，对走失人员，要交代走失的原因、时间、地点及体貌特征、服饰特点等；对查询对象，则要写明查询的原因、查询的具体内容，并提供已知的情况和线索。之后，要向受文者交代清楚联系方式及酬谢事宜等，一般分项写在正文下面左方空白处。

正文部分必须准确、具体、详细。

3. 落款

署上启事人的姓名、日期。

【例文 3-3】

寻人启事

张三，男，2 岁。身高大约 90 厘米，大眼睛，光头(脑后有一小撮头发)，耳后有一黑痣，于 6 月 5 日上午 10：30 左右在市百货大楼一楼走失，走失时穿红色 T 恤、绿色长裤，双手均戴有银手镯，南昌口音。有知情或收留者，请与市××厂财务科张××联系，电话×××××××××，手机×××××××××××，必有重谢！

张××

××××年××月××日

【简析】

这则寻人启事详细地将被寻找人的姓名、性别、年龄、身高、体貌特征、口音、衣着等交代清楚，有助于别人辨认。最后留下联系方式，方便联系。

【例文3-4】

寻物启事

本人于4月2日在城南乘公共汽车时不慎将身份证、工作证遗失，有拾到者请交地委审计局×××，定有酬谢。电话××××××。

启事人：×××

××××年×月×日

【简析】

这则寻物启事将丢失物品名称、时间、地点交代清楚，同时留下联系方式供拾物者联系，最后说明酬谢诚意。

(二)招领启事

招领启事是捡到财物者或收留了走失者的单位或个人公开寻找失主时所使用的应用文。

招领启事由标题、正文和落款组成。

1. 标题

标题一般为“招领启事”，如果是收留了走失者，标题应直接写“启事”。

2. 正文

正文应写明启事的具体内容：一是捡到财物的有关情况，包括时间、地点、财物的名称和概貌；如果是收留了走失的人，还应介绍其具体特征，如相貌、口音、衣着、大概年龄、生理特征等。二是说明联系的具体方式。

注意事项：

(1)正文部分只能写财物的概貌，而不能具体写清数量、规格、特征等。有关具体内容必须等失主认领时进行核对，如是贵重物品，还应让失主出具身份证明。

(2)如果是收留了走失的人，则必须写明其具体特征，以便其亲人得到准确的信息。

3. 落款

署上启事人的姓名、日期。

【例文3-5】

招领启事

本社于3月4日上午拾得一个皮包，内有手表、人民币若干元，望失主前来认领。

××旅行社

××××年××月××日

【例文 3-6】

启　　事

6 月 5 日晚，本人于文化宫车站旁收留一名无亲人携带的男孩，身高约 90 厘米，2 岁左右，光头(脑后有一小撮头发)，耳后有一醒目黑痣，穿绿色长裤、红色 T 恤，双手均戴有银色手镯，望其家长及亲人迅速与本人联系。地址：××××，电话：×××××××××。

×××

××××年××月××日

【简析】

前一则招领财物的启事，将拾到财物的名称、时间、地点等交代清楚，希望失主前来认领。后一则招领走失人的启事，将收留走失人的时间、地点以及走失人的相貌、年龄、生理特征等交代清楚，并留下联系方式，以便其亲人得到准确信息，并前来认领。

(三)征订启事

征订启事是新闻出版、发行单位向机关单位、个人征订报纸、杂志、书籍时所使用的应用文。

征订启事由标题、正文和落款组成。

1. 标题

征订启事的标题可灵活多样，如“欢迎订阅”、“征订启事”等。

2. 正文

报纸、杂志的征订启事要写明报纸、杂志的性质、宗旨、特点、栏目及刊号、价格、征订的具体办法等，结尾部分写清详细地址。

书籍的征订启事，首先，要有作者简介、内容提要、艺术特点及对书籍的简要评价等文字；其次，写明价格、订购办法和详细地址等。

3. 落款

写明征订单位、日期。

【例文 3-7】

欢 迎 订 阅

《新世纪》为纪念创刊四周年特编印增刊两册，甲本精选四年来刊出的关于改革开放的评论，乙本精选四年来刊出的关于改革开放的重大新闻。增刊选篇精致、装帧豪华。

增刊为非卖品，购者只付成本费，甲本 10 元，乙本 12 元(包括邮资)，该书已出版，款到发书。

本社还装订了××××年全年合订本，价格 40 元(包括邮资)。

欲购者请在汇款单上说明所需书刊及数量。

订购书款请寄：××省××市××大道××号改革发展研究院内《新世纪》周刊社。

邮编：570008

《新世纪》周刊社

××××年××月××日

【简析】

这则征订启事内容较多，采用分段书写。首先介绍所订阅书籍的内容、特点，然后介绍价格、出版情况，最后写明订阅方法。条理清楚，语言简明扼要。

(四)征文启事

征文启事是报纸、杂志编辑部及文化教育事业单位或其他单位为了纪念重大节日、重要活动向社会征稿时所使用的应用文。

征文启事由标题、正文和落款组成。

1. 标题

征文启事的标题常有两种形式：一种是只写"征文启事"；另一种是由事由或征文专题的名称和"征文启事"组成，如"'××杯'报告文学大奖赛征文启事"。

2. 正文

正文一般由征文的目的或意义，征文内容、形式、评选办法、设奖情况、注意事项等部分组成。

3. 落款

写明征文的单位名称、日期。

【例文 3-8】

关于为黄帝陵征集祭文的启事

黄帝是我们中华民族的人文始祖，位于陕西省黄陵县的黄帝陵是中华儿女景仰的圣地。公祭黄帝陵是中华民族传统的祭祀大典，已延续两千余年。为了进一步弘扬中华民族优秀历史文化，振奋民族精神，激励爱国热情，满足海内外炎黄子孙表达崇敬始祖、爱我中华、告慰列祖列宗的崇高感情的需要，搞好一年一度的公祭黄帝陵典礼和整修黄帝陵工程，经陕西省人民政府同意，决定为黄帝陵征集祭文。

祭文内容要求体现中华文化博大精深、源远流长的历史，富有时代感。文体形式不限，提倡写白话文。

征文时间截至××××年××月底。对所应征祭文将组织专家进行评审，对其中优秀佳作将给予奖励，并汇编成册正式出版发行；对优秀佳作中的精品将按整修黄帝陵规划勒石刻碑永久保留在黄帝陵碑廊。

应征祭文请署上撰写人姓名、职业、联系地址、邮编。

征文请寄：陕西省整修黄帝陵工作办公室

地址：陕西省西安市西北二路一号

邮编：710003　电话：(029)7235141　7224914

欢迎海内外各界人士踊跃参加征文活动。

陕西清明公祭轩辕黄帝陵筹备工作委员会

黄帝陵基金会

陕西省整修黄帝陵工作办公室

××××年××月××日

【简析】

这则征文启事将征文的目的或意义，征文内容、形式、评选办法、注意事项等交代清楚，同时留下联系方式，以便应征者参加征文。落款由三个合作单位联署。

（五）开业启事

开业启事是企业或服务、娱乐等行业在开始营业前，向社会各界告知开业消息时使用的应用文。

开业启事由标题、正文、落款组成。

1. 标题

开业启事的标题有三种形式：一种是直接写“开业启事”；一种是由单位名称和“开业启事”组成，如“×××公司开业启事”；一种是用修辞方式，如“中西饮食文化的最新结合——南昌烧烤城六月十六日隆重开业”。

2. 正文

正文一般写明开业企业的名称、开业时间、开业地点、经营范围、规格、特点及其他有关事宜。

3. 落款

落款写明开业单位名称、时间。

有的开业启事落款部分附有祝贺单位名称。

【例文 3-9】

金桥大厦开业启事

金桥大厦装饰工程已顺利完工，百货商场、餐饮旅馆定于七月一日正式开业，欢迎各界人士光临。

金桥大厦

××××年××月××日

【简析】

这则开业启事标题由单位名称和“开业启事”组成，正文交代了开业行业、时间。语言简洁明了，格式规范完整。

(六)招生启事

招生启事是学校等文化教育单位公开向社会招收新生时所使用的应用文。

招生启事由标题和正文组成。

1. 标题

招生启事的标题形式较多，不论采用何种形式，必须突出几点：一是醒目；二是尽量反映正文内容。

2. 正文

正文内容主要包括招生目的、专业、人数、生源、报名条件、时间、地点、应携带的证件、需办手续、费用及考试事宜、待遇等。新成立的学校还应简要介绍学校的性质、办学规模、师资规模、师资水平、专业设置等情况。正文部分条件较多，一般采用分条列项书写，令人一目了然。

【例文 3-10】

中国作家协会鲁迅文学院06 文学创作班招生

鲁迅文学院是中国作家协会培养作家的高等学府，由著名作家丁玲先生创建，其历史可以追溯到延安鲁艺时代。中国当代作家邓友梅、蒋子龙、莫言、刘震云、毕淑敏等曾就学于此，鲁院函授班已有十年历史，学员逾6万人。为满足广大文学爱好者的愿望，培养跨世纪文学人才，本院决定继续举办“文学创作班(函授)”。学制1年(2006.1～12)，结业颁友本院证书。

一、课程设置

文学基本理论、小说创作、散文创作、文艺美学、其他艺术鉴赏、中外文学史及流派、学员作品分析。

二、教材

以教学性刊物《文泽》(双月刊)为主，全年70万字，主要栏目：名家论坛、本院讲座、谈艺录、佳作赏析、中外文坛眺望、学员作品分析(以发表作品为主)、学员论坛、创作动态等(教材不分专业)。

三、招生对象及方法

1. 乙班。爱好文学，欲提高写作水平和文学修养者，本班将分类辅导，促其提高水平。

2. 甲班。有一定写作基础，欲求突破者，本班将择优录取并由专家进行辅导。

四、报名方法及收费标准

甲班每人450元，乙班每人220元。请在汇款单上用正楷写清报名者详细地址，邮政编码，并在附言中注明所报专业(小说、诗歌、散文、报告文学、综合)。款到后即予注册，并寄收据、学生证及有关表格。

即日起开始报名至2006年2月底截止。

报名及汇款地址：北京市朝阳区八里庄南里27号鲁迅文学院普及部 邮编：100025 电话：(010)65005296

【简析】

这则招生启事内容较多。涉及招生单位情况介绍，招生的目的和计划，报名时间、地点及方法等。

(七)庆典启事

庆典启事是学校、机关、厂矿、团体等单位在有纪念意义的日子里举行活动而邀请有关人员参加或向社会及有关单位告知有关事宜时所使用的应用文。

庆典启事由标题、正文和落款组成。

1. 标题

标题通常由发文单位、事由和文种组成，如“×××(单位)成立50周年庆典启事”。

2. 正文

正文包括开头语、主体语和结尾。

开头语简要地介绍庆典的缘由及目的。

主体语具体写明庆典总体安排，如时间、地点、议程、参加人、组织接待及其他有关事宜。

结尾为欢迎有关单位或有关人员参加庆典活动等。

3. 落款

落款写明联系地址、联系方式(电话、邮编、联系人等)，署上日期。

【例文3-11】

×××学校成立五十周年庆典启事

××××年××月××日，将是我校成立五十周年的值得庆祝的日子。为了回顾这段光辉的历程，届时将举办盛大的庆典系列活动。

为了迎接校庆活动，学校已成立了“校庆筹备委员会”，恭请各地校友(凡在本校学习、工作过的师生员工)届时返校参加校庆活动。同时学校拟编《校史资料集》、《优秀论文集》，请各届校友踊跃提供有关史料及省级以上获奖论文、著作。请相互转告，拟参加校庆或提供资料者，请函告或电告姓名、单位、职务、毕业届次、联系地址、电话，或直接与校庆办公室联系。

邮编、地址、电话、联系人(略)

热烈欢迎各届校友参与母校建设，共同把母校的建设推上一个更新的台阶。

×××学校(公章)
校庆筹备委员会
××××年××月××日

【简析】

这则校庆启事，首先交代庆典的缘由和目的，然后点明庆典的具体安排，最后交代联系方式，以便欲参加庆典的校友联系。

(八)招聘启事

招聘启事是企事业单位、社会团体公开向社会招聘各类人员时所使用的应用文。招聘启事是近些年来，随着我国市场经济体制的建立和发展而产生的一种文体。它能加强区域之间、单位之间的人才流动，有利于加速人事制度的改革。

招聘启事由标题、正文和落款组成。

1. 标题

标题可直接写“招聘启事”，也可采用招聘单位加“招聘启事”的形式。不论用什么形式，一则好的招聘启事的标题应包含两层意思：一是能反映主题；二是醒目、引人注意。

2. 正文

正文主要包括用人的单位、部门，从事的业务及享受的待遇，联系办法、时间、地点及其他有关事宜，一般采用分条书写。正文部分可简要介绍本单位的情况，让应聘者有所了解。有关待遇问题应实事求是，不宜夸大。

3. 落款

署上单位、日期。

【例文3-12】

北京市××律师事务所招聘启事

北京市××律师事务所是一所经政府司法机关批准成立的合作制律师事务所，主要从事房地产、知识产权、金融、证券商务、劳动等方面的法律业务。因业务发展需要，经北京市人才服务中心批准现诚聘下列人员：

一、专职律师2名。条件：1. 已具有律师资格；2. 大学本科以上学历、掌握一门外语；3. 身体健康；4. 档案存在人才交流中心。

二、文秘1名。条件：1. 女性，年龄在22岁以下；2. 能熟练使用现代办公软件工具；3. 身体健康；4. 高中以上学历。

我所对专职律师设有灵活的取酬方式，专职律师可以根据自己的能力作出选择。

有意者请将本人简历（附照片）寄至北京市××区××大街××号××宾馆619或622房间。

邮编：100080

电话：××××××××××

谢绝来访，来信必复。

北京市××律师事务所

××××年××月××日

【简析】

这则招聘启事将招聘单位的基本情况、招聘职位和条件、联系方式交代得清清楚楚，应聘者看到启事后就能根据自己的情况作出相应的选择。

（九）更名启事

更名启事是企事业单位、社会团体等单位因发展或其他需要，在获得批准后，由更名单位公开向社会声明时所使用的应用文。

更名启事由标题、正文和落款组成。

1. 标题

标题可直接写“更名启事”或写“‘×××’更名为‘×××’”。

2. 正文

更名启事的正文，首先，简要介绍单位概况；然后，说明经何机关批准，何时启用新的名称，更名后的隶属关系，印章的变动事宜也应同时通知。

有的更名启事会在结尾部分写上“欢迎新老顾客继续支持”之类的话语。

3. 落款

署上原单位名称、日期。

【例文3-13】

×××公司更名启事

原×××公司经省工商行政管理局登记注册，现改名为××××公司，更名后原账号、开户行均不变，新印章启用时间为××月××日。

谨借更名之机向新老客户、各界朋友致以诚挚的感谢，希望你们继续大力支持。

×××公司

××××年××月××日

【简析】

这则更名启事，首先将更名前后的公司名称交代清楚，然后申明相关事宜，最后向新老客户、各界朋友致谢。

第四节 海　　报

一、海报的概念

海报是向广大人民群众报道或介绍有关戏剧、电影、体育比赛、文艺演出、报告会等方面消息的一种实用文体。就写作目的来说，它和广告相似，以鼓动人们参与为目的；不同的是，海报多是为了公益事业而制作的，是一种宣传广告。

海报多张贴在剧院、电影院、街头、宣传栏等公共场所，范围有限，有效时间较短，一般没有必要登报或在电台广播。海报多数都加以美术设计，使之醒目、美观。

二、海报的种类

海报的种类较多，根据海报的内容，可分为戏剧海报、电影海报、文艺活动海报、体育比赛海报、报告会海报等；根据海报的形式，可分为文字海报和美术海报两种。

三、海报的格式

海报的写作没有固定的格式。一般是先在纸的上方居中写上“海报”两字，字要稍大些，下面写明是什么活动，然后写清举行活动的时间、地点、参加方式。如果是售票或发票，还要写明买票、领票的时间、地点；如果是文化、体育表演，则要注明表演单位。

海报由标题、正文和结尾组成。

(一)标题

标题的位置可根据排版设计随意摆放，有以下几种形式：第一，用文种作标题。有的海报标题只写“海报”两字。第二，用内容作标题。第三，用主办单位的名称作标题。

(二)正文

海报的正文要用简洁的文字写清楚活动的内容、时间、地点、参加方式等。主要有以下几种形式：

1. 一段式

一段式海报的内容简单，通常只用三言两语，一段成文。

例如：××月××日下午×时，我校和××大学足球队在本校大操场举行友谊比赛，欢迎踊跃观赛。

2. 项目排列式

项目排列式海报的内容稍多，可分项目，分项排列成文。

例如：特邀××学院××教授　主讲：沟通

××讲座形式：视频为主，辅以讲解

时间：××××年××月××日至××日，每晚×时至×时

地点：××报告厅

入场办法：××月××日起在本馆门口处售票，每票××元。

3. 附加标语式

附加标语式海报在正文首或正文末加上排列整齐的标语，起到画龙点睛和渲染吸引作用，但写作时要遵守真实的原则，不能哗众取宠。

（三）结尾

结尾写明主办单位和海报制作时间等。有的结尾还加上一些吸引人的口号，如“售完即止，勿失良机!”之类。

四、海报的写作特点

（一）语言简明

海报的语言要简明扼要，有很强的宣传性、号召性和鼓动性，能引起公众的极大兴趣，但又要注意实事求是。

（二）图文并茂

海报在形式上要尽量活跃些，如可用红纸书写，强化效果，达到吸引公众眼球和积极参与的目的。

下面具体介绍几种海报的写作。

【例文 3-14】

××省京剧团演出五场古代神话剧白蛇传

时间：8 月 12～16 日

每晚：7:30

地点：长虹剧场

票价：前座八元，中座六元，后座四元

12 日下午 1 时起售团体与个人票

【简析】

这则戏剧海报写明了演出起止时间，并注明了各类票价，以剧团名称作海报标题。这类海报有时可对剧目作简单介绍，以吸引观众。

【例文 3-15】

彩色立体宽银幕故事片

独此一家	欢欢笑笑	机会难得

画面鲜明逼真　人如身临其境

时间：9 月 15 日至 20 日

地点：人民影城

票价：肆元

【简析】

这则海报写明了影片名、放映起止时间和地点，并注明了票价。

【例文 3-16】

影　　讯

明天晚上七时整在校大礼堂放映国产彩色故事片《中国月亮》，届时欢迎广大师生观看。

××大学团委

六月二十日

【简析】

这则海报写明了影片名、放映时间和地点，因为是公演，写上“欢迎……观看”字样。落款写明海报的制作单位和时间，题标为“影讯”，也可写为“电影消息”。

【例文 3-17】

周末舞会

为活跃教职工的业余文化生活，增进友谊，学校工会将于本周末晚上在校大礼堂三楼舞厅举办周末舞会，欢迎广大教职员工踊跃参加。

时间：7:30～10:00

××学校工会

九月十九日

【简析】

这则海报除写明活动项目、时间、地点外，还写明了活动目的。

【例文 3-18】

球　　讯

今天下午四点整，我校和卫校男子篮球队将在本校球场举行友谊赛，欢迎大家前来观看助兴。

××学校体育组

××月××日

【简析】

这则体育比赛海报写得简洁明了，比赛内容、时间、地点及参赛对象一目了然。

【例文 3-19】

海　报

为了提高广大同学的写作水平，特邀请××大学著名教授×××来我校举办“文学与写作”讲座，欢迎大家踊跃参加。

时间：××月××日下午2:30

地点：本校大礼堂

××学校团委

××××年××月××日

【简析】

这则海报写明了报告会的内容、时间、地点及活动目的，并且直接用“海报”作标题。

在写作以上各类海报时，应注意以下事项：

(1)内容要真实，切不可张冠李戴，文不对题；可以适当地运用一些鼓动性的词语，以吸引观众，但不可夸张失实。

(2)在文字上要力求简洁明了，行文直截了当，不可啰嗦冗长，拐弯抹角。

(3)可以根据内容的需要，配上象征性的图案或图像，色彩和构图要突出、醒目、新颖，手法明快。

>>> 思考与练习

1. 请柬与聘书有何异同？

2. 什么是启事？什么是海报？启事和海报的写作各包含哪些内容？

第四章　专用书信　简历

第一节　专用书信

一、专用书信的概念

专用书信是用于某种特定场合，针对某种特定事务或特定需要的具有专门用途的书信。

二、专用书信的种类

常用的专用书信有：介绍信、证明信、慰问信、感谢信、表扬信、贺信、邀请信、推荐信、求职信、申请书。

三、专用书信的写作

专用书信的内容单一，格式固定。一般来说，由称呼、正文、结尾、署名、日期组成。它与一般书信的写法相同，但常用标明性质的标题。

不同的专用书信有不同的写法，下面介绍几种专用书信。

(一)介绍信

1. 介绍信的概念与作用

介绍信是介绍被派遣人员到有关单位接洽事情、联系工作、学习经验、出席会议等时所使用的专用书信。它起着介绍和证明的双重作用。

2. 介绍信的种类

介绍信一般有三种：第一种是用一般信纸书写的，称为普通介绍信；第二种是事先打印成文，而且留有存根的印刷介绍信；第三种是打印成文，不留存根的印刷介绍信。

3. 介绍信的格式

一封详细的介绍信由标题、称谓、正文、结束语和落款组成。

(1)标题。在首行正中印(写)明“介绍信”三字。

(2)称谓。此项要顶格写收信单位和收信人的名称，单独占一行，称谓后加冒号，如“江西应用技术职业学院院长办公室：”。

(3)正文。正文空两格起写被介绍人的姓名、身份以及前往接洽的事项和向接洽单位提出的希望及要求。带存根的专用介绍信还有编号，编号由机关代号和介绍信的序号组成。存根和介绍信正文之间有一条虚线，在虚线正中加盖公章。存根内容和介绍信正文要完全一样。

(4)结束语。出于礼貌和为了向对方表示尊敬，在正文之下应写上“此致敬礼”。

(5)落款。另起一行的右下方写上单位全称，加盖公章。换行再写具体的年、月、日。

4. 介绍信的写作要求

(1)称谓要恰当，必须写全称。

(2)正文要简明扼要地讲清接洽、联系什么事情，有什么希望和要求等事项。

(3)结构要完整。写毕介绍信，须加盖公章。

【例文 4-1】

介　绍　信

××公司负责同志：

兹介绍我校×××等 3 位同志前往你处联系有关学生毕业实习事宜，请接洽为荷！

此致

敬礼

××工业学校(公章)

××××年××月××日

【例文 4-2】

介绍信(存根)

×字×号

×××等×位同志，前往××公司联系学生毕业实习事宜。

××××年××月××日

介　绍　信

×字×号

××公司负责人：

兹介绍我校×××等×位同志前往你处联系学生毕业实习事宜，敬请接洽，并希协助。

此致

敬礼

××学校(公章)

××××年××月××日

【例文 4-3】

××技术职业学院介绍信

××负责同志：

兹介绍我院××同志前往你处联系××××××事宜，敬请接洽并予协助。

（有效期×天）

××技术职业学院（盖公章）

××××年××月××日

【简析】

上面是三份不同格式的介绍信，第一份是普通介绍信，需要根据要求即时写作。第二份是留存根的印刷介绍信，便于查找和管理。第三份是不留存根的印刷介绍信，只要填上合适的内容即可。

（二）证明信

1. 证明信的概念

证明信简称证明，是机关、团体证明有关人员身份或某件事情的真实情况时所使用的专用书信。

2. 证明信的种类

目前，常用的证明信有三种：

第一种，是由组织出具给个人外出携带的证明。此种证明信具有证件的作用，主要用来证明到外地出差或办事人员的身份和外出目的。

第二种，是以组织的名义写给外单位的证明。此种证明信多数是证明曾在或正在本单位工作的职工的身份、经历或者与本单位有关的事项。

第三种，是个人证明某人、某事真实情况的证明。此种证明信由个人书写，证明的内容完全由个人负责，证明人要签字盖章。

3. 证明信的格式

证明信由标题、称谓、正文和落款组成。

(1)标题。在第一行中间冠以“证明”或“证明信”字样，或写明“关于×××同志(同学)××情况(或问题)的证明”。

(2)称谓。另起一行顶格写上需要此证明的单位名称，之后加冒号。外出携带的证明信可以不写此项。

(3)正文。另起一行空两格写明所需证明事项的全部事实。写完所证明事项后，另起一行空两格写“特此证明”。

(4)落款。在正文右下方署上证明单位(或个人)名称(或姓名)，写上证明的日期，并由证明单位或证明人加盖公章或私章、签名。

4. 证明信的写作要求

(1)要坚持实事求是的原则，不能歪曲事实，更不能凭空捏造。

(2)使用的语言要确切，不能模棱两可、似是而非。

(3)若有纠正的，要在涂改处加盖图章或按指印。

【例文 4-4】

证　明

我委副主任张涛、办公室主任王明和办事人员黄健三位同志前往云南、广西、贵州、四川考察和联系旅游开发的有关事宜，希望沿途各有关单位协助解决食宿及交通问题。

特此证明

××市旅游开发委员会(盖章)

××××年××月××日

【例文 4-5】

证　明　信

××中学党支部：

××××年××月××日来信收到。根据信中要求，现将你校××同学的父亲×××同志的情况介绍如下：

×××同志，现年××岁，中共党员，是我院计算机系副教授，其本人和家庭历史以及社会关系均清楚。该同志对教学工作认真负责，近年来多次被评为市模范教师。

特此证明

××学院人事处(公章)

××××年××月××日

【例文 4-6】

证　明

××市质量管理局：

你局技术员王晨同志是我读××大学时的同学，我们同住一个寝室。关于他“偷窃同学的钱”一事不是事实。大一选班长时，我是候选人之一，他对我提了不少意见，坚决反对我当选。为了泄私愤，我编造了“他偷我 100 元钱”的谎言在同学中散布；对他造成了不良影响。事后我感到这样做很可耻，主动找他诚恳地道了歉，并在同学中辟谣。此事如果还有流言，我应该负责澄清。

特此证明

黄××(签字盖章)

××××年××月××日

附注：黄××同志现任我局技术员，以上证明材料可供参考。

××市市政工程管理局(盖章)

××××年××月××日

【简析】

以上是三份不同类型的证明。第一份属于外出携带证明，把外出者的身份交代得很清楚，提出了适当的要求，便于对方掌握。第二份是以组织的名义出具的证明，针对性地作了实事求是的评价和说明，语言明确，内容清晰。第三份是以个人名义出具的证明，把事情的来龙去脉写得十分清楚，澄清了事实真相，同时表达了自己的忏悔和负责的态度。后面的附注证实证明人的身份，很有必要，体现出证明的可靠性。

（三）慰问信

1. 慰问信的概念和作用

慰问信是以组织或个人的名义，向在某方面作出特殊贡献或遇到意外损失的集体或个人表示关切致意、问候同情的专用书信。它起着鼓励、安慰、问候的作用。

2. 慰问信的种类

由慰问信的定义可以看出，按其内容不同，慰问信可分为以下几种类型：

一是在重大节日对那些在节日期间继续工作的广大人民群众或特定的对象表示慰问。

二是对作出贡献的单位或个人表示慰问。

三是对由于某种原因而遭到重大损失或巨大困难的单位或个人表示慰问。

3. 慰问信的格式

慰问信由标题、称谓、正文、结尾和落款组成。

(1)标题。标题有两种写法：一种是只写“慰问信”三个字；另一种是加上慰问的对象和慰问信的种类。如“致中国人民解放军驻××省部队全体指战员的春节慰问信”。

(2)称谓。标题下空一行，顶格写慰问对象的名称或姓名。如果对象多，要一一写明。在慰问对象的名称或姓名前，可加上“敬爱的”或“尊敬的”等字样，以示尊重。

(3)正文。由于慰问对象和慰问目的不同，这部分内容也不完全一样，但一般应包括如下几个方面：第一部分，用简洁的话说明写信的原因。第二部分，比较全面而具体地叙述对方的英雄事迹或对方所遭受的困难。第三部分，结合形势和任务，提出希望或鼓励对方战胜困难。第四部分，写慰问信的单位或个人的愿望和决心。

(4)结尾。用一句鼓励或祝愿的话作结束语，另起一行空两格写。

(5)落款。署名和日期分两行写在慰问信的右下方。第一行署名，如果写慰问信的单位或个人不止一个，都要写进去。第二行写发信的年、月、日。

4. 慰问信的写作要求

(1)要明确写慰问信的对象。如果对方是在某方面作出了特殊贡献的，慰问信的内容就应是着重赞扬、歌颂对方的功绩；如果对方是遭受灾害的集体或个人，慰问信的内容就应是着重对对方表示关心和支援；如果对方是因公致伤、致残，慰问信的内容就应是着重向对方表示亲切关怀，使对方得到精神上的慰藉，增加克服伤残的勇气和信心。

(2)感情要充沛、真挚，语言要亲切、生动。为此，在慰问信中要适当地运用抒情的表达方式。

【例文 4-7】

慰　问　信

李斌同学：

你好！惊悉你的家乡突然遭受洪水灾害，人民的生命财产受到很大损失。我们全班同学对你全家以及你家乡的人民表示深切的同情，对你表示亲切的慰问！

最近我们正在学校的领导下，以实际行动支援灾区人民。我们坚信，在党和政府的领导下，在全国人民的支援下，你一定能同灾区人民团结一致，艰苦奋斗，克服困难，重建家园，迅速地战胜洪水带来的灾害。

我们班的全体同学商定，要以实际行动支援灾区人民。请你不必担心学习上的问题，等你家中一切安排妥当后再回校，我们会帮你把落下的课程补上。

现寄去全班同学为你家捐赠的衣物 20 件，人民币 500 元。这是我们的一点心意，请务必收下。

代我们再次向你全家和乡亲们表示亲切慰问！

××学校××班全体同学

××××年××月××日

【简析】

这是一封写给遭受意外损失的个人的慰问信。信中的事由说明得非常清楚，内容侧重写对对方表示关心和支援。层次清晰，语言亲切、热情。

【例文 4-8】

致中国人民解放军驻××省部队全体指战员的春节慰问信

亲爱的×××部队指战员们：

××××年新春佳节来到了，我们向你们致以亲切的慰问和节日的祝贺！

在过去的一年里，你们牢记人民军队的宗旨，全心全意为人民服务，继承和发扬了光荣的革命传统，同我们地方群众鱼水相依、骨肉相连，在紧张的训练中仍不忘以人力、物力支援工农业生产，特别是在抗灾斗争中，你们不怕疲劳，英勇顽强地与洪水搏斗，帮助我们抢险，使国家和集体的财产少受损失，保障了人民群众的生命安全。人民军队爱人民的动人事迹，在我们省到处传颂。我们为有这样的子弟兵而感到自豪。

亲爱的同志们，让我们更紧密地团结起来，在党的领导下，心连心、肩并肩，为保卫和建设伟大的社会主义祖国而共同奋斗。

祝你们春节愉快！

中共××市委

××区行署

××××年××月××日

【简析】

这是一篇在重大节日（春节）写给特定对象的慰问信。正文的开头阐述慰问信的主旨：向对方表示慰问。语言精练、亲切。叙述事实，总结成绩，提出希望。

这篇慰问信避免了公式化、概念化的词语，也没有套用刻板的公文语言，感情真挚，措辞诚恳。

【例文 4-9】

全国防治“非典”指挥部慰问信

全国奋战在防治非典型肺炎第一线的广大医务工作者：

我国一些地区发生非典型肺炎疫情以来，你们临危受命，恪尽职守，发扬无私奉献的革命精神和救死扶伤的人道主义精神，夜以继日地奋战在抗击非典型肺炎的第一线，使众多患者得到及时救治，疫情蔓延势头正在得到有效遏制，为保护人民群众的身体健康和生命安全作出了重要贡献。值此“五一”国际劳动节来临之际，全国防治非典型肺炎指挥部向你们及你们的亲属，致以崇高的敬意和诚挚的慰问！

非典型肺炎是一场突如其来的重大灾害，严重危害着人民群众的身体健康和生命安全。在防止非典型肺炎这个没有硝烟的战场上，你们冒着高发感染的风险，置生死于度外，把风险留给自己，把安全留给别人，体现出舍生忘死的大无畏英雄气概；你们尊重科学、依靠科学，善于总结救治经验，提高医疗技术水平，组织科研公关，体现出严谨求实的科学精神；你们群策群力，团结奋战，加强合作，依靠集体智慧同病魔作斗争，体现出众志成城的必胜信念。许多医护人员自从参加诊治非典型肺炎病人后，一直没有回过家；一些德高望重的医学专家，主动要求将重症病人转到自己所在的医院或病房；有的已经退休的传染病专家，毅然到非典型肺炎病区参加救治工作；个别医护人员为救治患者，不幸染病，光荣地牺牲在战斗岗位上。你们身上所展现的高尚医德和无私奉献精神，正在激励着全国人民同非典型肺炎作坚决斗争，也必将鼓舞全国人民把改革开放和现代化建设不断推向前进。

党中央、国务院时刻关心着你们，要求各级政府继续采取强有力的措施，为你们创造好的工作和生活条件，提供好的医疗设备和防护措施，包括对工作生活场所进行一丝不苟的消毒，及时落实好补贴政策，抓紧组织第二、第三医疗梯队，使你们得以替换轮休，得到充分休息和营养补充。你们的家庭也为防治工作作出了贡献，社会有责任给你们及你们的亲属以更多的理解和支持，帮助解决实际困难。希望你们在关爱病人的同时，加强自身保护，合理安排时间，保持旺盛精力，再接再厉地做好防治工作，以实际行动忠诚实践“三个代表”重要思想。

衷心祝愿全国抗击非典型肺炎的医务工作者健康平安、工作顺利，让我们在以胡锦涛同志为总书记的党中央领导下，坚定信心，扎实工作，依靠科学，依靠群众，夺取非典型肺炎防治工作的全面胜利。

全国防治非典型肺炎指挥部

2003 年 4 月 30 日(公章)

【简析】

这是一篇给作出贡献的工作者的慰问信。正文分为四个部分：一是慰问事由。说明在发生疫情以来，由于广大医务工作者的临危受命，恪尽职守，使众多患者得到及时救治，疫情得到有效遏制。在“五一”国际劳动节来临之际，向他们表示慰问。二是对医务工作者的评价。在重大灾害面前，战斗在第一线的广大医务工作者体现出大无畏英雄气概，体现出高尚的职业道德，体现出严谨求实的科学精神，体现出必胜的信念。而这种信念正起着激励的作用。三是党中央、国务院的亲切慰问，以及各级政府强有力的保障措施。四是提出殷切的希望，鼓励他们继续前进。

本文内容丰富、陈述清楚、感情真挚、语言亲切，既写明当时情形，又对医务工作者作出高度的评价。

(四)感谢信

1. 感谢信的概念

感谢信是为感谢对方的关心、支持或帮助所写的专用书信。其作用是以示谢意。

2. 感谢信的格式

感谢信的结构同一般书信相近，由标题、称谓、正文、结束语和落款组成。

(1)标题。居中写上“感谢信”三个大字。

(2)称谓。换行顶格写对方的单位名称或个人姓名。个人姓名后应加上“女士”、“先生”或其他相应的称呼，以示礼貌。

(3)正文。换行空两格写感谢信的内容。感谢信的正文多半分为三个部分：一是为何事向对方表示感谢。二是所感谢对象的先进思想和模范事迹。这部分要写得既概括又具体，字里行间满怀感激之情。叙述中要交代清楚时间、地点、人物、事件、原因、结果。三是热情赞扬对方的可贵精神及其影响，并表示自己向对方虚心学习的态度。

(4)结束语。另起一行写，常用的有“此致敬礼”、“致以最诚挚的谢意”等。

(5)落款。在正文的右下方写上单位或个人名称，换行写具体的年、月、日。

3. 感谢信的写作要求

(1)表示感谢的语言既要热情洋溢、感情真挚，又要符合双方的身份。

(2)表达谢意的行动要说到做到，切实可行。

(3)文字要简短，篇幅不宜过长。

【例文 4-10】

感 谢 信

中国人民解放军×部×连党支部：

××月××日，我镇一名10岁小男孩在过铁索桥时，不慎落入水中。你连战士×××正路过此地，见此情景，顾不上脱下衣服，便纵身跳进河里，此时，寒流刺骨，×××尽力与急流搏斗，将孩子救上岸时，孩子已经不省人事，×××也精疲力竭，但他坚持继续抢救，直到孩子脱离危险，然后又将孩子背回家中。孩子的家长感动得热泪盈眶，一定要留×××休息几天，×××同志虽然疲惫不堪，但为了不影响归队，毅然踏上了归途。

×××同志这种舍己救人、严守纪律的高贵品质，使人非常感动。在这里，我们代表全镇人民向你们，并通过你们向×××同志表示衷心感谢！

顺致

崇高的敬礼

××县××镇人民政府

××××年××月××日

【简析】

这是一封内容简明的感谢信。全文分为两个部分：一是简述事实，陈述了所感谢对象舍己救人的事迹。二是热情赞扬所感谢对象舍己救人、严守纪律的高贵品质及其对此事所持的态度。本文具有内容充实、感情真挚的特点。

(五)表扬信

1. 表扬信的概念

表扬信是集体或个人对某些单位或个人的先进思想、模范事迹表示赞扬时所使用的专用书信。

2. 表扬信的格式

表扬信由标题、称谓、正文、结尾和落款组成。

(1)标题。“表扬信”三个字写于大红纸上方中间。

(2)称谓。可以直接写被表扬的单位或个人的名称或姓名，也可以将个人姓名和单位名称合并在一起。称谓顶格写在“表扬信”三个字下第一行，后加冒号。

(3)正文。正文主要写被表扬单位或个人的模范事迹，可以写成一大段，段中分若干层次；也可以写成几个小段，每段写一个完整意思。叙述事情的经过时，重点应放在人物事迹的发生、发展、结果及其意义上。这部分内容要写得翔实，并在叙述基础上加以适当的议论及赞扬，表示向被表扬者学习。

(4)结尾。在结尾处可以提出建议、希望，并请有关部门在一定范围内宣传表扬被表扬者的好思想、好事迹。

(5)落款。落款具表扬信的单位名称或个人姓名，最后写年、月、日。

3. 表扬信的写作要求

(1)要突出受表扬的单位或个人的事迹中最有现实教育意义的方面。

(2)事实要具体，评价要恰当。事情发生的时间、地点、被表扬的人物、事迹等，都须交代得清清楚楚。评价要注意分寸，切忌胡编滥造。

(3)语言要热情、诚恳、亲切。

【例文 4-11】

表　扬　信

×××市场：

在开展“微笑服务月”的活动中，你商场的全体同志都做到了用微笑迎接顾客，热情主动、耐心细致地接待顾客，受到了顾客的一致好评，并争取到了大量的回头客。你们在提高经济效益和建设社会主义精神文明两方面都取得了极大的成绩，在我市商贸战线上起到了模范带头作用。

为此，特授予你商场“微笑服务标兵商场”的光荣称号。

希望你商场全体同志发扬优良作风，戒骄戒躁，为取得更大的成绩而努力！

此致

敬礼

××省××市人民政府

××××年××月××日

【简析】

这封表扬信写得比较朴实。首先，概括地叙述了写表扬信的缘由；然后，对这件事作了真挚评价——在提高经济效益和建设社会主义精神文明两方面取得了极大的成绩等；最后，是写此信的目的。这封表扬信结构完整，层次清晰，给人以教育和鼓舞。

（六）邀请书

1. 邀请书的概念

邀请书是邀请对方前来参加会议或一些有意义、值得纪念的活动的专用书信。

2. 邀请书的特点

（1）慎重性。邀请书实际上是一种比较复杂的请柬，它除了起到郑重的邀请作用外，还起到了向被邀请者说明邀请他（她）参加某项活动的相关事宜的作用。

（2）凭证性。发出邀请书，一方面是为了表示郑重其事；另一方面也能作为入场和报到的凭证。

3. 邀请书的格式

邀请书由标题、称谓、正文和落款组成。

（1）标题。在封面或信纸的第一行中间写“邀请书”三个字，字号要比正文大一点。

（2）称谓。在标题下一行顶格写上被邀请单位或个人的名称。

（3）正文。正文包括活动的内容、时间、地点。正文结尾写上“敬请光临”、“敬请莅临”、“欢迎指导”等用语。

（4）落款。邀请单位的名称和邀请时间分别写在正文最后一项的右下方。

4. 邀请书的写作要求

在起草邀请书之前要对邀约活动的各方面情况充分了解，如会议主题、报到地点、食宿安排等，这样写出的邀请书才能准确、清楚、有条理。措辞应得体、委婉、礼貌，给对方一种热情、周到的感觉。

【例文 4-12】

邀　请　书

××先生：

经××市文化局、××市艺术馆、××旅游开发区管理公司、××市经济文化开发公司、××市旅游学校等五家单位共同商定，“××市旅游开发区杯”歌手大赛将于2003年5月6日上午9时在××市开发区文化馆举行。这次由全省18个区、县代表队参加的大赛，是全市群众文化活动和精神文明建设的一件大事。

“××市旅游开发区杯”歌手大赛设立美声、民族、通俗三种唱法，大赛分预赛和决赛两个阶段进行。决赛获奖歌手将得到市一级的资格证书。决赛后，将举行隆重而热烈的颁奖晚会。出席颁奖晚会的有省、市政府的主管领导人，以及省、市文化部门的专家和赞助这次大赛的企业嘉宾。

大赛组委会邀请您作为本次大赛的嘉宾，敬请届时光临。

“××市旅游开发区杯”歌手大赛组委会(盖章)

××××年××月××日

【简析】

这份邀请书的特点是把邀请的事由，以及有关事项写得十分明白，使被邀请者感受到这次大赛的意义重大。虽然被邀请者没有实际的工作任务，但已深切感受到隆重的礼遇，定会准时参加。

(七)推荐信

1. 推荐信的概念

推荐信是向单位或个人介绍某人担任某项职务或工作的专用书信。

2. 推荐信的作用

推荐信是用人单位录取人员的重要依据。用人单位往往很重视求职者在学习和专业工作中反映出来的多方面的特点，而这些特点多依赖于推荐信的推荐，推荐信对用人单位录用求职者有推动作用。

3. 推荐信的特点

推荐信具有目的性、单一性及平和性的特点。推荐人必须熟悉被推荐人的学习情况、工作能力、创造能力和品行特点。若推荐人有某方面的盛誉，那么他写的推荐信就具有很大的效力。

4. 推荐信的内容

推荐信的内容包括以下四部分：

(1)介绍被推荐人的基本情况。侧重介绍毕业时间、学校、所学专业、获得的学位及专业经历。

(2)对被推荐人的基本评价。对被推荐人的专业基础、理论水平、实践经验、工作能力、思想作风进行实事求是的评价，由此说明其能否较好地胜任这一份推荐工作，这里恰如其分的评价比言过其实的赞誉更令人信服。

(3)被推荐人的获奖情况。重点介绍被推荐人在学校或在工作岗位上曾经获得的奖励，在学生组织或工作岗位上担任的社会工作及其取得的成绩。

(4)推荐人的亲笔签名。

5. 推荐信的写作要求

(1)推荐者应实事求是地介绍被推荐者，不可夸大其能力学识，也不因怕别人说狂妄而过分谦虚。

(2)推荐者不管自己辈分、职位多高，年龄多大，都不可以用命令的语气强求，以免对方为难，而应诚恳、委婉，留有余地。

【例文 4-13】

杨经理：

您好！

来函已阅，得知您处急需一名公关人员，适逢09届学生毕业之际，特向您举荐我的学生——公关文秘专业毕业生王琳。

王琳，女，20岁，中共党员，2006年考入××工业学院公关文秘专业学习。王琳思想品质好，思维敏捷，洞察力强，学习刻苦，工作踏实。她最大的特点是对事物具有极大的热情，并有极强的毅力，无论学习、工作，不出色完成决不罢休，样样工作从不示弱。

王琳在校期间以优良的成绩通过了所有课程。英语成绩优异，口语相当熟练；计算机操作名列前茅。曾多次获得一等奖学金，三次被评为“三好学生”。她尤其擅长写作，在校刊上发表了十多篇各类文体的作品。她的文风和她的作风：精密、正派。

王琳一贯严格要求自己。对同学真诚，对工作积极，连续三年担任班长，所在的班级被评为优秀集体，她个人也被评为校级优秀干部。她口才好，组织能力强，曾多次成功地组织和参加了专业的和全校的演讲比赛，并获得过第一名。

王琳非常适合这份工作，她也渴望得到这份工作。详细情况，她将前往您处与您面谈，望接洽，望录用！

顺祝

兴旺发达

老友　樊××

××××年××月××日于××工业学校

【简析】

这是一封老友之间的推荐信，推荐人负双重责任。一方面，要对老朋友杨经理负责，代他挑选一位出色的职员；另一方面，要对自己的得意门生负责，为她寻找一个能充分发挥专长的工作。信的字里行间充满了朋友之情和师生之谊。正因为这样，推荐人对被推荐人的介绍才如此全面、真实、恰当。第一段说明回信的缘由。第二段开门见山地介绍了被推荐人的简况，并准确地进行评价。第三段以事实说明评价的正确性，简单而全面，没有具体罗列，因为具体内容应由被推荐人自己去详细介绍，甚至要拿出作品的原件展示。

如果推荐信写得过于详细，不仅显得啰唆，而且面谈时会出现重复的内容，因此推荐信要给被推荐人留有余地。本文在这方面做得较好。第三段最后以四个字"精密、正派"总结了被推荐人的文风及作风，给人留下深刻的印象。第四段介绍了被推荐人的人品和能力，重点突出，简练中肯。最后一段表达了被推荐人的心愿和推荐人的希望。本文符合推荐信的要求及人之常情，感情色彩浓烈。

(八)求职信

1. 求职信的概念

求职信是求职者写给欲供职单位的专用书信。它也是一种自我介绍、自我推荐的专用书信。

2. 求职信的作用

求职信的作用就在于在主宾谋面之前，宾方给主方留下一个最初的印象，主方对宾方有一个总体的了解。求职者利用信函，尽可能扼要地介绍自己的水平、才能及欲求供职的心情，为主方决定取舍提供材料。因此，求职信对求职者来说是公平竞争、一展才华的工具；对聘任者来说是尽我所需、择优录用的依据。

3. 求职信的特点

(1)目的鲜明突出。求职者写求职信的唯一目的就是让对方看过信后对自己有个良好印象，为录用自己打好基础，进而顺利地被录用。

(2)内容单一明了。为了达到被录用的目的，求职信的内容一定要围绕目的简明扼要地展开，使对方了解自己的水平、能力和才华即可，其他内容等面试时再详谈。

(3)语言中肯平和。求职信的表达方式是叙述和说明，要以中肯、平和而又谦恭、真挚的语言陈述情况，说明诚意，实事求是，彬彬有礼地展现自我。

4. 求职信的格式

求职信的格式与一般书信相同，由标题、称谓、问候语、正文、敬语、结尾、附件组成。

(1)标题。"求职信"三字写在首行居中。

(2)称谓。称谓分两种情况：第一种，如果不知对方姓名，就写"××企业总经理"、"××厂长"等；第二种，如果知道对方姓名，就写"×××"，称呼后加上"先生"、"女士"，以示尊敬。称谓在第一行顶格单独写，后要加冒号，表示下面有话要说。

(3)问候语。问候语是对收信人礼貌的表示。一般书信既要有礼节性又要有针对性，因为收信人各式各样，情况又各不相同；而求职信的收信人很单一，所以只强调礼节性，写上“您好!”、“近好!”即可。问候语在称呼下一行，空两格书写，后加感叹号。

(4)正文。正文包括连接语、主体和结束语。

第一，连接语。连接语用来说清写信的缘由。由于求职信一般是求职人在看到报上的招聘广告或听到别人介绍后写的，所以既可开门见山地写“看到××报××月××日刊登的招聘广告，本人很感兴趣，特此应聘”，也可客气而礼貌地写“感谢贵公司给我这次竞争机会。我久仰贵公司的实力和经营方式，早想到此供职。若能如愿，将不胜荣幸，现将本人情况介绍如下……”

第二，主体。主体可分三层来写：

第一层，概括介绍。即写一份自传，介绍自己的姓名、性别、出生年月、所学专业、最高学历；上学、工作的几个阶段；性格特点等。

第二层，重点介绍。对刚毕业的学生来说，重点介绍在校期间最突出并能代表自己水平的专业课程及成绩，尤其是与招聘单位对口或接近的专业成绩，介绍自己所学知识的深度及广度；对已参加工作者来说，重点介绍自己的工作经历、在本岗位上的突出贡献。重点介绍的另一内容，即个人的特点、爱好、擅长。

第三层，表示愿望。说明自己对本工作的喜爱和希望被录用的迫切心情，以及对入选后的想法或工作计划。

第三，结束语。即在正文即将结束时，简单概括一下全文的内容，以此加深收信人对求职者的印象。求职信常用的结束语有“如蒙赐复，不胜感谢”；“若认为本人条件尚可，请惠予面试，本人将准时赴试”；“静盼佳音”；“若被招聘，将十分荣幸”等。

(5)敬语。出于礼节，求职信的最后往往写一两句祝颂的话或敬语。根据格式和位置不同，敬语分二行式和一行式。二行式的格式和位置是：①正文后紧接着写“此致”，另起一行顶格写“敬礼”；②正文后另起一行，空两格写“此致”，再另起一行顶格写“敬礼”。一行式的格式和位置是：①不写“此致”，正文后另起一行，空两格写“敬礼”；②正文后另起一行，空两格写“祝您鹏程万里，事业发达”等。

(6)结尾。结尾依次写出求职人姓名、时间、联系地址、邮编、联系电话，位置在敬语右下方。

(7)附件。附件是指对求职人有用的材料，如个人自传或履历表、学历证明、学位证明及各种获奖证书的复印件等。

5. 求职信的写作要求

(1)求职信的格式(包括信封的书写)很重要。如果称呼、问候都写错了或不规范，招聘人员对求职者的第一印象就不好，这会影响对全信的阅读；如果是敬语格式出错，往往会被精明、细心的招聘人员所挑剔，影响求职者的入选。

(2)应聘的时间，即年、月、日不仅要写清楚，而且要写全。这是因为求职信的时效性较强。

(3)最重要的一点是信的内容一定要真实、诚恳，切忌夸夸其谈，洋洋万言，给人华而不实之感；也不要谦虚过度，缩手缩脚，给人平庸无能的感觉。

【例文 4-14】

求 职 信

××公司总经理：

我从××日报招聘启事上看到，贵公司急需几名信息工程方面的人员，非常高兴，真心希望能成为贵公司的一员，为贵公司的发展尽自己的微薄之力。

我叫李波，男，1986 年 4 月 6 日出生，是××邮电学院电信工程系 08 届毕业生。

我学习的专业是“通信工程”，与贵公司专业对口。附表是我所学的课程及成绩，希望贵公司满意。

为了拓宽自身的知识面，弥补专业的局限性，我自学了邻近专业和相关学科的一些课程。主要有《数字信号处理(二)》、《随机过程》、《数值分析(一)(上)》、《移动通信》、《数字图像处理技术》、《纠错码》等课程，并涉猎了如《锁相同步理论》、《编码调制理论》、《综合业务网》、《卫星通信》、《统计无线电技术》等多方面的知识，以使自己能够适应现代技术的发展，为从事不同方面的工作打下一个良好的基础。

在技术实践方面，除了圆满完成学校所规定的实习和课程设计外，还参加了学校科技协会。作为一名科技协会的会员和负责人，我组织和参加了协会的各项科技活动，如电子小制作竞赛，校外无线电义务维修等。曾经亲自设计和制作过数字报时钟、抢答器、电子门锁、无线对讲机等多种电路，在实践中积累了较多的经验。在参加“全国第一届电子设计大赛”的活动中，我有幸获得了“陕西省赛区三等奖”。

我的业余爱好比较广泛，尤其喜好体育运动及书法艺术。踢足球和打篮球是我的特长；自上高中起，我便多次获得校、市书法大赛的一等奖和特等奖，作品曾在市里展出。大学期间曾任电信系《电信绿鸽》的责任编辑，该报在校内受到广大师生的好评。

希望以上资料能引起贵单位的兴趣并得到回复。祈盼佳音。

谨祝

顺达

李 波

××××年××月××日

联系地址：××邮电学院男生公寓315室

电话：5253301-3326

附表：在校四年学科及成绩一览表(略)

【简析】

这是一封典型的求职信，写得颇为成功。第一个特点是从内容上讲，体现了简要性、目的性和谦诚性。求职者直截了当地写明自己的简历及特长。第二个特点是详略得当，重点突出了求职者自学的科目和技术实践方面的能力。第三个特点是层次分明，语言得体，行文流畅简练，不卑不亢。

【例文4-15】

应 聘 信

尊敬的人事经理：

您好！

本人欲申请贵公司在《前程无忧》报上招聘的网络维护工程师职位。我自信符合贵公司的要求。

今年7月，我将从清华大学毕业。我的硕士研究专业是计算机开发及应用，论文内容是Linux系统在网络服务器上的应用。论文写作不仅使我系统地掌握了网络设计及维护方面的技术，同时也使我对当今网络的发展有了深刻的认识。

在大学期间，我多次获得各项奖学金，而且发表过多篇论文。此外，我还担任过班长、团支书，具有很强的组织能力。同时，很强的事业心和责任感使我能够面对任何困难和挑战。

互联网促进了整个世界的发展，我愿为中国互联网和贵公司的发展作出自己的贡献。

兹附上我的身份证、学生证、获奖证书、论文等相关资料，敬请惠查。

敬颂

安祺

刘××谨启

××××年××月××日

【简析】

这是一封应聘求职信，其称谓、礼貌用语规范。文章开宗明义地阐明了求职者想要申请的职位。接着围绕用人单位招聘的条件和要求，谈了自己胜任这个职位所具备的条件，并表示出很高的热情和信心。言语间充满自信，措辞严谨得体。正文末了写明附上的相关证件，十分必要。

（九）申请书

1. 申请书的概念

申请书是申明请求的一种文书。它是个人或集体向组织、团体、机关、单位说明情况，表达愿望和提出请求时使用的一种书面材料。

2. 申请书的使用范围

申请书的使用范围非常广泛，通常有以下几种：

（1）个人或集体向组织、团体表达愿望、理想和希望时，可以使用申请书。

（2）个人在学习、工作、生活上对机关、团体、单位领导有所要求时，可以使用申请书。

（3）下级单位在工作、生产、学习、生活上对上级单位、领导有所要求时，可以使用申请书。

3. 申请书的作用

（1）申请书是下情上达的一种好形式。

（2）申请书是一种良好的沟通手段，能够把分力变成合力，从而最大限度地做好工作。

（3）申请书是争取领导支持和帮助的一种途径。

（4）申请书是增强感情、引起上级重视的一种有效方法。

4. 申请书的格式

申请书由标题、称谓、正文、结尾和落款组成。

（1）标题。在第一行居中写“申请书”字样。

（2）称谓。第二行顶格写接受申请书的单位或单位负责人名称；也有的放在申请书结尾之后，署名之上的左前方，即“此致”另行顶格左前方。

（3）正文。正文主要说明要申请的具体内容、理由和要求，是申请书的主要部分。使用简短精练的语言将问题说明清楚，然后直接提出申请事项即可。

（4）结尾。结尾部分通常写上表示礼节或恳切的愿望的词语，如“不胜感激”、“恳请批准”等。

（5）落款。落款与普通书信的格式相同，写上申请人姓名和日期。

5. 申请书的写作要求

（1）一事一文。申请事项要内容专一、具体明确。

（2）说理充分。申请书使用的是概述的表达方式，将申请人的意愿、情况、要求陈述清楚，并要提出足够充分的理由，让领导者理解和掌握。

(3)语言朴实。申请书的语言要庄重朴实、简洁明了，方便受文者阅读与理解，切不可杂乱冗长，令人费解。

【例文 4-16】

申 请 书

××团支部：

中国共产主义青年团是中国共产党领导的先进青年的群众组织，是广大青年在实践中学习共产主义的群众组织，是广大青年在实践中学习共产主义的学校，是中国共产党的助手和后备军。中国共产主义青年团坚决拥护中国共产党的纲领，坚持以马克思列宁主义、毛泽东思想为行动指南，坚持社会主义道路、维护人民民主专政，团结全国各族青年，为逐步实现“四化”，把我国建设成为高度文明、高度民主的社会主义国家，为最终实现共产主义的社会制度而奋斗。

中国共产主义青年团是在中国共产党以及毛泽东同志等老一辈无产阶级革命家的关怀下发展壮大的，始终站在革命斗争的前列，为党输送了大批的无产阶级优秀战士，有着光荣的历史。

我志愿申请加入中国共产主义青年团，继承和发扬革命优良传统和作风，在团组织的帮助教育下，把自己锻炼成为有理想、有道德、有文化、有纪律的共产主义事业的接班人。如果组织批准了，我一定要“百尺竿头，更进一步”，努力学习，积极工作。如果组织未批准，我一定接受组织的教育和考验，继续努力，创造条件，争取早日加入团组织，成为一名光荣的共青团员。

请团组织考验我吧！

申请人：王××

××××年××月××日

【简析】

这份入团申请书写得比较好，集中力量写好正文，认识清楚，语言简洁。具体表现在：一写清楚了对团组织的认识过程；二写清楚了入团动机；三写清楚了入团要求、自身优缺点及努力方向。

【例文 4-17】

转正申请书

尊敬的公司领导：

我于××××年××月××日进入公司，根据公司的需要，担任文员一职。

本人工作认真，努力完成领导交付的工作，与公司同事之间能够通力合作，关系融洽和睦。工作上从不偷懒、不倦怠，不迟到、不早退、不缺勤，按时打卡。积极学习新知识、新技能，注重自身发展和进步，平时利用下班时间自学，提高自己的综合素质，目前正自学工程预算，以期将来能学以致用，与公司共同发展、进步。

根据公司规章制度，试用人员在使用期满三个月合格后，即可被录用成为公司正式员工。因此，我特向公司领导申请，希望能根据我的工作能力、态度及表现给出合格评价，使我按期转为正式员工。

转正之后，我会努力工作，将自己的工作做得越来越好，以实际的工作成绩来报答公司。

此致

敬礼

申请人：张××

××××年××月××日

【简析】

本文标题揭示了申请的主题，简明醒目。称谓写明接受申请书的对象；正文部分阐述申请的缘由，强调申请人符合工作转正的条件和要求，顺理成章地表明申请的目的；结尾运用一般性的礼节用语；落款在署名前注明"申请人"字样，写明申请日期，格式规范。

第二节 简　　历

一、简历的概念

简历是对自己的生活经历，包括求学经历、工作经历等，有选择、有重点地加以概括叙述的一种应用文。

二、简历的写作

(一)简历的格式

简历的写作没有固定的格式。在一般情况下，简历由标题、正文和落款组成。

1. 标题

在首行居中写明"简历"或"个人简历"或"求职简历"等字样。

2. 正文

另起一行，空两格书写正文。一般来说，简历正文应包括四个部分：

第一部分为个人基本情况。即简历人的姓名、性别、年龄、籍贯、政治面貌、婚姻状况、健康状况、爱好与特长、家庭住址、电话号码等。

第二部分为学历情况。即曾在何学校、何专业或学习何学科以及起止日期，并列出所学主要课程及学习成绩，在学校和班级所担任的职务，在校期间所获得的各种奖励和荣誉。

第三部分为工作资历情况。若有工作经验，最好详细列明，首先列出最近的资料，此后详述曾经工作的单位、工作的期间、职位、工作性质等。

第四部分为求职意向。即求职目标或个人期望的工作职位，表明你通过求职希望得到什么样的工作等。

3. 落款

在正文之后的右下方，写上简历人的姓名和日期。简历后面，可以附上个人获奖证明，如三好学生、优秀学生干部证书，英语四、六级合格证书和计算机等级证书的复印件等。

(二)简历的写作技巧

根据内容的不同，简历的正文可分为全篇一段式和全篇多段式两种。

1. 全篇一段式

全篇一段式简历从姓名、出生地、籍贯、出生年月日、民族、团体党派写起，按照时间顺序叙述主要的学习、工作经历，主要才能、贡献以及工作、学习、生活中有典型意义的事件等。

2. 全篇多段式

全篇多段式简历适宜于经历相对丰富、年龄较大的人，可以在纵向综述经历之后，再分段叙述每个阶段的主要经历。

(三)简历的写作原则

一份好的个人简历是开启事业之门的钥匙。简历的样式和格式也各不相同，归纳起来，有如下写作原则：

(1)要突出重点。以一个工作目标为重点，将个人简历视为一个广告，尽量陈述有利条件以争取面试机会。如果简历的陈述没有针对所应聘工作和职位的特点，或是把自己描写成一个适合于所有职位的求职者，你很可能在求职竞争中落败。

(2)要简练且富有感召力，并且能够多次重复重要信息。个人简历的篇幅应限制在1页以内，工作经历的介绍不要以段落的形式出现；语言生动且有感召力；在简历开始处写一段总结性语言，概述你在事业上最大的优势，然后在分述中再将这些优势以介绍工作经历和业绩的形式加以补充。

(3)陈述有利信息，争取成功机会。也就是说，应尽量避免在简历阶段就遭到拒绝。相应的教育背景、工作经历以及技术水平，是应聘者在新的职位上取得成功的关键。应聘者只有符合这些关键条件，才能打动招聘者并赢得面试机会。同时，简历中不要有其他无关信息，以免影响招聘者对你的看法。

写作简历时，要强调工作目标和重点，语言简练，并且避免不利于你的不相关信息。当你获准参加面试，简历就完成了使命。

(四)简历写作的注意事项

个人简历是自己学习生活的简短集锦，也是求职者自我评价和认定的主要材料。它是一扇窗户，能使用人单位透过它了解求职者的部分情况，也能激起用人单位与求职者进一步接触的浓厚兴趣。写作简历时，应注意以下几点：

(1)个人简历一定要写得充实，有内容、有个性，至少能在一定程度上反映出求职者的真实情况。

(2)个人简历有一两页即可，不可太长。简历的格式应便于阅读，有吸引力。并使招聘者对投简历者有良好的印象。在简历中要充分展示你的专业特长和一般特长，强调过去所取得的成绩，最好能写出3种以上的成绩和优势，并且要讲究材料的排列顺序。

(3)一般而言，白纸黑字应该是个人简历的最佳载体。打印排版时，应注意间隔及字体的常规性，同时注意语法、标点、措辞，避免错别字的出现。

(4)不要写那些对你的择业不利的情况，如对薪水和工作地点的要求等。

【例文4-18】

个人简历

姓　名	耿岩	性　别	男	出生年月	1977年6月
家庭所在地	山东潍坊	身体状况	健　康	婚姻状况	未　婚
爱　好	摄影、爬山、游泳				
学　历	1991.9至1994.7　山东潍坊一中学习 1994.9至今　北京大学地球物理系主修地球物理专业，辅修国际经济专业				
获奖情况	1995～1996学年北京大学学习优秀奖 1996～1997学年北京大学汇凯奖学金 1996～1997学年北京大学社会工作奖				
特　长	喜欢登山，是北大登山队成员；通过国家大学英语六级考试，具有较强的英语听、说、读、写能力；取得全国计算机等级考试二级合格证书；能熟练操作使用DOS、WINDOWS系统，运用WPS、WORD进行文字编辑，运用VISUAL FOX-PRO进行编程。				

主要社会工作及社会实践	1995～1996 年担任班体育委员 1996～1997 年担任班长 1996 年 7 月参与美国三鸣公司的市场调查活动，对现代化高质量的优秀企业在目标市场的选择与市场潜力的调查及研究有了基本的认识。 1997 年 8 月参加北大学生实践团，赴陕西省志丹县考察、体验生活。返校后与同学合作写了数万字的调查报告。此后，还在校内组织参与了图片展览及为老区希望小学募捐的活动。
求职意向	可从事地球物理及相关领域的生产、科研工作，也可从事活动策划、宣传等方面的工作。

【简析】

本案例的正文部分，层次清晰，语言简短，突出了求职者在英语和计算机方面的特长。但不足之处，是没有充分展示自己所学专业的特长，而专业技术水平是成功取得职位的关键。

>>> 思考与练习

1. 介绍信的含义是什么？有什么特点？
2. 带存根的专用书信在写作时要注意什么？
3. 证明信有哪些种类？
4. 试比较证明信与介绍信的异同。
5. 慰问信有哪些特点？
6. 写慰问信应明确慰问的对象，举例谈谈对这句话的理解。
7. 请你以学生代表的名义，写一份在本校的教师节庆祝会上给全体教师的慰问信。
8. 感谢信的正文一般分为哪几个部分？
9. 写感谢信有什么语言要求？
10. 给在专业实习期间，对你大力支持、帮助、指导的某单位写一份感谢信。
11. 表扬信的格式和语言要求是怎样的？
12. 请针对最近发生在学校里的好人好事写一份表扬信。
13. 邀请书具有什么特点？
14. 邀请书与聘请书有什么区别？

15. 推荐信具有哪些特点？

16. 写求职推荐信有哪些注意事项？

17. 写求职信时对其内容有什么要求？

18. 有人说："求职信不一定要包装得多么精美，但要注意许多细节。"对于这句话，你是如何理解的？

19. 求职信有什么特点？

20. 求职信必不可少的内容有哪些？

21. 根据自己对毕业后工作去向的设想，按照求取信的写作要求，自拟一封求职信。

22. 申请书的适用范围有哪些？

23. 与一般书信相比，申请书有何特殊之处？

24. 试述写作申请书时应注意的内容。

25. 写简历要有重点，请你谈谈毕业生求职简历的重点是什么。

26. 为什么简历不宜过长？

27. 简历可以附上自己的照片吗？

第五章 公　　文

第一节 公文概述

一、公文的概念

公文是公务文书的简称，是国家机关、社会团体和企事业单位在处理公务活动中所形成的具有法定效力和规范体式的各类文字材料。

公文有广义和狭义之分。广义的公文即通常所说的公务文书，其范围相对宽泛，泛指国家机关、社会团体和企事业单位自身以及相互之间在公务活动中产生的具有现实作用和历史作用的所有文字材料。它包括收进和发出的一切反映公务活动的往来文书，如公文、信函、简报、技术资料等文字材料；包括行政、业务等活动中形成的法律文书；包括自身在处理公务过程中形成的签报(签呈)、备忘录、纪要、计划、总结、讲话稿等内部文字材料；同时还应包括与上述文字材料密切相关的表册、图片、图纸、影像等形式的材料。

狭义的公文是指国家行政机关具有特定行政格式的文书，即2000年国务院办公厅修订的《国家行政机关公文处理办法》中规定的13种公文。该处理办法第2条指出："行政机关的公文(包括电报，下同)，是行政机关在行政管理过程中形成的具有法定效力和规范体式的文书，是依法行政和进行公务活动的重要工具。"这段话阐明了公文的性质和作用，即公文是行政机关管理国家事务、进行公务活动的工具。

二、公文的特点

1. 具有法定的权威与行政效力

法定机关是依据法律和有关法规建立起来的正式组织机构，它们具有相应的职权及主管业务范围。公文出自法定机关，代表了制发机关法定的职权与意愿，因而具有法定的权威与效力。

2. 具有规范的体式与处理程序

公文必须具有规范的体式和处理程序，才能顺畅地处理公务。为此，1988年6月国家技术监督局发布的《国家机关公文格式》；1989年2月颁布的《公文稿纸格式》；1996年5月中共中央办公厅印发的《中国共产党机关公文处理条例》；2000年国务院办公厅修订的《国家行政机关公文处理办法》，先后对公文的体式及处理程序等作了统一的规定，任何单位在制发、处理公文时都必须严格遵循国家统一的标准，不能自行其是。

三、公文的种类

现代公文，从其性质、使用范围、内容、行文关系、文件体式等不同的角度，可进行诸多不同的分类。从使用范围的角度划分，公文可分为通用公文和专用公文两类。通用公文是指党和国家公文管理法规中规定的具有法定效力的公务文书，即法定公文，包括国家行政机关公文、中国共产党机关公文、中国人民解放军机关公文。专用公文是指在一定的工作部门和业务范围内，根据特殊需要专门使用的文书，如外交部门使用的国书、照会、议定书、公约等，司法部门使用的起诉书、控诉书、调解书等。

一般来说，人们习惯认为公文即国家行政机关公文。

(一)国家行政机关公文的种类及用途

依据国务院办公厅 2000 年修订的《国家行政机关公文处理办法》规定，行政公文共有 13 种，分别是：

1. 命令(令)

它适用于依照有关法律规定，公布行政法规和规章、宣布施行重大强制性行政措施、奖惩有关单位及人员。

2. 决定

它适用于对重要事项或者重大行动作出安排、奖惩有关单位及人员、撤销下级机关不适当的决定事项。

3. 公告

它适用于向国内外宣布重要事项或者法定事项。

4. 通告

它适用于在一定范围内公布应当遵守或者周知的事项。

5. 通知

它适用于批转下级机关的公文、转发上级机关和不相隶属机关的公文、发布规章、传达要求下级机关办理和有关单位需要周知或者共同执行的事项、任免人员。

6. 通报

它适用于表彰先进、批评错误、传达重要精神或者情况。

7. 议案

它适用于各级人民政府按照法律程序向同级人民代表大会或人民代表大会常务委员会提请审议事项。

8. 报告

它适用于向上级机关汇报工作、反映情况、提出意见或者建议、答复上级机关的询问。

9. 请示

它适用于向上级机关请求指示、批准。

10. 批复

它适用于答复下级机关请示事项。

11. 意见

它适用于对重要问题提出见解、建议和处理办法。

12. 函

它适用于不相隶属机关之间相互商洽工作、询问和答复问题、向有关主管部门请求批准等。

13. 会议纪要

它适用于记载和传达会议情况和议定事项。

(二)中国共产党机关公文的种类及用途

根据《中国共产党机关公文处理条例》规定，党的机关公文有下述 14 种，分别是：

1. 决议

它适用于经会议讨论通过的重要决策事项。

2. 决定

它适用于对重要事项作出决策和安排。

3. 指示

它适用于对下级机关布置工作，提出开展工作的原则与要求。

4. 意见

它适用于对重要问题提出见解和处理办法。

5. 通知

它适用于发布党内法规、任免干部、传达上级机关的指示、转发上级机关和不相隶属机关的公文、批转下级机关的公文、发布要求下级机关办理和有关单位共同执行或者周知的事项。

6. 通报

它适用于表彰先进、批评错误、传达重要精神、交流重要情况。

7. 公报

它适用于公开发布重要决定或者重大事项。

8. 报告

它适用于向上级机关汇报工作、反映情况、提出建议、答复上级机关的询问。

9. 请示

它适用于向上级机关请求指示、批准。

10. 批复

它适用于答复下级机关的请示。

11. 条例

它适用于党的中央组织制定规范党组织的工作、活动和党员行为的规章制度。

12. 规定

它适用于对特定范围内的工作和事务制定具有约束力的行为规范。

13. 函

它适用于机关之间商洽工作、询问和答复问题，向无隶属关系的有关主管部门请求批准等。

14. 会议纪要

它适用于记载会议主要精神和议定事项。

四、公文的格式

公文格式的规范性是公文的权威性、严肃性在公文形式上的具体体现。按照规定，公文一般由标题、发文字号、涉密等级标识、缓急程度标识、主送机关、正文、附件、印章、发文时间、抄送机关、附注等部分组成。如果按照文面的排列顺序，也可以说公文的格式由文头(或称眉首)、正文、文尾(或称版记)三部分组成。现依次作一简要介绍。

(一)公文文头的格式

公文文头主要由版头、发文字号、涉密等级标识、缓急程度标识、签发人署名等组成。

1. 版头

版头又称发文机关标识，即通常所说的“红头文件”的红头。版头一般由发文机关名称或规范化简称加“文件”两字组成，如国务院文件、××省国土资源厅文件等；也可以只标示发文机关名称，不加“文件”两字。一般来说，行政机关的重要公文应标示“文件”两字。

2. 发文字号

发文字号简称文号，是公文制发机关对公文的编号。公文的发文字号由发文机关代字、分类标识、年份号、同一年度发文顺序号组成，如“赣应职院发[2010]36 号”，“赣应职院”为江西应用技术职业学院的机关代字，“发”为江西应用技术职业学院机关发出公文的类别标识，“[2010]”为发文的年份号，

"36号"则表明此件公文为江西应用技术职业学院2010年第36件"发"字类的公文。

3. 涉密等级标识

按照《中华人民共和国保守国家秘密法》的规定，国家秘密的等级分为绝密、机密、秘密三级。如果公文的内容涉及国家秘密，应根据本部门保密管理制度有关规定，确定秘密等级和保密期限，并将秘密等级和保密期限标识置于文件的右上角。

秘密等级与保密期限之间用☆隔开。例如，机密☆2年，表示此件公文的秘密等级为机密，保密期限为2年。同时，对涉密公文，还应按照保密管理规定，在文件的左上角注明该文的份数序号。

4. 缓急程度标识

缓急程度标识显示的是公文的紧急程度，公文的紧急程度即对公文送达和办理时限的要求，公文内容如属需紧急办理的事项，应将缓急程度标识置于文件的右上角。如公文同时标注了涉密等级标识，紧急程度标识应排列在涉密等级标识的下面。

按照办理的缓急程度，公文有特急件、急件、平件之分。特急件是指内容特别紧急，必须随到随时优先迅速传递处理的文件。急件是指内容紧急，必须打破工作常规优先迅速传递处理的文件。平件是指无特殊的时间要求，可按工作常规传递处理的文件。

5. 签发人署名

所谓签发人署名，是指在公文成品上印上该公文签发人的姓名。《国家行政机关公文处理办法》规定，上行文，即报送上级机关的公文要注明签发人姓名，以示对上报公文的内容负责。有的单位为了强化领导责任，对下发的公文也注明签发人姓名。公文标注签发人应注意只标注姓名，不标注职务。当公文需要标注签发人时，签发人姓名应平行排列于发文字号右侧。

(二)公文正文的格式

公文正文部分一般由公文标题、主送机关、正文、附件和落款组成。

1. 公文标题

公文标题位于公文正文内容之上。公文标题有以下几种形式：

(1)标准式公文标题。标准式公文标题一般由发文机关、相关介词、事由、文种四部分组成。

(2)"三项式"公文标题。"三项式"公文标题有两种情况：一种是公文标题由相关介词、事由、文种词(省略发文机关)组成，如"关于调整存贷款利率的通知"。有些机关的公文，由于版头中已经标明了机关名称，公文标题一般又与版头置于同一版面，标题中的发文机关就省略了。另一种是公文标题由发文机关、事由、文种词(省略相关介词)组成，如“中国人民银行2000年国库业务考核评比情况通报”、“中国人民银行办公厅转发财政部关于……文件的通知”。以上两例标题文字简洁、精练，尤其是转发文件的公文标题这样写，可以避免介词和文种词的重复。

(3)“双项式”公文标题。“双项式”公文标题即公文标题由发文机关和文种(省略事由)组成，有些公文文种(如公告、通告、通知、通报)标题中的相关介词都省略了，如“中国人民银行公告”、“北京市交通管理局通告”。

(4)“单项式”公文标题。“单项式”公文标题即公文标题中的发文机关、事由、相关介词都省略了，仅有文种词，如公告、通告、通知、会议纪要等。这类公文的发文机关必须标注在落款的位置。

2. 主送机关

主送机关俗称公文的抬头，是公文的受理机关，应使用全称、规范化简称或同类机关的统称。准确地写明主送机关名称，是公文发出后能否得到及时处理的关键。上行文，应只送一个上级主管机关；受双重领导的机关，根据公文的内容，确定一个主送上级机关，同时抄送另一个上级机关。下行文、平行文分为专送件和普发件，专送件是专门向一个机关发的公文，只有一个主送机关；普发件是向多个机关发送的公文，有多个主送机关，在排列主送机关时，应确定合理的顺序，一般按照系统、级别或公文内容的关联程度排列。一般周知性的公文，如公告、通告等，可以不标注主送机关名称。

3. 正文

公文的正文是公文的核心。正文在标题或主送机关之下，附件及生效标识之上，是公文的主体和中心，发文的目的、文件的具体内容要由正文表达出来。

4. 附件

附件是附属于公文正文的材料，对正文起补充和说明作用。它主要包括随文转发、报送的文件，随文下发的制度、规定以及报表、名单等。附件是公文的组成部分，有些附件甚至是反映公文主要内容的部分，而主件只起发布或转发的作用。有附件时，应在正文结束后注明；有多个附件时，应写明附件的序号和标题，并按顺序依次附在公文主件后面。

5. 落款

公文的落款是公文的生效标识。它主要包括发文机关、成文日期和印章。生效标识位于正文以下偏右位置。一般的公文，无须在成文日期前签署发文机关名称。几个机关联合下发的公文，要在成文日期前签署发文机关的全称或规范化简称，排列时，主办机关在前。如签署的是机关负责人姓名，应标识其身份。

印章是公文制发机关对公文生效负责的凭证，公文应加盖印章，没有印章的公文是没有效力的。印章应端正盖在成文日期上，做到上不压正文，正压成文日期。几个机关联合上报的公文，只盖主办机关印章；联合下发的公文，应加盖所有联合发文机关的印章，各单位印章，压在本单位机关名称上；张贴性公文，可以只落款，不盖章。

成文日期位于发文机关名称以下的位置，是公文生效的法定时间。成文日期一般以领导人签发日期为准，须经会议讨论通过的重要公文，以会议通过的日期为准；法规性公文的生效日期或在文中规定，或以成文日期为准，或以批准日期为准；联合发文的成文日期以最后一个签发机关领导人的签字日期为准；公文的成文日期要用汉字标注，要写出具体的年、月、日。

(三)公文文尾格式

公文的文尾部分又称版记部分，包括注释、主题词、抄送机关(包括内部发送单位)名称、印发说明等。

1. 注释

注释是对正文中的相关内容等予以必要的额外说明的文字。注释位于公文生效标识以下、主题词之上，用以说明公文正文部分不便说明的事项，如对有关名词、术语、公式、事件、人物等的解释；注明公文中有关引文的出处；说明公文的传达范围、使用时需要注意的事项等，如“此件发至县、团级”、“此文可以张贴公布”。

2. 主题词

主题词是显示文献内容特征和归属类别的关键性词语。主题词作为一种标识符号，是进行文献标引、存储、检索等工作共同使用的工具。国家行政机关公文是文献的重要组成部分，应该标引公文主题词。

公文标注主题词是随着电子计算机等现代化办公用具的应用而产生的，其作用就是用一组经规范化和优选处理的词或词组，将公文的内容高度概括出来，作为计算机存储、检索、查询的信息标识，为档案的管理和利用工作提供便利。

在公文中，公文主题词位于注释之下、抄送机关之上。

公文主题词标引的基本规则和方法参见附录5《国务院公文主题词表》。

3. 抄送机关

抄送机关是公文受理机关之外需要阅知公文内容的机关。公文的抄送机关可以是上级机关、下级机关或不相隶属的机关。

公文的抄送机关置于主题词之下。抄送机关的称谓方式和排列方法与主送机关相同。此外还应注意：给上级机关的请示件，不应同时抄送下级机关和平级机关；与制发机关不相隶属的会签机关是当然的抄送机关；参与联合行文的机关是公文的主办机关之一，不应算作抄送机关。

4. 内部发送单位

内部发送单位是公文制发机关中需要了解公文内容的内设机构。

内部发送单位置于抄送机关之下。内部发送单位的称谓方式与主、抄送机关称谓方式相同。

5. 印发说明

印发说明包括公文印发部门名称、印发日期、印刷份数、联系人、联系方式等内容。

这里所指的印发部门不是指发文机关(发文机关在版头即“红头”和公文标题中已予明确标示)，而是指公文的印制主管部门，一般应是各机关的办公厅(室)或文秘部门。

印发日期是公文实际制发的时间。标识印发日期是为了准确反映公文的生成时效，通过了解印发日期与成文时间的时间差，可以使发文机关掌握制发公文的日期，使收文机关掌握公文的传递时间，有利于公文的办理。

印刷份数是该份公文所印的数量。公文的制发机关必须掌握印发数量，特别是涉密公文的印制更要严格控制，以保证公文的权威性、严肃性。

一般情况下，版记部分还应标明联系人和联系电话，以保证上级机关质询渠道的通畅。

需要单独说明的是，不同序列的机关联合行文时，版头中的机关名称、标题中的机构名称、主送机关名称、抄送机关(包括内部发送单位)名称，按照党、政、工、群的顺序排列。

【例文 5-1】

江西省教育厅

赣教社政字[2008]27 号

关于在全省教育系统和各级各类学校开展

“弘扬井冈精神，兴我美好江西”主题教育活动的通知

各设区市教育局、南昌铁路局教委、各大中专院校：

为进一步贯彻落实党的十六大和省第十一次党代会精神，深入推进解放思想学习教育活动和“塑造江西人新形象”教育活动，动员和激励全省人民积极投身于实现江西在中部地区崛起、全面建设小康社会的伟大事业，省委决定，从 4 月中旬起，集中 3 个月时间，在全省范围开展一次声势浩大的“弘扬井冈精神，兴我美好江西”主题教育活动。为了积极响应和配合开展这次主题教育活动，根据……

……

要讲求实效，真抓实干；要坚持解放思想，实事求是，与时俱进，以创新的精神开展好活动；要帮助和引导党员、干部和师生按照省里的统一部署和要求，贴近实际，贴近校园，贴近师生，积极开展健康有益、丰富多彩的教育活动；要充分发挥广大师生在活动中的积极性、主动性和创造性，不断扩大活动的参与面；要深入实际，加强调查研究，把开展活动与服务师生的需要全面结合起来，努力增强活动的针对性和实效性。

各地和各学校的有关活动方案和活动过程中的新经验、新做法和新情况请及时报省委教育工委(省教育厅)宣教处(社政处)。

江西省教育厅(印章)

二〇〇八年六月二日

主题词：教育　主题活动　通知

抄　送：教育部，省委办公厅、省政府办公厅、省委宣传部、省文明办、共青团省委，省教育工会

江西省教育厅办公室　　2008年6月3日印发

五、公文写作的基本要求

公文有其自身的特点和规律，写作时必须遵循公文的特点和规律，符合下述基本要求。

(一)掌握党和国家有关的方针政策和法律规定

公文是各级党政机关和企事业单位用以贯彻执行党和国家各项方针政策的有力工具。因此，公文的写作者只有掌握党和国家的有关政策法规、吃透精神、领会实质，才能写出内容正确、格式规范、文字得体的公文。

(二)掌握本部门的业务知识

制发公文的目的是反映并解决实际工作中出现的问题，为了确保公文内容的客观性和处理意见的正确性，公文的写作者应该掌握本部门的业务知识，把上级精神与本部门的实际情况相结合，有的放矢，这样，制发的公文才能实现其效用。

(三)掌握领导的意图

公文写作不是严格意义上的创作，它是把领导意志与上级精神、本单位实际情况有机结合的写作过程。因此，公文写作者必须充分理解和领会领导的意图，通过综合研究，深化和完善领导意图，并行之以文，表达领导意图。

(四)掌握公文的体式

公文具有严格的规范性和程式性，在公文写作时，必须严格遵循公文体式的各项规定。

(1)正确地选择文种，弄清各类公文的基本用法。

(2)确定公文的行文关系。根据机关的隶属关系和职权范围确定公文的行文关系，分清是上行文、平行文还是下行文，以便使用相应的文种及语体行文。

(3)合理安排制发程序。一份公文的制发过程一般包括拟稿、核稿、签发、注发、编号、印校、印章、登记、归档等环节。因此，在公文写作时必须依照程序逐次完成各个环节。

(五)掌握公文的语体

公文具有法定的强制力或行政的约束力，因此，公文的语言应庄重、严密、准确、精练。

在长期的公务活动中形成了许多规范的公文体式用语，准确地使用它们，可使公文语言更富有节奏感，也赋予公文庄重的色彩。

第二节　行政公文的写作

一、命令(令)

(一)命令(令)的概念

命令(令)是国家领导机关颁布的，用以发布行政法规和规章、宣布施行重大强制性行政措施、奖惩有关人员、撤销下级机关不适当的决定等的文件。它具有强制执行性质和法定效力，通常以领导人名义发布，具有独特的权威性。

(二)命令(令)的种类

按照用途不同，命令(令)一般可分为五大类。

1. 颁布令

颁布令也称公布令、发布令，主要用以依照有关法律规定，颁布行政法规和规章。

2. 行政令

行政令主要用以宣布施行重大强制性行政措施，撤销下级机关不适当的决定。

3. 奖惩令

奖惩令包括嘉奖令和惩戒令，主要用以嘉奖有功人员，宣布对有关人员的惩罚。

4. 特赦令

特赦令主要用以对战犯等的赦免。

5. 动员令

动员令主要用以在非常时期动员群众参战、抢险等。

(三)命令(令)的写作

1. 标题

标题有三种形式：一是由发布机关及文种组成；二是由事由及文种组成；三是由发文机关、事由、文种组成。

2. 正文

正文主要包括以下内容：

(1)概述发布命令的缘由、目的、依据或命令产生的程序。

(2)叙述命令的具体事项。

(3)提出命令的执行要求。

3. 落款

正文下方横宽 1/2 处标以发文机关领导人的姓名，其前冠以职务。

在署名下方标注日期。

【例文 5-2】

中国人民银行令

[2005]第 1 号

为促进债券市场发展，规范金融债券发行行为，维护投资者合法权益，中国人民银行制定了《全国银行间债券市场金融债券发行管理办法》，经 2005 年 4 月 22 日第 5 次行长办公会议通过，现予公布，自 2005 年 6 月 1 日起施行。

行长　周小川

二〇〇五年四月二十七日

【简析】

本例文是一篇颁布令，落笔有据，条理清晰，简明扼要，文风庄重，而且用词规范，逻辑性强。前三句阐述了颁布命令的目的；第四句说明了发布命令的主体及命令的内容；第五句说明了命令通过的程序；最后一句说明了命令公布实施的时间。

二、决定

(一)决定的概念

决定是领导机关针对某些重要事项、重大问题、行动所作出的决策。决定要求有关人员必须遵照执行，具有法规性的约束力。

决定一般适用于领导机关安排重要事项或重大行动，必须经一定的会议程序讨论后才能作出。日常工作的布置或局部工作的处理，不宜采用决定这一文种。

(二)决定的种类

根据发文机关的意图和决定内容的不同，决定可分为两类：周知性决定和指挥性决定。周知性决定通常包括表彰决定、处分决定、机构设置决定、人事安排决定或关于某一事项的决定等。指挥性决定的功用在于对重大行动作出指示、规定，以便统一认识、规范行动，写作时论证较多，一般采用夹叙夹议的方法。

(三)决定的写作

1. 标题

标题一般由发文机关、事由和文种组成，也可以由事由和文种组成。

2. 正文

正文通常由三部分组成：

第一部分：交代发文的原因、目的、依据。

第二部分：主要写决定的内容、执行的要求、措施或应注意的事项。对于内容较多的指挥性决定，可以按照主次列出条项，逐一说明，夹叙夹议，类似于理论文章的写法。

第三部分：结尾部分。提出希望与要求，也可省略。

3. 落款

落款包括发文机关名称、发文时间和印章三部分。属会议通过的决定，发文时间一般用圆括号标识置于标题之下，正文之前，见报时印章可省略。

【例文 5-3】

全国人大澳门特区筹委会关于澳门特区第一届立法会在 1999 年 12 月 19 日前开展工作的决定

(1999 年 8 月 29 日全国人大澳门特区筹委会第十次全会通过)

为保证澳门平稳过渡、政权顺利交接，根据澳门特别行政区基本法的规定和全国人大的有关决定，全国人民代表大会澳门特别行政区筹备委员会决定：

澳门特别行政区第一届立法会在其全部议员产生后，在 1999 年 12 月 19 日前开展工作：互选产生立法会主席和副主席；制定立法会议事规则；审议在澳门特别行政区成立时须予通过的必备法案等，以确保澳门特别行政区自 1999 年 12 月 20 日开始顺利运作。

【简析】

本决定第一句说明了决定的目的，第二句说明了决定的依据，第三句说明了作出决定的主体，接下来说明了决定的具体内容。句句落笔有据，文章规范严谨。

【例文 5-4】

国务院关于大力发展职业教育的决定

各省、自治区、直辖市人民政府，国务院各部委、各直属机构：

2002 年全国职业教育工作会议以来，各地区、各部门认真贯彻《国务院关于大力推进职业教育改革与发展的决定》(国发[2002]16 号)，加强了对职业教育工作的领导和支持，以就业为导向，改革与发展职业教育逐步成为社会共识，职业教育规模进一步扩大，服务经济社会的能力明显增强。但从总体上看，职业教育仍然是我国教育事业的薄弱环节，发展不平衡，投入不足，办学条件比较差，办学机制以及人才培养的规模、结构、质量还不能适应经济社会发展的需要。为了进一步贯彻落实《中华人民共和国职业教育法》和《中华人民共和国劳动法》，适应全面建设小康社会对高素质劳动者和技能型人才的迫切要求，促进社会主义和谐社会建设，现就大力发展职业教育作出如下决定：

(一)落实科学发展观，把发展职业教育作为经济社会发展的重要基础和教育工作的战略重点。(略)

(二)以服务社会主义现代化建设为宗旨，培养数以亿计的高素质劳动者和数以千万计的高技能专门人才。(略)

(三)坚持以就业为导向，深化职业教育教学改革。(略)

(四)加强基础能力建设，努力提高职业院校的办学水平和质量。(略)

(五)积极推进体制改革与创新，增强职业教育发展活力。(略)

(六)依靠行业企业发展职业教育，推动职业院校与企业的密切结合。(略)

(七)严格实行就业准入制度，完善职业资格证书制度。(略)

(八)多渠道增加经费投入，建立职业教育学生资助制度。(略)

(九)切实加强领导，动员全社会关心支持职业教育发展。(略)

中华人民共和国国务院

二〇〇五年十月二十八日

【简析】

本例文开头叙述了我国职业教育的总体情况，指出目前职业教育“还不能适应经济社会发展的需要”，摆出了决定的缘由，接着说明了决定的目的是“适应全面建设小康社会对高素质劳动者和技能型人才的迫切要求”，然后以“现就大力发展职业教育作出如下决定”承上启下。中间部分分条列项写决定的具体内容，周全缜密。

三、公告

(一)公告的概念

《国家行政机关公文处理办法》规定，公告适用于向国内外宣布重要事项或法定事项。

公告主要用于级别较高的国家行政机关向国内外宣布重大事件、重要事项或法定事项，如宣布国家领导人的选举结果、公布国家重要的统计数据、全国人大及其常务委员会宣布重大决定等。级别较低的基层国家行政机关、企事业单位、人民团体，以及党的各级领导机关不宜使用公告这一文种。

(二)公告的写作

1. 标题

公告的标题一般由公告机关名称、介词短语性的事项(事由)与文种组成，有的由公告机关名称与文种组成，也有的就以“公告”文种作为标题。

2. 正文

公告的正文一般由三部分组成：一是缘由部分，交代发文的原因、目的、依据等；二是事项部分，具体叙述公告的事项；三是结尾部分，常用“特此公告”、“现予公告”作结语。

3. 落款

公告的落款由两部分组成：一是发文机关名称；二是发文时间(发文时间亦可放在标题之下)。

(三)公告写作的注意事项

(1)文字严谨，语气庄重。公告的制发者是国家高层行政机关，发文对象是国内外的有关机构及人员，所以行文务必严谨庄重、缜密周全。

(2)公告的写作以客观而精练的叙述为主，少议论。

(3)公告不使用公文格式。由于公告是公开宣布的公文，依靠新闻媒介发布，因而不使用公文格式。

【例文 5-5】

中国人民银行公告

[2010]第 1 号

鉴于××××××信托投资公司严重资不抵债，不能支付到期债务，为维护金融秩序稳定，保护债权人的合法权益，根据《金融机构撤销条例》和中国人民银行的有关规定，中国人民银行决定于 2010 年 1 月 25 日撤销该公司，收缴其《金融机构法人许可证》和《金融机构营业许可证》，并自公告之日起，停止该公司一切金融业务活动。

公司撤销后，由中国人民银行组织成立清算组，对该公司进行清算。清算期间，清算组行使公司管理职权，清算组组长行使公司的法定代表人职权。

在清算期间，该公司下属的独立法人实业公司的业务照常经营。该公司债务登记的具体办法由清算组另行通知。

二〇一〇年一月二十四日

【简析】

这是一篇宣布中央银行重大强制性金融行政措施的公告。首先，在知照有问题金融机构名称的同时宣布中央银行对其进行处置的原因和法律依据、处置的方式以及处置后的法定事项，如吊销执照、停止业务活动、组织清算等。然后，告知清算期间的相关事项的办理。语言表述严谨、逻辑严密、语态严肃，体现了行政行为的果断。

四、通告

(一)通告的概念

通告是在一定范围内对人民群众或机关团体公布应当遵守或周知的事项，具有一定的法律效力和行政约束力。

(二)通告的写作

1. 标题

通告的标题有三种格式：一种是由发文机关名称、事由和文种组成；一种是由发文机关和文种组成；还有一种是只写“通告”两字。

2. 主送机关

在有具体明确的收文对象时，要写明主送机关，泛指时可省略。

3. 正文

通告的正文一般包括缘由、事项、结语三部分内容。

第一部分：缘由。即交代发文的缘由、目的、依据。

第二部分：事项。即分条陈述通告的内容。

第三部分：结语。常用“特此通告”、“此告”等习惯用语结束正文。

4. 落款

通告的落款应写明发文机关和成文时间，标题中有机关名称的，落款处可以不再写，只写成文时间。成文时间也可写在标题之下。

【例文 5-6】

关于禁止随地吐痰乱扔乱倒垃圾的通告

为了充分发挥城市的功能，适应改革和开放的需要，维护市容环境卫生整洁，保护人民的身体健康，搞好物质文明和精神文明的建设，特通告如下：

一、凡在本市区和郊区、县城镇的机关团体、部队、企事业单位内部及公共场所(包括公共电汽车)、街道里巷，一律禁止随地吐痰、乱扔乱倒垃圾。

二、对违反本通告的，除进行批评教育、责令其改正外，分别给予下列处罚：

(一)对随地吐痰者除令其擦净痰迹外，罚款×元。

(二)对乱扔果皮、烟头、纸屑、包装物等杂物者，除令其清扫外，罚款×元至×元。对执行上述规定不力的单位负责人，罚款×元。

三、对违反本通告又拒不接受批评教育和罚款者，或辱骂、殴打执法人员者，由公安机关依法惩处。

四、本通告由各级市容、环境卫生管理部门组织实施。各单位和街道设立的市容环境监督员负责监督执行。市容环境卫生监督员执行任务时，要佩戴统一的标志。

五、本通告自××××年××月××日起实施。

××××市人民政府

【简析】

本通告在具体事项中，首先，写明该通告的使用范围；其次，写明对违反者的处罚方法；接着，写明如何对拒罚者进行处理；然后，写明怎么组织实施；最后，写明该通告的生效日期。内容布局有条不紊、环环相扣、周密详尽、措施得当、可操作性强，不失为一份好通告。

五、通知

(一)通知的概念

《国家行政机关公文处理办法》规定，通知适用于批转下级机关的公文、转发上级机关和不相隶属机关的公文、发布规章、传达要求下级机关办理和有关单位需要周知或者共同执行的事项、任免和聘用干部。

通知是使用最多的公文文种，其在公务活动中起着承接上下、联系四方的作用。

(二)通知的种类

1. 发布类通知

此类通知的主要作用是将另一个文件印发、转发、批转、发布出去。例如，《中国人民银行转发〈国务院办公厅关于切实解决高校贫困家庭学生困难问题的通知〉的通知》。此种情况下，通知是被印发、转发、批转、发布文件的传播媒介或者窗口，印发、转发、批转、发布的文件是该类公文的核心内容。

2. 工作部署类通知

此类通知在公务活动中被广泛使用，其内容包括部署工作、开展活动、提出要求、日常管理等。例如，《江西应用技术职业学院关于实行课程改革的通知》、《江西应用技术职业学院关于做好2010年暑期有关工作的通知》等。

3. 告知类通知

此类通知的主要作用是告知事项。例如，《江西应用技术职业学院关于启用印章的通知》。此类通知就是告知，不要求收文方具体做什么。

(三)通知的写作

1. 标题

通知的标题有三种情况：第一种是由发文机关、事由和文种组成；第二种是由事由和文种组成；第三种是由文种"通知"单独作标题。

2. 正文

通知的正文一般由三部分组成。

第一部分：交代发文的缘由、目的、依据、意义等。

第二部分：通知的内容。即上级机关向下级布置的具体工作事项，可分条逐项写。

第三部分：通知的执行要求。陈述执行的具体要求，也可与第二部分结合起来写。

3. 落款

落款写明发文机关和发文日期。批转或转发性通知，还要在落款的左下方附注附件名称及份数。

【例文5-7】

关于召开大学生思想政治工作研讨会的通知

院属各部门、各单位：

为了加强大学生的思想政治工作，提高学生的综合素质，经研究决定在暑期召开大学生思想政治工作研讨会。现将有关事项通知如下：

一、会议时间

2010年8月5日～8月6日，每天上午9：00～11：00，下午14：00～16：00。

二、会议地点

办公楼二楼会议室。

三、参加人员

院属各部门、各单位副科级(含副科级)以上干部。

四、会议内容

分析大学生思想状态，探讨新时期大学生思想政治工作新举措。

五、会议要求

各参会人员结合本职工作研讨大学生思想政治工作，撰写一篇论文提交学院办公室，并做好会议发言准备。

江西应用技术职业学院办公室

二〇一〇年七月二十日

【简析】

这是一篇会议通知，第一部分首先说明了会议的目的、名称；然后以“现将有关事项通知如下”承上启下。第二部分说明了会议召开的时间、地点、参加人员、会议内容、会议要求。要素齐全，具体明确。

【例文 5-8】

教育部关于学习贯彻《国务院关于大力发展职业教育的决定》和全国职业教育工作会议精神的通知

教职成[2005]11号

各省、自治区、直辖市教育厅(教委)，计划单列市教育局，新疆生产建设兵团教育局，有关部门(单位)教育司(局)：

2005年10月28日，国务院发布了《国务院关于大力发展职业教育的决定》(以下简称《决定》)，明确了今后一个时期职业教育改革与发展的指导思想、目标任务和政策措施。11月7日至8日，国务院召开了全国职业教育工作会议(以下简称会议)，深入学习贯彻党的十六届五中全会精神，全面落实科学发展观，动员和部署实施《决定》，温家宝总理、黄菊副总理发表了重要讲话，陈至立国务委员作了工作报告。会议强调，要把发展职业教育作为经济社会发展的重要基础和教育工作的战略重点，要大力发展中国特色的职业教育，加快培养高技能人才和高素质劳动者。《决定》和这次会议的精神，不仅对职业教育，而且对整个教育工作都具有十分重要的指导意义。为做好《决定》和会议精神的学习宣传和贯彻落实工作，现就有关事项通知如下：

(一)动员起来，掀起学习宣传、贯彻落实《决定》和会议精神的高潮。(略)

(二)认真落实《决定》和会议提出的各项工作与任务，努力开创职业教育工作的新局面。(略)

(三)精心组织、认真实施，把《决定》和会议精神落到实处。(略)

各地学习贯彻《决定》和全国职业教育工作会议精神的情况，请于2005年12月底前向我部报告。

二〇〇五年十一月十三日

【简析】

这篇通知的第一部分首先概述了《国务院关于大力发展职业教育的决定》

和全国职业教育工作会议的有关情况，接着分析《决定》和会议的重要性，指出学习贯彻的必要性，说明通知的缘由。第二部分从三个方面阐述了学习贯彻的具体内容。第三部分提出学习贯彻的要求。结构严谨，得体规范。

六、通报

（一）通报的概念

《国家行政机关公文处理办法》规定，通报适用于表彰先进、批评错误、传达重要精神及情况。

（二）通报的种类

按内容性质不同，通报可分为情况通报、表彰通报、批评通报三类。

（三）通报的写作

1. 标题

通报的标题有四种形式：一是由发文机关名称、事由和文种组成；二是由发文机关名称和文种组成；三是由事由和文种组成；四是只由文种“通报”作标题。

2. 正文

正文一般分为五个部分。

第一部分：通报缘由。即用简练的文字概述通报的内容或通报的依据。

第二部分：详细叙述该人该事的基本情况和事实，将事件发生的时间、地点、有关人员、经过、情节、前因后果等陈述清楚。

第三部分：处理意见。即对该人该事的评价或处理意见。

第四部分：经验或教训。即对事件进行分析，总结出相应的经验或教训。

第五部分：提出要求、希望、号召或措施。

3. 落款

署上发通报的单位名称和时间。

【例文 5-9】

中国人民银行办公厅关于表彰风险
处置类再贷款专项检查工作人员的通报

银办发[2010]161号

中国人民银行各分行、营业管理部，××××，××××：

××××年××月××日，总行从各分行、营业管理部金融稳定处、货币信贷处、会计处和内审处抽调一些人员，从部分被撤销金融机构清算组（工作组）抽调一些人员，组成了10个联合检查组，对继续由我行负责处置的16家高风险金融机构使用再贷款情况进行了专项检查。

各分行、营业管理部及各被检查单位高度重视此次专项检查工作，按照总行要求抽调精兵强将参与此次专项检查工作。本次检查涉及的金融机构情况比较复杂，部分机构清算过程时间跨度大，各检查组克服种种困难，深入到各清算组、托管组以及当地人民银行及有关商业银行和中介机构进行了认真细致的调查，查阅了大量历史档案和财务资料，召集相关的当事人进行重点调查，对检查中发现的问题与被检查单位进行了核对、确认，在此基础上形成了书面的检查报告，并将检查记录装订成册，取得了大量翔实的资料。经过本次检查，各检查基本摸清了本次被检查机构风险处置类再贷款的基本情况和存在的问题，并提出了相应的政策建议。

鉴于参加检查工作的全体成员为本次检查工作的顺利完成付出了大量艰辛的劳动，总行决定，对参加此次风险处置类再贷款专项检查上作的所有人员给予通报表彰，表彰记录记入本人档案，以供干部考核参考。

附件：表彰人员名单(略)

二〇一〇年×月×日

【简析】

这是一则表彰类通报。通报首先用概括性语言叙述了相关工作事项的始末，以及参加该项工作人员做出的工作成绩，即表彰的缘由，进而宣布了对参加该项工作人员的表彰。

七、议案

(一)议案的概念

议案是指具有法定议案权的机关或个人，依照法定程序向国家权力机关提出的属于该级国家权力机关职权范围，需要提交会议审议的议事方案。

(二)议案的特点

1. 议案写作主体的法定性

在行政系统中，只有国务院及地方各级人民政府才能以议案的形式向同级人大及其常委会提请审议事项；国务院各部门、各直属机构和地方各级人民政府的各个工作部门无权提出议案，不能使用议案这一文种。议案的写作主体与行文对象是一对一的，单向的，只用于各级人民政府向同级人民代表大会及其常委会行文。

2. 议案内容的特定性

议案的内容必须是属于某级人民代表大会及其常委会职权范围之内的事项或问题。本级人民政府职权范围内可以解决的问题或事项，不应成为议案的内容。这就要求议案的内容必须是带根本性的重大问题或重大事项。

3. 议案提出的程序性

提出议案要经过一定的程序。凡属法规性议案，如条例、规定、办法等，一般须由政府职能部门拟稿，经职能部门领导审定后以请示形式报本级人民政府审核，政府办公厅（室）收到请示后转给政府的法制局核稿，法制局根据法律和法规在内容和表达上对其进行规范后提请本级政府负责人审阅，然后提交政府常务会讨论，通过后由政府办公厅（室）以政府名义向人大或其常委会以议案形式提请审议。凡属于人事任免议案，根据我国党管干部的实际情况，均先由本级党委常委会讨论通过，然后由本级政府第一负责人以政府首长名义向人大或其常委提请审议。这些程序是必经的，不可逾越。

（三）行政议案的分类

作为国务院和地方各级人民政府向国家权力机关提请审议的议案，按性质、内容区分，大体可分为以下几种类型：

1. 立法案

即国家行政机关在制定行政法规时，提请国家权力机关审议的送审原案，或者请求国家权力机关制定某项法律、法规时所提出的原案。

2. 重大事项决议、决定案

即国家行政机关就本行政区域内重大事项，如财政预、决算，发展规划以及政治、经济、文化、教育、科技、卫生、体育等方面工作的重大事项，需要提请国家权力机关进行审议并作出决议、决定的原案。

3. 建议案

即国家行政机关关于加强本行政区各级政府机关建设的重要建议的原案。

4. 任免案

在人民代表大会闭会期间，国家行政机关就任免国家机关工作人员问题提请国家权力机关审议批准的原案。

5. 撤职案

即国家行政机关向国家权力机关提请撤销该国家权力机关选举产生或任命的国家工作人员职务的原案。

6. 其他案

即国家行政机关就本行政区域内广大人民群众迫切要求解决的重大问题以及其他事项，提请国家权力机关审议作出决议的原案。

（四）议案的写作

1. 标题

标题即案由，一般由发文机关、事由、文种组成，也有以事由加文种或仅以文种作标题的形式。

2. 主送机关

国家行政机关议案的主送机关是固定的，即与政府机关同级的人民代表大会及其常委会，写作时应标明“×××人民代表大会”或“×××人大常委会”。

3. 正文

正文包括案据、方案、结语三部分。

(1)案据。即提出议案的理由和依据。

(2)方案。即明确议案名称及其形成过程，提出议案中所提问题的解决途径和办法。

(3)结语。常以“请予审议”等祈使语句结束。

4. 落款

签署首长职务与姓名。

(五)写作议案时应注意的事项

(1)作者的法定性。议案的作者只能是法定机关和符合法定人数的人民代表。政府机关的各个直属机构和工作部门以及其他组织或个人均无权提出议案，也不能使用议案这一文种。

(2)要依照国家法律规定的职权范围行文。如果该事项的审议权属于同级人民代表大会及其常委会，则必须将其作为议案提出，如果该事项可在政府职权范围内处理，则不必提出议案。

(3)一案一事。一般情况下，一个议案只写一个内容。

(4)议案必须在人民代表大会规定的时间内送交，否则不能列为议案。

(5)议案与提案的区别表现在：议案是依法定程序向国家权力机关提交的专用文种；根据《全国政协提案工作试行条例(草案)》的规定，提案是政协委员向政府部门提出书面意见和建议的专用文种，人大代表的建议、批评、意见不应称为提案，而应按现在的习惯说法简称为建议。

【例文 5-10】

国务院关于提请审议《中华人民共和国反不正当竞争法》的议案

全国人民代表大会常务委员会：

为了维护社会主义市场经济秩序，鼓励和保护公平竞争，制止不正当竞争行为，保障经营者的合法权益，国家工商行政管理局经过调查研究，广泛征求意见，草拟了《中华人民共和国反不正当竞争法(草案)》，这个草案业经国务院常务会议讨论通过，现提请审议。

国务院总理：李鹏

一九九三年六月十日

附：《中华人民共和国反不正当竞争法(草案)》(略)

【简析】

例文前四句阐述了案据，说明了提出议案的理由；中间四句明确了议案的主体、名称及形成过程；最后一句是结束语。本议案要素齐全，结构严谨，用词规范。

八、报告

（一）报告的概念

报告是向上级机关汇报工作、反映情况、提出建议，或者是答复上级机关的询问时使用的一种公文。

（二）报告的种类

报告是最常用的上行公文，按内容不同，报告可分为工作报告、情况报告、答复报告、建议报告。

1. 工作报告

工作报告是向上级汇报、总结常规工作的公文。较全面的工作报告包括四部分内容：

(1)基本情况。概述工作环境、过程和成绩等。

(2)经验总结。这是工作报告的主体部分，具体介绍工作中的经验，并注意用材料来说明经验，做到有理论有事实，增强文章的说服力。

(3)存在的问题。即工作中存在的不足之处。

(4)今后措施。即改进工作的具体打算。

2. 情况报告

情况报告一般是用来向上级反映本单位的重大情况的公文。较完整的情况报告由三部分组成：

(1)情况介绍。即陈述事件的整体过程及其结果。

(2)原因分析。即分析事件发生的主客观原因。

(3)责任及处理意见。即明确责任者、负多大责任及相应的处理措施。

3. 答复报告

答复报告是下级回答上级的查询或提问的公文。完整的答复报告包括三部分内容：

(1)过程介绍。即说明事件发生的时间、地点、经过、结果等。

(2)原因分析。即分析事件发生的主客原因。

(3)处理意见。即具体、适当地提出处理意见，以便领导掌握及处理。

4. 建议报告

建议报告是下级向上级提出工作建议及要求的公文。完整的建议报告包括三部分内容：

(1)情况介绍。即写明情况、指出问题、简述提出建议的依据和目的。

(2)建议事项。即具体说明建议的内容。

(3)提出希望。建议报告重点是提出建议，不是反映情况，因此，必须处理好情况与建议的关系，说明情况是为提出建议打好基础，建议必须在说明情况的基础上提出。

(三)报告的写作

1. 标题

报告的标题由发文机关、事由和文种三部分组成，也可省略发文机关，由事由和文种两部分组成。

2. 正文

各种类型的报告在写法上稍有不同，但正文内容基本相同，包括以下五部分：

第一部分：简述情况或问题。

第二部分：总结经验教训或分析原因。报告以反映情况为主，但对情况要有分析，从情况中总结出经验或教训来，行文时要说明看法和意见。

第三部分：存在的问题或责任，工作报告要客观分析存在的问题；情况报告要分清责任。

第四部分：今后的意见或准备采取的措施。

第五部分：结尾。

3. 落款

署上发文机关名称、发文日期和加盖印章。

【例文 5-11】

中共××市委　××市人民政府

关于我市召开全市经济工作会议情况的报告

省委、省政府：

为了贯彻落实全省经济工作会议精神，巩固和发展 2009 年我市经济社会发展的好形势(2009 年主要经济指标预计完成情况见附件一)，我们在充分准备的基础上，于 12 月 28 日召开了全市经济工作会议，会议结合××市实际，提出了明年经济工作“1115”总体思路(见附件二)，明确了明年经济工作的具体措施，为做好明年经济工作奠定了良好的基础。

特此报告

中共××市委　××市人民政府

2009 年 12 月 29 日

附件：(略)

【简析】

这份报告周全地报告了会议的目的、时间、成果，言简意赅。用附件来详尽地说明 2009 年的工作情况和 2010 年的工作思路，主件、附件相辅构成，较好地实现了行文的目的。

【例文5-12】

关于中等职业学校与劳动预备制培训并轨的理论和实践研究课题完成情况的报告

××省教育厅：

由我校×××同志任负责人的国家级课题《中等职业学校教学与劳动预备制培训并轨理论和实践研究》，历经一年零六个月，目前已全面进入结题阶段。现将有关研究工作情况报告如下：

一、本课题参研单位27个，分(子)课题36项，参研人员共258人，这是截至目前我省职业教育领域参加人员最多、涉及面最广、影响最大的一项课题研究活动。

课题组成员进行了广泛研究，做了大量的论证、调查及实验，对中等职业教学进行了创造性的改革，初步形成了中等职业学校实施劳动预备制培训的完整模式。课题组编制相应的教学计划、教学大纲和教材，同时在实验基地强化师资培训，使教师职业技能和实践能力得以强化，课程开发能力和职业咨询指导能力也相应地提高。目前，各参研单位已形成相当规模的、适应培训需要的、阶梯式的教师队伍。各实验基地按照新的教学模式，有针对性地面向社会、面向劳动力市场，为新增劳动力和在职人员、转岗、下岗人员提供各种层次、各种形式的职业培训。经过实践，各实验基地校培训人数每年以20%的速度增加。目前，××市各级各类职业学校60多家，培训技能岗位由原来的27个增至327个，培训人数由原来的不足6万人增至近11万人。

在课题研究过程中，课题组成员公开发表学术论文150篇，到各地作专题报告15场，在网上发布了科研成果及相关资料。课题研究成果影响广泛，取得了突出的社会效益。

二、在研究过程中，我们有这样几点基本体会：

1. 实施劳动预备制培训为中等职业教育注入了新的活力。

经过广泛的社会调查和较系统的教学实践，我们认为，要使中国真正成为“世界工厂”，职业教育承担着非常重要的任务。中等职业学校要充分利用现有资源，打破传统教育模式，突破教育对象的单一性、教学时间的固定性，挖掘教育资源的潜能，采取灵活多样的办学形式，积极推行中等职业学校教学实施劳动预备培训的模式，确立中等职业学校教育与职业资格证书相匹配的机制，这样才能为中等职业学校的发展注入新的活力。

2. 对推行职业资格证书和劳动预备制要进一步落实责任。

推行职业资格证书和劳动预备制是一项系统工程，需要多方面通力合作，而落实职业资格和劳动预备制的主要责任在政府，政府和有关部门可以使职业学校充分发挥作用，经过资格认定，将部分职业学校建设成劳动预备教育的培训基地，要明确政府、企业和中等职业学校的责、权、利关系，让中等职业学校获得更大的经济效益，从而进一步调动中等职业学校的积极性，以便更好地发挥职业教育在预备制培训中的作用。

3. 加强联系，协调关系，促进劳动预备制培训更快发展。

目前，职业资格证书和劳动预备制管理较混乱，只有教育、劳动、人事等部门齐抓共管，才能达到协调一致。因此，劳动、人事、教育等部门应该尽快联合起来，共同确定步调一致、协调统一的劳动预备制培训方案及实施标准，借鉴国外和国内成功经验，以中等职业教育实施劳动预备制培训为基础，共同研究制定分工种、分岗位、符合市场和企业人才需求的教育标准及模式，开发相应的教学大纲、教材和考核标准，以便更好地在中等职业学校中推广。(我校同时有相关建议另文呈报)

三、有待进一步研究的问题：

在课题研究过程中，有时出现重结果轻过程、重实践轻理论、重表面现象轻深层规律等问题，因此导致对课题本身研究的深度、广度和力度不够。

同时，相对完善的教育教学改革还局限于少数专业，有待于在更多条件相对成熟的其他各类专业及相关院校尝试推广。

限于条件，对职业学校开展劳动预备制中的就业指导、创业教育、远程培训及对下岗、转岗人员的培训还有待进一步深入。

从研究内容上看，因为劳动预备制问题是我国近年来针对职业教育提出的新课题，国内可供研究的材料少，给课题的开发研究带来许多困难。由于课题研究已基本结束，故我校拟出结题及鉴定工作安排，另文呈请审批。

二〇一〇年六月二十日

【简析】

该报告的第一部分概述了课题负责人、名称、时间等基本情况。第二部分首先介绍了课题研究的基本情况；然后报告了研究过程中的几点体会；最后提出了有待进一步研究的问题。报告内容全面，结构严谨，表述规范，文风晓畅。

九、请示

(一)请示的概念

请示是下级机关请求上级机关对某项工作给予指示或批准时所使用的公文。

请求上级机关给予指示的请示，主要应在遇到现有的方针、政策、法规及规定所不曾涉及的新情况、新问题，或政策界限难以把握时使用；请求上级机关予以批准的请示，主要应在遇到超越本机关的职权范围，或本机关有关人员对之看法、意见不是完全一致的问题时使用。另外，某些业务主管部门就带有普遍意义的问题提出看法，希望领导机关将其批转有关单位时，也可以使用请示。

(二)请示的种类

请示是上行文，专门用于下级机关向上级机关请求指示、请求批准事项。根据请示的作用不同，请示可分为请求指示性请示、请求批准事项性请示、请求批转或转发性请示。

1. 请求指示性请示

请求指示性请示主要包括两种情况：一是向上级机关询问事项，请求上级机关给予指示，如对有关政策、规定给予明确或者进行解释等。二是在实际工作中，遇到新情况、新问题，需要上级机关进行指示。

2. 请求批准事项性请示

请求批准事项性请示主要用于超出下级机关自行决定的职责范围，需由上级机关决定的事项，或者虽然属于下级机关职责，但上级机关为事先把握情况明确要求下级机关行文请示的事项。

3. 请求批转或转发性请示

请求批转或转发性请示主要包括两种情形：一种是请求上级机关认可和批准其所提出的意见和建议，批转各地政府或各有关部门执行。这种请示涉及的工作事项一般需要各地政府或不相隶属机关支持或执行，而提出请示的机关又没有权力提出要求，所以，请求以上级机关的名义批转或转发，代为部署。另一种是相关情况需要各地政府或不相隶属机关了解或者重视，上级机关转发或者批转力度会更大。因此，请求以上级机关的名义批转或转发，代为通报。

(三)请示的写作

1. 标题

请示的标题由发文机关、事由和文种三部分组成，也可以省略发文机关。

2. 正文

请示的正文包括三个部分：

第一部分：请示缘由。即通过摆事实、讲道理来申明情况，说明请示的依据、背景、目的、缘由等。

第二部分：请示事项。即实事求是地写清拟请上级给予指示、批准的具体内容、要求及理由。

第三部分：结束语。常用“以上意见当否，请批示”，“妥否，请批复”，“以上请示，请予审批”等习惯用语为结束语。

3. 落款

落款包括发文机关、发文日期和印章三部分内容。

（四）写作请示注意事项

（1）主送机关只能写一个，不能多头请示。如确需请示几个机关，可用抄送的形式。

（2）一文一事，切勿数事并请。

（3）不得抄送下级机关。

（4）请示与报告是两个性质完全不同的文种，其主要区别在于：报告着重陈述情况和意见；请示则着重于提出问题和请求。

【例文 5-13】

关于增设××派出所的请示

××市公安局：

我分局下属淮河派出所于××××年经市局批准成立，辖区位于城乡结合部，东西从××街至××街，南北从××路至××路，管辖地域广，总面积达××平方公里，战线长，东西 22 公里。近年来，随着我市经济的迅速发展，外来务工人员不断增加，辖区人口由建所之初的 5 万人，增加到现在的 12 万多人。由于流动人口比例增加，导致该地区治安情况复杂，近三年来，刑事案件以每年 5%的速度增长，治安案件增速更是高达 80%，分别比我市平均值高出 2%和 4%。淮河派出所现有民警 20 人，由于长期高强度、超负荷工作，身体健康状况令人担忧。由于该所辖区狭长，使得出警不及时，不能有效地处理各种案件，致使群众对民警不信任，治安形势十分不稳定。

鉴于上述情况，我局拟增设××派出所，具体方案如下：

一、规模：为科级建制，人员编制为 20 人。

二、位置：××派出所设于西江街 83 号，原建设宾馆招待所。

三、辖区：管辖原属淮河派出所管辖的怒江街以东地区。

妥否？请批示！

××分局

二〇一〇年五月十日

【简析】

该请示的第一部分通过摆事实，说明增设派出所的理由；第二部分提出请示事项并提出了具体方案。请示理由充分，方案可行，用语得体，行文规范。

十、批复

（一）批复的概念

批复是上级机关答复下级机关请示事项的公文。

批复与请示是两相对应配合使用的一组文种。下级机关用请示请求上级机关指示或批准，上级机关用批复传达指示或批准意见。请示的主送机关应是批复的发文机关，批复的主送机关是请示的发文机关。

（二）批复的种类

批复是下行文，专门用于对下级机关来文请示事项的回复。按照回复意见的内容划分，批复大致分成指示性批复和解答性批复两类。

1. 指示性批复

指示性批复有两种情况：一是对于下级机关的请示事项表示同意；二是对下级机关的请示事项持否定态度，或者既有同意的又有否定的。但是，对下级机关的请示不管是“准”与“驳”，都要向下级机关作出相应的指示，讲清楚肯定或者否定的原因，给出明确的答复意见。

2. 解答性批复

解答性批复是针对下级机关的询问事项或请示中涉及的有关问题作出解答，是下级机关处理有关问题的依据和凭证。

当然，在有些批复的内容中，既有对下级机关有关工作的指示，又有就某些问题或者情况作出的解释。

（三）批复的写作

1. 标题

批复的标题有以下几种组成形式。

第一种：××机关关于××问题的批复。

第二种：××机关关于××问题给××机关的批复。

第三种：关于××事项给××机关的批复。

2. 主送机关

主送机关是与批复相对应的请示的发文机关。

3. 正文

批复的正文包括三个部分：

第一部分：引述来文。即说明批复的根据和缘由，明确批复的对象。

第二部分：批复内容。即表明态度，针对请示的内容明确表态，对不同意的事项，应说明理由。有的批复在表明态度之后，还可以提出具体要求。

第三部分：结束语。常用“此复”、“特此批复”等体式用语结尾。

4. 落款

署发文机关、发文时间及加盖印章。

【例文 5-14】

国务院关于设立××经济技术开发区的批复

××省人民政府：

你省《关于进一步扩大××市对外开放有关问题的请示》(鄂文[2010]9 号)收悉。现批复如下：

一、同意设立××经济技术开发区，实行沿海开放城市经济技术开发区的政策。××经济技术开发区位于沌口、郭徐岭地区，东至长江岸边，西至 318 国道，南至高压走廊，北至神龙路。规划面积为十平方公里，首期开发面积为五点五平方公里。

二、××经济技术开发区要坚持以兴办工业和科技型项目为主，大力吸引外资，以加快轿车产业的国产化和国有大中型企业的技术改造，发挥外向型经济的窗口作用。

三、要加强对××经济技术开发区的领导，做好统筹规划，分期组织实施，做到开发一片，建设一片，收效一片，促进开发区各项工作的顺利进行。

国务院

二〇一〇年四月四日

【简析】

该批复的第一部分引述来文，字约文丰。第二部分阐述三点批复意见，态度明确，要求具体。三点批复意见之间具有严密的逻辑关系。

十一、意见

(一)意见的概念

意见适用于对重要问题提出见解和处理办法，适用于有行政隶属关系的上下级之间行文，也适用于没有行政隶属关系的机关或单位之间行文；意见可以是上行文，可以是下行文，也可以是平行文。

在公文处理实践中，意见是实用性、灵活性很强的文种，具体表现在：

一是当意见作为下行文时，与命令、决定、通知等公文形式相比，意见的政策实施弹性更大一些。中国地域辽阔、地方差异很大，政策、办法的推行都需要结合当地的实际情况。当政策通过决定、通知等公文形式发布时，由于刚性较强，下级机关结合本地、本单位实际情况变通执行的余地就较小；而使用意见的公文形式发布时，政策实施的弹性空间就大得多。对于上级机关来说，对某些情况的处理、某些问题的解决，只要给予宏观指导，提出原则性意见或者指导性意见即可，意见就解决了这个传统公文很难解决的问题。

二是当意见作为上行文时，与请示、报告相比，意见在公文办理制度方面的约束要小一些。例如，提出工作建议的空间要大一些，不仅仅局限在工作职能范围以内，对于涉及其他领域的问题，也可以提出建议。与请求上级机关批准的请示相比，由于意见并不要求上级机关必须批复，如果涉及其他部门职责的相关建议难以协商或不便协商，可以不必会签，意见仅表明本部门的态度；同时，请示中的建议经上级机关批准后是需要实施的，必须明确、具体及可操作，而意见无须上级机关批复，其中的建议可以宏观一些，也可以是务虚的。对于下级机关的意见，需要明确批示时，上级机关可以按照请示办理；不需要批复的，可以按照报告办理。

三是对于不相隶属的平行机关来说，使用意见这种公文形式办理往来征询、回复意见事宜的公文更加便捷。过去，不相隶属的平行机关之间往来公文只有函这一种形式，增加了意见这种新的公文形式后，平级机关之间就有关征询意见的回复，在公文标题的处理上更加直接、简洁，而且使用意见，也便于收文方将其与其他函件区分。

四是有关行政管理主体在行政范围内，对没有隶属关系的组织、单位或监管对象提出管理要求、指导业务操作、进行有关提示时，使用意见(或指导意见)这种公文形式比起使用决定、通知等指令性公文更加灵活，富有弹性，且更加人性化，易于让对方接受。

(二)意见的种类

上级机关的意见一般有两种：一种是指令性意见，即上级机关对于重要问题提出的见解，表明了上级机关的态度。对于这种意见，下级机关必须认真对待，对文中提出的处理办法，应结合当地情况予以认真贯彻执行。另一种是指导性意见，即上级机关针对提出的建议，表明上级机关的基本意向。对于这种意见，下级机关在领会上级机关基本意图情况下，可以结合本地、本部门的实际情况，作出实施决策，提出针对性更明确、操作性更强，更有利于解决问题的具体办法，也可以仅将其作为工作参考。

(三)意见的写作

1. 标题

标题一般由发文机关、事由和文种组成。

2. 正文

正文通常由三部分组成：

第一部分：交代发文的原因、目的、依据。

第二部分：主要写意见的具体内容，执行的要求、措施或应注意的事项。

第三部分：提出希望。

3. 落款

落款一般包括发文机关名称、发文时间和印章三部分。

【例文 5-15】

江西省人民政府贯彻《国务院关于大力推进职业教育改革与发展的决定》的实施意见

赣府发[2004]36 号

各市、县(区)人民政府，省政府各部门：

为贯彻落实《国务院关于大力推进职业教育改革与发展的决定》(国发[2002]16 号)和全国职业教育工作会议精神，加快我省职业教育改革和发展步伐，努力适应经济建设和社会发展对培养高素质劳动者和各类实用人才的需求，提出如下实施意见：

一、充分认识职业教育的重要地位和作用，明确职业教育改革与发展的目标任务。(略)

二、深化职业教育管理体制和办学体制改革，建立适应社会主义市场经济的运行机制。(略)

三、加大职业教育教学改革力度，提高教育质量。(略)

四、严格实施就业准入制度，加强职业教育与劳动就业的联系。(略)

五、努力增加对职业教育的经费投入，多渠道筹集资金。(略)

六、切实加强对职业教育的领导，推动职业教育持续健康发展。(略)

【简析】

这是一篇下行的指导性意见，第一部分交代了发文的目的，然后以“提出如下实施意见”承上启下。第二部分从六个方面说明了意见的具体内容。内容周全，逻辑性强。

十二、函

(一)函的概念

函是用于和同级机关、部门或不相隶属的机关、部门之间联系商洽工作，询问和答复问题时使用的公务函件。

函是商洽性公文，主要适用于平行及不相隶属的机关商洽公务，询问、答复问题等。函的适用范围宽泛、形式灵活、使用方便，具有其他文种不具备的功能，凡不宜或不便使用其他文种行文的，一般都可以用函。总的来说，函可分为以下几种情况：一是向主管某一方面工作的平行行政机关请求批准事项、报告情况、报送材料和办理报备事宜；二是与不相隶属的机关商洽工作、询问事项、征求意见或者提出建议；三是对不相隶属的机关来函的回复，包括批准平行机关、单位请示事项。

（二）函的种类

函有公函、便函之分。公函用来联系较重要的公务，属于正式公文，具有公文体式。便函用来联系一般事务，不属于正式公文，不必编制发文字号，用机关信笺缮写盖印即可。

（三）函的写作

1. 标题

公函的标题一般由发文机关、事由和文种组成，也可以由事由和文种组成。

2. 正文

正文内容包括三个部分：

第一部分：缘由。即依据部分，交代写函的原因、目的、依据。如果是去函，即说明去函之原因；如果是复函，即说明是答复对方某某函件。

第二部分：事项和意见。简明扼要地写清函告的具体内容及自己的看法和处理意见。如果是复函，应针对来函的情况给予明确答复。

第三部分：结束语。常用“特此函告”、“特此函复”作结束语。

3. 落款

署发文机关、发文时间及加盖印章。

【例文 5-16】

××县人民政府办公室关于询问××中学违规收费情况的函

×府办函[2010]10 号

县教育局：

据《××晚报》2010 年××月××日二版报道，我县××中学连续两年违规收取“建校费”达 120 万元。此事经媒体披露后，在群众中引起强烈反响。但据了解，自报道刊发至今，已逾半月，该校始终未向媒体作出任何解释，你局亦未派出人员进行深入调查并公布相关情况，导致众多家长联名写信向主管县长反映。

根据县政府领导同志指示，特函知你局迅速处理此事，并将有关情况及时上报。

二〇一〇年××月××日

【简析】

本例文内容严谨、简明。正文虽不足 200 字（含标点），但叙事清楚、表意明确、措辞得体。

第一段依“事件”、“反映”、“动态”、“后果”进行表述，条理清晰。其中“但”、“导致”等词语，明确表示了批评之意，可谓直述不曲，整段文字展示了作为询问函的具体针对性。

第二段，先强调发函依据，再提出要求。“迅速处理”、“及时上报”两个偏正短语，十分明确地传达了领导同志的指示内容。

十三、会议纪要

(一)会议纪要的概念

《国家行政机关公文处理办法》规定，会议纪要适用于记载和传达会议的情况和议定事项。

会议纪要是一种实录性公文，是在对会议讨论的事项加以归纳、整理的基础上，将其反映出来的公文文种。

并非所有的会议都要形成会议纪要，通常只有大中型会议或比较重要的会议，才要求写会议纪要。

(二)会议纪要的特点

(1)会议纪要的公文格式类似于简报。而与简报不同的是：会议纪要是正式的公文，是管理和行政的工具，一俟发出，必须执行；而简报是信息载体，只是参考性文字材料。

(2)会议纪要与其他公文形式不同的是：其他公文是必须印发的，不管行文对象是社会公众，还是特定的群体或个人；而会议纪要视具体情况可以印发，也可以不印发，只作为内部工作情况的记录留作查考，直接存档。需要印发的会议纪要，必须发给与会的各方，也可以酌情发给没有参加会议的相关单位阅知或执行。

(3)在印发形式上，会议纪要可以作为独立的公文印发，也可以作为其他文件的附件随文发出；会议纪要没有主抄送机关，按照文尾注明的印送范围发送。

(三)会议纪要的种类

根据会议纪要的特点和作用不同，会议纪要可分为：

1. 决议性纪要

决议性纪要是将会议议定的对重要事项的解决办法、对重要问题的看法用决议的形式记录下来的公文。决议性会议纪要政策性强，带有指导性，要求与会各方或有关单位遵照执行。

2. 情况通报性纪要

情况通报性纪要是将会议的有关情况、形成的有关意见告知受文单位，带有宣传性的公文。

3. 凭证性纪要

凭证性纪要的作用是将会议形成的意见或认识、议定的事项记录下来，以备查考。这种会议纪要大多不印发，如研究党务工作、人事问题的会议纪要，需要严格限制阅知范围的会议纪要等。

需要说明的是，上述分类只是根据会议纪要的主要内容、主要作用进行的笼统分类。在实践中，很难对会议纪要的类别进行准确的划分，决议性纪要、情况通报性纪要的凭证作用是明显存在的，而凭证性纪要记载的当然应是会议议定事项，是会议的决议。

（四）会议纪要写作的注意事项

（1）拟写会议纪要应实事求是地记载会议的时间、地点、议题、主持或召集单位、主持人、参加单位等内容，必要时还应在纪要内容的最后列明参加会议人员的姓名，注明与会人员的职务。同时，必须实事求是地记载会议的实际内容，不可以随心所欲地增减或更改内容。无论是多数人的意见还是少数人的意见，也不管会议上是否产生分歧，会议纪要都应客观地记录形成决议的意见。为了保证会议纪要的客观性，一般应经与会单位会签后定稿。这是会议纪要作为历史情况的记录与其他公文相比最主要的特点和不同。

（2）拟定会议纪要还应该注意的是：会议涉及的话题可能比较多，拟写会议纪要一定要抓住会议的主题，将与主题无关或联系不紧密的内容省略掉，即所谓的纪“要”，纪要不“要”，就失去了纪要的意义；同时，由于参加会议的单位是以个人自由发言的形式介绍情况，发表自己的意见或看法，议定的意见可能比较零散，因此，拟写会议纪要需要对与会各方的意见、对会议的情况进行整理、归纳、概括，而不应只是被动记录。

（五）会议纪要的写作

1. 标题

会议纪要的标题一般由会议名称和文种组成。

2. 正文

会议纪要的正文可分为三个部分：

第一部分：会议基本情况。即交代会议的时间、地点、议题、议程、与会人员、会议的主要收获、类似会议报道的新闻导语。

第二部分：会议内容纪要。即对会议记录的原始材料进行分类整理，归纳出与会者经过讨论达成一致的内容，列出与会者存在的主要分歧意见等。

第三部分：提出希望或号召。

3. 落款

署上发文机关及日期。

【例文 5-17】

中共××省委常委会议纪要

时间：2010 年 4 月 15 日上午

地点：省委会议室

内容：传达中央精神，讨论搞好洋浦成片承包开发的问题

×××、×××同志传达了全国各省、市、自治区负责同志会议，全国人大、政协七届二次会议精神，谈了××同志在政协大会上的发言对洋浦开发引起的议论和中央领导同志对洋浦开发的支持。×××、×××同志汇报了在北京联系工作的情况。

会议认为，遵照我国宪法关于“国家土地使用权可以有偿转让”的规定，中央对×××提出“引进外资为主”的方针，国务院关于境外投资者可以在××成片开发土地，“土地使用权出让最长期限为七十年”的规定，洋浦开发区让外资成片承包开发，这是吸引外资搞基础设施的好办法，沿海开发区、特区也这样做，是完全符合中共中央、全国人大、国务院对××发展战略指示精神的。洋浦开发区涉及主权的，如军事、外交、法律、公安等方面均掌握在我们手中，在洋浦开发建设什么项目，要受到我国法律制约，要经过省人民政府批准。外商在开发区内取得的只是企业的经营自主权。因此，不存在出卖主权，沦为殖民地和租界的问题。用低地价换来高额投资和高效益是合算的，也不涉及军事设施与影响国防的问题。

出席会议的党、政、军负责同志一致拥护中央领导同志的指示，洋浦开发区采取统一规划，成片开发，分期实施，以项目带土地的办法，希望国务院尽快审批。

×××同志主持会议，出席会议的常委有×××、×××……

中共××省委办公厅

【简析】

该会议纪要首先概述了会议的基本情况；然后归纳出与会者经过讨论取得一致意见。要素齐全，概括性强。

>>> 思考与练习

1. 公文写作的特殊性表现在哪些方面？
2. 如何理解“公文”这一概念？

3. 国家行政机关的公文有哪些种类？
4. 实现公文格式标准化的意义表现在哪些方面？
5. 通知有哪些种类？
6. 会议通知有哪些要素？
7. 通告的适用范围是什么？
8. 通告的具体事项之间为什么要具有逻辑性？
9. 如何理解意见的用途及其行文方法？
10. 公告与通告有何区别？
11. 提案与议案有何区别？
12. 会议记录与会议纪要有何区别？
13. 如何理解函的适用范围？
14. 报告与请示、请示与申请有何区别？
15. 通报的正文包括哪些内容？

第六章　规章制度

第一节　规章制度概述

一、规章制度的概念及其作用

规章制度是国家机关、社会团体、企事业单位为了维护正常的工作、学习、生活的秩序，保证国家各项政策的顺利执行和各项工作的正常开展，依照法律、法令、政策而制定的具有法规性、指导性与约束力的应用文，是各种行政法规、章程、制度、公约的总称。

规章制度的使用范围极其广泛，大至国家机关、社会团体、各行业、各系统，小到单位、部门、班组。它是国家法律、法令、政策的具体化，是人们行动的准则和依据，因此，规章制度对社会经济、科学技术、文化教育事业的发展，对社会公共秩序的维护，起着十分重要的作用。

二、规章制度的特点

1. 约束性

规章制度明确规定了应该做什么，不应该做什么。它是人们的行为准则，一经生效，有关单位或个人就必须严格遵守或遵照执行。如果违反有关条款，就要受到相应的处罚。

2. 权威性

规章制度的权威性来源于机关单位的权威性。规章制度的制发者是法定的，即依法能以自己的名义行使权力与承担义务的组织。规章制度是制发者根据自己的职责和权限制定的，是本级机关权力意志的反映。

3. 稳定性

规章制度既然是人们的行为准则，就不宜经常变动和修改，应具有相对稳定性。因此，不能将脱离实际的条文，属于临时性的、个别性的问题，暂还没有条件实行的问题引入规章制度。但这并不是说规章制度就是一成不变的，在条件成熟或环境发生了变化时，应及时修改并完善它。

第二节　规章制度的种类

规章制度包括行政法规、章程、制度、公约四大类。不同的类别，反映不同的需要，适用于不同的范围，起着不同的作用。

一、行政法规类

1. 条例

条例是具有法律性质的文件。它对有关法律、法令作辅助性、阐释性的说明和规定，对国家或某一地区政治、经济、科技等领域的某些重大事项的管理和处置作出比较全面、系统的规定，对某机关、组织的机构设置、组织办法、人员配备、任务职权、工作原则、工作秩序和法律责任作出规定或对某类专门人员的任务、职责、权利义务、奖惩作出系统的规定。它的制发者是国家最高权力机关、最高行政机关(国务院各部委和地方人民政府制度的规章不得称为“条例”)。例如，《中华人民共和国计算机信息系统安全保护条例》、《中华人民共和国人民币管理条例》。

2. 规定

规定是为实施贯彻有关法律、法令和条例，根据其规定和授权，对有关工作或事项作出局部的具体的规定的文件。它是法律、政策、方针的具体化形式，是处理问题的法则。规定主要用于明确提出对国家或某一地区的政治经济和社会发展的某一方面或某些重大事故的管理或限制。规定重在强制约束性。它的制发者是国务院各部委、各级人民政府及所属机构。例如，《互联网电子公告服务管理规定》、《国家公务员录用暂行规定》、《关于出版物上数字用法的试行规定》。

3. 办法

办法是对有关法令、条例、规章提出具体可行的实施措施，对国家或某一地区政治、经济和社会发展的有关工作、有关事项的具体办理、实施提出切实可行的措施的文件。办法重在可操作性。它的制发者是国务院各部委、各级人民政府及所属机构。例如，《商品条码管理办法》。

4. 细则

细则是为实施条例、规定、办法作详细、具体或补充的规定，对贯彻方针、政策起到具体说明和指导作用的文件。它的制发者是国务院各部委、各级人民政府及所属机关。例如，《〈对外汉语教师资格审定办法〉实施细则》、《中国互联网络信息中心域名注册实施细则》。

二、章程类

章程是政府或社会团体用以说明该组织的宗旨、性质、组织原则、机构设置、职责范围等的纲领性文件章程，具有准则性与约束性的作用。它的制发者是政党或社会团体。例如，《中国共产党章程》、《××省质量管理协会秘书工作质量研究会章程》。

三、制度类

1. 制度

制度是有关单位和部门制定的，要求所属人员共同遵守的准则，是机关单位对某项具体工作、具体事项制定的必须遵守的行为规范。它的制发者是机关团体、企事业单位及其部门。例如，《安全生产制度》、《××地区环保局廉政制度》。

2. 规则

规则是机关单位为维护劳动纪律和公共利益而制定的要求大家遵守的关于工作原则、方法和手续等的条规。它的制发者是机关团体、企事业单位及其部门。例如，《全国安全生产委员会专家组工作规则》、《江西应用技术职业学院图书馆借阅规则》。

3. 规程

规程是生产单位或科研机构为了保证质量，使工作、试验、生产按程序进行而制定的一些具体规定。它的制发者是机关团体、企事业单位及其部门。例如，《车间操作规程》、《电工安全操作规程》。

4. 守则(准则)

守则是机关团体、企事业单位要求其成员遵守的行为准则。它倡导有关人员遵守一定的行为、品德规范。它的制发者是机关团体、企事业单位及其部门。例如，《全国职工守则》、《汽车驾驶员守则》、《高等学校学生行为准则》。

5. 须知

须知是有关单位、部门为了维护正常秩序，搞好某项具体活动，完成某项工作而制定的具有指导性、规定性的守则。它的制发者是有关单位、部门。例如，《观众须知》、《参加演讲赛须知》。

四、公约类

公约是人民群众或社会团体经协商决议而制定出的共同遵守的准则。它是人们为了维护公共秩序，经集体讨论，把约定要做到的事情或不应做的事情、应该宣传的事情或必须反对的事情明确写成条文，作为共同遵守的事项。它的制发者是人民群众、社会团体。例如，《全国青少年网络文明公约》、《首都市民文明公约(网络版)》。

第三节　规章制度的写作

一、行政法规的写作

行政法规由标题和正文组成。

1. 标题

行政法规的标题通常有以下四种写法。

一是由国家名称、事由和文种组成。如《中华人民共和国计算机信息系统安全保护条例》。

二是由机关名称、事由和文种组成，其中事由多用"关于……的"介词结构，使之作文种的定语。如《国务院关于鼓励华侨和香港澳门同胞投资的规定》。

三是由适用范围、事由和文种组成。如《全国地质资料汇交管理办法》。

四是由事由和文种组成。如《商品条码管理办法》。如果该法规是暂行、试行或补充的，则在法规名称前注明"暂行"、"试行"、"补充"的字样。如《有线电视管理暂行办法》。

2. 正文

正文的开头部分写明依据、目的、意义、指导思想、适用原则等说明性文字。如："为了加强对互联网电子公告服务(以下简称电子公告服务)的管理，规范电子公告信息发布行为，维护国家安全和社会稳定，保障公民、法人和其他组织的合法权益，根据《互联网信息服务管理办法》的规定，制定本规定。"

主体部分写明法规的具体条款，这是正文的核心部分，写法主要有章条式和条款式两种。

(1)章条式。它适用于条文较多的行政法规。全文分若干章，包括总则、分则和附则三个部分。第一章叫总则，概述制定目的和根据、适用范围、基本原则等；中间各章叫分则，规定具体规范和奖惩办法；最后一章叫附则，说明主管部门、施行日期、废止的旧法规，有的还在附则中写参照执行该法规的对象。各章又分若干条，每条前面写"第×条"，也可以直接用"一"、"二"、"三"等数字标明。条下可设款、项、目，各款不冠数字，项和目冠数字。

(2)条款式。它适用于条文较少的行政法规。全文分若干条，条下设款，也有的款下分项和目。

结尾部分说明实施日期、执行权、解释权及其他未尽事宜的解决办法。

如《商品条码管理办法》:“第四十四条 本办法由国家质检总局负责解释。第四十五条 本办法自2005年10月1日起施行。1998年7月3日原国家质量技术监督局颁布的《商品条码管理办法》同时废止。”

【例文6-1】

中华人民共和国计算机信息系统安全保护条例

(中华人民共和国国务院令第147号)

第一章 总 则

第一条 为了保护计算机信息系统的安全,促进计算机的应用和发展,保障社会主义现代化建设的顺利进行,制定本条例。

第二条 本条例所称的计算机信息系统,是指由计算机及其相关的和配套的设备、设施(含网络)构成的,按照一定的应用目标和规则对信息进行采集、加工、存储、传输、检索等处理的人机系统。

第三条 计算机信息系统的安全保护,应当保障计算机及其相关的和配套的设备、设施(含网络)的安全,运行环境的安全,保障信息的安全,保障计算机功能的正常发挥,以维护计算机信息系统的安全运行。

第四条 计算机信息系统的安全保护工作,重点维护国家事务、经济建设、国防建设、尖端科学技术等重要领域的计算机信息系统的安全。

第五条 中华人民共和国境内的计算机信息系统的安全保护,适用本条例。未联网的微型计算机的安全保护办法,另行制定。

第六条 公安部主管全国计算机信息系统安全保护工作。国家安全部、国家保密局和国务院其他有关部门,在国务院规定的职责范围内做好计算机信息系统安全保护的有关工作。

第七条 任何组织或者个人,不得利用计算机信息系统从事危害国家利益、集体利益和公民合法利益的活动,不得危害计算机信息系统的安全。

第二章 安全保护制度

第八条 计算机信息系统的建设和应用,应当遵守法律、行政法规和国家其他有关规定。

第九条 计算机信息系统实行安全等级保护。安全等级的划分标准和安全等级保护的具体办法,由公安部会同有关部门制定。

第十条 计算机机房应当符合国家标准和国家有关规定。在计算机机房附近施工,不得危害计算机信息系统的安全。

第十一条 (略)

第十二条 (略)

第十三条 (略)

第十四条　（略）

第十五条　（略）

第十六条　（略）

第三章　安全监督

第十七条　公安机关对计算机信息系统安全保护工作行使下列监督职权：

（一）监督、检查、指导计算机信息系统安全保护工作；

（二）查处危害计算机信息系统安全的违法犯罪案件；

（三）履行计算机信息系统安全保护工作的其他监督职责。

第十八条　公安机关发现影响计算机信息系统安全的隐患时，应当及时通知使用单位采取安全保护措施。

第十九条　公安部在紧急情况下，可以就涉及计算机信息系统安全的特定事项发布专项通令。

第四章　法律责任

第二十条　违反本条例的规定，有下列行为之一的，由公安机关处以警告或者停机整顿。（略）

第二十一条　计算机机房不符合国家标准和国家其他有关规定的，或者在计算机机房附近施工危害计算机信息系统安全的，由公安机关会同有关单位进行处理。

第二十二条　运输、携带、邮寄计算机信息媒体进出境，不如实向海关申报的，由海关依照《中华人民共和国海关法》和本条例以及其他有关法律、法规的规定处理。

第二十三条　故意输入计算机病毒以及其他有害数据危害计算机信息系统安全的，或者未经许可出售计算机信息系统安全专用产品的，由公安机关处以警告或者对个人处以5 000元以下的罚款、对单位处以15 000元以下的罚款；有违法所得的，除予以没收外，可以处以违法所得1至3倍的罚款。

第二十四条　（略）

第二十五条　（略）

第二十六条　（略）

第二十七条　（略）

第五章　附　　则

第二十八条　本条例下列用语的含义：

计算机病毒，是指编制或者在计算机程序中插入的破坏计算机功能或者毁坏数据，影响计算机使用，并能自我复制的一组计算机指令或者程序代码。

计算机信息系统安全专用产品，是指用于保护计算机信息系统安全的专用硬件和软件产品。

第二十九条　军队的计算机信息系统安全保护工作，按照军队的有关法规执行。

第三十条　公安部可以根据本条例制定实施办法。

第三十一条　本条例自发布之日起施行。

【简析】

该例文的制发者是国务院，是对国家计算机信息系统安全保护领域的一些重大事项的管理和处置作出比较全面和系统的规定，具有很强的权威性、约束力和稳定性。

【例文 6-2】

互联网电子公告服务管理规定

（中华人民共和国信息产业部第三号令）

第一条　为了加强对互联网电子公告服务（以下简称电子公告服务）的管理，规范电子公告信息发布行为，维护国家安全和社会稳定、保障公民、法人和其他组织的合法权益，根据《互联网信息服务管理办法》的规定，制定本规定。

第二条　在中华人民共和国境内开展电子公告服务和利用电子公告发布信息，适用本规定。

本规定所称电子公告服务，是指在互联网上以电子布告牌、电子白板、电子论坛、网络聊天室、留言板等交互形式为上网用户提供信息发布条件的行为。

第三条　电子公告服务提供者开展服务活动，应当遵守法律、法规，加强行业自律，接受信息产业部及省、自治区、直辖市电信管理机构和其他有关主管部门依法实施的监督检查。

第四条　上网用户使用电子公告服务系统，应当遵守法律、法规，并对所发布的信息负责。

第五条　从事互联网信息服务，拟开展电子公告服务的，应当在向省、自治区、直辖市电信管理机构或者信息产业部申请经营性互联网信息服务许可或者办理非经营性互联网信息服务备案时，提出专项申请或者专项备案。

省、自治区、直辖市电信管理机构或者信息产业部经审查符合条件的，应当在规定时间内连同互联网信息服务一并予以批准或者备案，并在经营许可证或备案文件中专项注明；不符合条件的，不予批准或者不予备案，书面通知申请人并说明理由。

第六条　开展电子公告服务，除应当符合《互联网信息服务管理办法》规定的条件外，还应当具备下列条件：（略）

第七条　已取得经营许可或者已履行备案手续的互联网信息服务提供者，拟开展电子公告服务的，应当向原许可或者备案机关提出专项申请或者专项备案。

省、自治区、直辖市电信管理机构或者信息产业部，应当自收到专项申请或者专项备案材料之日起60日内审查完毕。经审查符合条件的，予以批准或者备案，并在经营许可证或备案文件中专项注明；不符合条件的，不予批准或者不予备案，书面通知申请人并说明理由。

第八条　未经专项批准或者专项备案手续，任何单位或者个人不得擅自开展电子公告服务。

第九条　任何人不得在电子公告服务系统中发布含有下列内容之一的信息：（略）

第十条　电子公告服务提供者应当在电子公告服务系统的显著位置刊载经营许可证编号或者备案编号、电子公告服务规则，并提示上网用户发布信息需要承担的法律责任。

第十一条　电子公告服务提供者应当按照经批准或者备案的类别和栏目提供服务，不得超出类别或者另设栏目提供服务。

第十二条　电子公告服务提供者应当对上网用户的个人信息保密，未经上网用户同意不得向他人泄露，但法律另有规定的除外。

第十三条　电子公告服务提供者发现其电子公告服务系统中出现明显属于本办法第九条所列的信息内容之一的，应当立即删除，保存有关记录，并向国家有关机关报告。

第十四条　电子公告服务提供者应当记录在电子公告服务系统中发布的信息内容及其发布时间、互联网地址或者域名。记录备份应当保存60日，并在国家有关机关依法查询时，予以提供。

第十五条　互联网接入服务提供者应当记录上网用户的上网时间、用户账号、互联网地址或者域名、主叫电话号码等信息，记录备份应当保存60日，并在国家有关机关依法查询时，予以提供。

第十六条　违反本规定第八条、第十一条的规定，擅自开展电子公告服务或者超出经批准或者备案的类别、栏目提供电子公告服务的，依据《互联网信息服务管理办法》第十九条的规定处罚。

第十七条　在电子公告服务系统中发布本规定第九条规定的信息内容之一的，依据《互联网信息服务管理办法》第二十条的规定处罚。

第十八条　违反本规定第十条的规定，未刊载经营许可证编号或者备案编号、未刊载电子公告服务规则或者未向上网用户作发布信息需要承担法律责任提示的，依据《互联网信息服务管理办法》第二十二条的规定处罚。

第十九条　违反本规定第十二条的规定，未经上网用户同意，向他人非法泄露上网用户个人信息的，由省、自治区、直辖市电信管理机构责令改正；给上网用户造成损害或者损失的，依法承担法律责任。

第二十条　未履行本规定第十三条、第十四条、第十五条规定的义务的，依据《互联网信息服务管理办法》第二十一条、第二十三条的规定处罚。

第二十一条　在本规定施行以前已开展电子公告服务的，应当自本规定施行之日起50日内，按照本规定办理专项申请或者专项备案手续。

第二十二条　本规定自发布之日起施行。

【简析】

该例文的制发者是国务院信息产业部，是根据其规定和授权，对互联网电子公告服务的管理作出局部的具体的规定，是处理问题的法则。它重在强制约束性。

【例文6-3】

商品条码管理办法

第一章　总　　则

第一条　为了规范商品条码管理，保证商品条码质量，加快商品条码在电子商务和商品流通等领域的应用，促进我国电子商务、商品流通信息化的发展，根据国家有关规定，制定本办法。

第二条　本办法所称商品条码包括零售商品、非零售商品、物流单元、位置的代码和条码标识。

我国采用国际通用的商品代码及条码标识体系，推广应用商品条码，建立我国的商品标识系统。

第三条　中华人民共和国境内商品条码的注册、编码、印制、应用及其管理，适用本办法。

第四条　国家质量监督检验检疫总局(以下简称国家质检总局)和国家标准化管理委员会(以下简称国家标准委)是全国商品条码工作的主管部门，统一组织管理全国商品条码工作。中国物品编码中心(以下简称编码中心)是全国商品条码工作机构，负责全国商品条码管理的具体实施工作。

第五条　厂商识别代码是商品条码的重要组成部分。任何单位和个人使用商品条码必须按照本办法核准注册，获得厂商识别代码。

第二章　注　　册

第六条　依法取得营业执照和相关合法经营资质证明的生产者、销售者和服务提供者，可以申请注册厂商识别代码。

集团公司中具有独立法人资格的子公司需要使用商品条码时，应当按规定单独申请注册厂商识别代码。

第七条　厂商识别代码注册申请人（以下简称申请人）可以到所在地的编码中心地方分支机构（以下简称编码分支机构）申请注册厂商识别代码。

申请人应当填写《中国商品条码系统成员注册登记表》，出示营业执照或相关合法经营资质证明并提供复印件。

第八条　对申请人提供的申请资料，编码分支机构应当在5个工作日内完成初审。对初审合格的，编码分支机构签署意见并报送编码中心审批；对初审不合格的，编码分支机构应当将申请资料退给申请人并说明理由。

第九条　（略）

第十条　（略）

第十一条　（略）

第十二条　（略）

第三章　编码、设计及印刷

第十三条　商品条码的编码、设计及印刷应当符合《商品条码》（GB12904）等相关国家标准的规定。编码中心应当按照有关国家标准编制厂商识别代码。

第十四条　系统成员应当按照有关国家标准编制商品代码，向所在地的编码分支机构通报编码信息。

第十五条　企业在设计商品条码时，应当根据应用需要采用《商品条码》（GB12904）、《储运单元条码》（GD/T16830）、《EAN · UCC 系统 128 条码》（GB/T15425）等国家标准中规定的条码标识。

第十六条　从事商品条码印刷的企业可以向条码工作机构提出申请，取得印刷资质。获得印刷资质的印刷企业，可优先承接商品条码的印刷业务。具体管理办法由国家质检总局另行规定。

第十七条　（略）

第十八条　（略）

第四章　应用和管理

第十九条　系统成员对其厂商识别代码、商品代码和相应的商品条码享有专用权。

第二十条　系统成员不得将其厂商识别代码和相应的商品条码转让他人使用。

第二十一条　任何单位和个人未经核准注册不得使用厂商识别代码和相应的条码。

任何单位和个人不得在商品包装上使用其他条码冒充商品条码；不得伪造商品条码。

第二十二条 （略）

第二十三条 （略）

第二十四条 （略）

第二十五条 （略）

第二十六条 （略）

第二十七条 （略）

第五章 续展、变更和注销

第二十八条 厂商识别代码有效期为2年。

系统成员应当在厂商识别代码有效期满前3个月内，到所在地的编码分支机构办理续展手续。逾期未办理续展手续的，注销其厂商识别代码和系统成员资格。

第二十九条 系统成员的名称、地址、法定代表人等信息发生变化时。应当自有关部门批准之日起30日内，持有关文件和《系统成员证书》到所在地的编码分支机构办理变更手续。

第三十条 系统成员停止使用厂商识别代码的，应当在停止使用之日起3个月内到所在地的编码分支机构办理注销手续。

第三十一条 （略）

第三十二条 （略）

第三十三条 （略）

第六章 法律责任

第三十四条 系统成员转让厂商识别代码和相应条码的，责令其改正，没收违法所得，处以3 000元罚款。

第三十五条 未经核准注册使用厂商识别代码和相应商品条码的，在商品包装上使用其他条码冒充商品条码或伪造商品条码的，或者使用已经注销的厂商识别代码和相应商品条码的，责令其改正，处以30 000元以下罚款。

第三十六条 经销的商品印有未经核准注册、备案或者伪造的商品条码的，责令其改正，处以10 000元以下罚款。

第三十七条 （略）

第三十八条 （略）

第三十九条 （略）

第四十条 （略）

第四十一条 （略）

第七章　附　　则

第四十二条　本办法下列用语的含义是：

商品条码是由一组规则排列的条、空及其对应代码组成的，是表示商品特定信息的标识。

零售商品代码与条码是指以满足零售扫描结算为主要目的，而为商品单元编制的代码和条码标识。

非零售商品代码与条码是指以满足非零售结算为目的，而为商品单元所编制的代码和条码标识。在流通环节中，可以对该商品单元进行定价、订购或开具发票。

物流单元代码与条码是指对物流中临时性商品包装单元所编制的代码和条码标识。

位置代码与条码是指对厂商的物理位置、职能部门等所编制的代码与条码标识。

厂商识别代码是指国际通用的商品标识系统中表示厂商的唯一代码，是商品条码的重要组成部分。

商品代码是指包含厂商识别代码在内的对零售商品、非零售商品、物流单元、位置、资产及服务进行全球唯一标识的一组数字代码。

店内条码是指商店为便于商品在店内管理而对商品自行编制的临时性代码及条码标识。

第四十三条　商品条码收费按照国家有关规定执行。

第四十四条　本办法由国家质检总局负责解释。

第四十五条　本办法自 2005 年 10 月 1 日起施行。1998 年 7 月 3 日原国家质量技术监督局颁布的《商品条码管理办法》同时废止。

【简析】

该例文对国家商品条码的管理工作提出切实可行的措施。共分 7 章 45 条，正文首先简述拟订本办法的原因；然后按先总后分的顺序分条逐项地说明本办法的内容；最后说明实施的日期和方法。它重在可操作性。

【例文 6-4】

中国互联网络信息中心域名注册实施细则

第一章　总　　则

第一条　为了规范域名注册服务和管理，根据《中国互联网络域名管理办法》(以下简称《域名管理办法》)，制定本实施细则。

第二条　申请注册由中国互联网络信息中心负责管理的“.CN”域名和“.中国”、“.公司”、“.网络”中文域名，以及提供域名注册相关服务的，应当遵守本实施细则。

第三条　本实施细则涉及的域名体系遵守工业和信息化部关于中国互联网络域名体系的公告。

第二章　域名注册服务机构

第四条　在中国境内提供本实施细则规定的域名注册服务，须经工业和信息化部批准，并与中国互联网络信息中心签订协议。

第五条　从事“.CN”域名和“.中国”、“.公司”、“.网络”中文域名的注册服务，应当具备以下条件：

（一）是依法取得互联网信息服务增值电信业务经营许可证的公司；

（二）在中华人民共和国境内设置有域名注册服务系统，且有专门从事域名注册服务的技术人员和客户服务人员；

（三）有为用户提供长期服务的信誉或者能力；

（四）有业务发展计划及相关技术方案；

（五）有健全的网络与信息安全保障措施；

（六）有健全的域名注册服务退出机制；

（七）符合国家其他有关规定。

第六条　拟从事“.CN”域名和“.中国”、“.公司”、“.网络”中文域名注册服务的，应当与中国互联网络信息中心签署《合作意向书》。

第七条　持与中国互联网络信息中心签署的《合作意向书》向工业和信息化部申请并经批准成为域名注册服务机构的，应当与中国互联网络信息中心签订协议。

第八条　域名注册服务机构应当规范开展域名注册服务，将域名注册服务与其他商业活动分开，将域名注册登记方式、表格和协议同其他业务分开。

第九条　域名注册服务机构应当在经营场所和网站首页、业务表格等显著位置放置或公布工业和信息化部的批准文号、批准的域名项目范围、中国互联网络信息中心及本注册服务机构的投诉服务电话等信息。

第十条　域名注册服务机构应当建立健全网络与安全应急制度，加强域名注册审查，确保通过本机构注册的域名不违反《域名管理办法》第二十七条的规定。

第十一条　域名注册服务机构在提供域名注册服务时，应当保留与中国互联网络信息中心、域名申请者、域名持有者的来往文件和相关记录，保留期限不得少于三年。

第十二条　域名注册服务机构在开展域名注册服务时不得采取以下行为：

（一）冒用政府机构、企事业单位及社会团体等其他组织的名义，开展域名注册服务；

（二）使用虚假信息注册域名，变相占用域名资源；

（三）采用不正当竞争的手段，以误导用户、恐吓用户等方式开展域名注册服务；

（四）强迫用户延长域名注册期限，捆绑销售其他服务；

（五）不按照用户实际注册年限向中国互联网络信息中心提交注册信息；

（六）无正当理由拒绝域名持有者索取域名转移密码的申请，或对此转移申请向域名持有者收取费用；

（七）泄露用户注册信息侵犯用户的合法权益，或利用用户注册信息牟取不正当利益；

（八）以营利为目的，从事域名交易和投资活动；

（九）其他违反法律法规或侵犯用户利益的行为。

域名注册服务机构如违反上述规定，中国互联网络信息中心将依据与其签订的相关协议追究相关责任，情节严重的，将中止与其签订的合作协议。

第十三条　注册服务机构出现下列情况之一时，中国互联网络信息中心将中止相关协议，并报工业和信息化部备案：

（一）工业和信息化部取消域名注册服务机构资格；

（二）出现重大经营问题，不具备提供正常服务的能力；

（三）与中国互联网络信息中心签订的《服务认证协议》终止；

（四）严重违反本实施细则及其他相关管理规定。

注册服务机构被取消资格后应遵守以下规定：

（一）被取消资格后十日内将其负责注册的域名在具备资格的其他注册服务机构之间进行分配，或转移至中国互联网络信息中心指定的其他注册服务机构；

（二）应对持有的用户注册信息保密，不得泄露给他人，也不得利用该信息牟取不正当利益。

第三章　域名注册的申请与审核

第十四条　域名注册申请者（以下简称申请者）应当是依法登记并且能够独立承担民事责任的组织。

第十五条　申请注册域名，可以通过联机注册、电子邮件、书面申请等方式向域名注册服务机构递交域名注册申请表，提出域名注册申请，并且与域名注册服务机构签订域名注册协议。

第十六条　域名注册申请表应当包括以下内容：

（一）申请的域名；

（二）域名主域名服务器和辅域名服务器的主机名以及IP地址；

（三）申请者的单位名称、组织机构代码或营业执照号码、单位负责人、单位所属行业、通信地址、邮政编码、电子邮件、电话号码、传真号码；

（四）申请者的域名技术联系人、管理联系人、缴费联系人、承办人的姓名、所在单位名称、通信地址、邮政编码、电子邮件、电话号码以及传真号码；

（五）域名注册年限。

第十七条　申请者应当在域名注册协议中保证：

（一）遵守有关互联网络的法律和规定；

（二）遵守《域名管理办法》以及主管部门的其他相关规定；

（三）遵守本实施细则、域名争议解决办法等相关规定；

（四）提交的域名注册信息真实、准确、完整。

第十八条　中国互联网络信息中心收到第一次有效注册申请的日期为申请日。中国互联网络信息中心、域名注册服务机构应当将申请日告知申请者。

第十九条　域名注册服务机构应当在收到域名注册申请后一个工作日内向中国互联网络信息中心提交本实施细则第十六条规定的信息。

第二十条　域名注册服务机构负责受理域名注册申请，并对域名注册申请材料进行审核。

第二十一条　中国互联网络信息中心审核域名及其注册信息是否违反《域名管理办法》规定。中国互联网络信息中心可以采取电话询问、实地查验等方式对域名注册信息进行核实。对于违反《域名管理办法》第二十七条规定及注册信息不真实、不准确、不完整的域名，中国互联网络信息中心通知域名注册服务机构予以注销。

第二十二条　在“.GOV.CN”下申请注册三级域名时，申请者应当向域名注册服务机构提交下列书面资料：

（一）盖有申请单位公章的域名注册申请表；

（二）证明申请单位为政府机构的相关资料。

域名注册服务机构提交域名注册信息时，应同时提交上述书面申请材料复印件。域名注册服务机构及中国互联网络信息中心应当永久保留上述书面申请资料。

第二十三条　在“.EDU.CN”下申请注册三级域名的规则，由中国教育和科研计算机网网络中心另行规定。

第二十四条　在“.MIL.CN”下申请注册三级域名的规则，由中国长城互联网络信息中心另行规定。

第二十五条　在“. 政务 . CN”、“. 公益 . CN”下申请注册三级域名的规则由政务和公益机构域名注册管理中心另行规定。

第四章　域名的变更与注销(略)

第五章　域名注册服务机构的变更(略)

第六章　域名争议处理(略)

第七章　域名运行费用(略)

第八章　用户投诉机制(略)

第九章　附　　则

第四十八条　在中国互联网络信息中心设立的 WWW 服务器(网址是：http：//www. cnnic. cn)用于发布域名注册信息以及其他有关事项。

第四十九条　申请者在域名注册申请表中所填写的各项信息，除申请者特别声明不得公开之外，由域名注册管理机构或者域名注册服务机构录入公众查询的数据库中以及其他出版物中，作为域名注册管理机构或者域名注册服务机构向互联网络用户提供目录服务的一项内容。

第五十条　根据互联网络和域名系统的发展，以及相关法律、法规、政策的变化等情况，中国互联网络信息中心可以修改本实施细则。

第五十一条　本实施细则由中国互联网络信息中心负责解释。

第五十二条　本实施细则自 2009 年 6 月 5 日起施行。2002 年 12 月 1 日实施的《中国互联网络信息中心域名注册实施细则》，2003 年 2 月 28 日实施的《中国互联网络信息中心域名注册服务机构变更办法》同时废止。

【简析】

该例文是中国互联网络信息中心为了规范域名的注册和管理，根据《中国互联网络域名管理办法》制定的实施细则，对贯彻方针、政策起具体说明和指导的作用。其标题由制定机关、事由和文种组成。正文开头部分写明目的和依据等说明性文字；正文主体部分写明法规的具体条款，分条列项，清楚明了；正文结尾部分说明实施日期和解释权等。

二、章程的写作

(一)章程的格式

章程由标题和正文组成。

1. 标题

标题一般由制定单位、文种组成。例如，《中国共产党章程》。

2. 正文

正文的开头部分，即总则，写明制定章程的目的、组织的性质、宗旨等。

正文的主体部分，即分则，写明章程的具体内容。例如，《中国共产党章程》分10个部分：第一章，党员(条件、义务、权利、申请的程序等)；第二章，党的组织制度；第三章，党的中央组织；第四章，党的地方组织；第五章，党的基层组织；第六章，党的干部；第七章，党的纪律；第八章，党的纪律检察机关；第九章，党组；第十章，党和共青团的关系。

正文的结尾部分，即附则，写明需要说明的相关问题，如文件的实施日期、适用范围、制定权、解释权限等。

(二)章程写作的基本要求

1. 内容完备

章程的内容要包括社团名称、宗旨、任务、组织机构、会员资格、入会手续、会员权利义务、领导者的产生和任期、会费的缴纳和经费的管理使用等。必要的项目要完备，既突出特点又照顾全面。

2. 结构严谨

全文由总到分，要有合理的顺序。分则部分，一般是先讲成员，后讲组织；先讲全国组织，次讲地方组织，后讲基层组织；先讲对内，后讲对外。要一环扣着一环，体现严密的逻辑性，使章程成为一个有机的统一体。

章程的条款，要完整和单一。一条表示一个意思，不要把一个完整的意思拆成几条，弄得零零碎碎；也不要把几个意思合在一条之中，交叉杂乱。这样，才便于称说，便于执行，便于引用。

3. 明确简洁

章程特别强调明确简洁。要尽力反复提炼，用很少的话就把意思明确地表达出来。

章程用断裂行文法，用条文表达，句与句、段与段之间有一定的跳跃性，一般不要用“因为……所以……”“虽然……但是……”等关联词语。

章程的语言多用词语的直接意义，不用比喻、比拟、夸张和婉曲等修辞手法。这样，语义毫不含糊，没有歧义，让人一看就明白。

【例文6-5】

××省质量管理协会秘书工作质量研究会章程

(2004年1月25日通过)

第一章　总　　则

第一条　本研究会名称是“××省质量管理协会秘书工作质量研究会”。简称：××省秘书工作质量研究会。

第二条　××省质量管理协会秘书工作质量研究会是全省广大秘书工作者(主要是经济口)及秘书教学、秘书工作研究人员以及社会上关心秘书工作的人士自愿参加的群众性学术团体，是××省质量管理协会属下的一个专业性的研究组织。

第三条 本研究会的宗旨是组织广大会员，团结全省广大秘书工作者和各方面热心于质量管理、秘书工作的人士，通过研究，提高秘书工作质量，进一步把秘书工作做好，参与政务，管理事务，当好参谋，当好助手，帮助领导搞好决策，使工作更有效率，更有秩序，更有水平；通过推行全面质量管理，推动技术进步，从而提高产品质量、工程建设质量、商业贸易质量、旅游服务质量，为实现全社会更好的经济效益，为促进“四化”建设而奋斗。

第二章 任 务

第四条 本研究会的任务是：

1. 宣传、贯彻党和国家有关质量管理、秘书工作的指示、规定、办法等；

2. 开展质量管理和秘书学讨论研究，推行科学的质量管理方法，促进办公现代化；

3. 密切配合各级质协积极开展全面质量管理等群众性活动，大力开展调查研究，及时总结新经验，研究新问题；

4. 运用多层次、多渠道开展质量管理教育和秘书教学，为各单位、各企事业单位培养更多的具有中国特色社会主义的会管理、善参谋、懂写作，会服务的新型的管理秘书人才，使之为各单位领导当好参谋，做好助手；

5. 与国内外的质量管理和秘书工作的专业团体组织挂钩，建立联系，进行学术交流，请各国来我省工作的专家、学者作学术报告，学习先进的质量管理和秘书工作的经验。

6. 开展秘书工作的咨询服务工作，帮助各单位特别是各企业、事业单位建立和健全文书档案、科技档案、质量档案、名优新产品档案、信访档案、用户和产品销售档案等。

7. 编辑、出版、发行、代销、代征订有关标准、计量、质量管理以及秘书、档案工作等方面的教材、书籍、杂志、刊物、文集、资料，为各单位和为社会提供良好服务。

第三章 会 员

第五条 本研究会均为个人会员。

凡工业、交通运输、商业贸易、旅游服务、工程建设和科研、教学、情报、资料等单位(包括机关、工厂、企事业单位)的质量管理人员和各方面的秘书人员(包括秘书、文书、调研、信息、信访、档案、宣传、教育、外事、接待以及广大行政管理人员)，承认本章程，为推行全面质量管理，办公现代化，积极参与政务，管理事务，致力于质量管理和秘书工作的有关人员，自愿申请，经本研究会批准，即为本研究会会员。

第六条　会员的权利

1. 有选举权和被选举权；

2. 有参加本研究会组织的学术报告、参观学习、参加全国性的会议，取得本研究会出版的刊物和学术资料以及发表论文、文章等优先权；

3. 有对本研究会的工作提出建议和批评权。

第七条　会员的义务

1. 遵守本研究会章程；

2. 积极参加研究、探讨秘书工作质量的学术活动，完成本研究会委托的任务，为本研究会撰写或翻译学术论文、资料、经验总结、调查报告等。

第四章　组织机构

第八条　本研究会通过协商推选若干名理事，组成理事会。理事会每届任期三年，每年召开一次全体理事会议。为便于工作，组成常务理事会，每半年召开一次常务理事会议。

第九条　本研究会设名誉会长、顾问，由会长、副会长、秘书长、副秘书长等人员组成常务理事会。

第十条　本研究会理事会常设机构为办公室(与省质协秘书处合署办公)、学术委员会、教育委员会、外事工作委员会、编辑出版委员会。

第十一条　经费来源

主要靠本研究会举办的各种活动，如编辑出版、发行书刊、培训教育、咨询服务等收入。

【简析】

该例文是某质量研究会的章程，是要求组织内部共同遵守的行为守则。全文按由主到次的顺序安排条文，分章分条，条目清楚。

三、制度的写作

制度由标题和正文组成。

1. 标题

制度的标题主要有两种形式：一种是由适用对象和文种组成，如《高等学校学生行为准则》；另一种是由单位名称、适用对象和文种组成，如《江西应用技术职业学院校产管理制度》。

2. 正文

制度的正文主要有引言条文结语式、通篇条文式、多层条文式等多种写法。

(1)引言条文结语式

先写一段引言，主要用来阐述制定制度的根据、目的、意义、适用范围等。然后具体写明制度的条款，一一分条列出。最后再写一段结语，强调执行中的要求和注意事项，包括施行时间、适用范围、解释权限等，规章制度如不注明实施日期，通常就是指自发布之日起施行。如《全国安全生产委员会专家组工作规则》。

(2)通篇条文式

将全部内容都列入条文，按照一定顺序，逐条表达，形式整齐。如《电工安全操作规程》。

(3)多层条文式

这种写法适用于内容复杂、篇幅较长的制度，特点是将全文分为多层序码，篇下分项、项下分条、条下分款。如某省制定的《档案管理制度》，用“一、二、三……”来表示大项，用“(一)、(二)、(三)……”来表示大项下的条，用“1、2、3……”来表示条下的款。

【例文6-6】

中华人民共和国卫生部、商业部

食品加工、销售、饮食业卫生五四制

一、由原料到食品实行“四不制度”：采购员不买腐烂变质的原料；保管验收员不收腐烂变质的原料；加工人员(厨师)不用腐烂变质的原料；营业员(服务员)不卖腐烂变质的食品(零售单位不收进腐烂变质的食品，不出售腐烂变质的食品，不用手拿食品，不用废纸污物包装食品)。

二、成品(食物)存放实行“四隔离”：生与热隔离；成品与半成品隔离；食品与食物、药品隔离；食品与天然水隔离。

三、用(食)具实行“四过关”：一洗、二刷、三冲、四消毒(蒸汽或煮沸)。

四、环境卫生采取“四定”办法：定人、定物、定时间、定质量。划片分工，包干负责。

五、个人卫生做到“四勤”：勤洗手剪指甲；勤洗澡理发；勤洗衣服被褥；勤换工作服。

【简析】

该例文按事物的发展顺序安排条文，按工作程序一一作了明确的规定，便于记忆，便于操作。例文的语言简明精要，通俗易记，采用群众性语言，近乎顺口溜式，悦耳上口。

【例文6-7】

全国安全生产委员会专家组工作规则

(全国安全生产委员会办公室)

为完成国务院《特别重大事故调查程序暂行规定》第十七条规定的任务，

根据国务院一九八八年四月二十七日总理办公会议的意见，全国安全生产委员会设立专家组。

一、专家组的任务是：参加国务院授权全国安全生产委员会组织的特别重大事故调查，进行全国安全生产委员会安排的重大隐患评估，为国家制定、修改安全生产法规和政策提供技术咨询和专业服务。

二、专家组是一支多专业、跨部门的高级技术专家队伍。其成员由全国安全生产委员会从有关国家机关和企业、事业单位的在职专家中聘任，个别成员也可以从离退休专家中聘任。聘任的程序是：（略）

三、专家组成员应具备以下基本条件：（略）

四、专家组成员按专业分组。各专业组由全国安全生产委员会指定一名召集人。各专业组召集人组成专家代表会议。

五、每届专家组全体成员会议，由全国安全生产委员会召开一至二次，讨论通过本届专家组工作计划、工作总结以及宣布换届等事项。

专家代表会议，由全国安全生产委员会办公室根据需要不定期召开，讨论专家组年度工作计划和工作总结，审议专家学习、培训计划和教材，处理全国安全生产委员会交办的有关事项。

专题报告会议，由全国安全生产委员会办公室根据专家提交论文的情况具体安排。

六、全国安全生产委员会办公室负责专家组的日常管理：

承办专家组成员的聘任、发证、考核和换届的具体工作；

安排专家执行全国安全生产委员会指派的任务和专家组的其他活动；

组织专家学习、培训，并提供有关文件、资料和国内外有关信息；

建立专家工作档案，记录参加活动、完成任务情况和主要业绩；

提出专家组年度工作计划、总结，报全国安全生产委员会。

七、全国安全生产委员会办公室应经常联系专家组成员，及时传达上级的有关指示，及时反映专家的意见和建议。对专家提出的重大安全生产问题，可选登《安全生产内参》，或专题报告全国安全生产委员会和国务院。

八、全国安全生产委员会指派专家组成员执行任务时，一般由全国安全生产委员会办公室通知有关部门、单位和专家本人。任务紧急时，可以直接通知专家本人。专家接到通知后，应如期到达指定地点执行任务，并随身携带专家证。

专家在执行全国安全生产委员会指派的任务时，直接对全国安全生产委员会负责，不代表其他任务部门、单位和个人；未经全国安全生产委员会指派，不代表全国安全生产委员会。

九、专家组参加特大事故调查，应执行《特别重大事故调查程序暂行规定》进行隐患评估，应按全国安全生产委员会规定的程序执行；在事故调查和隐患评估中，均不负责具体处理有关人事、资金、设备方面的问题。

十、有关部门和单位应支持本部门、本单位的专家组成员参加专家组的各项活动。当这些活动与本部门、本单位的工作有矛盾时，应与全国安全生产委员会办公室协商，作出妥善安排。

十一、专家组的活动经费由全国安全生产委员会办公室管理，专款专用。

专家组成员外出执行全国安全生产委员会指派的任务和参加有关会议，所需差旅费由所在单位按国家规定标准报销。特殊情况由全国安全生产委员会办公室报销。

十二、专家组成员应执行以下工作守则：（略）

十三、专家组成员违犯本规定，情节轻微的，给予批评教育；情节恶劣、后果严重的，报请全国安全生产委员会主任批准，撤销其专家组成员职务，由所在单位严肃处理；触犯刑律的，交由司法机关处理。

十四、本规则由全国安全生产委员会办公室负责解释。

【简析】

该例文是由全国安全生产委员会制定的，对成立的专家组提出必须遵守的关于聘任条件、工作原则方法和工作守则等方面的条规。文章标题标明内容和文种。正文开头部分用简要的语言说明制定制度的缘由、依据和目的；正文主体部分具体写明制度的条款；正文结尾部分写明施行制度的要求和注意事项，包括解释权限等。

【例文 6-8】

电工安全操作规程

1. 电气操作人员应思想集中，电器线路在未经测电笔确定无电前，应一律视为“有电”，不可用手触摸，不可绝对相信绝缘体，应认为有电操作。

2. 工作前应详细检查自己所用工具是否安全可靠，穿戴好必须的防护用品，以防工作时发生意外。

3. 维修线路要采取必要的措施，在开关手把上或线路上悬挂“有人工作、禁止合闸”的警告牌，防止他人中途送电。

4. 使用测电笔时要注意测试电压范围，禁止超出范围使用，电工人员一般使用的电笔，只许在五百伏以下电压使用。

5. 工作中所有拆除的电线要处理好，带电线头包好，以防发生触电。

6. 所用导线及保险丝，其容量大小必须合乎规定标准，选择开关时必须大于所控制设备的总容量。

7. 工作完毕后，必须拆除临时地线，并检查是否有工具等物漏忘在电杆上。

8. 检查完工后，送电前必须认真检查，看是否合乎要求并和有关人员联系好，方能送电。

9. 发生火灾时，应立即切断电源，用四氯化碳粉质灭火器或黄沙扑救，严禁用水扑救。

10. 工作结束后，必须全部工作人员撤离工作地段，拆除警告牌，所有材料、工具、仪表等随之撤离，原有防护装置随时安装好。

11. 操作地段清理后，操作人员要亲自检查，如要送电试验一定要和有关人员联系好，以免发生意外。

【简析】

该例文按电工操作程序来安排条文顺序，对整个操作过程所需遵守的规范和应注意的事项，按步骤一一列出，作了明确规定，顺序清楚，细致入微。

【例文 6-9】

全国职工守则

1. 热爱祖国，热爱共产党，热爱社会主义。
2. 热爱集体，勤俭节约，爱护公物，积极参加管理。
3. 热爱本职，学赶先进，提高质量，讲究效率。
4. 努力学习，提高政治、文化、科技、业务水平。
5. 遵纪守法，廉洁奉公，严格执行规章制度。
6. 关心同志，尊师爱徒，和睦家庭，团结邻里。
7. 文明礼貌，整洁卫生，讲究社会公德。
8. 扶植正气，抵制歪风，拒腐蚀、永不沾。

【简析】

该例文是由中华全国总工会制定，要求全国职工共同遵守的在集体活动中的行为准则。本守则对职工的各方面都提出要求，其目的是使全国职工成为有理想、有道德、有文化、有纪律的劳动者，内容高度概括，文字极其精练。

【例文 6-10】

高等学校学生行为准则

（教育部教学[2005]5 号）

一、志存高远，坚定信念。努力学习马克思列宁主义、毛泽东思想、邓小平理论和“三个代表”重要思想，面向世界，了解国情，确立在中国共产党领导下走社会主义道路、实现中华民族伟大复兴的共同理想和坚定信念，努力成为有理想、有道德、有文化、有纪律的社会主义新人。

二、热爱祖国，服务人民。弘扬民族精神，维护国家利益和民族团结。不参与违反四项基本原则、影响国家统一和社会稳定的活动。培养同人民群众的深厚感情，正确处理国家、集体和个人三者利益关系，增强社会责任感，甘愿为祖国为人民奉献。

三、勤奋学习，自强不息。追求真理，崇尚科学；刻苦钻研，严谨求实；积极实践，勇于创新；珍惜时间，学业有成。

四、遵纪守法，弘扬正气。遵守宪法、法律法规，遵守校纪校规；正确行使权利，依法履行义务；敬廉崇洁，公道正派；敢于并善于同各种违法违纪行为作斗争。

五、诚实守信，严于律己。履约践诺，知行统一；遵从学术规范，恪守学术道德，不作弊，不剽窃；自尊自爱，自省自律；文明使用互联网；自觉抵制黄、赌、毒等不良诱惑。

六、明礼修身，团结友爱。弘扬传统美德，遵守社会公德，男女交往文明；关心集体，爱护公物，热心公益；尊敬师长，友爱同学，团结合作；仪表整洁，待人礼貌；豁达宽容，积极向上。

七、勤俭节约，艰苦奋斗。热爱劳动，珍惜他人和社会劳动成果；生活俭朴，杜绝浪费；不追求超越自身和家庭实际的物质享受。

八、强健体魄，热爱生活。积极参加文体活动，提高身体素质，保持心理健康；磨砺意志，不怕挫折，提高适应能力；增强安全意识，防止意外事故；关爱自然，爱护环境，珍惜资源。

【简析】

该例文是由教育部制定的行为准则，要求全国高等学校学生共同遵守，目的是使其成为有理想、有道德、有文化、有纪律的社会主义新人。内容具体，语言准确。

四、公约的写作

(一)公约的格式

1. 标题

公约的标题主要有三种形式：一种是由适用人和文种组成，如《首都市民文明公约》；一种是由适用范围和文种组成，如《北京市建筑装饰协会行业公约》；一种是由涉及事项和文种组成，如《拥军公约》。

2. 正文

公约的正文由引言、主体和结尾组成。

引言主要用来写明制定公约的目的、意义，常套用“为了……特制定本公约”的固定格式。

主体一般采用条文式写法，将具体内容一一列出。这部分最重要，一定要做到系统完整，层次清楚，言简意赅，朴实通畅。

结尾用来写执行要求、生效日期等。如无必要，可免除这一部分。对于有些公约而言，署名是很重要的一项，因为署名就意味着承诺，表明遵守公约的意向，表明愿意为违背公约承担责任。特别是行业公约，这一点显得更为突出。

(二)公约的写作要求

(1)订立公约前应充分酝酿，广泛讨论，既要了解党和国家的有关方针政策，又要充分考虑本单位、本地区的实际情况。

(2)要充分发扬民主，广泛征求群众的意见和建议，使公约能代表绝大多数人的意见。

(3)公约条文应力求简明，具有可操作性。

【例文 6-11】

全国青少年网络文明公约

要善于网上学习　不浏览不良信息
要诚实友好交流　不侮辱欺诈他人
要增强自护意识　不随意约会网友
要维护网络安全　不破坏网络秩序
要有益身心健康　不沉溺虚拟时空

【简析】

该公约是由群众协商而形成的决议，是要求大家共同遵守的道德规范。行文格式化，采用“要……不……”句式，上半句提出期望和要求，下半句劝告青少年不要做什么，简洁明了，便于记忆，有较强的针对性和可行性。

>>> 思考与练习

1. 什么是规章制度?
2. 规章制度有何特点?
3. 规章制度的种类有哪些?

第七章　消息　通讯　特写　简报

第一节　消　　息

一、消息概述

(一)消息的概念

消息是新闻文体的主要形式之一，是传播媒体向社会输出新鲜的有社会意义的信息的重要载体，也是社会公众获取新闻的主要来源。

消息以简洁的文字迅速传播新近发生的事实和将要发生的事实。消息的本源是事实，而且是新近发生的重要事实。然而，新近发生的事情，未必都是消息，只有重要的、有社会意义的、公众应知、欲知而未知的事实才是消息。

(二)消息的特点

消息必须讲究时效性，即必须及时报道新近发生的事实，而不是过去发生的事实，因此它的特点可以用“实、快、新、短”四个字概括。

1. 实

实是指它的内容必须是事实，真实可信。

2. 快

快是指报道与事实的发生、发现之间的时差最短。

3. 新

新是指消息报道的事实都是新鲜的，是最近发生或发现的。

4. 短

短是指用简洁、概括的文字，把事实要点表达出来。短是消息的鲜明特色，也是社会生活所需。只有稿件篇幅短，传播媒介才能大量报道，读者才能了解更多信息。

二、消息的种类

按通常的分法，可以将消息分为以下四类：

1. 动态消息

动态消息是迅速及时地反映国内外政治、经济、文化、体育、科技、军事、外交、金融、人物等各方面的新发展、新变化、新情况、新气象的报道。

2. 综合消息

它是将不同地区、不同部门、不同行业中发生的具有共性的新闻事实集中归纳起来，围绕一个中心视点或中心思想进行鸟瞰式的报道。

3. 经验消息

它又称典型报道，是将某地区、某部门在执行党的方针政策时所取得的成功的新鲜经验，通过报刊的介绍，用以指导面上工作的报道。经验消息一定要有针对性、有说服力。作者一定要抓准典型，从中引出规律，这样才会产生指导意义。

4. 述评消息

它是在报道客观事物发展变化的同时，夹带写一些作者对所报道事物的看法、认识和评论的报道。它的特点是夹叙夹议，使读者能从中得到启迪。

三、消息的写作

一般来讲，消息由标题、导语、主体、结尾和背景组成。但不同类型的消息，根据不同主题的需要，有各种不同的写法，不一定五部分俱全。下面介绍几种消息的写作。

(一)动态消息的写作

这种消息大致可以分为三种：

第一种，对已发生的独立事件的报道，整篇消息就是对事件高度集中的概括。

第二种，对连续性事件中一个阶段的报道。许多这样的动态消息连起来，就是一个事件发展的完整过程。

第三种，对将要发生的事件的报道。

动态消息一般由标题、导语、主体、结尾和背景材料组成。

1. 标题

消息的标题要求能够概括、揭示消息的主要事实，以此吸引读者，因此，它与一般文章的标题相比显得更重要，形式也更为多样化。

通常动态消息采用由正题、引题和副题组成单一型的或复合型的标题。

正题又称主题、母题，它突出消息中最主要的事实或中心思想。

引题又称肩题、眉题，它用于交代事件背景、说明原因、烘托气氛、引出主题、揭示意义。

副题又称子题、辅题，它常用以补充交代事实，或说明事件的结果，有时也用来说明正题的来由或依据。

消息的标题有四种组合方式：

第一种，完全式。即由正题、引题和副题组成。例如，

(引题)四架飞机，一辆汽车攻击世贸中心、五角大楼、国会山、戴维营

(正题)恐怖分子袭击美国

(副题)江泽民当夜致电布什向美国政府和人民表示深切慰问，向死难者家属表示哀悼

江泽民对我在美工作人员、留学人员、旅美华侨和在美港澳同胞的安全深表关心

第二种，引主式。即由正题和引题组成。例如，

(引题)为实现科技文献资源共建共享

(正题)我国构筑虚拟国家科技图书文献中心

第三种，主副式。即由主题和副题组成。例如，

(正题)中国县乡大换届

(副题)《学习时报》评论说，“动作之大，意义之远，影响之深为历次罕见”。

第四种，主题式。例如，

(正题)大学生就业预期普遍偏高

2. 导语

导语位于消息的开头部分，一般由最新鲜、最主要的事实或者依托新闻事实的精辟议论组成。它的作用有两个：一是用简洁的语言把消息基本的、核心的内容告诉读者，使读者首先获得一个总体印象。二是能把读者牢牢地吸引住，使他们有兴趣往下看，欲罢不能。请看下面一则导语：

英勇的人民解放军21日已有大约30万渡过长江。

这则导语高度概括凝练，语言铿锵有力，有一种势不可挡的气概。人物、时间、事件交代得很清楚，读者通过这则导语似乎感觉到浩浩荡荡的人民军队正在连续不断地渡过长江天堑，直捣蒋家王朝。

导语的写法很多，常见的有以下几种：

第一种，叙述式。即用摘要或概述的方法，把消息中最新鲜、最主要的事实简明扼要、开门见山地写在消息的最前面。例如，

法新社的一则动态消息《忙中出错》的导语：

国际奥委会今天向俄罗斯总统费拉基米尔·普京致歉，因为他们在信中将总统的名字弄错了。

——法新社盐湖城2月22日电

第二种，提问式。即不直接叙述消息的内容，而是先提出问题，然后简要回答，或者在下文中作回答。采用这样写法，能引起读者的关注和思索。例如，

谁是木星的最早发现者？中国科学院自然科学史研究所副研究员泽宗认为，是我国战国时期的天文学家甘德。

——《科技新闻佳作选》新闻出版社

第三种，结论式。即在导语中对某个问题、某项工作等作出肯定的结论。肯定的形式可以是多种多样的，如因果式、否定式、肯定式等。例如，

“我用生命担保，《绞刑架下的报告》的确是伏契克在狱中所著”，“伏契克是英雄的共产党人”。一位当年在关押伏契克的盖世太保监狱服务的捷克看守雅罗斯拉夫·霍拉最近这样强调指出。

——新华社布拉格 8 月 26 日电

第四种，描写式。即对消息的重要事实或其中一个有意义的侧面作简洁朴素而有特色的描写，以形成气氛，引人入胜。例如，

听说上海一东一西镶有两块玉，西边是块“汉白玉”，即波光粼粼的淀山湖；东边是块“祖母绿”，那就是满园覆翠的“森林公园”。

——8 月 26 日《文汇报》

3. 主体

主体是消息的主干，所占文字最多，位于导语之后，结尾之前。这部分内容或阐述导语所揭示的主题思想，或回答导语提出的问题，或补充导语中没提到的内容。

主体大致有两种结构：

第一种，以时间为顺序。即纵式结构，以时间为序安排材料，即开始怎样、如何发展、结果怎样。

第二种，依据事物的内部联系。即根据主次、因果等逻辑关系，或先重后轻，或有点有面，或并列安排结构层次。

4. 结尾

好的结尾可以起到深化主题、发人深省、耐人寻味的作用，但如果已将事实交代清楚，可不必加结尾。正像美国作家马克·吐温所说的：“故事一讲完，文章即结束。”这是我们在写作新闻结尾时特别要注意的。

常见的结尾方式有：总领全文、提示主旨、展望未来、抒发情怀等。

5. 背景材料

背景材料是指与新闻事件发生的历史条件和环境有关的材料。它有如下作用：

第一，延伸思路，深化主题。如果我们把新闻事件看作是一个在特定时间和空间中存在着的“点”，那么这个“点”必须有它引人注目的魅力，否则不能成为新闻题材。但是，如果完全局限在这个“点”上，就缺乏纵深的空间感，

限制了人的思路。

第二，注释解说，帮助理解。消息的内容可能会涉及一些普通人不懂得的知识，如果不作注释，就会给读者造成阅读的障碍。

第三，丰富内容，增加趣味。有了背景材料，消息所涵盖的内容就要比单一的事实报道丰富。另外，有些背景材料本身就具有较强的趣味性，这也可以增强作品的可读性。

新闻中使用的背景材料，常见的有以下几种：

第一种，说明性的背景材料，如政治背景、地理环境、历史演变、思想状况、物质条件等。例如，

桑兰去年7月在友好运动会上意外受伤后，没有失去康复的信心。她说："尽管医生说我重新站起来的可能性不大，但我绝不放弃希望，绝不相信我会永远瘫痪。"

——新华社纽约1999年1月1日电

这个背景材料把身残志坚，永不向命运低头的桑兰的性格特征写出来了，这就是她为什么受到邀请，同纽约市长一起在时代广场按下1999年倒计时灯球电钮的原因。

第二种，注释性的背景材料，如人物的出身、性格特点，以及名词术语、技术问题等。例如，

这里就是瑞典考古学家贝格曼于1934年夏天在新疆罗布泊地区找到的"有一千口棺材"的古墓葬，被世界考古学界认为是楼兰探险史、西域探险史上最神秘难解的古迹。

——新华社乌鲁木齐2001年1月5日电

这个背景材料把小河遗址5号墓地被发现的历史意义揭示出来，使消息收到了神秘而又清晰可辨、明白易懂的效果。

需要说明的是，背景不是新闻的独立部分，它可以放在导语之后，也可以穿插在主体之间，还可以放在结尾部分。

(二)综合消息的写作

综合新闻是围绕一个主题，综合报道一个单位、系统中全局性的主要新闻事实的报道。它的特点是既有面上的情况，又有点上的事例。面上的材料要概括得全面、完整、简练，符合事物的本来面目。点上的材料要有代表性、有特点，能进一步说明面上的问题。

【例文7-1】

"天体大十字"预言宣告破产

新华社北京1999年8月18日电　世界各地的天文学家证实，8月18日

没有发生特殊的天文现象，更没有发生地球毁灭这样的大劫难。世界各地的人们像往常那样度过了平静的一天，“天体大十字”这一“末世论”预言宣告破产。

400多年前，法国的诺查丹玛斯写了一本名叫《大预言》的书，其中提到1999年地球将出现大劫难。到了20世纪70年代，日本人五岛勉对本书进行了解释，说在1999年8月18日太阳、月亮和九大行星将组成一个十字架的形状，并称这种“恐怖大十字”将给地球带来毁灭性灾难。

法国里昂天文台专家鲁特利对本社记者说，他不知道有8月18日“天体大十字”一说，在与里昂天文台的其他专家共同核对过行星位置排列后说，8月18日，太阳系行星位置排列不但没有组成所谓的“大十字”，而且根本没有出现任何特殊的排列。

在五岛勉的家乡日本，18日是一个极其平凡的日子，没有重大的天灾人祸。当地新闻界和老百姓根本没有把五岛勉的预言当回事儿。日本国家天文台宣传部部长渡边润一副教授在接受本社记者采访时说：“18日这一天，九大行星的排列并没有构成十字架的形状。即使九大行星排列成十字架形，也不会对地球产生什么影响。它们对地球的引力远不及月球对地球的引力。‘天体大十字’预言没有任何科学根据。”

【简析】

该例文是新华社记者在1999年8月18日采访了伦敦、巴黎、东京等世界各地的天文学家和普通百姓后，收集了大量材料，经过精心选材，写出的一篇精品综合消息。

第一段是导语段，这则新闻的导语高度概括了全世界的情况：“世界各地的人们像往常那样度过了平静的一天。”

第二段是背景介绍，说明早在400多年前就有人作出1999年将要出现大灾难的荒诞预言，现代人的灾难说不过是拾其余唾而已。

第三、第四两段通过对法国里昂天文台专家鲁特利和日本国家天文台宣传部部长渡边润一副教授的采访揭示了“预言”的荒谬性。

（三）经验消息的写作

经验消息是一种导向性很强的报道。它通过对一些地区、单位、人物、事件的采访、调查、剖析，找出同等事物中具有代表性和普遍性意义的经验、教训，或指导工作、教育读者，或暴露弊端、警示社会。

【例文7-2】

用商业行为拯救亏损企业

深圳出现托管公司

本报讯（记者×××）完全以一种市场行为，专门接收亏损国有企业的委托管理，并使托管部分的国有资产增值的全国首家专业经营托管业的企业——深圳广发源企业托管有限公司创立。

有资料显示：全国40%国有企业的效益在“零”线以下，大批企业面临困难，效益低下，它们急需改变运营机制，不仅是资金方面，更重要的是一种管理上的突破。委托管理的根本原则就是在不突破现有产权关系的框架，调整盘活企业的存量资产。托管行为能避免当前兼并和破产等引起的较大的社会震动，可以有效化解“企业行为政府包揽”的现象。

既体现经济效益，又体现社会效益的企业托管，是一门全新的行为。企业托管的程序是：在接到企业要求托管的申请后，首先对企业进行诊断分析，然后双方签订托管协议，托管期限一般为3～5年，合同期内若企业资产保值，托管公司收取8%托管保值费，若盈利，则收取40%的税后利润。假如出现经营亏损，托管公司将抽取资金予以补偿，托管期间，托管公司除注入部分资金外，更主要靠高水平的管理输入和高素质的市场预测情报输入。在一段时间内，被托管企业将从“保姆”那里得到资金、管理、技术乃至市场信息，而付出的则是全部或部分经营管理权。

广发源企业托管公司由全国最大的地方性商业银行××省发展银行和××证券咨询公司等单位组建，注册资金3150万元。

【简析】

这条经验消息报道了一条对国企改革很有借鉴意义的创新之笔——托管。

众所周知，国企改革是改革中的老大难，牵一发而动全身，不可轻举妄动，但又不能不动。而对“全国40%的国有企业的效益在‘零’线以下，大批企业面临困难，效益低下”的严峻现实，迫切需要走出一条创新之路。深圳的做法是“改变运营机制”，“是一种管理上的突破”。该消息既介绍了这种做法的根本原则，又介绍了它的具体程序，给人以有益的启示。相信在国企改革的攻坚战中，这条经验消息能给人以新的启迪，新的思路。

(四)述评消息的写作

述评消息是一种以报道事实为基础，边述边议、夹叙夹议的报道。它通过对事件的分析评议揭示事件的意义，起到指导一般的作用。通常表现为两种趋向：一种是综合新闻材料，适当加以分析、评论；另一种是抓住某一新闻事件或事件中的某一片断，给予评论。从评论方式看，有的是作者直接议论，有的是把观点、评论附注于对事实材料的报道中，写作时以实带虚、虚实结合、就事论理、以理服人。

述评消息既可以由记者(作者)出面评论，也可以让新闻中的人物站出来作评论，有时还可以引用报刊文章或以观察家、评论家的名义进行评论。西方通讯社经常针对一些重大的国际时事问题或在重要时刻(如年初、节日)发表述评消息。

【例文 7-3】

法新社北京 12 月 31 日电　中国国家主席江泽民今天说，中国将“排除任何干扰”，完成祖国统一大业。他警告说，台湾的任何独立举动都注定是失败的。

江泽民在通过中国国际广播电台和中央电视台发表的新年讲话中说：“结束海峡两岸的分裂局面，完成祖国统一大业，是中国人民的强烈愿望和不可动摇的意志。”

今年，由于李登辉 6 月份访问美国，两岸关系急剧恶化。江泽民正是在这样的时候发表这一讲话的。中国在台湾海峡举行了一系列军事演习。中国新闻机构也向李登辉发动攻势，指责他企图扩大台湾在国际上的存在，以推动台湾的独立。

尽管江泽民的讲话隐含对台湾的威胁，但是他在讲话中也宣扬了中国是第三世界热爱和平的斗士。江泽民新年讲话的题目是《中国缔造更美好的世界》。

海外有人担心中国随着成为一个经济大国，也可以成为一个地区和全球霸主。中国官方以前曾对此予以驳斥。江泽民今天的讲话也对此进行了驳斥。

江泽民又说，尽管国际形势总体上趋向缓和，然而，“我们居住的这个星球远非一片乐土”。他特别提到霸权主义和强权政治依然存在。“不合理的国际政治经济秩序尚未得到改变”，贫富鸿沟还在扩大等。

【简析】

这则述评消息出自西方人之手，它摘录报道了江泽民同志的新年讲话。但其所摘之处都加上了作者的议论，有明确的针对性和鲜明的倾向性。

在导语中，该消息将江泽民同志反对台独的坚决态度作了转述，这是该消息的主旨。主体部分的第二、第三、第四段都是围绕该主旨进行的转述和作者的评论，其中，不妨把第三段看成该消息的背景。

第五、第六两段则转述了对另一些重大问题的看法，如所谓的“中国威胁论”，以及国际形势、霸权主义和强权政治等。对此，作者都是边叙边议，带有他的立场和观点，显示了述评新闻的鲜明特点。

这篇述评消息没有结尾。主体中新闻事实已讲完，结尾中无需重复。

第二节 通　　讯

一、通讯概述

(一)通讯的概念

通讯是运用叙述、描写、抒情、议论等多种手段，具体、生动、形象地反映新闻事件或典型人物的一种新闻报道形式。它是记叙文的一种，是报纸、广播电台、通讯社常用的文体。

(二)通讯的特点

1. 新闻性

通讯的新闻性包括内容的真实性和新闻的时效性两方面。内容的真实性要求所报道的人和事必须是真人真事，不能有任何虚构。通讯的时效性虽然比不上消息，但也有一定的要求。

2. 叙述的直接性

通讯的写作一般以开门见山和顺叙的形式为主，但也不排除采用倒叙、插叙、夹叙夹议等表现手法。通讯与记叙文的写作一样，包括时间、地点、人物、事件(开端、发展、结局)四要素。

3. 描写的直观性

描写的直观性要求注重对人物动作、形象和场景进行直接而具体的描述，但不能有过多的形容或雕琢。描写的直观性具体表现在如下几个方面：对记者亲眼目睹的现场进行如实描写；对事后采访到的事件情景进行再现式描写；以记者出场形式对记者见闻进行直观描写。

4. 议论和抒情的实在性

通讯中的议论和抒情常常是结合在一起的，不少文字既是抒情，又是议论。议论和抒情的实在性表现在：议论一般是在叙事的基础上，紧密结合事实，作画龙点睛之笔；抒情通常也是紧密结合事实，用简短精练的语言表达个人的观点和感情。

5. 对话的实录性

通讯写作中，经常使用对话形式。对话的实录性要求通讯中对话写作应不加修饰地记录对话。具体而言，就是直接引用新闻人物的原话，突出真实感、现场感；在选择新闻人物的原话时，要突出人物语言的个性特点。

(三)通讯的种类

常用的通讯有如下五种：人物通讯、事件通讯、工作通讯、概貌通讯，小通讯。

二、通讯的写作

通讯的结构和消息大体相同，但通讯的标题很少用副题，多数通讯只有正题。它的标题跟一般记叙文的标题比较接近，可以直接揭示新闻事实，也可以曲笔达意。在写法上，通讯的标题可实可虚、可直可曲、可长可短、可庄可谐，没有定规，作者可以充分发挥自己的创造性。有些通讯的标题由正题和副题组成。

通讯的导语往往演化为序(在题头之下就是序)，序往往要交代事件的起因、缘由，或人物的概貌、事件的概况；也有的通讯没有序，直接进入主体的描述。

对于通讯的主体部分来说，比较短的可不分小节；比较长的则可根据内容的需要分为相对独立的若干小节，各节用数字标示，有些通讯的各小节还列出小标题，以突出本部分的内容或主题。

下面分别介绍常见的五种通讯的写作。

(一)人物通讯

1. 人物通讯的概念

人物通讯是写人物的通讯，是用通讯的笔触写的人物报道。人物通讯是报刊、广播、电视中常见的，影响广泛而深刻的一种新闻体裁。

人物通讯所写的人，都是在社会上具有特殊影响的人，他们的精神、观念、业绩对群众有着特殊的教育意义；即使是反面人物，其经历、言行也对社会有特殊的认识作用。

2. 人物通讯写作的要求

人物通讯的重点是写人物。写人物有两种方法：一种是全面记叙人物的事迹，如《县委书记的好榜样——焦裕禄》；一种是只通过人物的一两个侧面来表现其思想心态。那么，如何才能写好人物通讯呢?

第一，选择典型人物。这是人物通讯写作的关键。选择典型人物要看其言行、事迹、思想风貌是否具有时代的特征，能不能体现历史的进程，能不能体现社会发展的方向。

第二，注意表现人物性格的特异点。特异点是小说写作常用的刻画人物的方法。但是，小说写作有时把人物的性格夸张到远离常态的地步，虽然能给人留下深刻印象，但毕竟有违真实原则。人物通讯，要注意捕捉人物不同于常人的性格特异点，但不能夸张失实。例如，人物通讯所描写的数学家陈景润的“痴”和“迂”，就给读者以深刻印象。

第三，在矛盾冲突中写人。人物性格只有在激烈的矛盾冲突中才能充分显现出来。写人物通讯也一样，往往是把人物置于风口浪尖，才能突现出其深层本色。这种矛盾冲突多在人物与自然、人物与落后势力和陈腐观念、人物与自身弱点等关系上展开的。

第四，运用典型事例写人。以事写人，这是人物通讯常用的方法。写事首先要写典型的事例。所谓典型事例，就是有代表性的，足以表现人物思想面貌的事例。较之一般事例，典型事例能起到以一当十、以少胜多的作用。

第五，借景写人。利用景物写人，是我国的传统写作手法之一。使用这种方法，能使人物形象更鲜明、可感。

第六，借他人之口刻画人。例如，《领导干部的楷模——孔繁森》一文，多次借藏旅同胞之口对孔繁森的形象进行渲染。特别是在孔繁森因公殉职后，人们噙着泪水表达悼念，对刻画孔繁森的形象起了重要作用。

【例文 7-4】

奎拉鹰山新愚公

——张福全义务植树 35 载绿化荒山 800 亩

料峭春寒在胶东半岛奎拉鹰山上尚未完全消退，一位白发苍苍的老人就顶风冒寒，没白没黑地在山上开始了新年度的植树造林工作。

这位现年 79 岁，名叫张福全的二等乙级伤残军人，一等功臣，已坚持义务绿化荒山 35 年。他用辛勤的劳动，把昔日光秃秃的 800 亩荒山，变成森林覆盖率达 90%的“花果山”，人们称他是“奎拉鹰山新愚公”。

1965 年，张福全主动向村里提出义务绿化奎拉鹰山。从此，便以大山为家，和树木做伴，风雨无阻，早出晚归地劳作于这座山上。每到冬时农闲或开春植树时节，他还把老伴、儿女叫上山植树造林，由于山上道路崎岖，山石嶙峋，加上每日翻山越岭的劳作，他每两个月就要穿坏一双胶鞋。有人做过计算，他 35 年来所走的山路总和能绕地球四周半，他以这种愚公移山的精神，日复一日、年复一年地咬定荒山，绿化不止，在 800 亩荒山上种植了板栗、杨树、水杉、橡树、松树等 10 多种树木。目前，除不能植树的巨石、石崖外，山上其余地方已全部绿化。在 35 年里，他心中唯有绿化，生活甘居清贫，除了每年领取政府发的 1000 多元伤残优抚金外，从未向村里要过一点报酬。

时下，已年近 80 高龄的张福全老人仍在造林不止，有人问他图个啥，他说：“为了给祖国留下一片绿荫，为了给子孙后代留下一座宝山。”

——2000 年 4 月 4 日《新华每日电讯》

【简析】

这是一篇先进人物事迹通讯，读后令人十分感动。一个年近 80 岁的老人几十年如一日，坚持不懈，无怨无悔地绿化荒山，他图个啥？该通讯以张福全老人自己的话点出主旨："为了给祖国留下一片绿荫，为了给子孙后代留下一座宝山。"古人说的"卒章显志"，指的就是这个。

作为一名一等功臣、二等乙级伤残军人，他完全有资格、有理由在晚年尽享清福，然而他却选择了绿化故乡荒山这件"吃力不讨好"的事，而且一干就是35年。该通讯很好地描写了他造林绿化的艰辛，"风雨无阻，早出晚归"，"每两个月就要穿坏一双胶鞋"，"所走的山路总和能绕地球四周半"。凭着这种当代愚公坚忍不拔的意志，他终于把昔日的800亩荒山变成了"花果山"。

人物通讯就是要对人物的事迹进行直接而具体的描摹，而不能有过多的形容和雕琢。这篇通讯很好地做到了这一点。

（二）事件通讯

1. 事件通讯的概念

事件通讯是详细报道社会上发生的新闻事件的通讯。这种通讯重在记叙和再现新闻事件发生、发展的相对完整的过程，显示事件的内在逻辑和社会意义。

事件通讯要以赞扬社会主义时代的新人、新思想、新风尚为主，同时也可以揭露存在的实际问题，以引起人们的重视。

2. 事件通讯的格式

事件通讯由于要具体形象地反映人和事，因而没有固定的格式。它既可以按时间顺序、事实发生发展的顺序或者作者对报道事件认识发展的顺序来安排层次，也可以按事物的性质分类，或以空间转换为标志来安排层次，还可以将时间顺序和空间转换穿插起来写。

3. 事件通讯写作的要求

事件通讯要准确写出某一事件发生缘由、开端、发展、高潮和结果的全过程，让读者了解事件的来龙去脉。在写作时，要处理好写人与叙事的关系，即以叙事为主，以写人为辅，写人为写事服务。事件通讯的结构较为灵活，可以顺叙，可以倒叙，也可以插叙和补叙。在表达方法上，为增强文章的生动性和形象性，除了记叙之外，还可以综合运用描写、议论等手法。

【例文7-5】

江津农民粮卖菜价

"种瓜得瓜，种豆得豆。"大豆、玉米和豌豆都是农村的土粗杂粮，许多农民用来养猪喂鸡，市场上每斤也只能卖到5角多钱。但重庆江津市珞璜镇芦岩村的农民，却根据市场的需要，把它们种成了"时鲜蔬菜"，每斤卖到了5元多的肉价钱。

珞璜镇地势高而平坦，像个“小高原”，人均有近1亩的水田，是江津市的粮仓。但近几年来，由于粮食价格下滑，许多农民压着粮食换不成钱，人均纯收入只有1800多元。从前年开始，江津市利用这里地势高、气温低的特点，调整传统的粮食种植结构，发展优质稻谷、糯玉米、菜玉米和菜大豆，使种植农民的收入有了显著提高。尝到甜头的农民，开始用全新的眼光经营新型“粮食经济”。芦岩村一社的杨天贵家，过去也常种玉米，但由于玉米品种老化、种植季节落后，种出的玉米既不好吃，又卖不出好价钱，只能当作饲料养猪喂鸡。去年在镇政府的动员下，他购买了新品种的菜玉米种子，将家里的2亩多山地全部铺上了地膜，提前半个月就下了种。菜玉米长势喜人，到6月底，其他玉米正在抽缨灌浆，而杨天贵的菜玉米已经上市了。

杨天贵说，当时城里许多餐馆都来抢货，每斤玉米棒子卖到了2块多钱，如果折算成玉米籽，每斤值5元多，“比市场上的猪肉价还要硬梆呢！”

“脑子变一变，效益翻几番”，珞璜镇农民的这本“生意经”，让长期以种粮为生的农民大开眼界。据了解，去年芦岩村共种了300多亩菜玉米，平均每户将近1亩，仅此一项户均收入约2 000元。而在整个江津市，把粮食当成蔬菜经营的农民越来越多，糯玉米、菜玉米、菜大豆、大豆和菜豌豆等菜用粮食作物的种植面积直线上升，去年达到了1万多亩。

江津市农业局长杨道荣将此称为“过程经济”，而把传统农业戏称为“结果经济”。他说，在市场经济下，过程比结果更重要。传统农业看重的是结果，种瓜只能得瓜，种豆只能得豆，使用市场经济的眼光看，你会发现在粮食生长的过程中，可能蕴藏着比粮食更值钱的其他东西，把这些东西开发出来，就可以“种豆得菜”，附加值就会成倍增长，粮食就会增收。杨局长举了个例子：1亩豌豆的产量不超过400斤，按“结果经济”操作，最多能卖400元；而1亩豌豆却能连续生产2 500斤豌豆尖，按每斤1元计算，1亩产值就达2 500多元，是收获的豌豆籽的6倍多。

——2000年4月5日《新华每日电讯》

【简析】

事件通讯要着重反映现实生活中发生的典型事件，以写事为主，写出事件的发展过程，揭示典型事件的深刻意义。这篇事件通讯很好地做到了这一点。千方百计让农民富起来，这是党的既定政策。还是这些山、这些田、这些人，可是，“脑子变一变，效益翻几番”，观念的转变，种植结构的调整，新技术、新品种的引进，使得重庆江津市珞璜镇的农民打开了致富的大门，粮食卖出菜价，在大力建设社会主义新农村的今天，这篇事件通讯无疑具有启示意义。

（三）工作通讯

1. 工作通讯的概念

工作通讯是通过报道和分析当前实际工作中的经验、问题、教训等，从中找出某些带有规律性的东西，以此指导、推动实际工作进展的通讯形式。

比起一般的新闻报道来，工作通讯除了报道新闻信息外，还担负着宣传党的各项方针政策及指导实际工作的任务。也就是说，工作通讯是将新闻性与指导性融于一体的。所以，工作通讯一般都带有一定的理论色彩，是调查与研究的产物，有一定的思想深度，但是，它又不同于政策性文件，不具有指令性。它是通过总结经验、探讨问题，从思想认识上给人以启发和诱导。

2. 工作通讯的种类

工作通讯主要有报道型工作通讯和研究型工作通讯两种。

第一，报道型工作通讯。报道型工作通讯主要是向受众报道工作中的新鲜经验，或涉及政治、经济、文化等重要问题。

第二，研究型工作通讯。研究型工作通讯重点在于探讨问题的成因，研究解决问题的办法。一般是针对涉及全局性、有普遍意义的问题提出解决的办法。

3. 工作通讯的格式

工作通讯一般由开头、主体、结尾三部分组成。

第一，开头。工作通讯的开头通常要概述事件的基本情况，简要介绍人物、交代中心思想或提出问题等。概述部分一般不设小标题。

第二，主体。工作通讯的主体是通讯的主要内容，由于通讯的内容较多、篇幅较长，主体部分常常划分层次，并冠以小标题。

第三，结尾。工作通讯的结尾，可对事件作一小结，作一画龙点睛式的评论，也可以展望前程，描绘远景，发出号召，给人以希望和鼓舞。

4. 工作通讯写作的要求

工作通讯写作的要求主要表现在：

第一，要抓住主题。要注意选择那些在贯彻执行国家方针、政策中遇到的问题，以及人民群众普遍关心的问题作为工作通讯的主题，把着眼点放在推动工作的开展上。

第二，要用事实说话。要选择典型事实，突出重点问题，多角度、多方面地选取材料，证明观点；否则，所谓的经验、结论就只能是空中楼阁了。

第三，要找出解决问题的出路和办法。不仅仅是暴露问题的工作通讯要提出解决问题的方法，报道成功经验的工作通讯同样如此。事实上，对成功经验的肯定，本身就是为同类单位或企业提供可资借鉴的方法。

第四，生动活泼可读性强。这是通讯写作的共同要求。也许工作通讯在情节上不如事件通讯和人物通讯那样引人入胜，但绝不能因此就认为工作通讯不需要生动活泼。缺乏文学性，不能吸引读者的工作通讯，不能算成功的作品。

【例文 7-6】

城市养狗为何屡禁不止

狗患不除居民不宁

夏日的都市，狗患显得尤为突出。在街心公园散步的居民，常被随处可见的狗屎狗尿熏得兴趣索然；熟睡的人们也时时被窗外恼人的狗叫声吵得不得安宁；便道中间，一只凶恶的狼狗往那里一趴，过往行人被迫纷纷绕行。一位编辑到作者家去取稿，正准备起身告辞，冷不防被主人宠爱的狐狸狗咬伤了胳膊，他为此打了七八针疫苗。但听医生说，咬伤上肢，对神经系统的潜在威胁将比下肢更大。北京厂桥地区一过路妇女忽然被一只狗扑上来咬伤了乳房，尽管狗主人一再道歉，并赔偿医药费 1 000 多元，但据说，狂犬病的潜伏期少则十几天，多则几十年，一旦发病，死亡率 100%，将来有何隐患，谁又能说清？

防疫站也因近年不断增长的狗患增加了工作量和紧张度。伴随着狗的大量出现，被咬伤前来打针的人也相应增加。各区防疫站都指定了几个定点医院同时负责注射，这些医院须 24 小时有人值班，一旦有人被咬伤，就得马上治疗。但是那些疫苗供应不足、医疗条件差的地区，问题就更严重。

还令防疫站的工作人员紧张的一件事是：过去被人们认为不带毒或带毒较少的小狗，现在发现有的毒性甚至比大狗还要强；那种看似温顺的观赏狗，其带毒也并不比狼狗、豺狗少。

提起狗患，民警也是一言难尽。每年，他们都要会同街道办事处、环卫部门搞几次灭犬活动。仅今年 1 月至 4 月，北京市某区分局即灭犬 1 244 只。但是狗似乎越打越多，望着与日俱增的对狗的“投诉信”，他们苦闷地说：“民警毕竟不是打狗队”，日常工作已经够繁忙的了，何时才能摆脱狗患的困扰？

“爱犬族”的乐忧所系

养犬者在人们印象中似乎多是些有身份的人，实际不尽然，简言之，可谓物质上、时间上的高消费者。

物质上的高消费者，买价格昂贵的纯种名狗，有的一只达几万元；狗食品也追求高档，蛋糕、火腿肠、鱼片等，还伴以加工精致的宠物食品，散装的每斤也需七八元或十几元；定期给狗注射的进口疫苗每支 60～80 元，有的甚至几百元；与之配套的狗衣服、牵狗绳、梳毛刷，多是进口的高档货。

时间上的高消费者较为复杂，有闲居在家的“贵妇人”，有赚足了钱后坐家“吃利”者，也有离退休老人。在狗医院里，最多见的是一排排带狗去输液的人，给狗输一瓶药一般得2小时，加上等候医生检查、开药，一般要花费半天至一天，而狗主人丝毫没有“上班族”们看病时的那种焦急神态，且大多数是中青年夫妇俩一同陪狗看病，有的人BP机响了起来，拿起电话交谈的，也多是狗的病情。

客观地讲，狗的主人有一部分是为了炫耀身份，也有不少是寻求慰藉。有的中年、老年丧偶，精神苦闷，便与狗为伴；有人闲居在家，无所事事，也以养狗为乐；有的老人，白天儿孙上班、上学，自己在家寂寞，有“体贴”者便送狗上门。在宠狗医院的聚集，成了狗主人的一大乐趣，狗的主人似乎在这里找到了浓浓的情味，彼此间都似熟人，有人说：“人到普通医院看病，什么时候见到这么好态度的医生?”

但是，在这片小天地里，人们似乎很少想到，养狗会给小天地外的人带来什么呢?

养狗为何禁不住

提起狗患，群众自然把目光集中到对此负有责任的管理者身上。大家说，谁家有狗，街道最清楚，可就是不敢惹他们。而各区公安分局、派出所的民警更有自己的苦衷。一方面，缺少可操作的章法。他们说：“如果有一个像禁放爆竹那样的严厉规定，我们也绝不会手软。”1986年1月，北京市政府颁布了《北京市养犬管理暂行办法(修订)》，但时至今日，过去不曾预料到的新情况在不断出现，原来只有廉价的狼狗、豺狗，对这种狗，现在仍是见一只打一只；而如今，几千元、几万元一只的狗大量出现，是否都一概打死？1986年的文件对于违章养犬者的处罚一般在5元以上、50元以下，且执行中，1年的罚款也不超过2次，犬出户伤人的，也只处以10元以上、100元以下的罚款，如此轻的处罚，对于许多富有的养犬者显然失去了约束力。

另一方面，民警的顾虑是怕伤害了群众情绪。对于那些珍贵的名犬，民警硬去打，狗的主人有的跪下哀求，有的干脆伏在狗身上，表示若要打死狗就先打死他，有的人在旁责怪打狗是破坏生态平衡，弄得民警也很为难。

此外，外部环境也是造成狗患不绝的重要因素。一些单位为了赚钱，无形中对养狗起到鼓励作用：比如有的出版单位大量出版各种介绍观赏狗的画册、书籍；有的企业大力开发宠物食品，动物“尿不湿”，狗浴液等产品；有的商店专辟了宠物食品专柜；创办宠物医院，销售宠物用品也成为一些高校、动植物检疫机构创收的主要手段。

学者的呼吁

针对养狗问题，北京市社科院历史研究所研究员姜维堂说：“我认为要对养狗者进行尊重他人权利的教育，一些人时常牵着狗逛商场、大街等公共场所，搞得周围人惊恐不安，他却旁若无人；还有人利用特权，托人从千里之外为自己的儿子捎狗，狗可以一同进软卧车厢，一路上，狗要洗澡、吃火腿肠，到站后还有专车来接，其他旅客的安全和休息，狗主人根本不会考虑。因此，对他们灌输道德意识十分必要，同时要制定可行的限制措施，光简单说不许养，这不实际。”

北京大学社会学系副主任杨善华说：“我对养狗一向持反对态度，因为狗对环境有害无益，既传染疾病，又有碍卫生，而现在给人的印象是，养狗的人越来越多，出来管的人越来越少。有人带狗乘‘面的’，人坐在司机旁边，狗坐在后座，完全不考虑其他乘客的利益。再这样下去，我担心会出大问题，尤其狗咬伤人引起的纠纷就很容易酿成灾祸。因此，尽快立法，以进行有效管理十分必要。”

但愿学者的呼吁能在禁止城市养狗的地方法规的执行过程中，逐渐变成人们期待的现实。

——1994 年 6 月 28 日《光明日报》

【简析】

这是一篇篇幅较长的工作通讯，共分四个部分，每一部分都用小标题标示，全文基本上是按“提出问题，分析问题，解决问题”的思路行文。第一部分首先把问题的尖锐性提出来，都市的狗患已给居民生活带来严重影响。第二、第三部分分析狗患屡禁不绝的原因。这原因是多方面的，既有“爱犬族”的原因，也有商家的推波助澜，更有立法的滞后。原因分析得透彻、中肯，这就为解决问题创造了条件。第四部分以学者的呼吁强调了立法的刻不容缓，这是解决犬害的根本之道。作者有的放矢，有感而发，写得切合实际，能给读者启发和教育，对工作有指导作用。

(四)概貌通讯

1. 概貌通讯的概念

概貌通讯又称风貌通讯，是以反映社会生活、风土人情、自然风光和日新月异的建设成就为主的报道。尤其是改革开放所带来的变化，又为这类通讯增加了新的内容。概貌通讯与事件通讯不同，它不是围绕一个人物或一个中心事件来写，也不要求写一件事发生、发展的完整过程；而是围绕主题，集中描写各方面的风貌和特色。优秀的概貌通讯仿佛是时代的风俗画，渗透着时代的气息，跳动着时代的脉搏，甚至能从中听出时代前进的脚步声。

在表达方式上，概貌通讯往往运用具体事例来叙述和描写一个地区、一条路线、一个单位、一个点、一个面的风貌变化，展现时代的步伐和人们思想境界的变化。一般采取“巡礼”、“纪行”、“散记”等形式。

2. 概貌通讯的特点

概貌通讯的特点主要表现在：

第一，概貌通讯涉及面广，它不但有令人向往的各地风光的报道，也有各种知识的介绍。作者既可以写亲眼所见、亲耳所闻的新气象、新变化，也可以抒发自己对生活的感受。

第二，事实要有新意。概貌通讯要有新闻性，所叙事实要使受众有新鲜感。如何突出这个“新”字？主要是用对比衬托的手法，这种对比通常是从多方面进行的，在对比的两面中，旧的一面只是给新的一面起陪衬作用，只是表明面貌变化的起点，是为了突出新貌，反映时代的变迁。

3. 概貌通讯的格式

概貌通讯主要由标题和正文组成。

第一，标题。标题比较灵活，但一般要突出“风貌状况”方面的内容。

第二，正文。正文要求围绕主题，但不要求围绕一个人物或一个中心事件，最好涉及各方面风貌和特色。

4. 概貌通讯写作的要求

概貌通讯写作的要求主要表现在：

第一，抓住特点，体现变化，写出新意。事物总是在不断发展变化的，在改革开放的年代更是一日千里，日新月异。写概貌通讯就要抓住事物变化的特点，反映事物的本质。

第二，点面结合，反映全貌。反映事物的风貌，一般不需要写全过程，可以用典型事例加上概括叙述来反映全貌，也可以用精彩的片断来反映全貌。

第三，人事结合，情景交融。概貌通讯同其他通讯一样离不开人物形象。人物是让风貌展开的主人，有了人物，风貌才“活”得起来。可见，有人、有事、有情、有景，四者有机地结合在一起，正是写概貌通讯必不可少的。

【例文 7-7】

温州夜行记

饿了九个多小时。下了火车，我们在夜色笼不住通明灯火的金华，狼吞虎咽了一盘炒年糕，就又匆匆登上了去温州的夜行客车。

许是长久在中西部地区采访的缘故。我们一行欲早睹当今傲视华夏的温州风采的心情格外急迫。

当汽车在浙南大地奔驰后，连日的劳顿使我们昏昏欲睡。然而，在这条通向温州的公路上，夜晚的喧嚣声并不比白天减少多少，在温州人眼里，夜晚似乎比白天有利，既少了堵车的烦恼，又可在车上休息，白天照常做事，人皆此心，人皆此行，路上喧嚣，黑白也就没有两样了。可这样一来，就苦了我们这些过惯了日出而作、日落而息的生活的人了。

迎面不断的刺眼车灯、鸣笛声，生生让我们欲睡不能。无奈之下，我们便观察起同车的人来。从口音和举止看，这些人中有少量的外地商人，更多的则是温州本地的小业主和推销员。他们手戴金戒指，衣着随便，从一开始上车，就争先恐后地挤，现在60人的车已座无虚席。他们已习惯了这样的旅程，东倒西歪地照睡不误。然而，一对年轻夫妇却仍在哄着一个哭个不停的婴儿。一问得知，丈夫是温州人，妻子是南昌人，在火车上我们就与他们面熟。此刻，年轻的父亲说，他在北京做生意，这次回来是接妻子孩子去同住。他打算先送孩子去温州与爷爷奶奶见上一面，然后乘机去北京。婴儿才出生80多天，就要跟随父母辗转南北了，看来也只有温州人才做得出来，这就是温州人的做派。

记得在外国人眼里，温州是中国的“私营经济之都”；而在国人的眼中，它是凭借一支十万人的推销员队伍走南闯北，闯出了今天的地位。事实上，温州并无纵横发达的交通运输网络和丰富的资源，而且人均仅有四分耕地；全省六个贫困县中，它就占了四个，然而，世人都惊奇地看到了它那“魔术”般的变化与发展。

我们把目光投向窗外，想探寻一点什么。可夜幕沉沉，又能看见些什么呢？

沿途，但见一家家农户开的店堂彻夜不闭，或旅店，或饭馆，或修车铺，或加油站，数量之多，实为外地少见，一盏盏箱灯，一串串链泡，繁星满天，光亮触目。这时，无论北方还是南方的城镇工人们，只怕早已进入梦乡，而温州人却仍在紧张劳作，不舍昼夜。困了就伏膝打个瞌睡，一有车来即刻振作精神迎上前来。这条公路可以说是我们迄今为止看到的夜里最为繁忙的运输线了，多次出现堵车，在夜里四点左右最严重的一次堵车中，被堵的几百辆大小车辆前后两三公里不见头尾，串串车灯蜿蜒于山道上状若赤龙。人体正常的生物钟好像对这些温州人起不了什么作用，真不知是发展起来的温州造就了他们，还是他们造就了今天的温州。像这样不分昼夜地运转，将来的温州又会是什么样子呢？那些既羡慕温州又认为温州得宠于政策偏爱的人，有没有看到和想到温州人是在怎样超常地劳作的呢？

这晚，我们也看到了温州人的另一面，朦胧中我们听到一阵喧闹声，真以为是遇上打劫者，随后在夜色中看到十来个农民围着车叫卖甘蔗。不知车上哪位买了一农妇的甘蔗，有意少付了一毛钱，于是农妇拦住车不让走。司机一时火起，站在车厢中叫，把钱给她，但车上人没见一个出来承认的，司机只好又动之以情，晓之以义：“他们蛮穷的，一毛钱对你们就像九牛一毛。”可是，说了白说。不久，我们的车又在车另一处遇上纠纷，当车停在一温州人开的小店吃夜宵时，一江西老汉与小店卖柑橘的人争吵起来，说卖橘人捣鬼。我们和车上其他人看了看，三个不大的橘子怎么也不会有一斤，最多也就六七两。但察看秤，找不出毛病在哪儿。无奈车不能久等，老汉只好自认倒霉。

这晚，真是眼不寂寞，路不寂寞，夜不寂寞。

——1990 年 5 月 11 日新华社电稿

【简析】

这篇概貌通讯通过记者在夜行温州的客车上的所见所闻，把市场经济的弄潮儿——温州人的不同寻常的做派写出来了。文章点面结合，既写了车上一对年轻夫妇带着才 8 个月大的婴儿走南闯北做生意，又写了沿途所见的“店堂彻夜不闭”，“仍在紧张劳作，不舍昼夜”，“人体正常的生物钟好像对这些温州人起不了什么作用”。温州为什么能在市场经济的大潮中迅速崛起，读者看到这儿是否能悟出些什么。温州各方面的条件并不十分优越，正如文中所说：“温州并无纵横发达的交通运输网络和丰富的资源，而且人均仅有四分耕地；全省六个贫困县中，它就占了四个。”然而温州人敢为天下先的大无畏精神，吃苦耐劳、锲而不舍的意志品质，才是他们造就今天温州的最根本原因。这篇概貌通讯给我们的启示恐怕也在于此。

（五）小通讯

小通讯又称小故事。它反映现实生活中的一个片断，通常表现一人一事，线索单一而有故事情节，短小精悍，生动活泼。小通讯不能写得人物繁多、场面太大、枝节横生，否则就会失去“小”的特点。它篇幅虽短小，但以小见大，能从小事情、小片断中反映出大道理、大形势。

【例文 7-8】

孩子心中的税法

鲜红的太阳，高大的房屋，茂密的大树，玩耍的儿童，组成一幅美好的图画。刚刚绘完画的六岁小朋友吴笛说，如果人人都遵守税法，依法纳税，整个国家就是一个快乐的大家园。

昨天，贵阳市国税局、地税局在省政府礼堂前举行的“少儿百米长卷书画”活动，拉开了“税收与未来”宣传月活动的序幕。和吴笛一样，150 多名小朋友把自己对税法的理解描绘在两条长达百米的白绢上。孩子是纯真的，懂得“依法纳税光荣，依法纳税国家就会富强”的道理。他们用自由的小鸟，飞驰的汽车，腾飞的巨龙和明月、高楼、绿树，在白绢上描绘着祖国美好的明天。王祝婧则用一手遒劲飘逸的漂亮书法表达了对税法的认识："税收托起共和国。"

孩子是无邪的，心田中深深地印上了偷税逃税可耻的观念。五岁半的孙乾源把逃税者画成在大树上吞噬绿叶的肥虫。年仅五岁的王朋说："将来我要盖一个好大好大的厂房，赚好多好多的钱，那时我一分钱的税也不会少交。"

看着孩子们的书法和绘画，贵阳市国税局局长朱正木说，依法治税是一项长期工作，宣传税收知识也要从娃娃抓起。

——2000 年 4 月 4 日《新华每日电讯》

【简析】

这篇小通讯篇幅虽不长，但以小见大，能从小中说明大道理。依法纳税，这是每个公民应尽的义务。孩子的心灵是一张白纸，应从小就向他们灌输正确的观念，这样他们长大后才能成为一个好公民，这篇小通讯很好地说明了这个道理。

第三节 特　　写

一、特写概述

(一)特写的概念

特写，最初是电影艺术中的一个术语，本意是指电影中突出地拍摄人的面部或其他局部，一个物品或其局部的镜头。特写镜头呈现在银幕上，可以造成强烈和清晰的视觉形象，得到突出和强调的效果。

特写作为一种新闻报道文体，是指通过多种表现手法，对人或物作具有强烈视觉及情感效果的着力刻画，使其产生立体感，从而更集中、更突出地表现新闻事实和主题的一种新闻体裁。

(二)特写的特点

特写的特点主要有三点：

1. 现场感

特写在报道新闻事实时，特别强调用描写手法去再现报道对象。通过精心的描绘、渲染气氛，使其达到情景交融，使人如临其境、如闻其声、如见其人。

2. 局部化

特写就是要对报道的某些局部作突出的、重点的描绘，而不是面面俱到的泛泛之笔。从时间上来说，局部化意味着对生活片断的截取。它不是去展示事件发展的前前后后，而是选取那些最具包孕性的片断，动中取静，以静写动，让人们通过一个典型的镜头、一个画面，获得对其前后经过的了解。从空间上来说，局部化意味着选取那些最有特征、最富表现力的细节。抓住这些局部作重点描述，能于细微之处见精神。

3. 可视性

特写由于借鉴了影视手法，将对象镜头化，所以能产生很强的可视性，人们常把它称为“视觉新闻”。通过文字的描绘，让读者转换为可视感，关键在于描写必须写形传神。这个“神”，就是报道对象的个性，它的特色，它的本质特征。不抓住这些，即使用大量的笔墨去描绘一些外在东西，简单地追求形似，也是无法产生电视报道的视觉效果的，不能以“神似”取胜。

二、特写的种类

按报道对象不同，特写分为人物特写和事件特写两类。

（一）人物特写

人物特写以写人为中心，要求绘声绘色地再现人物的某种行为或行动，并透视其思想境界；或者是通过对人物活动的展示，揭示人物活动的社会环境，以此来解释人物行为的时代依据，折射出整个时代的特征。

（二）事件特写

事件特写重在写事，写具有新闻价值的典型新事，要通过典型新事表现出崇高精神、良好风气。比起其他报道形式来，特写在事件的再现上有着不可替代的优势，最能产生画面般的可视感。

三、特写写作的要求

1. 加强描写的生动性

特写是一种描绘性的新闻报道，写作中应以生动、准确而富有动作感、立体感的描写为基础。要做到这一点，要求记者在描绘中能准确抓住对象的关键点，并成功地表现这个关键点。加强描写的生动性，还要努力把握对象的神韵和动感，以加强特写的可视性。

2. 力求特写的透视力

特写是描绘性的报道，但不是为描绘而描绘。优秀的特写不仅要再现报道对象，而且要帮助读者以观察家的眼光去观察社会。例如，特写《经济学家赶集》即是这方面的范例。记者对薛暮桥赶集的描述具体形象、生动活泼。他先是“兴致勃勃地挤进人群，东瞧西看，问这问那”。见到卖鲜鱼的，他也买一条，一边付钱一边还说：“看来还是两个市场好”。买完鱼，又买了擀面杖，还花了三分钱买了一个早就想买而买不着的挖耳勺。从这些描述中可以看出，农副市场是繁华热闹的，货物是琳琅满目的。在国营市场买不到的东西这里可以买到。写经济学家薛暮桥对市场的肯定、支持，实际上宣传了农副市场的作用。

3. 注意情景交融，在生动的描绘中着上作者的感情色彩

注意情景交融，这是描写尤其是场景描写中常用的手法。情景交融，即记者的主观情感与报道对象情感的沟通。记者在思想感情上要与人民群众息息相通，爱人民之所爱，恨人民之所恨，感情充沛，爱憎分明。特写要以生动的画面去感染读者，记者自己不动感情是不行的。例如，记者阎吾在1949年4月23日于长江前线写的一篇特写《我军横渡长江情景》，全文洋溢着我军战士横渡长江的战斗激情和胜利的喜悦，这与记者本身的感情冲动是分不开的。他回忆当时的采访情况时说："我为这历史大进军的雄伟场面所激动，胸中充满着豪情壮志……我心里热乎乎的……我一定要把这个历史镜头报道给中国人民，报道给全世界人民。"所以，好的特写不但能造成强烈的可视效果，更重要的是能撼动读者的心灵。

四、特写与消息、通讯的区别

特写与消息的区别主要表现在：消息往往择要报道新闻事件的全过程；而特写不现全貌，多为横向发展，只抓住新闻事件中富有特征的片断浓墨重彩地展开。例如，写一场排球赛，消息写球赛的全过程，特写则写一个精彩场面。消息以叙述事实取胜；特写以描写见长，它调动一切手段烘托、渲染并细致刻画。

特写与通讯的区别主要表现在：通讯展示的是新闻的纵断面；而特写则是充分地展示新闻事实的横断面。特写比通讯的内容容量要小些，体式亦较通讯要单纯、简略些。通讯写人可以纵横伸展笔墨，要有一定的完整性，写事则写出事件发生与发展的过程；而特写写人往往只取其生活瞬间的片断，不求完整全面，写事也只截取某些横断面，不要求事件在时间和空间的延续上反映事件的全貌。

【例文7-9】

经济学家赶集

3月4日下午，经济学家薛暮桥到北京太平庄农副产品市场赶集。

这位75岁高龄的老人，兴致勃勃地挤进人群，东瞧西望，问这问那。见到卖鲜鱼的，便问是怎么运进城里来的。有几个顾客正和卖主讨价还价，最后达成协议：一元二角一斤。薛暮桥同志高兴地说："好，我也买一条。"买鱼后一边付钱，一边说："看来还是两个市场好"。买完鱼，又买了一条擀面杖。这时，一个老头在叫卖挖耳勺，他赶忙过去花三分钱买下一个，说："我很早就想买这么个小东西，总买不着，今天算是盼着了。"

赶完集，来到市场管理所。薛暮桥对管理所同志说："这样的市场多开辟几个，分散一些就更方便了，是不是可以让那些较富裕的社队自己投资建市场呢？"管理所同志说，也有个别人投机倒把。他说："我看要进行教育，做到公买公卖。我们以国营市场为主，农贸市场作为补充，提倡社队集体卖货，也保留少数商贩。"

——原载1980年4月25日《市场报》

【简析】

这是一篇人物特写，镜头集中在经济学家薛暮桥赶集这一事件上，重点抓住了买鱼、买挖耳勺这些细节，既展示了市场的繁荣，也完成了对市场的赞颂。作者并没有展示事件发展的前前后后，而只是通过一个典型的镜头、一个画面，就反映了事件前后的经过，这种以小见大的写法，正是人物特写的一个特征。

【例文7-10】

中国政府恢复对香港行使主权

新华社北京7月1日电　1997年7月1日零时，在香港会议展览中心举行的中英香港政权交接仪式上，英国米字旗刚刚落下，中国的五星红旗徐徐升起，中国政府向全世界宣布恢复对香港行使主权。

仪式上易旗的过程不到两分钟，它标志着英国在香港实行了一个半世纪的殖民统治的终结。

中国国家主席江泽民，国务院总理李鹏，英国王储查尔斯王子，首相布莱尔，同中英两国政府代表团其他成员一起参加了这一历史盛典。

江泽民主席在交接仪式上讲话时说：香港回归祖国标志着"香港的发展从此进入了一个崭新的时代"，"香港回归后，中国政府将坚定不移地推进'一国两制'、'港人治港'、高度自治的基本方针，保持香港原有的社会、经济制度和生活方式不变，法律基本不变"。

40多个国家和地区，30多个国际组织和地区性组织的代表，各国驻港总领事，海外华侨及华人代表以及香港社会各界人士应邀出席了通过电视向全球直播的仪式。

在仪式举行的同时，中国人民解放军驻港部队先头部队同英军驻港部队在军营里举行防务交接仪式；中华人民共和国外交部驻香港特别行政区特派员分署大厦升起了五星红旗；海关职员和警察等纪律部队成员的领章、肩章图案上的英国皇家标志，立即被香港特别行政区的象征——紫荆花所取代。

香港自古就是中国的领土。英国强迫中国清朝政府分别于1842年、1860年和1898年签订了3个不平等条约，侵占了整个香港地区。1984年，中英两国政府签署了关于香港问题的联合声明，宣布中国政府将于1997年7月1日恢复对香港行使主权。

整个中国为百年国耻得以洗雪而沸腾，各地张灯结彩举行各种庆祝活动成了中国人民自信心和自豪感的大展示。男女老幼都以各自喜欢的方式庆祝中华民族这一世纪盛事。许多人彻夜不眠地收看电视直播节目。

在首都北京，10万群众的联欢活动把天安门广场变成了一片欢腾的海洋。当距7月1日零时还有10秒钟时，人们面对倒计时牌，有节奏地高喊："10、9、8……"当倒计时牌上的显示锁定在"0"时，鼓声喧天，欢声雷动，10里以外都能听到。

在"割让香港"的不平等条约《南京条约》的议约地南京静海寺，7月1日零时，人们撞响了"警世钟"155响的最后一响，象征着155年的国耻的终结：告诫人们永远不要忘记落后就要挨打的历史教训。

在东莞市虎门镇，人们用五彩缤纷的焰火告慰民族英雄林则徐和在鸦片战争中牺牲的先烈们。林则徐在中国是一位家喻户晓的民族英雄，他因主持了1839年虎门销烟奋起抗英而受到敬仰。

林则徐的五世孙凌青在接受记者采访时说："香港回归这一历史性事件无疑将大大激发我们这一代的爱国主义热情，而当今爱国主义的最好体现就是在共产党的领导下推进中国的改革开放和现代化建设。"

这一盛事受到国际社会的普遍赞扬。联合国秘书长安南早些时候曾说："所有人都会从(这一事件)中获益，不论是香港人，还是中国内地人，或是世界其他国家和地区的人。"

多次民意测验表明，香港600多万同胞对未来充满信心。香港特别行政区首任行政长官董建华说："7月1日，与其说是香港一个历史的终结，不如说是一个新纪元的开始。香港以骄人的成绩跨入21世纪。"

——1997年7月1日《人民日报》

【简析】

这篇事件特写再现了1997年7月1日香港正式回到祖国怀抱的精彩场面。

首先，本文作者按"以我为主"的原则有选择地写了参与盛典的方方面面，对中英双方交接仪式作了全面而又重点突出的报道。

接着，作者采用点面结合的方法，叙写了祖国各地的庆祝盛况。特写一般要在新闻事件中找到最能体现事件新闻价值的细节和场面，然后将其放大，不仅要把细节的细微之处交代清楚，而且要把细节中的一幅幅画面生动地展现出来。如文中写道："整个中国为百年国耻得以洗雪而沸腾，各地张灯结彩举行各种庆祝活动成了中国人民自信心和自豪感的大展示……许多人彻夜不眠地收看电视直播节目。”“当距7月1日零时还有10秒钟时，人们面对倒计时牌，有节奏地高喊：‘10、9、8……’”本文又通过《南京条约》的议约地南京静海寺、东莞市的虎门镇、林则徐的五世孙凌青的讲话等细节和场面，把香港回归的热烈场面写得既全面又重点突出，真切形象地再现了新闻事件的动态和氛围，使读者有身临其境之感。

第四节　简　　报

一、简报概述

（一）简报的概念

简报是党政机关、社会团体、企事业单位内部用于汇报工作、反映问题、沟通情况、指导工作、交流经验、传递信息的一种简短的有一定新闻性质的文字材料。

简报因各自使用的侧重点不同，有的称简讯，有的称工作通讯，也有的称情况反映、情况交流、信息快报、内部参考等。尽管名称各不相同，但其性质和作用是基本一致的，都属于简报文体。它的基本功能就是简要、明白、及时地汇报交流情况。

（二）简报的作用

1. 便于领导机关掌握情况，指导工作

按照实际情况来决定工作方针，这是一切领导者所应有的工作方法。领导机关通过简报掌握了基层、下级机关的各种情况和问题，他们就会“情况明、决心大、方法对”，并通过本级的简报，通报下级情况、传达有关指示、介绍典型经验，起到上通下联、推动工作的作用。

2. 向上汇报工作，争取指导帮助

基层、下级机关编写简报的目的之一是向上级机关汇报工作、反映情况、提供信息，使上级机关了解他们工作的情况、存在的问题、创造的经验、涌现的典型，以便根据实际情况采取措施，有问题的给予帮助解决，有经验、典型的给予表扬推广。

3. 促进单位之间的交流

简报除了上送下发外，还可以送发平级的兄弟单位和相关单位。通过简报，单位之间可以交换情况、互通信息、交流经验、取长补短。

（三）简报的种类

简报的种类繁多：如按出刊日期分，有定期的与不定期的；如按用途分，有反映情况、报道动态、提供信息与交流经验的。这里，我们按照反映内容的不同，将简报分为工作简报、专题简报、会议简报三大类型。

1. 工作简报

工作简报，又称情况简报，是反映本部门、本系统各方面工作情况和问题的简报。这种简报与本部门、本系统的工作结合紧密，或者简明扼要地报告其掌管范围内重大问题的处理；或者报告工作中的重要情况；或者反映经济社会发展中的新人、新事、新气象、新动态；或者反映工作中的经验、介绍做法、说明成绩；或者揭露问题、分析矛盾，并提出解决问题的办法。

2. 专题简报

专题简报是将某项专门工作的动态、进展、经验、问题等向上级部门汇报，或向有关部门通报情况，或下发所属基层单位借以推动工作的简报。这种简报报道的事件集中，都是围绕某一项专门工作或中心工作来编写的。

3. 会议简报

会议简报是专门报道、交流有关重要会议内容、筹备和进展情况，反映与会者意见和建议的简报。会议简报分为综合简报和进程简报两种。前者是整个会议只编一期简报，在会议后期发送；后者是整个会议编发多期简报(一般重大的、时间较长的会议都发进程简报)，即每个阶段编发一期，有时天天编发，以供与会者阅读、互通情报、交流思想经验。

二、简报的写作

简报的文稿种类繁杂，写法各异，无法一一介绍。现仅将一般的简报写作归类介绍：

1. 新闻式简报的写作

简报与新闻(消息)在内容与要求上有许多相似之处，在结构和写法上也比较接近。因此，简报文稿常常采用新闻的写法。它一般由导语、主体和结尾组成。

(1)导语。导语即文稿开头的第一句话或第一段。它的任务是简明扼要地揭示简报的核心内容，引导读者阅读全文。简报的导语比新闻的导语体式少一些，常见的有叙述式导语、提问式导语、结论式导语等。

(2)主体。主体是文稿的主干部分，一般紧承导语，将导语提出的中心内容用充足、具体、典型的材料充分展开，或者将导语中提出的问题分层次具体地回答清楚。主体可以叙述取得的成绩、分析成绩取得的原因，也可以介绍具体做法、取得的效果或提出存在的问题等。

简报主体部分因内容多、篇幅长，结构安排应条理清楚，一般采用纵式和横式两种结构方式。纵式是指按照事物发生、发展的时间顺序来安排材料进行叙述。如果所写内容是一个问题、一个事件时，就采用这种结构方式叙述。这种方式，可以使简报线索清楚、脉络分明，但要注意精选材料、突出重点，切忌平铺直叙、啰嗦冗长。横式是指按事物的逻辑顺序来安排材料进行叙述。如果所写的内容涉及面广，需要集中各方意见，多角度阐述才能证实问题、说明意义，则采用这种结构方式。

(3)结尾。简报的结尾有以下几种写作方式：

第一，自然结尾。即主体部分写完了就戛然而止，不再画蛇添足。

第二，写一段简明扼要、概括全文内容或点明主题的话语作结束。

第三，根据主体内容指出事物发展的趋势、方向，或者提出希望、号召。

2. 综合式简报的写作

动笔之前，首先要全面了解情况、把握全局，对众多材料进行综合分析，提炼出主题；然后根据主题分析材料、事件的主次；最后方能动笔。

综合式简报的开头和结尾与新闻式简报相同，但主干部分的结构却不一样。综合式简报采用横式写法，紧紧围绕主题，点面结合，既有详尽的典型事例，又有较大篇幅的概况，这样，简报所反映的问题就生动、全面。

3. 专题式简报的写作

专题式简报是就一个典型进行较为详细的介绍，内容单纯、主题明确、篇幅简短。写这种简报的关键在于选准典型。

4. 进程式简报的写作

进程式简报即一系列文稿、一组文章，每一篇文章只写报道对象的一个阶段，或者一个侧面情况，一系列稿件完成后就能反映报道对象的全过程或全貌。反映大型会议，或某项中心工作开展的简报，多采用这种写法。

三、简报的格式

简报有较为一致的格式，一般由报头、正文、报尾组成。

1. 报头

简报的报头在第一页的上方，约占整页的1/3。上端居中几个醒目的大字写简报的名称，如“××工作简报”、“××××会议简报”、“××动态”式“情况反映”等。名称下面是简报编号(期数)，有一年一编号的，也有统编下来的。编号左下侧是编发单位的名称，右侧写本期简报印发的日期。报头左上角写提醒事项，如“内部刊物、注意保存”或“机密”等。为了醒目，要用红色粗横线把报头和正文隔开，请看下面两个报头样式：

一般简报报头样式

内部刊物 注意保存		
	××作简报 第×期	
×××办公室		××××年××月××日

会议简报报头样式

机密		0212
	××××会议 简　　报 （第×期）	
××××会议秘书处		××××年××月××日

2. 正文

正文部分的写作，分为三种情况：

(1)分标题或标号的写法。凡涉及面较广，如几个问题、几种情况、几点体会，均可采用此种写法。具体行文步骤是：

第一步，大致介绍总体情况。

第二步：分列小标题一段一段写。每个小标题说明一个问题，或一点体会，一种情况。每一段的内容都要照应小标题，也可只标号不标题。各段之间的关系要注意逻辑性，如果是平行关系，要考虑先主后次；如果是前后关系或因果关系，则应按时间顺序写。

(2)新闻报道式的写法。这种写法适合于交流情况的简报。它以新闻报道的形式作为开端。全文以倒金字塔式的结构组织材料。按各个材料重要程度的递减顺序依次排列，先主后次，先整体后局部，先概括后具体等。具体行文步骤为：

第一步：总体情况简介。

第二步：分别叙述主要情况、主要事实。

第三步：其他材料的补充。通常是选取个别典型的例子或典型的细节，与第二步构成点与面、概括与具体的结合。这部分内容不要过多，要注意典型性，做到以小见大。

(3)文件转发式的写法。为了推动某项工作的开展，或为介绍他人经验，可以通过转发的形式把有关的材料登在简报上。这种简报实际上是由两部分组成：前面是编者的按语，后面是转发的文稿。

按语要写得简明扼要，根据实际情况而定，可以是强调所转发的文稿的重要意义，或者是说明其参考价值。

对于被转发的文稿，编者可以根据需要作必要的文字处理(如个别字句的修改，删去一些不太重要的内容等)，编后应注明转发文稿原载什么刊物及期号。如有删节，也应注明“本刊略有删节”字样。

3. 报尾

报尾位于简报最后一页下方，在两条平行横线内注明简报发放范围和印发份数。简报报尾样式：

抄送：×××，×××。

发：×××，×××。　　　　(共印××份)

【例文 7-11】

文化工作简报

第××期

××省文化厅办公室　　　　××××年××月××日

在首届中国曲艺节上我省三曲目享誉津门

近日，首届中国曲艺节在天津举行，全国共有20多个省市的代表队表演了100多个节目，我省的西河大鼓《东英会》、京东大鼓《傻子相亲》和评书《考御史》三曲目享誉津门，受到广泛好评。

天津号称北方曲艺之乡，拥有一大批口味甚高的曲艺迷。而在这次首届中国曲艺节上，更汇集了全国的曲艺精英。头一次经历这种大阵势的我省中青年演员毫不怯场，信心百倍，以精湛的表演在强手如林的津门曲坛上赢得了众人的交口称赞。24岁的青年女演员李军在演唱西河大鼓《东英会》的第一句时，就以浓郁清纯的韵味、圆润甜美的唱腔引发了观众的喝彩，全场为之一震。近10分钟的演出，响起了7次掌声。谢幕时掌声更烈，李军只好返场，以飨观众。青年女演员张洁兰演讲评书《考御史》时，一上场便以新型书曲演员的精神气质迎来“碰头彩”。当她说到颇见功夫的绕口令段落时，观众报以热烈的掌声。她幽默、风趣的表演，给剧场带来一次小高潮。中年演员王少州这次更是叫响津门，他演唱的京东大鼓《傻子相亲》只有短短8分钟，观众就有8次热烈的鼓掌称赞。谢幕时观众不依不饶，逼着返场。演出结束后，四川、湖北、辽宁等省代表队纷纷派员来投师学艺。辽宁阜新矿务局观摩的同志连看他两场演出，觉得学得还不行，索性花330元钱买了一台收录机，找到王少州，把他的演唱全部录下来。

在这次首届中国曲艺节全部正式展演的曲目中，传统保留曲目占了三分之二，而我省代表队展演的曲目则是反映现实生活的新曲目占三分之二。特别是直接反映改革成就、讴歌四化建设，并为观众所认可的西河大鼓《东英会》，简直成了这次曲艺节目的凤毛麟角。

参加这次曲艺节的各界人士一致认为，别看××代表队年轻，可是在演出曲目的主题筛选上、演出的时代气息上以及演出的基本功上，都有相当的功底和独特的魅力，是一支大有希望的新军。

送：省委书记、副书记、常委、秘书长；省长、副省长、秘书长；省委宣传部部长、副部长；各市(地、州)人民政府、省委办公厅，省政府办公厅、省人大教科文卫委、省政协文教卫委；省委宣传部文艺处

发：省直文化系统各单位；厅机关各处(室)

(印 150 份)

【简析】

这是一种新闻报道式的工作简报。报头、报尾按简报格式制作，正文内容则按新闻报道形式编写。

这种写法适合于交流情况的简报，与新闻一样，全文以倒金字塔式的结构组织材料，先整体后局部、先概括后具体。第一自然段是总体情况介绍；第二自然段是分别叙述具体的主要情况，是第一段的具体化；第三、第四自然段则是其他材料的补充，很好地达到了简要、明白、及时地汇报交流情况的效果。

【例文 7-12】

××××职业学院

保持共产党员先进性教育

简　　报

第 5 期

院先进性教育活动领导小组办公室编　　　　××××年××月××日

我院召开深入推进学习培训工作会议

三月五日上午，学院保持共产党员先进性教育活动领导小组在办公楼二楼会议室召开会议，研究布置把第一阶段学习引向深入的有关工作，会议由党委书记×××主持，纪委书记×××进行了传达布置，学院保持党员先进性教育活动领导小组全体成员和各支部书记出席了会议。

会上，纪委×书记首先传达了省委、省国土资源厅党组关于第一批先进性教育单位深入推进学习培训工作的通知精神，对进一步深入推进学院的学习培训工作进行了部署。要求做好九项工作：一是各支部要进一步组织好集中学习、交流和讨论，确保集中学习和培训达到 40 小时；二是先教办组织安

排好辅导报告3～5次，搞好集中学习培训；三是在学习《党章》、开展先进性标准讨论的基础上，制定学院党员先进性标准和对每个不同岗位党员的具体要求；四是党委、各党支部要分别召开各类座谈会，广泛征求意见；五是各党支部设立信息员，加强宣传报道工作，搞好上下沟通；六是各党支部要完善教育活动档案资料工作，搞好活动记录，并及时归档；七是先教活动要结合学院实际，有创新，有特点；八是有关部门做好毕业生党员档案的转迁工作；九是做到边学边查边改，使活动取得实效。

最后，党委×书记强调要进一步提高对学习动员阶段深入推进的认识。他说：我院先教活动第一阶段工作正在扎实有序地进行，但离上级要求还有距离，还要进一步继续深入有效推进。要戒骄戒躁，认真组织好集中学习，防止和克服表面化、一般化。他说×书记布置的九项工作是切合学院实际的，一定要认真组织，切实抓紧抓好。同时他还要求认真做好学院的安全稳定工作，努力创建和谐稳定的校园环境。

【简析】

这是一系列专题简报中的一篇，该简报是围绕一项专门工作——保持共产党员先进性教育活动来编写的。简报的主体是把纪委书记对学习培训的具体部署作了较详尽的说明，分成九项，条理十分清晰，先进性教育活动的内容一目了然，且符合学校的特点。起到交流情况、提供信息的作用。

【例文7-13】

××县第十二届人民代表大会第四次会议

简　报

第一期

大会秘书处　　　　　　　　　　　　××××年××月××日

代表相聚　同绘宏伟蓝图

民主决策　再创辉煌业绩

改革春风催开百花争妍，开放巨潮激荡千帆竞发，带着过去一年丰收的喜悦，代表们齐聚在庄严的人民礼堂，拉开了××县第十二届人民代表大会第四次会议的帷幕。

大会执行主席×××主持了大会开幕式。列席这次会议的有县级领导，县属各部委室局的同志、地区指导组的同志，驻县省八届人大代表、部分县级离退休干部和老红军。出席县政协四次会议的全体同志列席了会议。

会上，代表们认真听取了代县长×××做的《政府工作报告(草案)》，县计委主任×××做的《××县2010年国民经济和社会发展计划执行情况及2011年计划(草案)的报告》、县财政局局长×××做的《××县2010年财政预算执行情况和2011年财政预算(草案)的报告》。代县长×××在政府工作报告中总结回顾了过去一年的政府工作，提出了2011年政府工作的目标和必须抓好六个方面的工作。他说：过去的一年，在地委、行署、县委的领导下，在县人大、政协的监督、支持下，认真贯彻执行党的十四届三中、四中、五中全会精神，按照县人民代表大会及其常委会的各项决议、决定，组织和带领全县百万人民，坚持党的基本路线，进一步解放思想，抓住机遇，加大改革开放力度，加快经济建设步伐，较好地完成了县第十二届人大三次会议审议通过的各项政府工作任务，圆满实现了“十二·五”计划的奋斗目标，经济建设和社会事业进入了持续、快速、健康发展的新阶段。对1996年政府工作的目标任务，他提出了国民经济和社会发展的几个主要指标：实现国民生产总值15.20亿元，比上年增长13%，农业总产值7.59亿元，增长4%以上，工业总产值16.43亿元，增长27%，乡镇企业总产值33亿元，增长50%以上，财政收入6 300万元，同口径增长10%。为实现上述目标，×××县长提出了1996年政府工作必须认真抓好的六个方面工作：(一)以稳粮增收为重点，推动农村经济全面发展；(二)以提高效益为导向，加快我县改革开放步伐；(三)以增大投入为保证，大力加强重点项目建设；(四)以科教兴县为龙头，促进各项事业协调发展；(五)以维护稳定为前提，加强民主法制建设和廉政建设。

《计划》、《财政》两个报告，分别就1995年国民经济和社会发展计划执行情况，财政预算执行情况向代表们作了汇报，并提出了新一年的目标和实现目标的主要措施。

会议是在热烈、祥和的气氛下进行的。代表们精神饱满，认真听取报告，表现了高度的使命感和责任感。

【简析】

这是一篇会议简报，是在××县人大会议开幕的当天写成的。导语部分对会议的召开时间、与会人员作了介绍，符合会议简报的通常写法。主体部分采用横式结构，按事物的逻辑顺序(主次顺序)来安排材料进行叙述。代县长的《政府工作报告(草案)》的内容是叙述的重点，简报用了许多材料和数据对“报告”的要点作了阐述，使与会者与相关人员能了解报告的精神，以便交流思想、经验，把会开好。对《计划》和《财政》则写得较为简略，符合主次分明的要求，结尾部分只有两句话，点明了会场气氛和与会代表的态度，不枝不蔓，干净利落地结束了全文。

思考与练习

1. 为什么要把明晰作为消息写作的基本要求？
2. 试述背景材料在消息写作中的作用。
3. 消息的基本结构包括哪些方面？
4. 通讯与消息的区别有哪些？
5. 通讯结构的常见形态有哪些？
6. 怎样写人物通讯？
7. 通讯的表达方法有哪些？
8. 通讯的标题、开头和结尾是怎样的？
9. 特写与消息、通讯的区别有哪些？
10. 特写在写作中要注意哪些问题？
11. 特写是通过怎样的写作方式来再现新闻事实的？
12. 特写的主要特点有哪些？
13. 简报的作用是什么？
14. 简报的格式是怎样的？分别应怎么写作？
15. 简报和新闻有何区别？

第八章　计划　总结　调查报告

第一节　计　　划

一、计划概述

(一)计划的概念

计划是党政机关、社会团体、企事业单位或个人在一定时期内，为了完成某项任务，事先制定的、明确具体的行动安排，包括对数量和质量的要求，对时间的限定，对完成任务所采取的措施等。

(二)计划的特点

1. 预测性

计划是对未来一定时期内需要完成的工作、生产或学习的安排，对未来的工作、生产或学习有较强的指导和推动作用。因此，只有预先估计可能出现的情况，并制定相应措施，做好安排，才能掌握工作的主动权。

2. 可行性

计划在很大程度上是人们工作、生产或学习的行动指南。制定的目标、措施应具可行性，否则计划就成了一纸空文。

3. 明确性

计划的目标、措施、指标必须明确具体，才能保证工作、生产或学习的有序性、主动性。

(三)计划的作用

1. 计划是做好工作的基础，是完成任务的保证

在进行一项工作之前要作出具体详细的安排，使全体参与人员明确自己该做些什么，在工作进程中各司其职、各尽其责，使人力、物力、财力得到最大限度的利用，保证任务的完成。

2. 计划具有指导作用

计划中的目标、任务、要求和措施是对全体参与人员集中意志、统一行动的根本要求。在总的目标下，分解任务；在总的措施下，明确方法。一个科学的计划是全体参与人员在工作、生产或学习中配合和协调的指南。

3. 计划具有调节控制作用

计划不但要考虑计划范畴以内方方面面的问题，而且还须考虑计划范畴以外与计划相关联的问题。这就要求计划的制订者及执行者必须根据复杂的实际情况，对计划的实施过程进行必要的调控，使计划具有较强的适应性。

二、计划的种类

计划是一个统称，常见的设想、规划、打算、安排、意见、要点、方案等都属于计划的范畴。只是由于内容等方面的不同，所以使用的名称有所不同。总体来说，它们的差别如下表所示。

各类计算的比较

名　称	时　间	内　容	范　围
设　想	长远或近期	对未来工作作粗线条的、非正式的安排	本单位、本部门
规　划	比较长期	涉及面广、目标较大、内容较概略的安排	本单位、本部门
打　算	近　期	提出任务，但其中的指标、措施较粗略	本单位、本部门
安　排	短　期	任务明确，内容较单一，措施较具体	本单位、本部门
意　见	一个阶段	布置任务、交代政策、提出要求、制定措施	上级对下级
要　点	一定时期	布置主要任务，交代政策，提出原则性要求	上级对下级 本单位、本部门
方　案	近期、短期	就某项任务的实施，从目标、要求、方法等方面作全面具体安排	本单位、本部门

计划从不同角度，可以划分为以下几种类别：

(1)从内容方面看，有工作计划、学习计划、生产计划、科研计划等。

(2)从范围方面看，有国家计划、单位计划、小组计划、个人计划等。

(3)从时间方面看，有远期规划、年度计划、季度计划、月份计划等。

(4)从性质方面看，有综合性计划、专题计划等。

(5)从表现形式方面看，有条文式计划、表格式计划、文件式计划等。

三、计划的写作

(一)制订计划的原则和步骤

1. 制订计划的原则

(1)政策性原则。无论什么计划，都应有明确的指导思想，贯彻、体现国家的有关方针政策。从全局出发，以上级的总计划为前提和依据。

(2)可操作原则。制订计划是为了提高效率，顺利完成任务。因此，计划中的任务要明确，措施要具体，可操作性强。

(3)群众性原则。任何计划的制订和实施都应遵循民主集中制原则。

2. 制订计划的步骤

(1)全面领会上级的指示精神。

(2)分析本单位的具体情况，因地制宜。

(3)确立本单位工作的方针、任务、要求和具体方法、措施。

(4)根据可能发生的情况，制定应急的办法。

(5)合理分配资源，明确分工。

(6)在此基础上制订的计划草案，须经群众讨论，进行修改和完善。

(7)根据实施过程中的变化，在实践中进一步修改、补充和完善计划。

(二)计划的内容和格式

1. 计划的内容

计划的内容一般应包括工作(或生产、学习)的目的和要求、任务和指标，以及实施的方法、步骤和措施等。即“做什么”(任务和要求)、“怎么做”(方法和措施)，以及“什么时候完成”(进度和时间安排)。

2. 计划的格式

计划由标题、正文和附件组成。

(1)标题

计划的标题有四种组成方式：一是由制订计划单位名称、计划时限、计划内容概要和文种组成，如《赣州市××公司2006年工作计划》；二是由制订计划单位名称、计划内容概要和文种组成，如《××公司管理现代化规划》；三是由计划时限、计划内容概要和文种组成，如《2006年防汛工作计划》；四是由计划内容概要和文种组成，如《关于进行公务员考核工作部署意见》。

计划单位名称，要用规范的称谓；计划时限要具体写明，一般时限不明显的，可以省略；计划内容概要要标明计划所针对的问题；计划文种要根据计划的实体确切地使用。如所定计划还需讨论定稿或经上级批准，就应在标题后面或下方用括号加注“草案”、“初稿”或“讨论稿”字样。如果是个人计划，只需在正文右下方的日期之上具名即可。

(2)正文

正文的开头部分用简明概括的语言写出制订计划的原因、依据、目的，分析基本情况，说明上级的要求是什么，本单位有何特殊情况，并确定总的工作任务，即解决“为什么”的问题。

正文的主体部分是计划的核心，包括工作的内容、目标、步骤、办法及完成时间。即解决“做什么”、“怎么做”的问题。主体部分要求内容明确，措施具体可行。它可分为三部分内容：一是任务和要求，应具体写出完成的任务，达到的指标和要求，即解决“做什么”的问题；二是方法和措施，包括要做哪些具体的工作，采取的措施、步骤，时间分配，人力安排等，即解决“怎么做”的问题；三是其他事项，包括应注意的问题，检查和修订计划的办法等。

正文的结尾部分指出工作重点和注意事项，并提出希望和号召，有的计划可不写。

(3)附件

与计划有关的一些材料，如正文里分条表述不方便的附表、附图等，可以作为计划的附件。

(三)制订计划的基本要求

1. 实事求是，切实可行

制订计划必须以党和国家的方针政策为依据，结合本单位的具体情况，从实际出发，提出工作目标和任务。如果脱离实际，硬把计划定得过高或过低，就难以贯彻落实，甚至会使计划落空。

2. 调查研究，突出重点，兼顾一般

在制订计划前，一定要进行广泛、深入、细致的调查研究，听取各方面的意见，切忌闭门造车。这样才能掌握实际情况，制订出完成任务的最佳方案。另外，在写作上要突出重点，兼顾一般，不可面面俱到。没有重点的工作计划，就没有主攻方向，就无法集中力量保证任务的完成。而只有重点不兼顾一般的计划是不完整的，同样不利于任务的全面完成。

3. 责任明确，留有余地

为了保证任务的完成，必须明确责任，使任务落到实处，但要留有余地，以便在实施过程中能有所回旋，对计划作必要的、及时的调整、修补，使之不断完善。

4. 内容具体，语言简洁

制订计划是为了指导工作、完成任务，因此，要求计划提出的任务、指标、措施、方法、步骤等应具体明确。这也要求计划用语应力求准确、言简意赅。

【例文 8-1】

完善会计电算化的一些设想

卢一敏

会计电算化是利用电子计算机进行会计账务处理，完成对会计信息的核算、分析、预测和决策的会计管理工作。会计电算化的使用，大大提高了会计信息处理的速度和准确性，促进了会计核算的规范化，也促进了会计工作质量和效率的提高，为会计管理工作现代化奠定了基础。会计电算化以其方便、准确、及时等优点日益受到广大财会人员的欢迎。但会计电算化在会计核算中也出现了一些新的问题，主要表现在：

1. 会计电算化内控制度不完善(略)

2. 缺乏会计电算化专业人才(略)

3. 忽视财务管理功能的发挥(略)

4. 会计电算化的安全性较弱(略)

5. 电算化单机处理能力不足(略)

对此，笔者就进一步完善会计电算化工作提出一些设想。

1. 建立健全会计电算化的内部控制制度

建立健全会计电算化内部控制制度，是确保会计核算操作安全，及时、准确提供会计信息的根本保证。一是要加强人员的职能控制，保证会计数据的真实性。由于会计电算化知识和功能的相对集中，必须强化组织和管理，明确人员间职责分工，将系统中不相容职务分离，以相应的管理职能与之配套。其目的在于通过设立一种相互稽核、相互监督、相互制约的机制来保障会计信息的真实、可靠。二是加强操作管理，提高会计数据的准确性。会计电算化操作应严格按照会计业务和处理流程进行，掌握密码的运用，防止非法操作、越权操作，确保核算的准确性。加强数据输入、输出的管理，保证各个环节的数据准确、有效。各种录入的数据均需通过严格的审核，并附上完整、真实的原始凭证。发生输入的内容有误，应按系统提供的功能及时修改。三是加强日常的数据备份和安全检查，保证会计数据的安全。对发生的会计业务，做到双重备份，同时对备份的数据软盘应定期检查；重视对计算机的维护工作，防止病毒的侵入，保证在电算化过程中会计数据的安全。

2. 加强会计电算化人才的培训管理，提高会计人员素质

会计电算化事业的发展要求财会人员不仅掌握扎实的会计知识和技能，还应对计算机和财务管理有比较深刻的了解。实行电算化管理的单位应针对会计人员的特点和要求，科学地确定培训内容，更新会计人员的知识，提高会计技能。作为会计人员，要正确认识实行会计电算化后自身作用和地位的变化，敢于从实践中学习，不断丰富工作经验，提高操作技巧，充分挖掘自身工作潜力，提高职业判断和解决问题的能力。

3. 发挥会计电算化的财务管理功能

现行的会计软件虽然开始从核算型向管理型发展，但内容相对简单，功能不强，不能适应单位财务管理的需要。要充分发挥会计电算化的功能，为财务管理服务，必须提高会计软件功能，增加管理性功能的软件系统；改变财务管理的形式和方法，通过对会计资料的整理进行预测、决策、规则、分

析，将事前预测、事中控制、事后分析三个环节有机地联系起来，形成一个整体，为单位管理决策提供有效的信息支持。在充分利用计算机运行速度快、存储量大、对数据处理及时迅速的基础上，运用财务资料，建立适应管理需要的会计电算化系统，为财务管理决策服务。

4. 加强会计电算化的安全防护

会计电算化越发展，会计信息的安全问题就越突出，必须采取相应的防护措施，保证会计电算化系统安全稳定的运行。一是在财务软件中增加安全功能，防止操作失误造成数据被破坏。会计人员应按规定录入原始数据，制作记账凭证，输出各种信息；要对会计电算化系统操作人员进行授权，严格禁止越权操作、非法操作，确保会计电算化系统安全、有效、正常的运行。二是建立预防病毒的安全措施，要经常更新杀毒软件，对硬盘进行病毒检测、杀毒。作为会计电算化系统使用人员，应自觉遵守操作规程，尽可能降低计算机感染病毒机会。三是建立安全有效的会计档案管理制度。会计电算化会计档案管理要做好防磁、防潮、防尘工作，建立健全会计档案保管、调阅、复制、修改、销毁等环节的制度。良好的会计档案管理是保证会计数据安全完整的关键环节，也是会计信息得以充分利用，更好地为决策服务的保证。

5. 实现财务信息的网络化

网络技术的普遍应用，进一步推动了会计电算化系统向深度和广度发展，即实现会计电算化系统的网络化。单位需要运用网络版的电算化系统时，应选择那些成熟的会计管理信息系统和国家有关部门规定的财务软件，使网络内各计算机的会计数据资料可以共享；信息使用者可以利用网络及时地进行财务评估、财务报表的传送和财务分析，有利于强化单位内部控制和有关方面的监督。这样不仅可以减少信息传递的时间，又可以减少错误的发生和信息的失真。随着计算机技术的迅速发展，会计电算化系统的应用必将逐步从单机环境过渡到网络化环境，从而更大地发挥电算化系统的效率，提供使用者所需的会计信息，促进经济的发展。

【简析】

这是一篇写得较好的工作设想。文章的前面部分写了会计电算化在会计核算中出现的新问题；后面部分对进一步完善会计电算化工作提出设想。整篇文章结构较规范，用语较准确，标项撮要，要句居首，语句醒目，表达明确，层次分明，条理清晰。

【例文 8-2】

全国爱国卫生工作十年规划及“八五”计划纲要

（1991 年 10 月 20 日全国爱国卫生运动委员会公布）

一、爱国卫生工作现状

“七五”期间，各级爱卫会认真贯彻执行全国爱卫会第七、八次委员会扩大会议精神和国务院《关于加强爱国卫生工作的决定》，依靠政府组织和部门协调，广泛深入开展爱国卫生运动，城乡卫生状况得到了较大改善。

各级政府围绕创建卫生城市和国家卫生城市工作，加强卫生管理，重视整体规划建设，增加基础卫生设施，健全专群结合的环卫队伍，综合整治“脏、乱、差”，使城市的总体卫生水平有明显提高。（略）

健康教育开始引起各级政府和社会各界的重视。重点人群和多种形式的健康教育工作正在由点到面地逐步展开。卫生知识的普及面不断扩大，广大群众卫生素质和自我保健能力有所提高。“七五”期间，全国爱卫会两次共评出除四害、农村改水与环境卫生部委级科研成果 64 项，其中有部委级一等奖六项，有一项获国家“科技进步奖”一等奖。

“七五”期间，全国爱国卫生工作虽然取得了较大成绩，但与当前的形势和群众的需求还很不适应，还存在不少问题：目前城市的卫生水平很不稳定，有的城市还没有摆脱脏、乱、差的局面。农村卫生工作十分薄弱。不少乡村农民的基本卫生条件没有明显改善，还有 2 亿多农民的生活饮用水条件根本未改善。四害密度比较高，一些传染病尚未得到控制。主要原因是：（略）

根据《国家国民经济和社会发展十年规划和第八个五年计划纲要》规定的任务，结合城乡卫生现状，以及随着物质文化生活的提高，人们对防病保健和生活与环境质量的需求将大大增长，因此，今后十年爱国卫生工作必须深入扎实地开展下去。

二、指导思想及主要任务和指标

国家国民经济和社会发展十年规划目标规定，到 20 世纪末国民生产总值比 1980 年翻两番，人民生活从温饱达到小康水平。围绕这一战略目标，全国爱国卫生工作十年规划及“八五”计划总的指导思想是：

坚持改革开放和两个文明建设一起抓，坚持爱国卫生与经济和社会发展同步实施，以“人人享有卫生保健”为奋斗目标，贯彻“预防为主、依靠科技进步、动员全社会参与、为人民健康服务”方针和国务院《关于加强爱国卫生工作的决定》，全社会树立大卫生观念，共同承担除害、防病、保健、污染治理责任，广泛开展以城市卫生和农村改水改厕与环境为重点的爱国卫生运动。“八五”立足现有基础，理顺关系，提高效益，走内涵为主的发展道路。为“九五”创造条件，全面提高卫生条件和管理素质，建立起适应人民防病保健需要的工作基础。到2000年，全国城乡卫生、环境面貌要有较大幅度的改善，人民生活质量和环境质量都能有相应的提高和保障，享有卫生便利的基本卫生设施，大大提高自我保健能力，总体上达到与小康水平相适应的卫生水平，努力摘掉不卫生、不文明的落后帽子。其主要任务和重要指标是：

(一)积极创建卫生城市和卫生单位，大力提高城市卫生水平。

指标1. 卫生城市达标率：1995年卫生城市达到15%～20%，其中国家卫生城市达到1%～2%；到2000年卫生城市为25%～30%，国家卫生城市为3%；

卫生单位达标率：按不同经济水平地区，1995年分别为20%～25%；到2000年达到30%～40%。

(二)加强健康教育工作，不断提高健康教育普及率，使城乡居民养成良好的卫生习惯，大大增强自我保健能力。

指标2. 健康教育人员和机构数：(略)

指标3. 健康教育普及率：(略)

(三)增设卫生基本设施，城乡居民都能享有卫生便利的卫生基本设施，基本普及安全卫生饮水，改善生活居住卫生质量。

指标4. 农村改水受益人口率：(略)

指标5. 城市生活垃圾无害化处理率：(略)

指标6. 城市生活污水处理率：(略)

指标7. 城市(包括县城、建制镇)厕所卫生达标率：(略)

指标8. 农村卫生厕所普及率：(略)

指标9. 卫生先进村镇、乡达标率：(略)

(四)广泛开展除四害活动，努力降低四害密度到不足危害的程度，提高人群健康水平。

指标10. 灭鼠先进市(城区)、县达标率：(略)

指标11. 法定报告传染病发病率每五年递降率：(略)

(五)开展除四害、废物处理与利用和农村环境卫生的应用科学研究。

指标12. 除四害、废物处理与利用和农村环境卫生科研：(略)

全国爱卫会各委员部门要围绕上述全国爱国卫生工作的指导思想、主要任务和重要指标总体安排，根据自身的职责任务，制订本部门、本系统的卫生工作规划和计划。总的要求是：以提高人群自我保健能力和生活与环境质量为宗旨，突出城市卫生和农村改水改厕与环境两个重点，不断扩大卫生先进面，确保人人享有卫生保健。依靠改革政策，完善管理，人才培养，挖掘潜力，增加投入，不断提高除害、防病、保健、污染治理的社会卫生综合效益。

三、主要对策和措施

实现全国爱国卫生工作十年规划和“八五”计划，必须切实抓好以下几项措施的落实：

(一)认真贯彻国务院《关于加强爱国卫生工作的决定》，充分发挥委员会的作用。各级政府和爱卫会要树立社会大卫生观念，切实加强领导，把爱国卫生工作纳入工作日程。委员会针对重大问题制定政策，并加强组织协调和监督。各委员部门都要按照职责分工，各尽其责，共同配合，创造工作环境和条件，促进爱国卫生工作健康发展。各级爱卫会每年都要召开1～2次会议，研究、检查《关于加强爱国卫生工作的决定》和“规划”执行情况，及时解决社会卫生问题。

(二)各级政府要把爱国卫生十年规划和“八五”计划纳入地方经济和社会发展计划。各级政府要随着财政收入的增长，根据具体情况，增加投入，以满足工作开展的需要。重点工作任务要在计划内给予必要的条件保证。

对卫生基本设施建设和除四害所需的材料、药物等要予以保证，并给予优惠；从政策、资金、物资、技术等方面支援老少边穷地区的爱国卫生工作；鼓励社会各部门、单位、群众和国外有识之士集资捐助兴建卫生福利设施。

农村基层集体经济组织收取的集体提留和农民负担的乡、镇统筹费，对于爱国卫生工作应有适量投入。

(三)加强爱国卫生法制建设。抓紧制定和颁布《国家爱国卫生条例》和《国家吸烟危害控制法》等法规及实施细则，使爱国卫生工作逐步走上制度化、规范化、程序化和法制监督管理的轨道。

(四)保证重点是实施规划目标的关键。

开展全民健康教育。各级爱卫会和委员部门要采取舆论动员、建立专门机构、培养专门人才、发展专职与业余相结合的宣教队伍等措施，针对重点人群和突出卫生问题，加强城乡环境卫生、企业污染、除四害、卫生行为、控制吸烟、妇幼卫生、职业病及地方病、慢性病防治等的宣教工作，动员人们建设清洁、优美的工作与生活环境，树立健康文明的生活方式，提高自我保健能力。

坚持政府领导、地方负责、部门协调、群众动手、科学治理、社会监督。围绕“城市卫生和农村改水改厕与环境”重点，进一步抓好城、乡卫生检查评比工作，推动城乡环境综合整治和管理水平的提高。积极推进农村改水与改厕粪管工作，大力提高饮水卫生质量，推广卫生厕所，搞好人畜粪便无害化处理。

(五)坚持不断改革，提高科学管理水平。(略)

(六)积极开展卫生检查评比竞赛活动。(略)

(七)加强应用科学研究，提高爱国卫生工作的质量和水平。(略)

（八）切实加强各级爱卫会及其办事机构的建设，是实现爱国卫生工作十年规划和“八五”计划的重要保证。（略）

（九）继续扩大对外开放和合作交流。（略）

【简析】

该例文按“工作现状——任务指标——对策措施”来写，具体明确，材料翔实；分条列项，条理清楚；用语规范，简明扼要。对全国爱国卫生工作作了10年的规划和部署，与一般的工作计划相比，它只是粗线条的计划，偏重于政策性、原则性的指导，其作用是对下级布置工作、提出任务、交代政策、提供方法。

【例文8-3】

中国档案学会三年学术活动计划

（19××年11月26日）

根据《中国档案学会章程》规定的学术宗旨和任务，从当前全国档案事业的现状出发，特制订近三年内学会的学术活动计划，要点如下：

一、鼓励会员积极进行档案学术研究，组织学术交流活动，逐步提高档案学术水平。

（一）每年举行一次档案学术讨论会。讨论的题目可包括：30年来我国档案工作的经验教训问题，档案和档案工作的性质及发展规律问题，档案的科学管理问题，档案工作的现代化的方法步骤问题，档案的保护技术问题等等。

（二）配合一定的纪念活动组织学术报告会。

（三）推广档案学术研究的经验。

二、办好学会的会刊，编辑出版档案学书籍，发表会员的研究成果。

（一）继续与中国人民大学档案系共同出版《档案学通讯》（双月刊），从19××年起改为国内公开发行，并加强编辑力量。

（二）编辑出版档案学论文集，选载学术讨论会、报告会提供的优秀论文和其他具有较高学术水平的文章。

（三）从19××年起编辑《档案学参考》，主要刊载具有一定参考价值但不宜公开发表的文章，反映档案工作的内部情况和问题，介绍国内外档案工作动态的文章和有关资料，不定期地在学会和档案部门内部发行。

（四）组织人员编纂档案学的工具书，首先编辑《中国大百科全书》的《档案学》分卷，力争在19××年内完成全书的初稿。

（五）促进档案学专著和教材的编写工作，争取在19××年内出版一本《档案学概论》，作为档案专业的入门读物和高等学校历史专业或其他专业的选修课教材。

三、加强档案学的宣传、普及工作，扩大社会影响。

(一)协助有关部门举办档案专业函授教育或业余教育。

(二)每年组织写作或推荐若干篇介绍档案学、档案事业的文章，提供给有关新闻单位，向社会广大公众进行宣传。

四、积极开展国际间的档案学术联络工作。

(一)与外国档案工作者团体和档案学术性团体建立联系，进行学术和资料交流。

(二)编印《外国档案工作情况报道》，供学会和档案部门内部参考。

五、为了保证学会的学术活动顺利开展，必须抓紧建立健全学会的工作机构，配备相应的工作人员，积极地、扎实地执行会章规定的各项任务；同时，努力发展新会员，在三年内分批吸收会员5 000名左右，不断扩大学会组织，使它真正成为团结广大档案工作者的群众性的学术团体。

【简析】

该例文是中国档案学会三年学术活动计划，前言开宗明义，使目的明确，任务清楚；然后分五点阐述活动要点，每点又分若干项，行文条理清晰，用语平实、明确、简要。

【例文 8-4】

××市全民义务植树造林 2006 年春季工作安排

（草　案）

根据全国人民代表大会通过的《关于开展全民义务植树运动的决议》，希望全市广大人民群众立即行动起来，积极响应党和政府的号召，在今年春季开展大规模的全民义务植树造林活动中，人人争当义务植树的突击手，争当保护林木的哨兵，个个为绿化祖国贡献力量。

一、任务和要求

(一)全市今春计划造林×××亩，植树×××××株。要求每人平均3～5株，栽下后要有人管，保证成活。植树宜在路旁、沟旁、荒山坡进行，不占用好地。植树任务应在植树节(3月12日)前基本完成。

(二)以市政府为领导，各区成立全民义务植树造林指挥部，以协调和指导全市性的植树造林活动。具体要求如下：

1. 各机关、团体的领导要带头，并指定专人负责此项工作。

2. 各区绿化办公室具体负责此项活动，划定各机关、团体负责植树造林的地区或地段，分片包干。

3. 各地苗圃要及时做好挖苗备运工作和树苗的供应工作。

4. 定于3月4日为全市义务植树造林宣传日，各区绿化办公室要会同市容办公室，园林系统做好宣传日的布置工作。

二、措施

（一）于2月下旬召开一次植树造林会议，参加人员：全市各机关、团体、学校、工厂的有关负责人等。重点研究植树造林的准备工作，采取必要措施予以落实。

（二）加强各单位、各部门的植树造林的领导工作，认真解决各单位存在的问题。

（三）抽调×××名干部到植树造林负责第一线具体工作，直到今春植树造林活动结束。

××市政府

2006年1月13日

【简析】

该例文是××市全民义务植树造林的工作安排。文章标题是由制订计划单位名称、计划时限、内容概要和文种组成，正文按"任务和要求——措施"来写，任务明确，内容较单一，措施较具体。

【例文8-5】

××县农业局

20××年小麦生产技术意见

小麦生产总的指导思想是：立足稳产、狠抓低产，实现平衡增产。

今年计划全县种植小麦11万亩，要求亩产370斤，争取突破400斤。为保证丰产计划落实，特提出如下技术意见：

一、调整种植布局。春季干旱，水利条件不足，是我县小麦生产的限制因素。多年实践证明，干旱年景，在关键发育阶段，一水之差，产量可相差百斤；旱地麦面积大，是我县小麦低产的一项重要原因。因此，在开展农田建设，改善水利条件的同时，要认真搞好小麦布局，把小麦安排在南三区和引青灌渠两岸以及有水源条件的地块；对于缺少水源、目前又无条件改善的，一般改种其他作物，最大限度地压缩旱地麦面积。

二、普及抗倒、高产优种。我县历年有许多高产田块后期倒伏，造成严重减产，除栽培因素外，主要是品种所致。为此，今年要大力压缩"东丰"系品种，在土质肥沃、水源丰厚的南三区及引青灌渠两岸，改用丰产性能好、耐水肥、抗倒伏的"丰抗"系优种；北部丘陵区选用中产、耐密植、抗倒伏的"秦麦一号"。

三、增施粗肥、三肥座底。为了实现增产计划，要做到以产定肥。据研究每生产100斤小麦，需纯氮3斤，纯磷15斤，纯钾3斤。据多年实践经验，亩产400斤小麦，一般需优质粗肥8 000斤，标准磷肥40斤，硫铵40斤。在此基础上产量每增加100斤，需递增优质粗肥2 000斤，标准氮磷肥各10斤。

在施肥方法上，凡氮磷失调的土壤，都要氮磷混施；为使小麦促根增蘖，培育冬前壮苗，大力提倡“三肥座底”。三肥即粗肥、氮肥、磷肥。

四、“四适”播种。在今年的小麦生产中，要强调“四适”播种。即掌握适宜的播种期，适宜的播种墒情，适宜的播种量，适宜的种植形式。

（一）适时播种。我县属于冬小麦的北部边缘地区，常因冬前积温不足450℃～700℃而达不到壮苗标准。根据这一情况和我县的气候规律，以9月20日至27日为最佳播种期，在生产上可从9月15日播种至10月1日播完。在此时间内宁早勿迟，适中求快，快中求好，巧夺天时。前期抓质量，中期抓速度，后期防草率。

（二）适墒播种。小麦出苗的最适土壤水分为田间持水量的60%～70%；而我县历年“秋吊”现象严重。因此播前半月要普查墒情，凡墒情较差的要提前带茬浇水；如遇秋涝，土壤湿度过大，要尽早“删秋”，争取时间早播。

（三）适量播种，合理密植。播种量要“三看”、“四定”。“三看”即看地力，看播期，看品种。凡播期早、地力肥，品种分蘖力强、千粒重低的，要适当少些，反之要适当增加。“四定”即以地定产，以产定穗，以穗定苗，以苗定籽。要先测定千粒重和发芽率，再确定下种量。一般在秋分播种的，基本苗应保持在25万亩，亩播量约25斤，以后每晚播一天增加播量0.5斤。

（四）适宜的种植形式。要坚持四尺半带田麦、粮（玉米、高粱）套作，这样有利于实现夏秋两季增产，防止两茬平作年年种晚麦的恶性循环。为了便于麦田管理，有利于小麦个体发育，要改平播为大小垅不等行种植，大垅6寸，小垅3寸，每带6行；畦播的也要采用这种种植形式。

五、加强管理。

（一）加强冬前管理。要夺取小麦高产，必须培育冬前壮苗。冬前管理要控旺促弱，对底肥少、苗子弱的要补施三叶肥，补浇三叶水，以促分蘖和生长次生根；要镇压麦苗，踏实土壤，使根土密接，促扎根、长分蘖；对早播有旺长趋势的麦田要多镇压，控旺长；雨后或浇水后，要抓紧锄地、疏松土壤，避免板结；要高度重视冬灌，冬灌是必浇之水，是保苗安全越冬的有力措施，必须于昼消夜冻时不失时机地抓好，结合冬灌每亩追施标准化肥20斤。越冻前还要轧麦，严防牲畜啃食麦苗。

（二）加强春季管理。小麦早春至孕穗是生长中变化最大的时期，营养生长和生殖生长并进，在很大程度决定分蘖成穗率，每穗小穗数及花数，是麦田管理的关键时期，要努力抓好。

1. 早春耪麦。耪麦是促进麦田返青、健壮生长的主要措施，其增温、保墒、通气的作用明显。耪麦要掌握先浅而后分次加深，一般1寸左右，返青后可加深至1.5寸至2寸。

2. 早春肥水。早春施肥一般要在起身期重施2/3，拔节期轻施1/3。以每亩标准化肥40～50斤为宜，高产田可追施到60～70斤。早春浇水是小麦增产的关键措施。头水一般在5cm，地温连续五天稳定超过5℃时(通常在我县为3月下旬)浇灌。返青水要根据麦田长势分类管理：壮苗要早追肥浇水，旺苗要晚追肥浇水，弱苗要早追肥晚浇水。此后要浇好起身水、拔节水、孕穗水。

(三)加强中后期管理。小麦抽穗后穗数基本固定，开花一周后粒数也大体定局。因此千方百计增加粒重，就成为中后期管理的主攻目标。据试验，如每亩定产500斤，千粒重在28～40克间，每增减一克，产量相差13～17斤，加强中后期管理的主要任务是“三防”，即防干热风、防倒伏、防病虫害。要采取如下措施：

1. 浇好扬花、灌浆、麦黄水。此期需水量大，约占全生育期总耗水量的1/3，且常因高温、干热风等不良条件，使小麦早枯、籽粒秕瘦而减产。因此要适时浇灌浆水、麦黄水，以促进灌浆，降低地温，增加粒重。

2. 喷磷治蚜。根外喷磷是一项用肥水、吸收率高、经济有效的增产措施，适期喷磷，一般能增加千粒重2.5～3克。为此，今年要作为一项重要增产措施抓好。在挑期至灌浆期要喷洒两次0.2%～0.4%的磷酸二氢钾。

麦蚜常年都有不同程度的发生，发生严重的年份可使千粒重降低8～10克。因此要加强测报，一旦发生要用乐果1 500倍液除治，并可结合喷磷施用，除虫施肥一举两得。

3. 适时收割。通过多年灌浆速度测定，在腊熟期千粒重达高峰，分别比乳熟和完熟期高7.85克和2.7克。因此今年提倡在腊熟期收割，以防养分倒流减产。

【简析】

该例文是指导性专题计划，按时间顺序采用条文式写作。例文标题醒目而明确。第一段“务虚”——标明总的指导思想；第二段“务实”——先列出具体的指标，并据此引出计划制订的依据。主体部分按纵式(时间顺序)结构为主来行文，阐述完成上述任务指标的具体措施和做法。例文根据实际情况，又将生产任务和措施融为一体来写作，更便于执行者理解和发挥主动性。

【例文8-6】

中国地质学会2010年工作要点

(经2010年3月26日第38届理事会第十七次常务理事会议审定通过)

2010年，是我国实施“十一五”规划的最后一年，是夺取应对国际金融危机冲击新胜利、推动经济平稳较快发展的重要一年。新的一年，中国地质学会工作的总体思路是：以邓小平理论和“三个代表”重要思想为指导，认真学习实践科学发展观，以“调结构、保民生、促转变”和提高矿产资源保障能力为核心，发挥学会特长，突出学会特色，按照自身建设好、作用发挥好、服务工作好的办会要求，以建设学术交流主渠道、科普工作主力军、科技工作者之家为载体，团结、带领广大会员和地质科技工作者，努力开创学会工作的新局面，为实现地质工作的新跨越，为我国经济社会平稳较快发展作出新贡献。

2010年的主要任务是：

(一)认真学习贯彻党中央国务院的决定，为经济社会平稳发展提供服务

“调结构、保民生、促转变”是党中央国务院针对当前国家经济社会发展现状和应对国际金融危机提出的新举措，我们要紧密结合地质工作的实际，在中国科协和国土资源部的领导下，按照党中央国务院提出的一系列决策部署，认真学习李克强副总理视察国土资源部和地科院重要讲话精神和中央书记处关于科协工作的指示精神，团结和引导广大会员，继续巩固扩大“地质找矿改革发展大讨论”成果；加快推进地质找矿体制、机制创新，努力实现地质找矿重大突破，切实提高国内能源资源的保障能力；要增强使命感和责任感，不断开拓地质工作新领域、延长工作链，为经济社会平稳较快发展提供优质服务。

(二)加强组织建设，夯实学会基础

按照学会章程，定期召开秘书长会议、常务理事会议、工作会议；积极推动分支机构换届选举，协助省级学会完成换届工作。在调查研究的基础上，适时召开分支机构和省级学会经验交流会，交流各级学会组织近年来提出的新思路、做出的新成就。要继续加强学会会员的发展工作，拓宽发展渠道，要注意加强年轻地质科技人员的入会工作，特别是要把生产、科研、教学及民营企业一线的年轻科技人员作为发展重点。有条件的分支机构、省级学会要逐步建立各自的会员数据库、专家库，最终实现会员动态化管理。同时，组织专家修改学会章程，为换届工作做好准备。

(三)加强学术交流，促进地质科技发展

重点围绕实现找矿重大突破和加强地质灾害治理等涉及“调结构，保民生、促转变”这个主题，召开系列学术讨论会。在提高能源资源保障能力方面，重点开好第十届全国矿床会议、21世纪中国矿产资源保障能力和前景研讨会、第二届中国油气藏开发地质学术研讨会等学术会议。在拓宽服务领域

方面，重点开好“大型能源基地水文地质环境地质调查评价理论研讨会”、“第三届北方岩溶和岩溶水学术讨论会”、“全国地下水及其环境问题研讨会”等会议。各单位要特别注意收集总结“十一五”期间各省、各部门取得的地质科技和地质找矿重大成果，着手筹备“‘十一五’地质行业科技成果总结与学术交流会”，提高地质工作的社会影响力。

（四）加强科普宣传，普及地学科技知识

围绕“节约能源资源、保护地质环境”和“珍惜地球资源、转变发展方式、倡导低碳生活”的主题，做好第41届“世界地球日”、科技周宣传活动；要配合总会做好全国青少年地学夏令营总营活动，今年总会计划编辑出版小营员优秀论文集，各省级地质学会要做好小论文的推荐工作，形成学会新的科普品牌。地质公园专业委员会和徐霞客研究分会要进一步创新工作方式，深化理论研究，不断推出新的科普品牌。要将科普创新与人才培养相结合，为增强全民科学文化素质、普及地学科技知识作出新的贡献。

（五）大力实施精品期刊工程，搭建地质科技成果共享平台

继续按照中国科协部署要求，全力推进我会精品期刊工程的实施。下半年召开编委会，对我会科技刊物实施精品期刊工程的情况进行评估。积极筹措资金，完善《中国地学期刊网》的建设，各分支机构和各省级学会所办刊物，都要逐步入网，提高中国地质学会所属刊物的整体功能，提高社会影响度和引文率，为实现地质成果共享贡献力量。

（六）积极推进人才举荐与奖励工作，建设优秀地质人才队伍

进一步规范学会人才举荐和成果评审工作。修改完善黄汲清奖（主要是野外和教学奖）奖励条例和评选标准，做好黄汲清奖励基金的本金筹集工作，扩大基金规模。完善金银锤奖的评选标准、完善国土资源奖的推荐办法，把学会优秀论文奖、“双十”成果评选、学会先进工作单位评选品牌化、制度化。年内选择适当时机，对第五届黄汲清青年地质科技奖、第12届青年地质科技奖（金、银锤奖）进行表彰、颁奖。同时，积极协助部地勘司做好“注册地质师”相关工作。

（七）大力开展调研与培训，为基层会员提供服务

重点围绕地质找矿突破、拓宽地质工作服务领域进行调研和培训。紧扣基层地勘单位需要，解决地质科技难题和热点。总会将联合有关单位共同举办危机矿山与深部找矿培训班和跨区域的重点成矿区带找矿背景培训班，切实为基层单位提供技术支撑，为会员提供服务。地质学会各级组织要积极推荐主讲专家和找矿成功案例，并协助总会组织落实好野外考察等相关工作。

(八)加强青年学生工作，为地质事业储备后备人才

人才举荐工作要向人才上游延伸，要向大中专学生延伸。中国地质学会要成立奖励条例起草小组，研究在中国地质学会青年地质科技奖(金、银锤奖)奖项中增设优秀学生奖，以鼓励在校博士、硕士研究生和大学生了解学会、热爱学会、热爱地质事业。计划年底拿出方案，经常务理事会审批后，争取在2011年第13届青年地质科技奖评选中成为一个新的奖项。

(九)加强学会秘书处自身建设，提高服务能力

继续按照国土资源部和中国科协的部署，以“加强组织建设，提高服务能力”为主题，继续完善制度建设，提高管理和服务水平；继续办好《情况通报》和《会讯》，进一步加强《中国地质学会网站》及各省级地质学会网站建设，加大信息化宣传投入力度；要以高度的责任心，深入贯彻落实好为会员服务，为会员单位服务的方针，做到让会员满意、会员单位满意。

展望新的一年，地质学会工作任重道远，发展前景十分广阔。我们要加倍努力，在中国科协、国土资源部和第38届理事会领导下，在各理事单位、挂靠单位的大力支持下，紧紧团结广大会员，不断增强学会的权威性、学术性、广泛性和群众性，为我国地质事业的发展作出新的贡献。

【简析】

该例文是指导性的综合计划，标题规范、醒目，概括了文意。文章在正文的开头部分说明了当前形势，并提出了工作的总体思路；正文的主体部分采用标项撮要的方式布置了九个方面的工作；正文的结尾部分则提出了希望和号召。内容纲要指导性强，内在形式灵活性大，是粗线条的计划。

【例文8-7】

中国金属学会2011年度国际学术活动计划

序号	名称	主要内容	时间	规模(人)	地点	主办单位	联系人和联系电话(略)
一	出访活动						
1	美国矿物、金属及材料学会2011年年会	铝合金及镁合金、材料的模拟、高性能材料、材料与社会、材料成型及生产、纳米材料	2月27～3月3日		美国加利福尼亚州	美国矿物、金属及材料学会	

续　表

序号	名　称	主要内容	时　间	规　模（人）	地　点	主办单位	联系人和联系电话（略）
2	两岸产业合作会议	两岸金属行业尤其在结构材料、粉末冶金技术、永磁材料及冶金工程方面的合作	3月或4月		台　湾	金属工业研究发展中心	
3	第六届欧洲炼铁炼焦国际会议	炼铁、选矿、烧结、球团、高炉炼铁、直接还原、熔融还原、炼铁过程中的环境保护、节能减排、废弃物的回收再利用	6月27～7月1日		德国杜塞尔多夫	德国钢铁学会	
4	世界脱盐大会		9月3日～11日		澳大利亚	国际脱盐学会	
5	德国钢铁年会	讨论一年来各学会的活动及学会间的合作事宜	11月		德国	德国钢铁学会	
二	会　议						
1	电炉炼钢国际研讨会	由于我国钢产量不断创新高，未来几年中，废钢储量逐年提高，电炉炼钢比重将越来越大，如何提高电炉炼钢生产工艺理应受到足够的重视	3月	150	北　京	中国金属学会	

续 表

序号	名 称	主要内容	时 间	规 模（人）	地 点	主办单位	联系人和联系电话（略）
2	第六届国际低合金高强度钢会议	物理冶金及性能、过程冶金及数值模拟、产品及应用、性能	5月31～6月2日	200	北 京	中国金属学会	
3	第二届洁净钢生产技术国际研讨会	洁净钢基础理论研究、洁净钢生产工艺技术、钢中夹杂物控制技术、洁净钢生产过程的辅助材料、耐火材料优化和化验、检测及质量控制技术、洁净钢生产过程的自动化技术、洁净钢生产新装备	8月23～26日	150	沈 阳	中国金属学会 鞍山钢铁集团公司	
4	第三届中德（欧）双边冶金技术研讨会	炼铁、连铸、环保等	10月17～21日	100	北 京	中国金属学会 德国钢铁学会	
5	第八届中国国际铁合金大会暨展示会	铁合金生产新技术、新工艺及市场展望研讨	9月	300	杭 州	中国金属学会 中国铁合金工业协会	

续　表

序号	名　称	主要内容	时　间	规　模（人）	地　点	主办单位	联系人和联系电话（略）
6	首届中国武钢(国际)冷轧电工钢学术年会	1. 邀请国内外主要电工钢生产企业进行生产技术的学术交流；2. 武钢大会倡议每二或三年召开一届(国际)冷轧电工钢学术年会，由参会企业轮流举行；3. 成立(国际)冷轧电工钢学术年会组委会	下半年	100	武　汉	电工钢分会武汉钢铁(集团)公司	
7	海峡两岸粉末冶金交流会		8月	40	广　州	粉末冶金分会协办	

【简析】

该例文按名称、主要内容、时间地点和主办单位等内容，用表格的方式对中国金属学会2011年度国际学术活动计划作了安排，化繁为简，简洁明确，一目了然。

【例文8-8】

家用电冰箱产销市场设计方案

一、现状和问题

19××年家用电冰箱箱量完成18.9万台，比19××年增长5.8倍。19××年计划产量为38.5万台，加上去年计划进口55万台，去年供应量可达80万～90万台，比19××年增加近2倍。

据19××年底统计，全国电冰箱企业有113家，年产量在1万台以上的有5家(北京电冰箱厂、广州电冰箱厂、上海电冰箱厂、苏州电冰箱厂、杭州医疗器械厂)，1 000～10 000台的有13家。

目前要引进电冰箱生产技术和设备的企业据不完全统计有23家，大部分已经主管部门批准，并对外开展工作，引进规模约470万元，加上现有生产能力的发挥，19××年生产规模达到600多万台。

电冰箱配套用全封闭压缩机，除国家已批准北京、广州各引进年产100万台生产线外，据不完全统计，还有8个厂家要引进(轻工2个，机械、航空、电子、兵器、航天、医药各1个)，将分别从日本、意大利、美国、法国、罗马尼亚等国家引进技术和设备。到19××年底，总规模将达到960万台。

电冰箱竞相引进的状况还在继续扩大，有的一个省同时有二三个厂搞引进，引进规模不断扩大，有的地区还在酝酿搞新的项目，这是一个需要引起各级主管部门注意的问题。

二、初步设想

电冰箱从19××年开始进入家庭以来，已从社会集团使用为主，逐渐转到以家庭生活为主，据19××年末统计，全国电冰箱社会拥有量共59万台，平均每百户拥有0.2台，其中：城镇拥有52万台，平均每百户拥有1台；农村拥有7万台，大多在广东、福建等省。19××年以后，其他地区农民也开始购买电冰箱，家庭购买电冰箱占总销量的比例是逐年上升的，19××年占7%，19××年占80%，19××年估计还要多。前年年末，全国拥有量中，集体和家庭的比重，大约各占一半。

据轻工部预测：到19××年全国电冰箱需要量280万～300万台，累计拥有量800万台，平均每百户3台，其中城镇750万台，平均每百户拥有14台；农村50万台，平均每百户拥有0.2台。对于这个预测，有两种意见，一种意见认为：电冰箱需要发展，但应对制约电冰箱发展的各种客观因素给予足够的估计，对市场需求不能过于乐观，发展速度不宜太快。另一种意见认为，消费者购买力的提高难以预料，根据对3000多户城乡高收入居民的家庭调查，这个预测数将会有较大突破。

我们的看法，电冰箱要加快发展。从一些国家电冰箱普及速度由初期(0～3%)到50%，日本用5年时间，匈牙利12年，波兰13年，保加利亚15年。从我国情况分析，电冰箱正处于商品发展萌芽期，轻工部的预测到19××年才达到平均每百户3台，这个数字并不大，即使产略大于销，也有利于提高产品质量。但如果按现在铺开的摊子搞下去，势必要走“老三大件”老路。加上竞相引进生产，将会造成严重的肥水外流。

三、具体措施

(一)抓紧对电冰箱行业统筹规划，按专业化协作的原则组织生产，首先要抓好全封闭压缩机、蒸发器、温控器等专用关键件的规划定点。

(二)加强行业管理工作，制定统一的技术标准，设立公正的检测机构，制定经济政策，包括经济批量、目标成本和税收价格政策的调整，同时进行企业的调整、整顿、改组、联合等工作。

（三）实行技贸结合，有计划地搞引进，把要求引进的单位组织起来，尽可能做到合起来谈、捆起来买。也可像北京、广州两个压缩机厂那样组织技术、商务谈判领导小组，这样即使有重复引进，也可互相借鉴，力求避免损失。

【简析】

该例文是专项工作计划，它就近期的某项任务的具体实施，按"现状和问题——初步设想——具体措施"作了较全面的安排。文章引用大量数据来说明问题，使计划本身更具可操作性。

第二节　总　　结

一、总结概述

（一）总结的概念

总结是党政机关、社会团体、企事业单位或个人在对前一阶段或某一项工作、学习、生产、科研等进行全面而系统的回顾、分析、评价，找出经验和教训，并把它条理化、系统化，得出一些规律性的认识，用于指导下一阶段工作而形成的书面材料。

总结与计划的关系极为密切，计划是在总结基础上制定的工作安排，总结是对计划的回顾、检查和研究，它们互相依存、互相促进。

（二）总结的作用

总结是通过对工作过程全面而系统的回顾，对工作得失全面而系统的分析，将工作中的感性认识上升到理性认识，将片段、零碎的认识变成有理有序的认识，从中找出带有规律性的东西，以便把以后的工作做得更好。同时，总结可以培养人们理论联系实际的工作作风，并学会观察事物和分析问题，提高思想认识水平和业务能力，指导和推进各项工作。

（三）总结的特点

1. 概括性

总结是对工作进程的全面回顾与检查，是对工作的高度概括，是由感性认识上升到理性认识的过程。

2. 客观性

总结是对客观情况的回顾、分析和评价，要求尊重客观事实。如果不尊重客观事实，无意或有意歪曲事实，总结也就失去了意义。更为严重的是，不尊重客观事实的总结可能会误导工作。因此，客观性是总结的灵魂。

3. 理论性

总结是把感性认识上升到理性认识，得出科学的结论，从而指导以后的具体工作实践。

二、总结的种类

总结按内容分，可分为工作总结、生产总结、学习总结、思想总结等；按范围分，可分为地区总结、单位总结、个人总结等；按时间分，可分为年度总结、季度总结、月份总结等；按性质分，可分为全面总结、专题总结等。

将上述种类进行组合，一般有以下四类。

1. 工作汇报性质的全面性总结

这种总结着重对一定阶段的工作情况作较全面系统的回顾、检查和评价，内容侧重于对工作情况和成绩的概括，使用的材料多是任务完成情况、数据和做法等，表达方式多以概述为主。

2. 介绍经验的专题总结

这种总结常用于宣传先进经验，具有典型性和指导性。它主要着眼于典型经验，内容侧重于介绍事实和做法，并从中得出经验教训，上升为理性认识，总结出规律性的东西，使用的材料多为典型的具体事例，表达方式多用夹叙夹议。

3. 科学实验或生产技术总结

这种总结具有学术性，是科研（生产）部门为完成某项科学实验（生产项目），将实验（生产）中所积累的资料进行整理、归纳和分析，从中找出规律，得出结论。它着重于总结实验（生产）成败的技术因素，探讨其成功的规律，使用的材料多为实验（生产）的数据和做法，表达方式多以说明为主。

4. 个人学习、工作、生产体会的总结

这种总结主要是叙写个人在学习、工作或生产中的体会认识，内容往往较单一，范围较小，有具体的事例，有理论，既见叙事又见思想，表达方式常常叙议相结合。

三、总结的写作

（一）总结的格式

由于总结的种类不同，其写作方法也不同，必须根据不同的内容和目的。针对不同的对象，确定相应的格式和写作重点，采用灵活的写作方法。但就总结的结构框架来说，总结由标题、正文和落款组成。

1. 标题

标题一般是根据中心内容、目的要求、总结方向来确定的。同一事物因总结方向、侧重点不同，其标题也就不同。总结的标题有两种写法：一是公文式，由机关单位名称、时间、事由和文种组成，如《××市××大学××××年科研工作总结》；或是省略其中的一项或两项，如《工会工作总结》、《××××年支部工作总结》等。二是新闻式，即标题是总结内容的概括，如《落实措施，扶贫致富》；有的采用双标题，正题提示主题，即所需总结提炼的东西，副标题则指明总结的内容、单位名称和文种，如《辛勤拼搏结硕果——××县××公司××××年工作总结》。

2. 正文

正文是总结的重要部分，一般由前言、主体和结尾组成。

(1)前言

前言即总结的开头部分，要求用简洁而精练的语言概括交代所要总结的内容；或者概述所总结工作的全貌，包括时间、地点、背景、事情的大致经过；或者说明总结的指导思想、依据和成绩；或者将主要的成果、经验、问题扼要地介绍出来。给人总的印象，为引出下文作铺垫。

(2)主体

这是总结的核心部分。一篇总结的水平高低、质量好坏，关键在于主体部分的写作。主体部分的基本内容包括做法和体会、成绩和缺点、经验和教训。但由于总结的种类不同，这一部分的内容和写法也不同，主要有以下两种。

①专题总结的主体部分，可只就其中某一方面来写，或成绩与经验，或问题与教训，或体会与启示。具体的写法一般有两种：一种是先写做法，后写经验体会；另一种是序号加小标题式的，每个小标题下都围绕着中心展开论述，使经验寓于做法或成绩之中。

②全面总结的主体部分，既有成绩和经验，也有问题和教训，可采取分部分的写法：第一部分写成绩和经验；第二部分写问题和教训。

(3)结尾

结尾一般写今后的努力方向或打算，应当简洁、精练，也可以不写。

3. 落款

署名写在结尾的右下方，在署名下边写上总结的年、月、日。若在标题中出现了总结单位名称，落款处可不写，只写日期。

(二)总结写作的注意事项

1. 要坚持实事求是的原则

实事求是、一切从实际出发，这是总结写作的基本原则。但在总结写作实践中，常常出现两种倾向：一种是好大喜功，搞浮夸，只讲成绩，不谈问题；另一种是将总结写成了“检讨书”，把工作说成一无是处。这两种都不是实事求是的态度。总结要如实地、一分为二地分析、评价自己的工作，对成绩，不要夸大；对问题，不要轻描淡写。

2. 要注意共性、把握个性

总结很容易写得千篇一律、缺乏个性。当然，总结不是文学作品，无须刻意追求个性特色，但千部一腔的文章是不会有独到价值的，因而也是不受人欢迎的。要写出个性，总结就要有独到的发现和体会、新颖的角度、新鲜的材料。

总结要写得有理论价值。一方面，要抓主要矛盾，无论谈成绩或谈存在问题，都不要面面俱到。另一方面，对主要矛盾要进行深入细致的分析，谈成绩要写清怎么做的，为什么这样做，效果如何，经验是什么；谈存在问题，要写清是什么问题，为什么会出现这种问题，其性质是什么，教训是什么。这样的总结，才能对前一段的工作有所反思，并由感性认识上升到理性认识。

3. 要详略得当，突出重点

有人写总结总想把一切成绩都写进去，不肯舍弃所有的正面材料，结果文章写得臃肿拖沓，没有重点，不能给人留下深刻印象。总结的选材不能求全贪多、主次不分，要根据实际情况和总结的目的，把那些既能显示本单位、本地区特点，又有一定普遍性的材料作为重点选用，写得详细、具体。而一般性的材料则要略写或舍弃。

总结要用第一人称。即要从本单位、本部门的角度来撰写。表达方式以叙述、议论为主，说明为辅，可以夹叙夹议。

【例文 8-9】

××县××乡人民政府

1992 年工作总结

今年我乡在小平同志南巡讲话的指引下，积极贯彻党的十三届八中全会通过的《中共中央关于加强农业和农村工作的决定》的精神，努力深化农村改革，一年来取得了显著成果，开创了我乡工作的新局面。

一

一年来，我们主要抓了如下几项工作：

(一)开展了社会主义教育，增强了社会主义信念。(略)

(二)发展乡、村工副业，壮大了集体经济。

我乡工副业生产基础比较薄弱，在全乡 15 个村中，没有集体工副业的“空壳村”就有 7 个，全乡年工副业产值仅有 83.5 万元。群众感叹地说：“集体经济无实力，社会服务无能力，村级组织无引力，干部说话无气力。”今年在邓小平南巡讲话精神的鼓舞下，我们解放了思想，打开了山门，内引外联，把发展乡、村集体工副业作为本乡脱贫致富的基本途径来抓。今年全乡共建起乡、村级工副业 17 处，消灭了“空壳村”，年产值 505.2 万元，纯收入 103.7 万元，大大增强了集体经济的实力。红山村利用本地果品资源，集资 30 万元，与×市幸福食品厂合资兴建果茶厂，所产山楂蜜果茶一举打入国际市场，行销 6 个国家、地区和国内 11 个省市，年获利 22.5 万元。黄冈村利用本地红薯资源，创办黄冈粉丝厂，年产 585 吨，产品全部销往国外，一年便全部回收投资还盈利 20.8 万元。一些村还完善了承包合同，调整了承包额过低的承包金，增加了集体收入，调动了群众的积极性。

(三)增加了科技投入，发展了农业生产。

今年全乡重点推广了水稻旱育稀植、小麦模式栽培、粮菜立体种植薄膜覆盖、果树环剥化控、秸秆氨化养牛等项技术，使农、果、菜、牧各业获得空前丰收。全乡 20 000 亩耕地，平均亩产 964.5 公斤，亩收入 952.4 元，初步实现了高产高效。果品产量 1 000 万公斤，收入 1 010 万元，人均 500 元。牧业由于实行“减猪增牛”的方针，减少了饲料投入，增加了产值和利润，年收入突破千万元大关。生产条件较差、水源不足的红山村，仅推广水稻旱育稀植、节水栽培一项，每亩水稻就增收 81.5 公斤，节支 49.2 元。青甸村利用丰富的玉米秸秆进行青贮、氨化处理饲养黄牛，年出栏肉牛 1 500 头，收入 300 万元。由于秸秆过腹还田，增加了有机肥，促进了农田增产，玉米亩产从 450 公斤提高到 512 公斤。

(四)狠抓了计划生育，控制了人口增长(略)

二

一年来，我们在工作中深切体会到：

(一)必须强化改革意识。党的十一届三中全会以来，我乡面貌有了很大变化，解决了群众的温饱问题。在这种情况下，我们小富即安，不想有更大的突破，因此与茶花湾等先进乡逐步拉大了距离。今年学习了邓小平同志的南巡讲话，经过社会主义教育，使我们思想得到解放，胆子也大了起来。乡政府组织乡、村主要干部到本县荷花湾、亮甲桥等先进村镇参观，使干部群众眼界大开。在思想解放的基础上，乡政府派人南下广州，北上漠河，内引外联，牵线搭桥，签订了 13 项联合开发的合同或意向书。经过论证确定了开发项目后，又发动群众集股投资，不到一个月便集资 300 万元。一年里建起了 17 家村办企业，其中 10 家当年建厂、当年投产、当年获利。青甸村还成为×市外贸公司的肉牛和芦笋生产基地。一年的实践使我们深刻体会到：要深化农村改革，必须先增强改革意识，思想解放一分，生产猛进一寸。

（二）必须执行科技兴农的方针。今年我乡农业生产得到长足发展，一条重要的经验是坚持了科技兴农的方针，得益于科学技术的进步。我们在科技兴农中采取了三条措施：一是大力开发科技人才。我们采取引才（引进科技人才和能工巧匠）、用才（充分发挥本乡科技人才的作用）、育才（针对本乡发展乡、村企业的需要选送15名有一定文化水平的青年到省农校和生产单位定向代培，并采取长短结合的方式兴办职业技术培训）并举的方针，迅速建成了一支工副业、农牧业的技术队伍。二是抓住中心环节，推广关键技术。今年我们针对本乡的条件，确定推广五项农业新技术，由于主攻方向明确，推广有声有色，迅速在全乡普及，当年开花结果。三是加强科技领导。今年乡、村两级都确定主要领导干部抓科技工作，大多数村还选聘了科技副村长。由于采取了这三项有力措施，使农业生产全面丰产，粮食单产比去年提高32％，亩效益增加40％。工副业也突破技术难关，取得了可喜成果。庆丰村在500亩棉田中套种西瓜、甜瓜，他们请来了省农校高级讲师李凌云作技术指导，李老师科学设计种植样式，引来高产优种，采用薄膜育苗、配方施肥、喷施生长素、增糖素等新技术，使瓜果早10天上市，亩产达4 500公斤，而且个大味甜，每亩瓜收入就达650多元；棉花也高产优质，亩产皮棉70.5公斤，亩收入500多元，创全县大面积高产高效新纪录。群众高兴地说：“邓小平说科技是第一生产力这真是千真万确，科技这玩艺儿可比我们单单起早贪黑、一味苦干蛮干来劲得多了！”实践使我们深深认识到：要提高土地的产量，必须增加科技含量，向科技要高产、要高效。

（三）必须完善农业社会化服务体系。（略）

三

一年来，我们虽然取得了一些成绩，积累了一些经验，但还存在一些不容忽视的问题。主要是：

（一）各村间生产发展不平衡。红山村等5个重点社教村后来居上，而一些原来基础较好的村却步子迈得不大，变化不够显著。

（二）在产业结构上，二三产业虽有了较大发展，但在本乡经济中所占比重仍较小，还有巨大潜力。

（三）在农业生产中，有些村还缺少商品生产意识，重产量，轻效益；重生产，轻流通；重粮食作物，轻多种经营。

在新的一年里，我们将认真学习党的“十四大”精神，进一步调整产业结构，深化农业改革，完善农业社会服务体系，不断发展和壮大集体经济。

【简析】

该例文是一篇年终工作总结，是机关单位例行的常规总结。这类总结主要是用来报送给上级或在会上作报告，要求实事求是，材料准确、丰富，观点鲜明，内容要涵盖全面工作的各个主要方面；既要总结成绩、做法，又要概括出经验、体会，指出存在的问题。只有这样才能通过总结反映客观情况，便于上级了解和指导，对于自身也能提高认识，利于实践。

【例文 8-10】

我省干部选任制度改革的一次成功尝试

为了积极推进干部人事制度改革、拓宽选人用人视野、创造优秀人才脱颖而出的环境和条件，我省于 1995 年下半年采取组织推荐、群众推荐、个人自荐、考试与考察相结合的方式，面向全省公开选拔了省直机关 10 名副厅级领导干部。

这 10 名副厅级干部产生的过程，大体经过了宣传发动、报名和资格审查、笔试、面试、组织考察、任命上岗等步骤，经省委讨论同意后，分别向省人大、省政府提名推荐，省人大、省政府按有关程序决定任命，并通过新闻媒介向社会公告公选结果。这次公选的 10 名领导干部已于 3 月 5 日前陆续赴职，对他们将实行一年的试用期。

公开选拔省直机关部分副厅级领导干部，在我省是第一次，是省委在干部人事制度改革上的一次成功尝试。这项开创性工作之所以能够顺利进行，并取得圆满成功，关键是省委高度重视，切实加强对公选工作的组织领导。省委将这项工作纳入了重要议事日程，专门召开常委会议进行研究。谢世杰同志（省委书记——编注）先后两次明确批示：“严格考试、公正录取”，“公正选人，择优录取”。同时，省委成立了以宋宝瑞同志为组长的公选工作领导小组，负责公选过程中重大问题的决策和处理。按照省委的要求，我们通过充分酝酿和广泛征求意见、精心设计并不断完善实施方案、认真操作每一个步骤环节，采取座谈会、组织记者采访、答记者问等多种形式，消除干部中存在的思想顾虑，积极鼓励和支持符合资格条件的干部踊跃报名，加大组织推荐力度，争取广大干部群众的积极参与和支持；将公选工作置广大干部群众和纪检监察、公证、新闻媒介等部门和各方面的监督之下，体现了“公正、平等、竞争、择优”的原则。

通过这项工作，不仅选拔了 10 名副厅级领导干部，产生了良好的社会效益，从干部工作角度看还收到了以下几个方面的效果：

第一，增强了干部的参与和竞争意识，使干部队伍的精神面貌得到振奋。大批优秀年轻干部积极响应省委号召，踊跃报名参与公开竞争。他们把这次公选作为一次机遇、一次挑战，更是作为一次接受组织检验、挑选和锻炼提高自己的好机会。许多同志表示，重要的不是为了当副厅局长，而是通过参与，实现自我价值，认识自己的不足，找准努力方向；不管能否考上，都应积极参与，以实际行动支持这项重要工作……

第二，扩大了各级党委和组织部门知人选人渠道，使大批优秀年轻干部脱颖而出。我们把这次公开选拔省法院副院长等10名副厅级领导干部的过程，当作发现人才、积累人才的过程。通过面向社会公开选拔和举贤荐能，在全省范围内对干部进行纵向和横向比较，获取大量人才信息，发现和掌握了一大批优秀年轻干部，报名资格终审合格的484人和进入面试的52人中，主要是基层第一线和经济部门的业务骨干；省委组织部对这次组织考察的20名对象，除了最后选定试用上岗的10名同志外，其余将按德才条件陆续择优起用；对进入面试的52名考生，除已起用的外，将纳入人才库，充实地厅级后备干部队伍，继续考察培养，为今后配备领导班子储备人选。

第三，改进了干部选拔任用的方法和手段，使干部选拔质量明显提高。（略）

【简析】

这是一篇介绍经验的专题总结，具有典型性和指导性。它主要着眼于典型经验，侧重于介绍事实和做法，并从中得出经验教训，总结出规律性的东西。文章以观点统率材料，以材料说明观点，夹叙夹议，材料同观点有机统一。

【例文8-11】

除草膜对棉田除草的效果试验总结

我省棉花地膜覆盖面积迅速扩大，在提高棉花产量上发挥了重要的作用。但由于地膜覆盖提高了早春地温，引起杂草旺盛生长，撑破地膜；遇阴雨低温年份，杂草推迟灼伤期或长期不死，影响棉花的正常生长。为此，我们于1984年进行了本试验，探索除草膜在棉花栽培中的除草、增产效果及对后作小麦出苗生长的影响。

一、材料与方法

除草膜是宝鸡塑料厂以农用薄膜加配除草剂——扑草净制成，厚度0.015毫米，供试作物为棉花和小麦。以长沙塑料三厂同样厚度的普通地膜为对照。

4月21日播种盖膜，采用对比法排列，小区面积0.055亩，重复两次，每亩5 000株。于播后20天、50天、60天，分别调查杂草种类和生长情况，并对棉株进行生育期记载，最后采拾统计产量。后作小麦分两期播种，小区面积4平方尺，重复两次，调查出苗率。

二、结果分析

（一）除草效果。（略）

（二）促进棉花生长发育的效果。（略）

（三）增产效果。经单独采摘计产，除草膜棉比一般地膜棉增产4.5%，如下表。

除草膜棉与一般地膜棉产量比较

处理	平均每小区子棉产量		亩产（斤）		除草膜增产（%）
	克	斤	子棉	皮棉	
除草膜	5 550	11.5	201.9	68.1	4.5
普通地膜	5 295	10.05	182.7	65.1	

注：因播期迟，并遭雨灾，故产量损失较大。

（四）对棉花后作小麦出苗生长的影响。我省目前棉花后作多为小麦。为了解除草膜覆盖的棉田土壤中残留的除草剂对小麦出苗的影响，我们又作了除草膜对后作小麦出苗影响的试验。设除草膜、普通地膜及露地播种三种处理，于当年8月5日及9日两批揭膜播小麦。8月22日调查，5日播种的除草膜、普通地膜、露地播种三种处理的小麦出苗率分别为74.5%、70%、63.5%；9日播种的出苗率分别为80.5%、77.1%、80%。说明除草膜棉田土壤中残留的除草剂，对小麦出苗无不良影响。

三、小结

除草膜中的扑草净除草剂，除草效能好，毒性很低，故除草膜既能有效地防除杂草，促进棉花的生长发育，提高棉花产量，又不影响下茬作物的出苗生长，故可扩大示范应用。

【简析】

该例文是一篇生产技术试验的总结报告。标题反映了试验的基本内容、名称和目的，简明扼要；正文在总体结构上按“为什么要做——怎么做——效果怎样——结论怎样”的纵式结构顺序来行文。语言平实、严谨、周密。

【例文8-12】

我是怎样学习大学语文的

畅申琪

我是商业一局职工大学经济专业的学生，平时喜欢阅读一些古典文学作品和历史书籍。入学后，对学习“大学语文”这门课有极大的兴趣。然而兴趣毕竟只是动力，学习的成功与否，还得取决于所付出精力的大小。我们一个学期共学了课本上的十七篇古文，包括记叙文、议论文、辞赋等多种文体。

古人曾总结出一条很好的学习经验：“博学之，审问之，慎思之，明辨之，笃行之。”我参照这些经验，采取了以下的一些做法。

一、认真预习

教师在授课前，预先告诉学生所授新课的篇名，这使我养成了课前预习的良好习惯。预习能促使我带着问题去听课，从而增强了听课的效果。根据老师“字不离词、词不离句、句不离章、章不离篇”的要求，在预习时，我利用《古汉语常用字字典》和《文言虚字》这两本工具书，注意分析同一虚字的不同含义的词义、句法的异同之处，同中辨异，异中求同，逐字逐句地进行分析，通过辨别词义来理解句子，通过分析句法来理解全文。特别是对于那些通假字、词性活用、一词多义及使动、意动用法，都在书上做下记号。例如，在预习《论语·侍坐章》时，我对孔子的“以吾一日长乎尔，毋吾以也。居则曰：‘不吾知也！’如或知尔，则何以哉?”这段问话不能理解，于是我就抓住这段文字中的三个“以”字来进行分析，区分出三个“以”字所代表的三种不同的词性和含义，再将“不吾知也”与“如或知尔，则何以哉?”两句相对照，找出其中宾语提前的句法现象(“不吾知也”、“则何以哉”)及“或”、“如”两字在现代汉语和古汉语中的异同，才对这段话有了一个初步的了解。对整篇文章基本理解之后，再动手翻译课文。有些词、句，似乎是懂了，但到动笔翻译时，不一定能正确地写下来，这时便再去查字典，结合上下文来分析，就能避免不求甚解的毛病。预习得充分，上课时就能做到当堂理解，当堂消化。

二、抓住四十五分钟

我们学经济的学生，平时最常说的一句话就是“以最小的劳动消耗，取得最大的经济效果”。我认为，善于利用老师授课的四十五分钟，是有利于提高学习效率的。听课时，我十分注意记笔记，课后再将笔记加以整理，摘出重点，然后总结出每篇的中心和写作特点。通过听讲和总结，提高了自己的文学鉴赏能力。在市统考的试题中，有一道问答题，要求概括《史记·管晏列传》在取材上的特点，另外还有一道分段、总结段落大意和中心思想的试题，我都能顺利完成，这不能不归功于这课堂教学的“四十五分钟”。

三、勤于质疑

我觉得，作为大学生，一方面应当独立思考、独立解惑，另一方面也要勤于质疑。古人说得好：“非学无以质疑，非问无以广识。”学问，学问，“问”也是学习的一个重要部分，职大虽然没有积卷数万的图书馆供我们查阅资料，但学生与教师经常接触，便于随时质疑答疑。

我专门准备了一本备忘录，每遇疑难问题，则记之于上，通过查阅一些书籍资料以寻答案。我们也常常利用自修课时间聚在一起切磋琢磨，语文老师也经常参加我们的讨论，为我们解答疑难。回想起来，我的不少知识，还真可以说是从“问”中得来的呢。

四、扩大知识面

要真正学好语文不能局限于学习课本上的文章，还要学一些地理、历史、政治、经济、哲学等相关的知识，例如，学习《秦晋崤之战》，若不知道秦、晋两国由相亲至交恶的历史，就会影响对课文的理解；学习《前赤壁赋》，若不了解苏轼的坎坷一生，就难以理解作者倾注在作品中的思想感情。因此，我经常利用课余时间阅读一些历史书，还订了一本《文史知识》作为课外读物。在学习王安石的《读孟尝君列传》时，我翻阅了《史记·孔子世家》。去年市统考试卷上有一篇关于祖逖立志恢复中原的小文章，要求解释、翻译、分析，由于我平时阅读了一定数量的历史书籍，对这个人物有所了解，因此比较顺利地解答了这道试题。

五、不让一分钟闲过

董必武同志说过："古云'此日足可惜'，吾辈更应惜秒阴。"著名画家齐白石先生也把"不让一日闲过"作为自己的座右铭。那么，对于我们这些求知若渴又感到时间不足的青年人来说，更需"不让一分钟闲过"了。

我经常利用午后的休息时间或在做数学习题疲倦的时候来阅读一些文史资料，以扩大自己的知识面。对于课文的预习和复习，则利用自修课或者晚上较安静的时间。别人用来看电视的时间，则是我课后的主要学习时间。在老师的辅导和同学的帮助下，我学完了"大学语文"，参加全市职大"大学语文"统考，以92分的成绩获得全市第一名。但我感到自己对语文只不过是学了点皮毛，才登堂而尚未入室。

目前，在老师的辅导下，我仍然在自学文学，以提高自己的写作水平和文化素养，更好地为四化建设服务。

【简析】

该例文是一篇个人学习经验的专题总结。文章总结出了一些带规律性的经验，标项撮要，层次清楚，夹叙夹议，语言平实。

第三节　调查报告

一、调查报告概述

(一)调查报告的概念

调查报告是根据一定的目的，对某一情况、问题、经验进行系统周密的调查，经过认真细致的分析研究后，所写成的书面报告。系统周密的调查、客观深入的研究、准确完善的表达，是写好调查报告的三个环节。

(二)调查报告的作用

调查报告主要用于研究在贯彻执行党和国家的方针、政策中出现的新形势、新现象和新问题，或调查某事件的真相，为领导作决策时提供参考，或为领导机关制定政策提供依据，或为各单位提供经验、教训。

(三)调查报告的特点

1. 客观性

客观事实是调查报告的基础。调查问题的提出、事物的发展、结论的得出，都来源于客观事实。没有大量的客观事实，就得不出正确结论，指导工作提供政策依据和先进经验也就无从谈起了。

2. 指导性

调查报告是为领导机关提供制定政策的依据，为领导决策提供参考，为人们的工作提供经验教训，具有很强的工作指导作用。

3. 报道性

调查报告要依靠大量的事实做依据，通过对事实作系统的阐述和本质的分析，及时反映客观规律。

4. 典型性

调查报告选取的材料必须是典型的，以便从中探索事物的发展规律，寻求解决矛盾的办法，以点带面，为全局的工作提供借鉴。

二、调查报告的种类

根据内容和作用不同，大致调查报告可分为以下几类：

(一)反映情况的调查报告

这种调查报告通过比较全面的调查，及时反映现实社会中出现的新情况、新问题，目的是供上级机关或有关部门参考，作为贯彻政策、制定措施的依据，如《“寒极”开始解冻——来自清远“扶贫开发试验区”的报告》。

(二)总结经验的调查报告

这种调查报告从事物发展的全过程中找出规律性的东西加以阐发，目的是为贯彻执行党和国家的方针政策提供具体的经验和办法，因而具有普遍的指导意义，如《关于邯郸钢铁总厂管理经验的调查报告》。

(三)研究问题的调查报告

这种调查报告侧重于对现实生活中出现的新问题进行研究，从中探讨、揭示事物发展的规律，提出对策。它直接为领导机关制定解决某一问题的政策、措施提供依据或参考，具有很强的针对性，如《当代大学生犯罪现象透视》。

三、调查报告的写作

(一)调查报告的格式

调查报告由标题、前言、主体和结尾组成。

1. 标题

调查报告的标题有单标题和双标题两种基本形式。单标题通常是叙述式的、议论式的、提问式的或公文式的(用“关于……的调查”的形式)；双标题通常是正标题揭示主题，副标题说明调查对象及调查内容。但从写作技巧来看，调查报告的标题常采用比喻、借代、对偶、对比、顶真、设问等修辞手法，使其生动、活泼、确切而富于吸引力。

2. 前言

调查报告前言的写法灵活多样，可以交代调查的时间、地点、对象、目的，点明基本观点；可以概括介绍调查对象的基本情况或基本经验；也可以概述主要问题，以引出下文。

3. 主体

调查报告的主体是主干，主要写调查的事实和基本经验。一般来说，首先，叙述情况，介绍所调查事物的发生、发展、变化的过程及存在问题；其次，进行分析研究，从中找出主要矛盾，引出规律；最后，得出结论。

主体在结构安排上也较灵活，通常有三种方式：一种是纵式结构，即按照事物发生、发展的进程进行表述，用层层推进的方法来说明问题。一种是横式结构，即将调查得到的情况、经验、问题，按照内在的逻辑联系分成几个部分并列来写，在横断面上表现出事物的各个方面。还有一种是点式结构，即围绕一个主题调查几个点，然后根据多点调查的结果，分几个相对独立的部分来写，每一个部分说明一个点的情况，概括起来表现一个中心思想。

4. 结尾

结尾是调查报告分析问题、解决问题的必然结果。写法上有的点明全篇主旨，有的指出问题，有的展望前景，有的提出解决问题的建议等。如果主体部分已总结完，就不必单独写结尾部分。

(二)调查报告写作的要求

1. 深入调查，广泛占有材料

深入实际的周密调查、占有丰富的材料，是写调查报告的基础。因此，作者应深入第一线，掌握第一手材料，不能道听途说，应进行实地考察，这样获得的材料才更真实、详细、典型、富有说服力。

2. 科学分析，揭示客观规律

掌握了大量材料后，应对材料进行科学的分析，经过“去粗取精，去伪存真，由此及彼，由表及里”的过程，从纷繁复杂的事物中找出规律性的东西来。

3. 观点与材料的统一

作者应善于抓住那些最能说明问题的材料，并合理安排材料，做到用材料说明观点，观点从材料中来，观点与材料有机统一。

【例文 8-13】

“寒极”开始解冻

——来自清远“扶贫开发试验区”的报告

广东省清远市的知名度近两年扶摇直上。

1991 年初，《人民日报》发表《邻近“金三角”的“寒极”》一文，以清远市清新县白湾镇的极度贫困为例，勾画出广东乃至全国经济发展不平衡所造成的巨大的“区域时差”，引起轰动。

次年，清远创办全国第一个“扶贫开发试验区”的消息，再次引起人们关注。

解“特困”须有“特法”

以扶贫解困为目标的试验区，体现了“连片开发，异地办厂，山外积累，山内脱贫，穷富合作，共同受益”的扶贫“造血”新思路，在我国众多的经济开发区中独树一帜。

谈到试验区诞生的背景，骆雁秋市长说，贫困地区的发展是一个牵动全局的问题。广东全省 49 个山区县，占全省面积的 7 成，人口的 4 成，产值却仅占 2 成不到，严重影响广东下一轮的经济腾飞。清远，集“老、少、边、穷”于一身，情况更为严峻。特别是石灰岩地区，金木水火土，五行俱缺，唯独不缺石头。被称为“寒极”的白湾镇，至今仍是“三顿木薯玉米糊，翻山越岭挑水吃”。

“七五”时期，国家对“扶贫”方针进行了重大调整，实现了从经济救济到经济开发，从“输血”到“造血”的根本转变。尽管扶贫工作取得了很大成绩，但仍有部分自然条件极其恶劣地区的群众难解温饱。

这类地区如何“开发”？怎样增强“造血”功能？人们经历了一个认识不断深化的过程。违背自然规律和经济规律，硬性地让那些条件本不具备，先天性造血功能不全的特困地区就地造血，特别是村村点火、户户冒烟兴办工业，必然事与愿违。

清新县(原清远市郊区)率先提出“下山办企业”、“有组织移民”等扶贫新思路。清远市委、市政府在深入调研的基础上，吸收国家创办经济特区的经验，于去年初，提出了在条件优越的市区，建立“扶贫开发试验区”的设想，省委、省政府于同年9月正式批准了这一创造性的动议。

寻找新的生长点

扶贫开发区很好地运用了“地缘经济学”原理，即在珠江三角洲发达地区与粤北贫困山区结合部的清远市郊，划出一块地方，集中政策、资金、项目、人才、技术、信息、管理、服务等综合优势，实行“体外造血”工程，为贫困山区寻找一个经济发展的最佳生长点。

清新县新洲镇的做法给了市领导极大的启发。1989年，这个石灰岩山区镇利用港商的资金、当地的石英石、上海的技术设备，在远离本镇的县政府所在地的太和工业开发区，办起了一家新达保温瓶厂。两年间，该厂便发展成拥有固定资产2 300万元、年产值1 100多万元的实业有限公司。全镇有300多名青年在这里“打工”，人均月收入300多元，等于当地一个壮劳力一年的收入。

清远扶贫开发区具有不少得天独厚的有利条件，它距广州仅60公里，汽车走高速公路半小时可到；京广铁路穿市而过，106、107两条国道贯穿全境，水路直达港澳……最重要的一点，就是政策优势明显。这个新生的“特区”，可同时享受国家给予珠江三角洲开发区、重点工业卫星镇、侨乡、山区、石灰岩地区、少数民族地区以及新建市的多种特殊优惠政策。

作为新型的扶贫基地，它一诞生就受到了特殊关注。

全国人大常委会委员长万里鼓励清远的同志“努力把这项扶贫大事办成功”。国务院扶贫工作领导部门的同志则认为清远开辟了按经济规律扶贫的新途径。

投资者纷至沓来

扶贫开发区问世以来，以其独特的魅力和广阔的发展前景，成为国内外客商投资的新热点。

在各方面的大力配合下，开发区5天就完成了征地任务，5个月基本实现了“五通一平”。刚平整出的100万平方米土地，已被各路商贾争购一空。香港永芳日用化妆品公司的总裁一眼就看中了这块“风水宝地”。两天考察之后，他就信心十足地签订了投资协议。

今年2月28日，试验区正式挂牌办公，同时为总投资3.6亿元的25个首批项目举行了奠基仪式。其中，有与香港合资、利用当地陶土资源、填补我国大规模玻化砖生产空白的“华丽玻化砖厂”，有与新加坡合资的“精密机械制造有限公司”，还有深圳阳光集团投资480万元兴建的集办公、商用、旅游业于一体的“阳光大厦”。这些项目均是与贫困县区、乡镇挂钩联营的。

继第一批投资者之后，更多的有识之士争相投入清远的扶贫开发事业中来。

现在，每天都有国内外客商来试验区考察洽谈，投资热度有增无减，新确立的意向和协议已达100多个，计划投资5亿多元。

按照总体规划，试验区全部9.6平方公里将用8年左右时间开发完，届时，将年创产值50亿元以上，每个挂钩乡镇都可以按投资比例获得相当可观的收益。

【简析】

这是一篇反映情况的调查报告。它通过比较全面的调查，及时反映现实社会中出现的新情况、新问题，目的是供上级机关或有关部门参考，作为贯彻政策、制定措施的依据。

【例文 8-14】

关于邯郸钢铁总厂管理经验的调查报告

（国家经贸委、冶金部一九九五年十二月二十日）

河北省邯郸钢铁总厂（以下简称邯钢）是1958年建设的老厂。1990年，邯钢与其他钢铁企业一样，面临内部成本上升、外部市场疲软的双重压力，经济效益大面积滑坡，当时生产的28个品种有26个亏损，总厂已到了难以为继的状况，然而各分厂报表中所有产品却都显示出盈利，个人奖金照发，感受不到市场的压力。造成这一反差的主要原因，是当时厂内核算用的“计划价格”严重背离市场，厂内核算反映不出产品实际成本和企业真实效率，总厂包揽了市场价格与厂内核算用的“计划价格”之间的较大价差，职责不清，考核不严，干好干坏一个样。为此，邯钢从1991年开始推行了以“模拟市场核算、实行成本否决”为核心的企业内部改革，加大了企业技术改造力度，加强了企业内部经营管理，坚持走集约化经营的道路，使效益大幅度提高，实力迅速壮大。5年来实现的效益和钢产量超过了前32年的总和，邯钢已由过去一个一般的地方中型钢铁企业跃居全国11家特大型钢铁企业行列。

一、抓住“成本”这个“牛鼻子”不松手，抓住“成本否决”这个关键不留情，抓住“效益”这个中心不动摇，是邯钢管理经验的关键所在。

（一）关于“模拟市场核算”的具体做法。一是确定目标成本，由过去以计划价格为依据的“正算法”改变为以市场价格为依据的“倒推法”，即：将过去从产品的原材料进价开始，按厂内工序逐步结转的“正算”方法，改变为从产品的市场售价减去目标利润开始，按厂内工序反向逐步推算的“倒推”方法，使目标成本等项指标真实地反映市场的需求变化。二是以国内先进水平和本单位历史最好水平为依据，对成本构成的各项指标进行比较，找出潜在的效益，以原材料和出厂产品的市场价格为参数，进而对每一个产品都定出“蹦一蹦能摸得着”的目标成本和目标利润等项指标，保证各项指标的科学性、合理性。三是针对产品的不同情况，确定相应的目标利润，原来亏损但有市场的产品要做到不赔钱或微利，原来盈利的产品要做到增加盈利。对成本降不下来的产品，停止生产。四是明确目标成本的各项指标是刚性的，执行起来不迁就、不照顾、不讲客观原因。如邯钢二炼钢分厂，1990 年按原“计划价格”考核，该分厂完成了指标，照样拿了奖金，但按“模拟市场核算”实际亏损 1 500万元。1991 年，依据“倒推”方法确定该分厂吨钢目标成本要比上年降低 24.12 元，但分厂认为绝对办不到，多次要求调整，总厂厂长刘汉章指出：这一指标是根据市场价格“倒推”出来的，再不调就是亏损，要你们吨钢成本降低 24.12 元，你降低 24.11 元也不行，不是我无情，而是市场无情。于是，该分厂采用同样的“倒推”方法，测算出各项费用在吨钢成本中的最高限额，将构成成本的各项原材料、燃料消耗、各项费用指标等，大到 840 元一吨的铁水、小到仅占吨钢成本 0.03 元的印刷费、邮寄费，逐个进行分解，形成纵横交错的、严格的目标成本管理体系，结果当年盈利 250 万元，成本总额比上年降低了 2 250 万元。1994 年，该分厂的总成本比目标成本降低 3 400 万元，超创内部目标利润 4 600 万元。

（二）关于“实行成本否决”的具体做法。一是将产品目标成本中的各项指标层层分解到分厂、车间、班组、岗位和职工个人，使厂内的每个环节都承担降低成本的责任，把市场压力及涨价因素消化于各个环节。实行新经营机制的第一年，总厂 28 个分厂、18 个行政处室分解承包指标 1 022 个，分解到班组、岗位、个人的达 10 万多个。目前全厂 2.8 万名职工人人身上有指标，多到生产每吨产品担负上千元，少到几分钱，人人当家理财，真正成为企业的主人。二是通过层层签订承包协议、联利计酬，把分厂、车间、班组、岗位和职工个人的责、权、利与企业的经济效益紧密地结合在一起。三是将个人的部分奖金与目标成本指标完成情况直接挂钩，凡目标成本指标完不成的单位或个人，即使其他指标完成得再好，也一律扣发有关单位或个人的当月全部奖金，连续 3 个月完不成目标成本指标的，延缓单位内部工资升级。四是为防止成本不实和出现不合理的挂账及待摊，确保成本的真实可靠，总厂每月进行一次全厂性的物料平衡，对每个单位的原材料、燃料进行盘点。以每月最后一天的零点为截止时间，次月 2 日由分厂自己校对，3 日分厂之间进行核对，在此基础上总厂召开物料平衡会，由计划、总调、计量、质量、原料、供应、财务等部门的负责同志参加，对分厂报上来的数据与盘点情况进行核对，看其进、销、存是否平衡一致，并按平衡后的消耗、产量考核各分厂目标成本指标完成情况，据以计发奖金。除此之外，每季度还要进行一次财务物资联合大检查，由财务、企管等部门抽调查人员深入到分厂查账。账物不符的，重新核算内部成本和内部利润；成本超支，完不成目标利润的，否决全部奖金。5 年来，全厂先后有 79 个厂(次)被否决当月奖金，有 69 个分厂和处室被延缓工资升级时间。

(三)调整内部机构设置，保证内部管理新机制的高效运转。一是精简机构。1990 年到 1995 年总厂和分厂的管理科室从 503 个减到 389 个，管理人员从占职工总数的 14%减到 12%。二是充实和加强财务、质量管理、销售、计划、外经、预决算、审计等管理部门，进一步强化和理顺了管理职能。实行模拟市场核算和成本否决，对财务工作提出了更高的要求，先后在原料、销售、外经等处室增设了财务科，作为财务处的派出机构，以加强内部经济核算工作。为加强财务集中管理，强化全厂资金调度，将各分厂处室的财务科归由总厂财务处统一管理。为强化质量管理，将原来主要负责产品质量监督的质量监督处扩编为质量管理部，配以总支建制，使其得以有效地对全厂质量工作负责，实行从原材料进厂检验到工艺过程监督和产品发出后质量跟踪“一条龙”管理，并突出抓好原料入厂关，堵塞物料进厂中弄虚作假的漏洞。严把工序操作关，促进了产品质量的提高。三是实行“卡两头，抓中间”的管理方法。一头是严格控制进厂原材料、燃料的价格、质量。仅此一项，从 1992 年以来总共降低成本 9 000 万元；另一头是把住产品销售关，建立集体定价制度，确定最低销售价格；抓中间就是抓工序环节的管理，不仅抓生产过程中的“跑、冒、滴、漏”，而且将各项技术经济指标进行横向比较，以同行业先进水平为赶超目标。在 1991 年和 1994 年两度市场疲软中，许多钢厂产品滞销，库存增加，邯钢却靠物美价廉始终保持着较高的市场占有率。1995 年产销率达 100%。

二、有效推进了企业经营机制和增长方式的转变，大幅度提高了企业的经济效益，是邯钢管理经验的成效所在。

(一)推进了由计划经济体制向市场经济体制的转变。(略)

(二)推进了增长方式由粗放经营向集约经营的转变。(略)

(三)促进了企业内部管理工作。(略)

5 年来，邯钢坚持走集约化经营的道路，大幅度提高了经济效益，进入了低投入高产出的良性循环。1991 年到 1995 年的 5 年间，产品销售收入由 10.2 亿元增加到 50 亿元；上缴税款由 1.6 亿元增加到 4.3 亿元；实现利润由 0.5 亿元增加到 7 亿元，平均年递增率达 93.4%；钢产量由 110 万吨增加到 215 万吨；总资产由 27.83 亿元增加到 76.4 亿元，净资产由 10.42 亿元增加到 46.9 亿元，资产负债率从 62.54%下降到 38.6%。

邯钢的实践证明，国有企业适应建立社会主义市场经济体制要求，必须在转换经营机制的基础上转换经营方式，切实转变经济增长方式，这样才能充分挖掘企业的内部潜力，提高企业的整体素质和市场竞争力。邯钢的做法为国有企业实行从传统的计划经济体制向社会主义市场经济体制、从粗放经营向集约经营两个具有全局意义的根本性转变提供了借鉴经验。

【简析】

这是一篇总结经验的调查报告。它从事物发展的全过程中找出规律性的东西，加以阐发，目的是为贯彻执行党和国家的方针政策提供具体的经验和办法，因而具有普遍的指导意义。

【例文 8-15】

当代大学生犯罪现象透视

来源：中国青年研究

从马加爵残忍杀害 4 名昔日同窗，到某医学院学生薛荣华连刺 7 人(2 死 5 伤)，再到西安发生的 5 名在校大学生合伙猥亵轮奸 2 名女青年。这一起起令人触目惊心的案件，发人深省，催人猛醒，引起了全社会的广泛关注。这些曾被人们视为高智商、高素质、高层次的大学生们相继涉足犯罪，成为世人唾弃的囚犯，一时间社会对大学生犯罪这一现象讨论成风，也引起了人们对大学法制教育、道德教育、学校管理以及大学生素质的诸多质疑。

一、大学生犯罪现象不容忽视

(一)概述

中国法学网 2003 年 7 月 5 日报道：1965 年，青少年犯罪在整个社会刑事犯罪中约占 33%，其中大学生犯罪约占 1%；“文革”期间，青少年犯罪开始增多，占到了整个刑事犯罪的 60%，其中大学生犯罪占 2.5%；而近几年，青少年犯罪占到了社会刑事犯罪的 70%至 80%，其中大学生犯罪约为 17%。值得重视的是，在大学生犯罪中，盗窃案约占 70%。

《北京青年报》2004 年 11 月 18 日报道：天津，在高校相对集中的南开区，法院共受理大学生犯罪案件 24 件，占刑事案件总数的 9.5%。在 24 件案件中，男性 21 人，女性 3 人，其中累犯 3 人；被告人主观上均有犯罪故意，无过失犯罪。上海，据检察机关的统计，在 2000 年至 2002 年三年中，由公安机关提请、经检察院审查批准逮捕的大学生共有 48 人。在这些“校园犯罪”案中，财产型犯罪占了 75%。重庆，据检察官介绍，沙坪坝区现有大专院校 9 所，电视大学、职工大学等 10 余所，在校大学生约 7 万余人。2000 年至 2003 年 10 月，检察机关共办理大学生犯罪案件 51 件 66 人。犯罪大学生涉及 10 所高等院校，其中 4 所重点大学就有 43 人。

(二)案例(略)

(三)特点

犯罪嫌疑人特点——

中国法学网2003年7月5日报道：第一，犯罪嫌疑人年龄偏小、学历较高，但阅历浅、家庭背景各异。据北京市海淀区检察院批捕处袁春菊处长介绍，今年1～8月，该院侦查监督处共受理14件17人在校大学生犯罪案件，同往年比增长了110%。从年龄结构上看，17名犯罪嫌疑人，最大年龄24岁，最小年龄才19岁。从文化程度上看，研究生学历3名，本科学历10名，专科学历4名，与社会普遍水平相比属高学历范畴。他们的经历均为从学生到学生，没有正式走上过社会。从家庭状况看，6人来自农村，7人来自城镇，4人来自大城市。17名嫌疑人中7名来自干部家庭，6名来自农民家庭，4名来自工人家庭。第二，罪名单一，手段简单，作案目标、对象确定，较易破获。从犯罪性质看，17名犯罪嫌疑人中有9名为盗窃罪，5名为涉嫌故意伤害罪，2名为涉嫌包庇罪，1名为故意杀人罪。盗窃的主要目标系同宿舍同学，对象主要为活期存折。有1名是利用计算机入侵金融系统，窃取别人的存款。行窃时都是利用出入自己居住宿舍的生活便利，乘无人之机，秘密窃取。案发后，学校保卫处接到报案追踪到银行，查看银行录像带予以破获。第三，犯罪动机、目的各不相同，但案发后认罪态度较好。(略)第四，嫌疑人在校表现较好，校方态度偏向于从轻处理。(略)第五，被害人能够原谅犯罪嫌疑人，希望对其从宽处理。(略)

案发地点特点。(略)

二、大学生犯罪的原因分析

(一)社会

大河网2005年1月15日报道：我国正处在一个社会的转型期，社会的深刻变化无疑会影响社会成员价值观的变化。从经济发展来看，市场经济体制逐步确立的同时，也在不断地强化金钱观念，错误地以物质利益为尺度去评价个人得失，这就诱发相当一部分学生进行抢劫、盗窃、诈骗等违法犯罪活动。其背后的动机大都是物欲的原因，与当前社会一样，经济犯罪和与经济有关的犯罪，正是当前大学生犯罪的重点。

《陕西工人报》2004年8月17日消息：社会的转型期，社会的深刻变化无疑会影响社会成员价值观的变化。在这种情况下，大学生极易迷失方向，步入歧途。同时，由于改革开放，国内出现了多种文化，一些非主流文化的负面影响及不同背景的西方文化、港台文化对大学生产生了不可低估的影响。加之媒体对待各种暴力、色情的宣传不恰当，使得一些文化糟粕流进校园，流进大学生的心中。一些意志薄弱者在得不到社会、学校、家庭及时教育引导的情况下，干出一幕幕荒唐丑剧。

（二）学校（略）

（三）贫困生心理障碍（略）

（四）大学生自身原因

价值观的改变、追求享乐、满足报复、寻求刺激、社会认知上的自我中心观、自我意识的混乱、过低或过高的自我评价、青春期心理问题和心理障碍等都是产生大学生犯罪的原因。

《中国教育报》2004年11月12日消息：据有关调查，盗窃犯罪约占大学生犯罪总数的50%左右，居大学生犯罪的首位。这种犯罪行为的发生大多与这些大学生追求享乐的心理需要有关。这类大学生的家庭条件往往并不困难，但他们追求高消费，享乐成了优势需要。一旦经济“吃紧”，向家里伸手难以满足时，便产生盗窃的动机。调查显示，女生只占犯罪大学生的极少数。其中，从事卖淫和盗窃的则占到了70%，主要原因就是为了满足享乐。在大学生的犯罪类型中，打架斗殴、杀人伤害、强奸等这类人身伤害的犯罪是仅次于盗窃犯罪的第二大类案件。这类案件中约有30%是由于大学生极强的报复心理所引起。有的大学生恋爱不成，因爱生恨报复对方。有的仅仅因为一句玩笑话或一点小事，认为被对方侮辱便杀害或打伤对方。大学生普遍具有较强的求知欲，但如果在求知欲中低级的情绪体验——寻求刺激成为优势需要时，往往会迎合那些情调低下的东西或满足自我畸形的求新求奇的心理。南京某高校一位女大学生煞费苦心设计作案手段实施盗窃，又将盗窃来的物品精心销毁和遗弃。被捕后她坦言：“我模仿警匪片中的情节，每次作案时都有成就感，特别刺激。”所谓社会认知上的自我中心观是指在个体与他人或社会的关系上往往只从自我的立场出发，而不能从他人或社会位置去思考问题或处理问题的认知方式。社会认知上的“自我中心”正是阻挡个体客观认知他人与正确把握社会规范的一个心理问题。刘海洋伤熊和马晓明杀亲事件的一个共同的原因正是他们在社会认知上的自我中心观。

中国法学网2003年7月5日报道：据调查显示，随着社会竞争压力的加大，大学生承受的压力也在持续加大，由此带来了一系列的心理问题，而且出现了一些新的苗头。一项对此进行的专题调查于本月启动，专家学者就大学生身心发展的特点和规律拟定相应措施，以引导学生健康成长。

大河网2005年1月15日消息：现在的大学生心理断乳期延长，生理与心理发展不健康，诱发出轨行为。近些年来，由于社会竞争的加剧，大学生找工作或找到较理想的工作越来越困难，这对众多高年级大学生造成巨大的心理压力，从而产生焦虑不安、自卑等心理问题，反常行为的频率随之增加，出现群体性的心理不稳定。学习压力与生活压力过大也是诱发大学生行为出轨的因素，高度紧张的学习，不会或不善于独立生活和为人处世，这些极有可能导致大学生产生强迫、焦虑甚至精神分裂等心理问题和疾病。如果得不到及时的帮助、疏导与宣泄，就可能导致大学生以怪异或非法的行为加以发泄。

三、预防和减少大学生犯罪的对策

(一)专家意见

犯罪学专家——

中国法学网 2003 年 7 月 5 日消息：综合北京市各类大学近几年的情况来看，违法犯罪率有逐年上升的趋势。这种变化与大学教育、经济发展和社会结构的变化紧密相关。从大学教育的发展规模与速度来看，一方面，随着大学教育的开放，民办大学等各类大学的增多，在校大学生数量在急剧增多，伴随学生增多的同时，大学内部对学生的管理弱化的问题越来越突出。另一方面，相当数量的学校并没有提供相关的法制教育等方面的内容，使大学生无法得到全面有效的教育。从经济发展来看，市场经济体制逐步确立的同时，也在不断强化金钱观念、个人主义意识。越来越多的学生无法"两耳不闻窗外事"，特别是家境状况不好的学生，不得不考虑上学的经济来源等问题。从社会结构的变化来看，价值观念处于一个新旧交替的时期，整个社会很长一段时期内将处于价值失范状态。各种规章制度、各种道德规范的控制力越来越弱，特别是随着大学亚文化的发达，强化了学生的越轨心态、浮躁心态，使他们越来越追求功利化的目标。

教育专家：大学生法制、道德教育亟待加强——

中央财经大学伦理学专家韦彦凌教授就如何预防、减少大学生违法犯罪，提出以下三点建议：(1)加强品德教育，引导在校大学生树立正确的人生观。大学生的可塑性非常强，受环境影响非常大，有时因一念之差就可误入歧途。院校应引导学生加强道德修养，使他们树立正确的人生观、价值观以及自尊、自爱和互爱的意识，将主要精力放在学习上，不在生活中相互攀比，自觉抵制资产阶级生活方式的侵袭。同时要特别注意对一些平时表现不错的同学的教育和培养，不能使其成为品德教育的死角。(2)有针对性地加强对在校大学生的法制教育。目前，我国针对在校大学生的法制宣传教育仍很薄弱。有些人在实施盗窃行为时都不知道自己是在犯罪。对此，各大专院校应增设法制宣传栏、宣传刊，采取各种方式有针对性地加强法律常识教育。另外，各大专院校应与司法机关加强联系，由司法机关工作人员结合所办案件，对学生进行现实的法制教育，强化他们的法制观念，将打击犯罪和预防犯罪结合起来，达到防患于未然的目的。(3)针对大学生犯罪应实施挽救和教育的政策。

国家培养一个拥有丰富文化知识的大学生要花费大量的人力、物力、财力，因此，我们应尽可能地对犯罪的大学生进行挽救，使其仍能够成为国家的栋梁。由于大学生犯罪，相对于社会一般人员犯罪的社会危害性较小，也容易改造，且犯罪后认罪态度一般都较好，案发后能够积极主动退赃。因此，笔者建议对大学生犯罪应当区别对待，充分体现惩罚与教育相结合的原则。

（二）引导大学生树立正确的人生观（略）

（三）校方努力（略）

（四）有针对性地加强对在校大学生的法制教育（略）

（五）针对大学生犯罪应区别实施惩罚和教育的政策（略）

（六）法院适时发出司法建议，杜绝犯罪（略）

（七）关注大学生心理健康（略）

人民网2002年3月19日消息：从2001年10月召开的全国第三次精神卫生工作会上了解到：一项对全国22个省市的调查显示，我国儿童青少年行为问题的检出率为12.97%，在人际关系、情绪稳定和学习适应方面的问题尤为突出。大学生有心理障碍者占16%至25.4%。其中有焦虑不安、恐惧、神经衰弱和抑郁情绪等严重心理问题的大学生占学生总数的16%以上。而且，未来几年还有上升的趋势。这表明，心理不健康的问题已经影响到了我国人才的素质和社会的安定。因此青少年的心理健康，已经成为关系到当今家庭、学校和社会稳定的一个亟待关注的重要问题。但目前我国的状况是，面对现代化进程的急剧加速和与之相伴随的心理问题的明显增长，我国精神卫生工作无论在人才和经费投入上都缺乏足够的准备。因此，从实事求是的角度来看，现在学校的法制思想教育应该在现代学生的心理规律、心理变化基础上研究出新的教育模式了。教育者和社会学者也应该将心理治疗作为解决青少年问题的一种重要手段了。我国对于心理学的建设也应该提升到一个关系到社会稳定的高度来对待了。社会不但要挽救一个失足青年，还要寻求解决问题的根本源头，从青少年存在的心理问题入手，加大对社会心理的建设投入和力度，防范一个又一个的刘海洋、马忠义重蹈覆辙，从而避免一些本来是完全可以避免的犯罪行为发生。

【简析】

这是一篇研究问题的调查报告。它按照"现象概况——原因分析——对策建议"的结构顺序来写。用叙述式的标题，强调文章的重点在于调查分析。它侧重于对现实生活中出现的新问题进行研究，从中探讨、揭示事物发展的规律，提出对策，直接为领导机关制定解决某一问题的政策和措施提供依据或参考，具有很强的针对性。

>>> 思考与练习

1. 什么是计划?

2. 计划的特点和作用分别是什么?

3. 计划有哪些种类?人们在制订计划时,往往由于内容的差别而选用计划、规划、设想、要点、意见、安排、打算、方案等不同名称,试说明它们分别适用于怎样的情况。

4. 制订计划有哪些基本要求?

5. 试述计划的格式,并根据自己的学习或工作实践,制订一份合乎规范的计划。

6. 什么是总结?

7. 总结的特点有哪些?

8. 总结有哪几种?

9. 试述总结的格式,并根据自己的学习或工作实践,撰写一份合乎规范的总结。

10. 什么是调查报告?

11. 调查报告有哪些特点?

12. 调查报告有哪几种?

13. 试述调查报告的格式,并根据自己的学习或工作实践,撰写一份合乎规范的调查报告。

第九章　演讲稿　解说词

第一节　演　讲　稿

一、演讲稿概述

(一)演讲的概念和特点

所谓演讲，是指人们出于种种主观和客观的需要，在某种特定的场合面向公众进行的宣传活动。它包括讲话和演说两种形式。前者具有平实性、汇报性和表态性的特征；后者则追求艺术性、鼓励性和感染力。不管是讲话还是演说，实际上都包含“演”和“讲”两个基本要素。其中，“讲”是主要部分，即通过有声语言传达信息；“演”即“表演”，是态度和姿态的表演，即通过无声的形体语言(如手势、动作、表情等)强化有声语言的效果。只有“讲”和“演”结合，才能产生更大的效果。

(二)演讲稿的概念和作用

演讲稿又称演说词，是在演讲时所使用的书面文稿。一场成功的演讲，首先需要有一篇精彩的演讲稿。演讲稿的优劣，在很大程度上决定了演讲的成败。

演讲稿在演讲中可发挥如下作用：

1. 整理思路

演讲最忌信马由缰、无目的地纵横驰骋、东拉西扯、言不及义。而写作演讲稿，可使演讲者在拟写的过程中根据演讲的目的与主题要求，整理演讲的逻辑思路，以保证演讲自始至终有的放矢，紧扣主题。

2. 推敲构式

要通过演讲达到引人入胜的现场效果，这就不能不对演讲稿的篇章与语言结构作认真推敲。首先看结构是否精巧地突出了重点，其次看语言构式(陈述、疑问、反诘、对偶、排比等)运用是否精当……这些都需要在演讲稿中外化定型。

3. 临场有据

有了精心拟写的比较满意的演讲稿，又作了事先演习，走上讲台就会胸有成竹、信心十足，获得较好的临场效果。即使偶有疏漏，也可以凭手稿提示而从容掠过，不着痕迹。当然，演讲应当以脱稿为好，捧稿照读终难有好的效果。

4. 控制时限

演讲一般有时间限制，倘若信口倾吐，就很难控制时间。而通过讲稿事先测读，则能保证在一定时限内完成演讲任务。

（三）演讲稿的特点

1. 针对性

演讲稿的针对性体现在两个方面：首先，演讲稿的内容要有针对性，因为演讲稿是为某项特定的宣传任务而撰写的。其次，演讲还要看对象，针对不同的对象应有不同的演讲内容与形式。要尽量结合听众的实际情况讲他们感兴趣的事，并尊重他们、信任他们，最忌讳随心所欲、自以为是，要注意缩短与听众的距离。

2. 情感性

我国著名诗人白居易说："动人心者，莫先于情。"美国作家韦拉凯瑟说："热情是每个艺术家的秘诀，而每位演讲家都应当是一位艺术家。这是一个公开的秘诀，十分有效。"可见，演讲者要把火热的激情洋溢在演讲词里，抒发在声调中，这样才能感染人、打动人。

例如，《最后一次的讲演》中，闻一多在演讲的开头就质问："李先生究竟犯了什么罪？竟遭此毒手！"正义的质问必然会引起听众的共鸣。接着又质问："他只不过用笔，用嘴，写出了、说出了千万人民心中压着的话，大家有笔有嘴有理讲啊，为什么要打要杀……"这就在共鸣的基础上再加上一把火，引起群情激愤。然后进一步质问："而且偷偷摸摸的杀！"这才是火上加油，使听众怒火中烧。

3. 传声性

演讲的本质是将无声的书面语言转化为有声的口头语言。因而，演讲稿也就必须适应这一要求，做到句子简短，句式要变化，语言要明白，声调要起伏，语气要自然，用词要通俗。只有这样，才能使文稿讲起来上口，听起来入耳，取得良好的效果。

4. 鼓动性

鼓动，就是用声调、词句、姿态激发听众的情绪，使他们行动起来，这是演讲的目的。除了运用各种修辞手法增强演讲词的鼓动性外，更有效的方法是演说者对于自己的论题、主张以及对自己的听众，有一种休戚相关的真挚感情，用自己心灵的呼声去冲击别人的心灵。

例如，《最后一次的讲演》的结尾是："我们要准备像李先生一样，前脚跨出大门，后脚就不准备再跨进大门。”这段气势磅礴的话，表现了革命者无所畏惧的精神、视死如归的信念，使得听众精神振奋，鼓舞人们去进行斗争。

二、演讲稿的种类

演讲稿的分类方法众多，主要有以下几种：

(1)以用途分类，可分为竞选演讲稿、就职演讲稿、欢迎演讲稿、告别演讲稿、学术演讲稿等。

(2)以地点分类，可分为街头演讲稿、广场演讲稿、厅堂演讲稿、墓前演讲稿等。

(3)以保密性分类，可分为秘密演讲稿、公开演讲稿等。

(4)以准备情况分类，可分为有备演讲稿、即兴演讲稿。

(5)以内容分类，可分为政治演讲稿、经济演讲稿、社会生活演讲稿、文化演讲稿等。

(6)以主题分类，可分为专题演讲稿、自由演讲稿。

(7)以表达方式分类，可分为叙述型演讲稿、议论型演讲稿、抒情型演讲稿等。

现对常见的几种演讲稿作一说明。

1. 命题演讲稿

命题演讲稿是根据组织者或主办者统一命题拟写的，要切合命题的主旨。例如，《理想与奋斗》、《做跨世纪的合格中专生》等。

2. 自由演讲稿

自由演讲稿往往是在某一引人注目的主题集会，在竞相热烈畅吐心曲的场合里应用的。这类演讲稿往往是即兴之词，内容自由奔放，可以不受字数限制，以意达情，情随笔到。但也须注意一定的情境和题旨。例如，新年晚会演说就应突出“辞旧、迎新”的意思。

3. 专题演讲稿

专题演讲稿是指在社会生活及科学文化领域中，就某一专门或特殊的问题发表自己的主张与见解的演讲稿。例如，某班通过民主选举，选出了新的班长，新班长发表就职演说的内容大致可安排如下：①就职谦辞；②自信胜任；③分析本班现状(优缺点)，提出施政纲领；④以决心、自励、号召作结束语。

三、演讲稿的写作

(一)演讲稿的格式和写法

演讲稿由标题、开头、主体和结尾组成。

1. 标题

演讲稿的标题与普通作文的标题基本相似，如《到祖国最需要的地方去》、《毕业前所想到的》等。有时演讲稿的标题也使用正题加副题的双行标题形式，如《未来与现在——写在毕业之前》。

2. 开头

一次演讲是否成功，关键之一在于开始的一两分钟内是否吸引听众。为此，演讲稿一定要十分重视开头的写作，力争使开头像"凤头"那样精美，像磁铁那样吸引人。常见的开头方式有以下几种：

(1)开门见山，提出主旨。采用这种方式，一开始就清楚明白地把演讲的思想观点展示在听众面前，产生"直截了当"的畅快感。例如，斯大林在一次党代会上的演讲是这样开头的：

同志们：我们共产党人是具有特种性格的人，我们是由特殊材料制成的。

(2)提出发人深省，引人入胜的问题。采用这种方式，使听者兴味骤增，迫切地想知道演讲者是怎么回答的。例如，《用知识开拓美好的未来》的开头：

年轻的朋友，如果在你面前，同时有金钱、爱情、名誉、知识，你准备选择哪一种呢？

(3)引名人名言切入正题，或对名言进行翻新。采用这种方式，用名言切题，使读者产生亲切感，并增添了理性色彩。例如，《有志者未必成》的开头：

人们常用"有志者事竟成"来勉励他人或自己，事实却未必如此。

(4)以故事、寓言、笑话开头。采用这种方式，容易引起听众的兴趣，并使听众循着故事思考一些问题。例如，《不做改变社会风气的"局外人"》的开头：

前天的《齐鲁晚报》披露了这么一件事：山东泰安六中教师于元贞在大街上勇斗窃贼，被歹徒连捅六刀后倒在血泊中。当时有几百名群众围观了这场面，但就是没有一个人站出来与于元贞并肩作战！而更令人心寒的是：歹徒扬长而去之后，围观者居然没有一个人站出来把于元贞送往医院抢救。于是，一个见义勇为的人民教师，就这样倒在血泊一个多小时，终因失血过多而永远不能再站起来了！

(5)以展示的实物(如画页、照片等)为话题引出讲题。采用这种方式，同样能使听众产生强烈的兴趣。

3. 主体

一篇演讲稿是否内容充实、论证严密，主要是看主体部分写得如何。因此，演讲者要充分运用各种论据，调动各种论证方法，有条不紊地、巧妙地证明中心论点，突出主题。同时还应注意，由于主体部分内容较多，故特别需要讲究结构层次，以使读者能把握演讲者的思路，领会所讲的内容。

主体部分的写作，主要有以下两种类型：

(1)议论型。这种演讲词是以议论的笔法说理，构成演讲词的基本框架。议论型演讲词可以分为三种形态：①递进式。即提出论题后，或按由浅入深、由现象到本质的过程分析；或按由感性认识到理性认识、由片面到全面的层层递进的过程拟写。②并列式。即从几方面并列地展开论证，说明一个问题。③比较式。即采用同类类比或正反对比的材料进行论证。通过相近的或相反的材料的佐证，更容易使听众理解演讲者的观点。

(2)记叙型。这种演讲词是以记叙事物发展过程和人物思想变化过程作为主体，通过叙述故事感染听众。例如《我愿做一支燃烧的蜡烛》一文，主要写主人公为什么选择教师这个职业的过程：残酷事实激发的愿望——进入成都师范后的困惑——乡村小学的震动——其他教师的感染——无比坚决的信心。全篇叙述个人真实经历和真实情感，因而真挚感人。在记叙型演讲词中，具体有以时间为序、以空间为序和以因果关系为序三种写法。

4. 结尾

古人以“豹尾”来形容文章的结尾要刚劲有力。演讲稿的结尾也不例外，在演讲快结束时，应该有一个有力的结尾，使听众受到鼓舞，充满希望。常见的结尾方法有如下几种：

(1)总结全文。这种结尾方法就是把演讲的主要内容或中心思想加以概括，以使要点突出，听众印象深刻。

(2)提出希望，发出号召。这是一种鼓动性结尾，用祈使句直接动员听众，产生鼓动性。

(3)展望未来。这也是一种鼓动性结尾，用充满激情的句子展望胜利、展示希望，使听众受到感染。

(二)演讲稿写作的要求

1. 了解对象，有针对性

如前所述，演讲一定要看场合，看对象。只有了解受众对象，针对受众对象的特点与要求，在演讲词中渗入既紧扣主题又反映听众心灵呼声的内容，采取受众对象喜闻乐见的演讲形式，才能使演讲产生更佳的效果。例如，李燕杰在写以青年为主要听众的演讲稿时，就将“青年是我师，我是青年友”作为口头禅，在讲稿中时时处处注意与他们平等相待，以诚相见，打成一片，做到“如师如友，亦师亦友”。

2. 语言通俗、生动

写演讲稿和写文章不尽相同。写文章，主要是给人看的，演讲稿则是给人听的。看起来顺眼的文章，听起来未必顺耳；看起来明白的词句，听起来未必清晰易懂。书面语言和口头语言是有所区别的。演讲稿如果写得过于书面化，讲究文采华丽，不一定能让人听懂、记住。因此，演讲稿的语言要口语化、通俗化，要讲明白话。这不仅仅是因为声音具有稍纵即逝，不能重听的特征，也是因为演讲要让人听懂并引起共鸣之故。加里宁说："话一出来，要能激动人们，引起人们赞成或反对，它才会发生极大的效力。"此外，演讲稿还要在明白如话的基础上，努力做到语言精练、准确，富于概括力。这就要求在演讲稿中选用一些美言、真言、忠言，只要听众能够记住一两句或几句掷地有声的话，也就基本掌握了演讲的主要精神了。

3. 主题鲜明

说话、写文章均应有一个鲜明的主题。作为宣传鼓动性很强的演讲稿，更应有鲜明的主题，赞成什么、反对什么，要旗帜鲜明。在命题演讲中，演讲稿一般不太会偏离主题；但在自由演讲或专题演讲中，则特别需要注意时时刻刻围绕主题开展演讲，切不可东拉西扯、海阔天空。在自由演讲或专题演讲中，可按演讲目的和听众的实际情况，确定一个鲜明的主旨，然后去阐述它、论证它。

4. 事例感人

演讲，作为一种宣传、鼓动、教育性很强的方式，一定要以理服人、以情感人。然而，道理是较为抽象的，感情是较为内在的，要使道理形象化、具体化，要使情感外化可感，就必须借助于材料——尤其是具有故事性的事例。

"巧妇难为无米之炊。"没有材料，就无法写出内容充实的演讲稿。我们常说某某演讲空洞、贫乏，就是指该演讲没有充实的材料、没有实际的内容，只有一些空洞的口号、无力的说教。演讲稿的材料可以有如下几种：①事实材料；②理论材料；③历史材料；④现实材料；⑤正面材料；⑥反面材料；⑦趣闻材料；⑧虚化材料等。在这些材料中，"事例"的作用尤为明显。卡耐基说："平淡的演讲若能有富含人情趣味的故事，必然更能引人入胜，演讲者应只讲述少数重点，然后以具体的事例作为引证，这样构建讲演的方法，一定会吸引听众的注意。"作为初学演讲或上台不多的普通人来说，卡耐基所教的方法，不失为一把"金钥匙"。

【例文 9-1】

开学典礼演讲稿

尊敬的领导、老师，亲爱的同学们：

很荣幸，能在这个美丽的季节和你们相聚在绿茵如画的经贸园，和你们一起分享收获的喜悦。

我们很是激动，能够凭着自己的努力从激烈的竞争中脱颖而出，我们很是骄傲，能够在全国涉外经济最高学府继续深造。五十年来，外经贸大学在“博学、诚信、求索、笃行”校训的指导下，逐渐成为一所在国内外享有较高知名度的大学。五十年来，她送走了一批又一批的学子，为祖国培养了数以万计的经贸人才，在各自的岗位上成为国家的栋梁。迈进新千年，两校合并后，经贸园正发生着巨大的变化：装扮后的经贸园如西子般的美丽，五十年的文化积淀喷薄出新的生命，改革后的经贸园焕发着青春的气息……这一切，都深深地吸引着我们，激励着我们。

我相信，我们在座的大多数人都曾经过“导航”、“启航”、“领航”的指引，都曾品尝过昼夜苦读的艰辛，甚至曾经徘徊在放弃的边缘，最终战胜了彷徨与挫折，稳稳地踏上惠园这片沃土！这里有我们渴求的书林瀚海，有我们企盼的学界鸿儒，更有我们向往的开拓进取、勇于创新之精神！

大浪淘沙，方显真金本色；暴雨冲过，更见青松巍峨！经过考研磨炼的我们，经过工作磨砺的我们，更加成熟、稳重而自信。如今，在这研究生新的起点上，我们心中更是充满了期待：期待着更多的机遇与挑战，期待着结交各方英才，期待着更为硕果累累的三年，在未来的三年里，我们要努力巩固知识结构，钻研理论内涵，丰富实践经验，在以后更为激烈的竞争中乘风破浪，展现经贸之子的风采！

谢谢大家！

【简析】

这是某校开学典礼上一位学生代表的演讲稿。在开学典礼上，领导和老师的发言通常着眼于祝贺大家跨入新学府、开始新的学习生活，鼓励大家在校期间认真学习、全面发展等；而学生代表的发言通常是“表决心”，即代表广大同学表达在校期间要努力取得好成绩的决心。这篇演讲稿也表达了决心，但它又不是一味地喊口号。演讲首先以“我们很是激动，能够凭着自己的努力从激烈的竞争中脱颖而出，我们很是骄傲，能够在全国涉外经济最高学府继续深造”来激发新生们的喜悦之情和自豪感，引起大家的共鸣。接着，文章又结合学校的办学特色和光荣历史，进一步激励在座的新生们珍惜难得的学习机会，争取更大成绩。最后，文章具体提出了在校攻读硕士学位期间应“努力巩固知识结构，钻研理论内涵，丰富实践经验”，切合研究生们的实际情况。

【例文 9-2】

学生会干部竞选演讲稿

各位代表：

大家好！首先感谢大家的支持与学校提供这次机会，使我能参与竞选，一展自己的抱负。今天我来参与竞选的目的只有一个：一切为大家，能为大家谋利益。我自信在同学们的帮助下，能胜任这项工作，正由于这种内驱力，当我走向这个讲台的时候，我感到信心百倍。

我认为自己很适合担任学生会主席。首先我热爱我的工作，算上小学的话，十年学生干部“工龄”已不算短了，这使我有了相当的管理经验、领导能力。活泼开朗、兴趣广泛的我积极参加并组织开展各项活动，在活动中尽情施展自己的唱歌、跳舞、弹钢琴及演讲的才能，取得了如演讲比赛第一，英语朗诵、阅读竞赛第一等好成绩，激励着我不断向前；主持也是我不懈的追求，从主持高一入学军训联欢会到主持省武高电视台节目，及后来的首届英语节，大大小小的活动参加了不少，是省武高这方热土给我提供了机会，使我如鱼得水，不断锻炼、充实着自己。此外，在活动过程中，我在学习上也丝毫没有松懈，成绩现已跻身年级前茅，我认为我有着足够的时间和精力在学习之余开展活动。

假如我当选，我将进一步加强自身修养，努力提高和完善自身的素质，我将时时要求自己“待人正直、公正办事”，要求自己“严于律己、宽以待人”；要求自己“乐于助人、尊老爱幼”等，总之，我要力争让学生会主席的职责与个人的思想品格同时到位。

假如我就任此届学生会主席，我要做的第一件事就是召集我的“内阁部长们”举行第一次“全体内阁会议”，全面听取他们的意见与建议，下放权力，实行承包责任制。我们将自始至终地遵循“一切为大家”的原则。在就职期间，我们将在有限的条件下，办好我们自己的电视台、广播站，建立必要的管理制度，设立师生信箱。我们将定期举行各种形式的体育友谊比赛，让爱好体育的英雄有用武之地。爱好文艺的，校艺术团在欢迎你，我们将举办自己的艺术节，中秋、圣诞大联欢。如有条件来个校园形象大使活动也不错，还有书画会、文学社、中学生论坛、社会实践(包括大家感兴趣的郊游活动)……总之，我们每个人都能在学生会找到自己的位置，我们的课余生活绝对能够丰富多彩！我们将与风华正茂的同学们在一起，指点江山，发出我们青春的呼喊！我们将努力使学生会成为学校领导与学生之间的一座沟通心灵的桥梁，成为师生之间的纽带，成为敢于反映广大学生意见要求、维护学生正当权益的组织，新的学生会将不再是徒有虚名的摆设，而是有所作为的名副其实的存在！

既然是花，我就要开放；既然是树，我就要长成栋梁；既然是石头，我就要去铺出大路；既然是学生会主席，我就要成为一名出色的领航员！

各位代表，你们所期望的学生会主席，不正是敢想敢说敢做的人么？我十分愿意做你们所期待的公仆。你们握着选票的手还会犹豫吗？谢谢大家的信任！

【简析】

这是一篇结构严谨、中规中矩的竞选演讲稿。首先，开门见山地提出了自己参加演讲的目的——一切为大家，能为大家谋利益，并在演讲一开始就展现了演讲者高度的自信心，这个开头对听众具有较强的吸引力。接着，作者较为详细地阐述了自己竞选学生会主席的若干具体理由，能以事实为依据，较有说服力。随后，作者谈了自己如果当选将有什么打算，一是严于律己，进一步加强自身修养，让学生会主席的职责与个人的思想品格同时到位；二是如何使学生会的各项工作开创新局面。这两个方面的表态能较好地取信于听众，获得他们的支持。最后，演讲以一段排比和比喻作结束语，产生了较强的煽动性。

【例文 9-3】

让青春飞扬

时常听别人哼唱，自己也时常哼唱着姜育恒的那首《再回首》，唯独对"曾经在幽幽暗暗反反复复中追问，才知道平平淡淡从从容容才是真"这一句不愿认同。"孤独王子"唱得未免太超然了——一生反复追问，就只得出了平淡是真的结论。

平平淡淡才是真，说到底不就是自甘平庸、自甘无为吗？曾几何时，我们这些带着中学彩色梦想走进大学校门的莘莘学子也在高喊着：平平淡淡是最真。且有人认为，只要"与世无争，恬淡一生"便可无忧无虑地生存，颇有要把老庄的"无为"思想发扬光大之势。是什么使我们丰富的校园生活渐退了缤纷的色彩呢？又是什么使我们真实的熔浆凝固，不再有来自内心深处的热血沸腾？是因为我们没有走进梦想中的象牙塔？是因为我们未走出自我困惑的地带？还是因为我们的心真的不再年轻，确实把一切都看得平淡了呢？不！都不是！主宰世界的是你，放弃世界的仍然是你。

生活得最好的人，不是寿命最长的人，而是最能感受生活的人。除了你没有走进理想的大学，除了你没有把握住一次几乎成功的爱情，除了你心中那份虚荣与倨傲，你对生活究竟有多少正确的感受？生活究竟给过你多少真正的重荷与不平呢？没有！只因为在当代的中国，在我们这个文盲、半文盲数以亿计的国度里，大学生既被社会过高地期待，也过高地期待着社会，只因为我们不能正确地估计自己，也不能正确认识社会。那种求平淡的心态，仍是不思进取的借口。于是，你曾经也想要有所作为，却不知道从何做起，跟着感觉走，在各种诱惑面前远离本真状态，被泥沙俱下的时代大潮裹挟着四处漂流。当你疲倦地走过无数个三百六十五里，你才发现留在身后的除了那份平淡，什么也没有。

不再回头的，不只是那古老的辰光，也不只是那些个夜晚的星群和月亮，还有我们的青春在流逝着。四年，我们有幸拥有着这四年，但多少人的四年已一去不复返；更还有多少人在为能拥有这四年而埋头于题海和各种各样的模拟考试中呢？当初我们从他们这种状况中走出来，走进许多人梦寐以求的大学，难道就是为了追求“平平淡淡才是真”吗？

在我们四年的每个日子里，倾注了亲人的多少关怀和温暖，他们流淌着辛勤的血汗，默默地支持着子女的选择，他们唯一的希望就是我们能自己走好自己的人生之路。还有，在许许多多的眸子里时时刻刻地流露着对我们的期待，期待我们能用知识建构大脑、用我们的手去为人们描写更美的生活。在亲人面前，在那些关注我们的人的面前，我们又有什么理由去认为“平平淡淡才是真”呢？难道我们付出我们的金色年华，挥洒着父母的血汗仅仅是为了换取这份平平淡淡吗？仅仅是为了换取一张各科都过了60分的毕业证吗？小到为了每个家庭的付出，大到为了那如水流逝的时光，我们怎么就可以轻易认同“平平淡淡才是真”呢？

最欣赏把撒哈拉沙漠变成人们心中的绿洲的三毛，也最欣赏她的一句话：即使不成功，也不至于成为空白。成功女神并不垂青所有的人，但所有参与、尝试过的人，即使没有成功，他们的世界也不是一份平淡，不是一片空白。记得有一天和班上几个新近参加美术班学习的女生谈起了她们学习美术以后的感觉和收获。她们告诉我：并没有什么大飞跃，但确实已学会了怎样用心去观察一个事物。也许她们永远成不了画家，但是我赞叹她们的这份参与意识和尝试勇气。

说到这里有人会说：我的确平凡得很，无一技之长，不会唱不会跳，更不会吟诗作画，注定这四年就这么平淡了。世上只有一个天才贝多芬，也只有一个神童莫扎特，更多的人是通过尝试，通过毅力化平淡为辉煌的。毅力在效果上有时能同天才相比。俗语说，能登上金字塔的生物只有两种：鹰和蜗牛。虽然我们不能人人都像雄鹰一样一飞冲天，但我们至少可以像蜗牛那样凭着自己的耐力默默前行。

不要再为落叶伤感，为春雨掉泪；也不要满不在乎地挥退夏日的艳阳，让残冬的雪来装饰自己的面纱；岁月可使皮肤起皱，而失去热情，则使灵魂起皱。

拿出我们尝试的勇气，拿出我们青春的热情，大学四年毕业时，再回首，我们没有平淡、遗憾的青春。让我们的青春飞扬吧！

【简析】

这篇演讲稿具有高远而富有现实意义的立意，演讲者对现实热点问题独到而精辟的见解，层层递进、逻辑严密的论证都是本文的亮点，最引人注目的是它扑面而来的青春气息和极富哲理的语言风格。首先，演讲者选择了一个极具时代气息的青年人关心的热门话题，入题是从一首青年人喜爱的流行歌曲的歌词开始，通过包含情感的分析，批驳了一种无为的消极人生观，鼓励青年朋友们树立起积极向上的人生观和生活态度，全篇洋溢着浓郁的青春气息，给人昂扬向上的蓬勃感。其次，演讲是一门语言的艺术，这篇演讲稿时时处处闪现着精彩而富有哲理的语言，这些哲理性的语言使整个演讲具有了一种思辨的色彩，给整个演讲稿赋予了活的灵魂。演讲人在其作品中还大量运用了诗一般的语言，给听众一个美好的意境，这些语言是那么的让人熟悉和感到亲切，使我们当代大学生觉得不应该具有伤感的情怀和观念，而应重新点燃热情之火，积极向上地面对生活。演讲稿中还大量使用排比句式和正反式的对问，加快了文章的节奏感，增强了文章的气势和说服力。

【例文 9-4】

弱者，你的名字不是女人

“女人啊，你是名字是弱者!”多少年来，莎士比亚的这句名言几乎成了颠扑不破的真理。

不是吗？君不见，中国延续了3000多年的奴隶社会和封建社会里，女人完全变成了男人的附属品和摆设。“女子无才便是德”——这是当时社会对女子的要求；三从四德——这是女人一生下来便要受的束缚；一夫多妻制——这是天经地义的。在这样的社会环境中，女人的聪明才智受到了压抑和摧残。纵然有一些会吟诗作词的才女，那也不过是男人世界的一点点缀而已。弱者，当然就成了女性的代名词。

不仅是中国的女性如此，就是在印度、日本这些国家，女性也同样摆脱不了这种悲惨的命运。而且更令人气愤的是，在当今的印度，女性还在受着骇人听闻的摧残。我记得去年在某家报刊上，披露了一位年轻的印度妇女被迫与死去的丈夫一起火化的消息。当时我大大地吃了一惊，想不到当代女性的地位还如此低下。我真想大喝一声：弱者，你的名字难道就永远是女性吗?

女人原本是一株高昂挺拔的大树，是和男人平起平坐的强者。但不知从何时起，这棵大树在逐渐地退化。千百年过去了，我的眼前已没有了那一棵伟岸的大树，只见一根攀援而上的青藤。难道这就是我们女性吗？我愕然了。

但是，我们女性不会永远做那根攀援的青藤的。

时间在飞速地流逝，人类跨入了20世纪，女性从社会的重压下和自卑心理中苏醒了过来，她们拨开了笼罩在女性身上和心灵上的层层黑云，看到了自尊、自强、自信——这一女性崛起的灿烂之光。

那被称为弱者的女性正在顽强地站立起来。在短短的几十年中，涌现出了无数杰出的女科学家、女政治家、女企业家……妇女解放运动方兴未艾，女人和弱者之间的距离正在逐渐地拉开。同学们都知道撒切尔夫人吧？这位威震全球的铁女人，连续三次就任英国首相，在短短的十几年中，把英国经济从崩溃的边缘拉了回来，并且有了大幅度的增长。仅此一点，就该让那些堂堂须眉汗颜，更不用说她翩翩的风度，让人叹服的谈吐。在她身上何尝能见到半点弱者的痕迹？

据某个资料统计，在苏联科学家中，40%是女性；高级科学家中，48%是女性；清华大学82～84届毕业的370名女生，成绩与男生平分秋色！我们欣喜地看到，女性已经不再是那根攀援而上的青藤了，她们恢复了自尊、自强、自信，又变成了一棵枝叶繁茂、华盖葱茏的参天大树！

现在，女性的聪明才智正在各个地区、各个行业起着不可低估的作用；在向21世纪进发的大军中，她们也是一支引人注目的主力军！

女人啊，你的名字不是弱者！这才应该成为一句永恒的真理！

【简析】

这篇演讲稿采用“先抑后扬”的写法。文章首先引用了莎士比亚名剧《哈姆雷特》中的名言，接着又罗列了一些典型的事例和数据，指出女性长期以来一直处于弱势地位；在此基础上，作者发出了“弱者，你的名字难道就永远是女性吗”的疑问，质疑“女性是否已经成为攀援大树的青藤”。随后，作者笔锋一转，郑重提出了“我们女性不会永远做那根攀援的青藤的”的演讲主题。然后，文章列出新的事实和有说服力的数据来论证自己这一观点，具有较强的说服力。最后，作者照应开头引用的莎士比亚名句，大声疾呼“女人啊，你的名字不是弱者！这才应该成为一句永恒的真理！”，强有力地结束了全篇演讲。

【例文9-5】

我有一个梦

马丁·路德·金

（一九六三年八月廿八日，于林肯纪念堂阶梯上的讲演）

一百年前，一位伟大的美国人签署了《独立宣言》，我们今天正站在他的纪念堂前。这份重要的法令如同灯塔为千百万被不公不义之火所吞噬的黑奴带来了盼望。它的到来如同快乐的黎明战胜了漫漫长夜的煎熬。

但是一百年过去了，我们却必须面对悲惨的事实，因为黑人仍然没有自由。一百年过去了，黑人们依然在种族隔离的镣铐和种族歧视的锁链中过着悲惨的生活。一百年过去了，黑人被孤立于物质繁华之辽阔海洋中的荒岛上。一百年过去了，黑人仍然潦倒于美国社会的角落，感到他们被放逐于自己的家园。所以今天我们才来到这里，要把这骇人听闻的现状公之于众。

就某种意义来说我们来到我们国家的首都是为了要兑现一张支票。当我们共和国的缔造者写下宪法和《独立宣言》上庄严的文句时，他们已经签署了每一个美国人都有权承继的支票簿。这份票据的承诺是对所有人(是的，黑人和白人)的生命、自由以及寻求幸福的不可剥夺之权利的保证书。

今天，显而易见的是美国在她有色人种的公民中没有履行这份承诺。美国未能兑现这份神圣的契约，而是给了黑人一张被退回的无效支票，上面标示着“资金不足”。但我们决不相信公义的银行会破产。我们决不相信在这个国度伟大机遇的宝库中会资金不足。所以我们来兑现这张支票——一张将为我们带来宝贵的自由和公义之保障的支票。我们来到这个神圣的所在更是要提醒美国：这是个艰难与危机的时刻。现在不是缓和情绪或服用渐进主义的镇静剂的时候。现在正是时候，是从黑暗与荒凉的种族主义幽谷中崛起进到充满阳光的种族平等的大道上的时候。现在正是时候，是向所有上帝的儿女打开机会大门的时候。现在正是时候，是将我们的国家从种族不平等的流沙中迁到弟兄和睦相处的磐石上的时候。

如果国家忽视这紧急的时刻或者低估了黑人的决心，那对她将会是毁灭性的。如果自由与平等的清爽秋日不来，黑人合理的哀怨的酷暑将不会过去。一九六三年不是一个结束，而是一个开始。如果国家依然我行我素，那些希望黑人需要宣泄一番然后就会满足的人将大失所望。在黑人得到公民权之前，美国既不会安宁也不会平静。抗争的风暴将继续震动我们国家的根基直到正义显现的光明之日。

然而我必须提醒大家，我们正站在通往正义之殿的门槛前。在获得我们公正地位的过程中我们决不可以采取不正当的手段。不要为了满足对自由的渴望而去饮用暴力与仇恨的鸩。

我们必须永远在自重与自约的高尚境界中进行我们的奋斗。我们决不允许我们创造性的主张退化成为身体上的暴力。我们应该不断升华到用灵魂力量对付肉体力量的至高境界。我们不应因卷入黑人社区内不同凡响的新抗争而从此不信任所有的白人，对于很多我们的白人兄弟，正如今天这里同样在场的白人兄弟所证明的，他们已经发现他们的命运与我们的命运系结在一起了，而他们的自由与我们的自由更是不可分割，休戚相关。我们不能单独行动。

当我们行动的时候，我们将要立定心志勇往直前。我们不能回头。有人质问那些献身于民权的志愿者“什么时候你们才能满意”。我们决不会满意，只要我们的民众，在经过艰难的旅途跋涉之后没有权利在公路边的旅店或市中心的宾馆住宿。我们决不会满意，只要黑人基本的活动范围局限于从一个狭小的贫困居住区搬到一个较大的。我们决不能满意，只要在密西西比州的黑人还没有投票选举的权利；而在纽约的黑人仍然认为他们与选举权毫不相干。不……决不……我们不能满意，我们决不能满意，直到有一天“公平如大水滚滚，公义如江河滔滔”。

我并没有忽视到我们中间的一些人，他们历尽艰难困苦来到这里。你们有些人是刚刚从狭窄的单人牢房里出来的。有些人来自那些为了追求自由而被逼迫的风暴和警察暴行之狂风所蹂躏的地区。你们历经了这空前的磨难而成为斗士。继续战斗吧，要深信：这不该有的患难必然会过去。

回到密西西比去，回到亚拉巴马去，回到乔治亚去，回到南卡罗来纳去，回到路易斯安那，回到北方城市中的贫民区和种族隔离区去，要知晓有一天这样的情景能够并且一定会转变，让我们不要驻足于绝望的幽谷。

今天我要告诉你，我的朋友们，尽管面对这个艰难与无望的时刻，我仍有一个梦。这个梦深深地源自美利坚之梦。

我有一个梦，那就是有一天这个国家会兴起将“我们拥有这不证自明的真理：人人被造而平等”之信念的本意彰显于世。

我有一个梦，那就是有一天在乔治亚州的红色丘陵上，奴隶的后代与奴隶主的后代将会环坐在兄弟相爱的桌前。

我有一个梦，有朝一日甚至连密西西比州，这个如今仍在不公和压迫的酷热中的沙漠之州，会转化成自由与公义的绿洲。

我有一个梦，我的四个孩子有一天会生活在这样一个国家：不是根据他们的肤色而是根据他们的品德与性格来评判他们。

我有一个梦，就在今天！

我有一个梦，有朝一日在亚拉巴马州——尽管州长的喉舌们不久前还在对联邦法令出尔反尔，拒绝执行——将变成一个美好的所在，在那里黑人的孩子们与白人的孩子们会手牵手走在一起情同手足。

我有一个梦，就在今天！

我有一个梦，有一天“一切山洼都要填满，大小山冈都要削平，高高低低的要改为平坦，崎崎岖岖的必成为平原。耶和华的荣耀必然显现，凡有血气的，必一同看见”。

这是我们的盼望。这就是令我回到南方的信念。因着这个信心我们将砍倒压抑盼望的巨石，就是那绝望之山岭。因着这个信心我们会将我们国家中那不和谐的吵闹转化成兄弟相爱的美妙乐曲。伴着这样的信心我们将在一起工作，一起祷告，一起奋斗，一起下监，为了自由站在一起，深知有一天我们终将自由。

那一天将是所有上帝的儿女以全新的意义歌唱的一天："我的家园，你的居所，自由的美地，我歌唱。这是我们祖先安息之所，是清教徒自豪的所在；从每一处山麓，让自由之声传遍。"

如果美利坚要成为一个伟大的国度这歌中的美景必须实现。所以，让自由之声从新汉普郡的大山之顶响起；让自由之声从新约克郡的山脉间响起；让自由之声从宾夕法尼亚州阿莱干尼高地响起。

让自由之声从科罗拉多白雪皑皑的落基山上响起！

让自由之声从加利福尼亚婀娜的群山间响起！

但是不仅如此，还要让自由之声自乔治亚州的大石山上响起！

让自由之声从田纳西州的眺望山上响起！

让自由之声从密西西比州的每一座山、每个丘陵上响起。从每一处山麓，让自由之声响彻。

当我们使自由之声响彻之时，当我们使这声音响彻每一个村落每一个乡镇，从每一个省和每一个城市，我们就可以加速这一天的到来：那时所有上帝的儿女，黑人和白人，犹太人和外邦人，基督徒和天主教徒，将手牵手地同唱那首古老的黑人灵歌，"自由了！自由了！感谢全能的上帝，最后我们终于自由了！"

【简析】

马丁·路德·金是战后美国黑人运动的著名领袖。这篇演说就是他在1963年8月28日美国黑人向着首都华盛顿进军，并在象征着美国民主和自由的林肯纪念堂举行的和平大会上的讲话。这是一篇以说服、鼓动广大群众争取自由为目的的演说。全篇多处运用了比喻和排比的修辞手法，不仅增强了文章的气势，而且使文章更生动。演讲起来娓娓动人，便能打动听众，达到预期的目的。他把美国政府比作"支票"的签字者，把每个美国公民比成"支票"的合法继承人，并就"支票"的性质，"支票"的作用，以及"签字人"如何拒签这张"支票"，"继承人"应该如何兑现这张"支票"，一一写来，淋漓酣畅，具有极强的修辞力量和感染力量，使听众易于接受，而且由被动的接受变为主动的接受。文章中也显露出了作者爱憎分明的感情。他一方面辛辣地抨击了美国政府对黑人公民的种种不平待遇；另一方面又述说了黑人们在这个白人的社会里所遭受的种种苦难和歧视。他像一位慈母的手，抚摸安慰着所有黑人的心，对他们，他是怜悯而慈爱的。然后他又说道："坚信总有一天，这一切不合理的现实，会彻底改变，所以，我们不必陷入绝望的深渊。”他坚定了大家的信心。最后，用一连串“我有一个梦……”的排比道出自己的希望。每一句中无不流露出作者深切的感情和殷切的期盼。特别是联系到自身，希望他的四个孩子将生活在一个不再以肤色深浅，而是以品格为论人准绳的国家里，流露出了脉脉深情。这一切都深深地打动了听众的心。

【例文 9-6】

葛底斯堡演讲

林　肯

87 年以前，我们的先辈们在这个大陆上创立了一个新国家，它孕育于自由之中，奉行一切人生来平等的原则。

现在我们正从事一场伟大的内战，以考验这个国家，或者说以考验任何一个孕育于自由和奉行上述原则的国家是否能够长久存在下去。

我们在这个战争中的一个伟大战场上集会。烈士们为使这个国家能够生存下去而献出了自己的生命，我们在此集会是为了把这个战场的一部分奉献给他们作为最后的安息之所。我们这样做是完全应该而且非常恰当的。

但是，从更广泛的意义上来说，这块土地我们不能够奉献，我们不能够圣化，我们不能够神化。曾在这里战斗过的勇士们，活着的和去世的，已经把这块土地神圣化了，这远不是我们微薄的力量所能增减的。

全世界将很少注意到，也不会长期记起我们今天在这里所说的话，但全世界永远不会忘记勇士们在这里做过的事。

毋宁说，倒是我们这些还活着的人，应该在这里把自己奉献于勇士们已经如此崇高地向前推进但尚未完成的事业。倒是我们应该在这里把自己奉献于仍然留在我们面前的伟大任务，以便使我们在这些光荣的死者身上汲取更多的献身精神，来完成那种他们已经完全彻底为之献身的事业；以便使我们在这里下定最大的决心，不让这些死者白白牺牲；以便国家在上帝福佑下得到自由的新生，并且使这个民有、民治、民享的政府永世长存。

【简析】

林肯的葛底斯堡演说是美国文学中最漂亮、最富有诗意的文章之一。林肯的这篇演说是演说史上著名的篇章，其思想的深刻，行文的严谨，语言的洗练，确实是不愧彪炳青史的大手笔。通篇演讲不到三分钟。演说的场合是国葬典礼，所以演说的主调是凭吊国殇，赞美那些作出最后牺牲的人以及他们为之献身的理想。其中“政府应为民有、民治、民享”的名言被人们广为传颂。整篇演说言虽尽而意无穷。演说思想深刻，行文严谨，语言洗练，朴素中显优雅，行文完美无疵，是世界演说史上的珍品。

第二节 解 说 词

一、解说词概述

(一)解说词的概念

解说词是对事物或人物进行解释说明的一种应用文体。在文物陈列、书画展览、样本说明、产品展销、参观导游、影剧解说、人物介绍等场合都需要运用解说词。它通过说明、诠释、叙述、描写、抒情以及讨论等表达方式或说明方法，对事物或人物进行介绍，使读者、观众或听众进一步了解人物或事物的特征及本质，了解事物的历史、现状或趋势，了解事物蕴含的意义及价值，从而更好地做到“给人以知”。

(二)解说词的特点

1. 对象性

解说词是为特定对象服务的。因此，写解说词必须紧紧配合实物或图像进行，针对实物或图像遣词造句、写话编文。或进行叙述，或进行描写，或进行诠释，或旁征博引，都必须与所解说的实物或图像有必然的内在联系。

【例文 9-7】

校运会入场式班级解说词

伴着雄壮的运动员进行曲，踏着金秋的鼓点，迎面走来的是信息工程专业 1801 班的方阵。他们迈着整齐的步伐走过来了，脸上充满了自信。这是一个由 56 名同学组成的大集体，正像中华民族 56 个民族一样团结友爱。是的，这是一个团结进取的集体，刚进校一个多月，他们在军训、篮球赛、广播操比赛以及学习纪律、宿室卫生检查等方面就取得了优异的成绩。他们决心在这次校运会上团结拼搏，争创一流!

【简析】

这是一篇运动会的现场解说，首先，对正在入场的队伍方阵进行描述；其次，对这个方阵进行介绍，补充现场所见之外的信息；最后，对参赛方阵的参赛决心、任务目标进行介绍。此外，在运动会上，由于一个方阵入场所需要的时间比较短暂，所以要控制解说词的字数。

2. 音乐性

解说词是供讲解人(如导游、解说员、播音员等)讲解用的。而讲解是一门融声、乐于一体的艺术，声即讲解员的口齿清晰、声音洪亮悦耳；乐则是指解说词要富有节奏韵律，有音乐感，这样讲解起来抑扬顿挫、委婉动听，才能收到良好的宣传效果。因此，在撰写解说词时，要力求语言悦耳动听、朗朗上口，富于音乐性。例如《东方风来满眼春》中的一段：

1 月 19 日上午 8 时许，在深圳火车站月台上，几位省、部负责人和其他迎候的人们，在来回踱步，互相交谈，他们正以兴奋而激动的心情等待着……

来了！远处传来马达的轰鸣声。接着一列长长的火车徐徐进站。时钟正指向 9 时整，列车停在月台旁边。

一节车厢门打开，车站服务人员敏捷地把一块铺着红色地毯的长条木板放在车厢门口。

不一会儿，邓小平同志出现了！人们的目光和闪光灯束都一齐投在这位领一代风骚的伟人身上。

……

这段解说词，以短句为主，多用口语化词语，节奏明快，令观众无不心潮涌动、思绪滚滚。

又如，纪录片《敬爱的周总理永垂不朽》的解说词系经典之作。请看下面一段：

灵车队，万众心相随。哭别总理心欲碎，八亿神州泪纷飞。

红旗低垂，新华门前洒满泪。日理万机的总理啊，您今晚几时回？

敬爱的总理啊，您怎么走得这样急？有多少问题等着您解决，有多少事情等着您处理！总理啊，您怎么走得这样急！

这段解说词句子长短错落有致，词尾合辙押韵，读起来气韵回环往复，朗朗上口，引起听众无限的遐思，触动听众无限的哀思。

3. 有序性

解说词是按照实物陈列的顺序、画面推移的顺序、镜头转换的顺序或乐曲旋律变化的顺序等来安排段落层次的。因此，解说词的结构要有章法，要线索清楚、井然有序。例如导游词《黄山》中的一段：

黄山到处都生长着松树，它们长在峰顶，长在悬崖峭壁，长在深壑幽谷，郁郁葱葱，生机勃勃。千百年来，它们就是这样从岩石中迸裂出来，根儿深深扎进岩石缝，不怕贫瘠干旱，不怕风雷雨雪，潇潇洒洒，铁骨铮铮。你能说不奇吗？其次是，黄山松还奇在它那特有的天然造型。从总体来说，黄山松的针叶短粗稠密，叶色浓绿，枝干曲生，树冠扁平，显出一种朴实、稳健、雄浑的气势，而每一处松树，每一株松树，在长相、姿容、气韵上，又各不相同，都有一种奇特的美。人们根据它们不同的形态和神韵，分别给它们起了贴切自然而又典雅有趣的名字，如迎客松、黑虎松、卧龙松、龙爪松、探海松、团结松等。

这段解说词围绕黄山松的“奇”展开有序的解说，先是说黄山松生长地点和环境令人称奇；接着介绍黄山松生长形态具有一种奇特的美。整篇介绍内容丰富、线索清晰、井然有序。

4. 灵活性

解说对象的多样性决定了解说词形式的多样化，也决定了解说词的灵活性。例如，对于科技成果或产品进行解说，可采用平实的语言作介绍；对于人物事迹、建筑成就、社会活动等新闻性图片以及影视的解说，可采用新闻的评述性写作形式；对于山河风光、文物古迹、艺术作品的介绍，可采用散文的形式来解说。请看《钳形电流表》和《洲际导弹的自述》的两段解说词：

这种蟹钳形结构的电表由电流互感器和交流电流表组成。互感器铁芯是可以开合的钳形。测量电流时将截流导线握入钳中，无须开断被测电路，即可读出电流，但测量准确度较差。

我锥形的脑袋里装的是核弹，人称弹头。接近目标时，弹头同身体分离，冲向并炸毁目标。身体呈细长圆柱形，由发动机、制导系统和弹体结构三部分组成。有时弹体末端还有几片尾翼，在飞行时起稳定作用。

发动机使我在空中一边飞行，一边加速，越飞越快。我自己带有氧化剂，能保证发动机在真空中也可以燃烧工作，直到推进烧完为止。

制导系统是我的大脑和神经中枢，它指挥我沿着规定的路线飞向目标。弹体结构把身体各部分联结成一个整体。

上述两段解说词，虽都是解说科学事物，但所采用的形式、手法大有差别。前者是平实性的解说；后者有较强的文艺性。

(三)解说词的作用

由于解说词主要用于文物陈列、书画展览、产品展销、参观导游、影剧解说等场合，故其作用主要体现在补充视觉和补充听觉两方面。

1. 补充视觉

在文物陈列、书画展览、参观游览等活动中，参观者目睹实物或画像，获得了一定的认识。但光“看”还远远不够，为了让观众了解实物和图像的更多信息，可以使用解说词来补充，使参观者获得更丰富的信息。例如，我们参观武则天时代留下的文物“无字碑”，如果仅仅是看这么一块“石头”，会有很多问题惑而不解，从而觉得索然无味。如果此时有导游对我们进行解说，告诉我们“无字碑”的由来、趣闻、意义等，游客则能得到真正的游览之乐。

2. 补充听觉

在欣赏广播剧、音乐时，听众主要依靠的是听觉。在这种情况下，只有依靠解说词，听众才能更有效地了解事物的发生、发展、背景，收到如临其境的效果。例如，在欣赏《梁祝》时，如果有解说词提示听众：这里是江南三月、鸟语花香；这里是柳桥相逢、互诉平生；这里是共读嬉戏、焚香结拜；这里是长亭送别、难舍难分；这里是英台抗婚、山伯殉情……则可以调动听众的想象力，正确地欣赏作品。否则，很多人可能感到作品不知所云。

二、解说词的种类

解说词的分类方式主要有以下几种：

(一)按写作对象分类

按写作对象分类，解说词可分为文物古迹解说词、风景园林解说词、重点建筑解说词、专题展览解说词、产品展销解说词、标本解说词、电影解说词、电视节目解说词、广播剧解说词、音乐解说词等。

(二)按写作特点分类

按写作特点分类，解说词可分为说明型解说词和文学型解说词。其中，说明型解说词的主要特征是平实性。它通过诠释和说明，客观地介绍事物的特点、功用、结构、本质等内容，一般不加入文学色彩。文学型解说词的主要特征是具有较强的文艺性。它通过对事物的着意描绘、充分抒发情感来感染观众、听众或读者，并使用比喻、夸张、反复、排比等修辞手法，使解说词形象生动、感染力强。

三、解说词的写作

(一)解说词的结构

解说词的内容因对象而异，并无一定规定。但每一篇解说词的基本内容还是大致相同的，不外乎与该事物有关的时间、位置、组成、过程、特征、作用、联系等方面。

1. 时间

解说词应根据事物发生、发展、演变过程的状态，将所经历的时间准确地标注出来，使观众或听众能确切地把握解说对象的时间脉络。

2. 位置

解说词中必须讲清楚解说对象的空间位置，这样才容易使人了解该对象存在于何处。

3. 特征

对解说对象的特征解说得越透彻，就越能强化人们对事物的印象。例如，介绍一座古塔，就应让人知道该塔的特征，否则可能会被认为与其他的古塔无异。

4. 作用

解说词应当让听众、观众知道解说对象有什么样的作用，从而了解其价值。这种作用可以是直接作用、间接作用、历史作用或现实作用。

5. 联系

了解与解说对象有关的其他某些方面(或事物)，可以对被解说对象加以补充、验证，使读者、听众获得对该事物的更完整的印象。例如，在导游解说中，仅仅解说某名胜古迹本身的一些情况还不够，如能补充一些相关的神话、传说、典故、轶闻等，就更能使游客了解该名胜古迹。

(二)解说词写作的要求

1. 了解解说对象，抓住事物特征

要想取得良好的解说效果，首要的任务是“解说清楚”，让人不折不扣地知道你说的是什么，这就必须深入了解解说对象。

2. 把握事物条理，注意层次

解说词也要当成文章来写，而写文章必须讲究条理、层次分明，最忌东拉西扯、语无伦次。根据解说对象的不同关系，解说的顺序就不同，主要有以下几种：

(1)解说有并列关系的事物，要注意空间顺序，或从上到下，或从前到后，或从左到右，或从外到内，或从远到近。

(2)解说有先后关系的事物，要注意时间顺序或运行(操作)程序。

(3)解说关系复杂的事物，要注意逻辑顺序，可按由主到次、由简到繁、由因到果的顺序解说。

3. 追求简洁通俗，增强解说效果

解说词的效果体现在易看、易懂、易讲、易听。因此，解说词要尽可能简明扼要，尽可能通俗和口语化。

4. 运用各种手法，激发读者兴趣

为使读者(即游客、参观者、听众或阅读者等)对被解说的事物更感兴趣，解说词的写法应灵活多变，可以使用多种表达方式、多种修辞手法，也可以采用不同的表现形式。

【例文 9-8】

第十九届世界客属恳亲大会(中国赣州)电视形象宣传片解说词

客家摇篮——赣州

长江之南，赣水之源，武夷山脉，罗霄山脉和南岭群峰的簇拥之中，有一片美丽神奇的土地，这就是今天世界上客家人居住人口最多和居住最集中的城市，客家摇篮——赣州。

从赣水之源到汀江两岸，从粤东大地到阳光和海水拥抱着的五湖四海，山挽着山，水牵着水，心连着心，生活着几千万华夏子孙，龙的传人。他们就是客家人！

客家人是一个在离乱和迁徙，碰撞和融合中孕育的民系。历经岁月的磨炼，这个民系对民族的忠诚，文化的底脉，远祖的荣光和先辈千年万里的辗转历程在心中永远保持着几分格外的厚重。届复一届的恳亲会不老的主题是追根寻源，共叙乡情。

在赣州三万九千多平方公里的大家园里，客家人超过 90%。总数大约 800 万。

赣州是孕育客家民系的摇篮。秦始皇公元前派五十万大军镇守南粤五岭，开辟了汉民沿赣水南迁的先导路线；西晋永嘉之乱，北民南迁的浪潮前锋已经溯赣江之源来到赣南山区，他们在群山环抱的河谷盆地之间休养生息，拉开了孕育客家民系的序幕；盛唐梅关驿道的开凿与赣水相连成为千百年来中国南北交通的大动脉；晚唐黄巢之乱中赣江抚河水道成为避乱的人们南迁的重要通道；两宋年间，赣江航运的繁荣让赣州成为中国三十六个重要的经济城市之一，文化繁荣昌盛，人口与年俱增；在宋元之交的动乱中，大批客家人告别赣水，东越武夷，南跨五岭，进入闽西粤东发展壮大，民主革命先行者孙中山先生的远祖正是由中原迁到赣州宁都，再迁往福建汀州河田，广东紫金、增城，然后到了香山，走过了一条典型的客家迁徙之路；明末清初，大批客家人又相继从福建广东返迁故土再辟家园。

赣江，江西的母亲河，客家人的母亲河！

客家先民南迁纪念坛期待您揭开大鼎的红绸，赣水的波涛期待您掠去历史的烟云。

高山之巅，客家人会用纯情柔美的歌儿欢迎您。有山必住客，无客不唱歌，飘荡着原野的芬芳，赣南客家山歌是高山之泉泡制的一杯原汁原味的香茗。

大河之畔，客家人会用诙谐幽默的采茶戏欢迎您。平地有好水，高山有好花，赣南采茶戏是客家人数百年乡土生活辛勤勾兑的陈酿，是世代人表露真情实感的艺术奇葩！

明月之下，客家人会用热情奔放的各色灯彩欢迎您。添人添喜，添灯添彩，赣南客家灯彩是先祖初到异地照亮夜空的星河，是今天拉近距离点燃生活的希望！

围屋之内，客家人会用醇香的汤皮和米酒欢迎您。围屋是赣南客家人聚族而居的特有建筑，融宗、祠、堡为一体，严谨的对称布局是传统社会大一统文化理念的传承，墙高壁厚的防御功能又是顺势而为的实用主义的体现。每一碗美酒，盛满的都是整个围屋的乡情！

走进客家摇篮，走进的是一种文化。

文化浸染在风砂水势和山峦万象之中，赣州是中国民间风水文化的渊源之地，杨筠松在这里收徒授艺，将唐朝皇室专有堪舆之术带到客家社会，成为风水地理"形势派"的开山鼻祖，几百年后，他的传人廖均卿又再度为明朝的皇室踏勘了十三陵。

文化铭刻在砖石和门楣上。赣州是影响中国千年的理学渊薮之地。

周敦颐在这里写下《爱莲说》，创立他的道学；王阳明在这里传播他"心外无物"、"心外无理"的心学。道学和心学都是理学不同的发展阶段。

理学主张存天理，灭人欲，却泯灭不了客家人追求自由幸福，向往光明正义的天性。

被誉为东方莎士比亚的大剧作家汤显祖被贬岭南，路经赣州大余，以当地一段柔美凄丽的爱情故事为蓝本，创作了一出不朽名剧《牡丹亭》。

客家人素有爱国爱乡，以民族振兴为己任的精神传统。20 世纪二三十年代之交，中国共产党领导的革命武装开创了以赣南闽西为核心的中央革命根据地。以瑞金为中心建立了中华苏维埃共和国临时中央政府；举世瞩目的万里长征从这里迈出第一步；苏区模范县兴国走出了 54 位共和国将军，赣州十万多名客家儿女为共和国的开创洒下了火红的热血。

走进客家摇篮，走进的是一种精神的殿堂。

大自然偏爱赣州，赐予赣州美山秀水，也赐予赣州丰富的资源，这里是世界钨都，稀土王国，是中国最适宜橙类水果种植的地区之一，拥有良好的气候条件和生态环境。

客家人珍爱赣州，他们用勤劳和智慧改善了基础设施条件。昔日艰难的迁徙之路现在已经拓展成连接世界的坦途。创造出历史的人们也在创造着未来。今天的赣州是一片开放的热土。

"对接长珠闽，建设新赣州"是新一代客家人的胸襟，赣州将凭借沟通南北，纵横东西的要冲优势，努力与中国发展最具活力的长江三角洲、珠江三角洲和闽东南三角洲实现全面对接。

两年前，在印尼雅加达，赣州吸引了全世界客家人的目光；一年前，在中原郑州，赣州承载全世界客家人的厚望。金秋迎盛会，四海聚乡情。赣州期待着第十九届世界客属恳亲大会，期待四海宾朋相聚赣江源，共叙摇篮情、客家亲！

（作者：赣州电视台 钟瑞龙）

【简析】

本文是 2004 年在江西赣州召开第十九届世界客属恳亲大会前，当地电视台制作的形象宣传片的解说词。整个宣传片的长度只有约 12 分钟，要在这么短的时间内比较全面、深入地介绍作为“客家摇篮”赣州的方方面面实属不易。全文文采华美、语言简洁、结构合理、内容丰富。文章首先介绍了赣州的地理位置和人口等基本信息，接着用高度概括的语句论证了赣州的“客家摇篮”地位；之后，文章用“高山之巅”、“大河之畔”、“明月之下”、“围屋之内”四个排比段落，高度浓缩地展示了赣南客家的风土人情；再次，文章又介绍了赣南客家的风水文化、理学文化以及《牡丹亭》等值得骄傲的文化；之后还揭示了赣南客家人的精神，并指出赣南客家人将秉承传统、创造未来；最后，文章表达了赣南人民期待四海宾朋相聚赣江源，共叙摇篮情、客家亲的诚挚愿望。

【例文 9-9】

概说三清山

各位游客：

你们好！

欢迎来到风景秀丽的三清山，首先我给大家介绍一下三清山的概况：

三清山位于江西东北部玉山和德兴交界处。主峰玉京峰海拔 1 817 米，雄踞于怀玉山脉群峰之上。三清山因玉京、玉华、玉虚三峰峻拔，犹如道教所尊崇的玉清（元始天尊）、上清（灵宝道君）、太清（太上老君）三神列座其巅，并有古建筑三清宫而得名。

三清山地处亚热带气候区，却具有高山气候的特征，七月份平均气温 21.8℃，年降水量平均 2 000 mm 左右。

三清山四季景色绮丽秀美。融融春日，杜鹃怒放，百花争艳；春夏之交，流泉飞瀑，云雾缭绕；三伏盛夏，浓荫蔽日，凉爽宜人；仲秋前后，千峰竞秀，层林尽染；三九严寒，冰花玉枝，银装素裹，宛如琉璃仙界。

三清山风景名胜区旅游资源丰富，规模宏伟，种类齐全，景点众多，景区面积达 220 多平方公里，中心景区 71 平方公里，共分三清宫、梯云岭、三洞口、玉灵观、西华台、石鼓岭和玉京峰七个景区。三清山东险西奇、北秀南绝，兼具“泰山之雄伟、华山之峻峭、衡山之烟云、匡庐之飞瀑”的特点，奇峰异石、云雾佛光、苍松古树、峡谷溶洞、溪泉飞瀑、古代建筑、石雕石刻各具特色，惟妙惟肖，形态逼真。

接下来，我们就一处处游览以上的景点吧。

【简析】

这是一篇“游前导游词”，即在旅游正式开始前，导游对将要参观游览的景点进行整体介绍，以使游客获得对景点的大致印象，并激发他们游览观光的兴致。这篇三清山概说，主要介绍了三清山的位置、高度、得名由来、气候、景点构成、景点特色等情况，介绍非常全面。同时，解说又有所侧重，主要对三清山“四季景色绮丽秀美”以及“东险西奇、北秀南绝”、兼具“泰山之雄伟、华山之峻峭、衡山之烟云、匡庐之飞瀑”两个方面进行了渲染，能有效地激发游客的游兴。

【例文 9-10】

《独领风骚——诗人毛泽东》解说词

第一集：宏程心路

1973 年，刚刚大病一场的毛泽东，已经整整八十岁了。

这年夏天，他用已经有些枯涩的情思，写了平生最后一首诗。

这年冬天，他让身边的工作人员把自己一生的全部诗词作品，重新抄写了一遍。抄完后，他一一核对，对其中的一些词句作些修改。然后让工作人员又抄写一遍，抄完后，又再次核对。

他似乎很想为后人留下一套完整的诗词定稿，又好像是在进行一次艺术上的自我总结。数量并不太多的七十来首诗词，正是毛泽东播撒在坎坷心路上的心灵花朵。

作为诗人，毛泽东是政治家诗人。

作为政治家，毛泽东是诗人政治家。

作为诗人，毛泽东是自信的。

四十多岁的时候，在陕北峰峦起伏的黄土高原上，他便举起套着灰色棉袄袖子的右手，指着自己对一个来访的美国记者说了这样一句——

“谁说我们这里没有创造性的诗人？这里就有。”

1910 年，即将出外求学的毛泽东，临行前改写了日本一个叫月性的和尚写的言志诗，夹在了父亲每天必看的账簿里——

“孩儿立志出乡关，学不成名誓不还。埋骨何须桑梓地，人生无处不青山。”

离开韶山冲的毛泽东，到了长沙。到了北京。到了上海。到了广州。到了武汉。到了瑞金。到了遵义。到了延安。

直到 1937 年，人们才惊讶地发现，长期在山沟里，在马背上战斗的毛泽东，竟然还会写诗。

人们更为惊讶的是，正是毛泽东那不平凡的人生经历和丰富的人格素养，造就了别具一格的诗风，使典雅高古的旧体诗词和中国革命的历史风云紧紧地融合在了一起。

一个叫埃德加·斯诺的美国记者，让整个世界都知道了毛泽东不仅是一位卓越的革命家和军事家，还是一位诗人。

真正让世人领略毛泽东风骚独步的事件，发生在1945年的重庆。

那年，毛泽东在抗日战争刚刚取得胜利的时候，到重庆谈判。他把1936年写的《沁园春·雪》透露了出来，结果引起一场轩然大波。

当时在重庆的美国记者斯特朗曾评述说："毛泽东写的这首诗震惊了重庆文坛，那些文化人以为他是一个从西北来的土宣传家，而看到的却是一个在哲学和文学方面都远远超过他们的人。"

诗人只是毛泽东诸多身份中并不那么重要的一种。

他有更多更大的历史使命，他有太多太大的事情要做。

正是在和人民一道创造历史的进程中，毛泽东也创造了只能属于他的诗。

这是一部史诗，真切地写照了在中国革命洪流中昂扬进取的人格精神，形象地反映了中国建设进程中的壮阔场面。

毛泽东一生奋斗，所以他一生有诗。他的革命的一生，同时也自然地成为了伟大的政治家诗人的一生。

（引自：http://www.192171.com/Article/LLSJ/DHJY/JSCX/）

【简析】

这是电视系列专题片《独领风骚——诗人毛泽东》第一集的解说词。作为整个专题片的开篇之作，《宏程心路》主要是突出毛泽东的诗人地位，揭示毛泽东作为一个诗人的心路历程。本集具有高屋建瓴、统领全局的作用。为此，这篇解说词采用倒叙的写法，先写了1973年毛泽东80岁时"写了平生最后一首诗"的有关情况，令人感慨主席的诗作成就和不平凡的诗人身份；随后，回忆了毛泽东从1910年开始诗歌创作、1937年令世人惊讶、1945年重庆谈判独领风骚三个诗歌创作的主要阶段，并用凝练的华美之词赞颂了毛泽东诗词的独特魅力。整个解说词气势宏大、辞藻华丽，富于感染力。

【例文9-11】

电影《敬爱的周恩来总理永垂不朽》解说词（节选）

1976年1月8日9时57分，伟大的无产阶级革命家、杰出的共产主义战士周恩来同志的心脏停止了跳动。中共中央、人大常委会、国务院以极其沉痛的心情发出讣告。全党全军全国各族人民都为失掉了敬爱的总理而感到深切的悲痛。

群山肃立，江河挥泪，辽阔的祖国大地沉浸在巨大的悲痛中。

敬爱的周总理和我们永别了。中国无产阶级失去了伟大的战士，中国人民失去了敬爱的好总理。

周恩来同志忠于党、忠于人民，为了贯彻执行毛主席的无产阶级革命路线，争取中国人民解放事业和共产主义事业的胜利，无私地贡献了自己毕生的精力。敬爱的总理啊，您为人民、为革命立下了丰功伟绩，将千秋万代铭刻在亿万人民的心上。

……

总理爱人民，人民爱总理。总理和人民同甘苦，人民和总理心连心。在这万分悲痛的日子里，全国的工人、农民、人民解放军指战员以及各界各族群众，是多么渴望再一次亲眼看看总理，来和敬爱的总理最后告别。

……

敬爱的周总理，您立场坚定，爱憎分明，您横眉冷对千夫指，俯首甘为孺子牛。阶级敌人怕您恨您陷害您，我们亿万人民对您更亲更爱更崇敬。

周总理啊，周总理，全国人民都在哀悼您，都在呼喊您，都在想念您，八亿双眼睛都想看一看您，八亿颗心啊，都在为您哭泣。人们手捧讣告热泪流，千言万语涌心头，哀思无限，难以诉说。

从首都到边疆，从北国到南方，从工厂、矿山到农村、营房，人民的眼泪流成了河。敬爱的总理啊，八亿人民都在您身旁。

敬爱的周总理，您为祖国山河添光辉，您为中华儿女振声威，您不朽的业绩永世长存，您光辉的名字永垂青史。

敬爱的周总理，您在惊涛骇浪中度过了 78 年，您把整个生命献给了壮丽的共产主义事业。您是伟大的马克思列宁主义者。

……

当首都人民得知周恩来同志的遗体于 1 月 11 日火化的时候，再也抑制不住积压在心中的哀伤。人们走出家门，来到灵车将要经过的道路两旁，久久地肃立着，久久地等待着，忘记了时间，忘记了饥寒。多少人从清晨到傍晚，一直等待着，等待着……

泪水模糊了我们的双眼，灵车隔断了我们的视线。敬爱的周总理啊！我们多么想再看一看您，再看一看您哪！

周总理啊，您在天安门前停一步吧！在这里，您和我们一起度过多少个胜利的节日。此时此刻，您爽朗的笑声还回响在我们耳边，您炯炯的目光还在亲切地看着我们。敬爱的周总理，我们多么想念您，我们多么需要您！

灵车队，万众心相随。哭别总理心欲碎，八亿神州泪纷飞。

红旗低垂，新华门前洒满泪。日理万机的总理啊，您今晚几时回？

敬爱的总理啊，您怎么走得这么急？有多少问题等着您去解决。有多少事情等着您去处理，总理啊，您怎么走得这么急！

长夜无言，天地同悲。只见灵车去，不见总理归……

敬爱的总理啊！您光辉的生命将和祖国山河一样万古长青，您永远和工人一起劳动，和农民一起耕耘，和战士一起站岗、放哨，您永远活在亿万人民心中。

……

【简析】

感情真挚、情真意切是这篇解说词的主要特色，也是这篇解说词得以成功的关键所在。作者怀着对周恩来总理无限敬仰和热爱的深情、怀着对总理逝世无比悲痛的真情写下了这篇解说词，从而给读者以强烈的震撼和感染。另外，从写作技法上来说，这篇解说词也颇有可取：全文采用第二人称（“您”）来写作，采用“呼告”的修辞手法，能有效地表达人民对总理的无限热爱和无比痛悼；文章还使用排比句式和段落，反复表达思想感情，产生了很强的感染力；文章还善于对环境和景物进行渲染，寓情于景、情景交融，进一步加强了解说的感染力。

【例文 9-12】

《新青年》编辑部导游解说

陈独秀在北京被捕获释后，于1920年初来到上海，寓居在法租界环龙路老渔阳里二号（今南昌路一百弄二号）。这是一幢一楼一底普通的里弄石库门房子，这幢房子，原来是柏文蔚的。柏文蔚又名柏烈武，辛亥革命后，孙中山曾派他当过安徽都督。

这幢房子的楼上厢房是陈独秀的卧室，房间里放着一张书桌，一只红木的衣橱，靠墙的书架上排满了书籍，一张大铜床挂着白色帐子，当时，陈独秀是大学教授身份，因此房间的摆设较为考究。楼下客堂则是接客和举行会议的地方。由于陈独秀居住在这里，这幢房子也就成了由陈独秀主编的《新青年》的编辑部。

1920年春，共产国际代表魏金斯等经李大钊介绍到上海会见陈独秀，商讨建立中国共产党的问题。1920年8月左右，陈独秀、李达、李汉俊、陈望道等人在这里建立了中国共产党上海发起组。党的上海发起组经常在这里开会，讨论党的工作和工人运动等问题。1920年11月7日，党的上海发起组创办了《共产党》月刊，第一、二两期，就是李达住在这里的一间亭子间里编辑的。1920年12月，陈独秀前往广州担任教育行政委员会的委员长。临时中央书记的职务由李汉俊担任。《新青年》的编辑工作由陈望道担任。陈望道在这一段时间里也住在编辑部内。

1921年7月，在中国共产党第一次全国代表大会上，陈独秀被选为中央局书记。9月，陈独秀回到上海，仍寓居在老渔阳里二号，从此，这里就成了中央局的机关。陈独秀、李达、张国焘三人经常在这里聚会，讨论工作。中国共产党上海支部的沈雁冰、杨明斋、邵力子、陈望道、张国焘等每星期有两次在这里开会：一次是讨论发展党员，发展工人运动，加强党员的马克思主义学习等问题；一次是学习会，学习和讨论马克思主义的理论。

1921 年冬，《新青年》编辑部突然遭到法租界巡捕的查抄，陈独秀和其妻高君曼以及在场的包惠僧、杨明斋、柯庆施等都被拘押。后来，经孙中山、马林等人的努力，陈独秀等人很快被保释；并以《新青年》杂志有“过激言论”，“妨害治安”，罚款五千元而结案。自遭这次搜查后党中央就另租房子作为中央局各部的秘密办公地点。陈独秀出狱后，曾继续居住在这里。在 1922 年 4 月，他离开了这里，以化名在南成都路租屋居住一个月以后，又搬到他处。从此，陈独秀的寓所就成为党内很少人知道的秘密地点。

【简析】

一般说来，对名人故居或革命旧址进行解说，仅仅解说眼前所能见到的建筑物或陈列品是远远不够的，应补充介绍与此处故居、旧址相关的故事、传说或历史等。这篇解说词的解说对象是《新青年》编辑部旧址，解说围绕旧址，主要介绍的是与此相关的一段中共党史，给游客(或读者)以丰富的历史知识，能起到爱国主义和革命传统教育的作用。

>>> 思考与练习

1. 演讲稿在演讲过程中能发挥哪些作用？
2. 演讲稿有哪些主要特点？写好演讲稿有哪些基本要求？
3. 演讲稿开头和结尾的主要写法分别有哪些？
4. 什么是解说词？它有哪些主要特征？
5. 一般说来，解说词主要应对被解说对象的哪些方面加以解说？
6. 写好解说词要注意哪些主要问题？

第十章 广告 产品说明书

第一节 广　　告

一、广告概述

(一)广告的概念

所谓广告，从汉语的字面意义理解，就是“广而告之”，即广泛地告知公众某种事物的一种宣传活动。目前，对广告一词的理解有广义和狭义之分。

广义的广告包括商业广告和非商业广告，其内容和对象都比较广泛。商业广告是为了推销商品和劳务，获取经济利益，属营利性广告；非商业广告则是为了达到某种宣传目的，属非营利性广告，它包括政治宣传广告、道德教育广告等。

狭义的广告是指营利性广告，又称经济广告或商业广告。它是广告主以付费的方式，通过大众传播媒介向公众提供有关商品、劳务、观念等信息的一种传播方式，一般通过报刊、电台、电视台、招贴、电影、幻灯、橱窗布置、商品陈列等形式来进行。

狭义的广告的定义揭示了以下问题：

(1)广告是一种付费的信息传播活动。

(2)广告活动的主体是广告主，而广告活动的对象是广大消费者。

(3)广告活动是通过大众传播媒介来进行的，而不是面对面的传播。

(4)广告活动的内容是有关商品或劳务方面的信息。

(5)广告活动的目的是为了促进商品或劳务的销售，并使广告主从中获得利益。

(二)广告的要素

广告有广告主、广告媒介、信息、广告费、广告对象五个基本要素。

1. 广告主

广告主又称广告客户，是指发布广告的企业、团体或个人，它是广告活动的主体。

2. 广告媒介

广告媒介是指进行广告活动的物体、手段和工具，是传播中介物。它的具体形式有报纸、杂志、广播、电视、网络、交通工具等。

3. 信息

信息是广告的主要内容，包括商品信息、劳务信息、观念信息等。商品信息包括产品的性能、质量、产地、用途、购买时间、地点和价格等。劳务信息包括各种非商品形式的买卖或服务性活动的有关信息，如旅游服务、餐饮娱乐、理发、照相、浴室、信息咨询等行业的经营项目。观念信息是指通过广告活动倡导某种意识，使消费者树立一种有利于广告主推销其商品或劳务的消费观念，如风景旅游区的宣传、电影广告等。

4. 广告费

广告费是指从事广告活动所需支付的费用。例如，购买报纸、杂志版面需要支付相应的费用，购买电台、电视台的时间需要支付的费用。即使自己制作广告，如布置橱窗、印刷招贴和传单等，也需要制作成本。广告主进行广告投资、支付广告费，目的是扩大商品销售，获得更多的利润。

5. 广告对象

广告对象是指接受广告信息的人。不同媒体的广告，各有其特定的对象：报刊广告的对象是其订阅者，电视广告的对象是其收视者，广播广告的对象是其收听者，电影广告的对象是其观众，路牌广告的对象则是来往行人。一般来讲，广告对象越多，广告效果就越好。

（三）广告的特点

1. 广告必须通过大众传播媒介进行传播

广告中的信息内容只有通过传播媒介来进行传播才能到达公众，离开了传播媒介，广告也就不存在。

2. 广告是一种付费的信息传播

由于商业广告的宣传借助于传播媒介，而传播媒介作为信息的“运输工具”是要支付费用的，而不是免费的。

3. 广告是说服的艺术

广告把信息传播给消费者的目的在于影响消费者的行动，因此，广告要利用特殊的艺术表现技巧吸引对方，潜移默化地影响对方，在不知不觉中将对方说服，进而影响其行动。

4. 广告必须明确广告主

任何广告都必须明确广告的信息是由“谁”发出的，这样一方面，能使消费者放心购买商品；另一方面，如果出现欺骗性广告，有利于追究广告主法律与道义上的责任。

5. 广告的目的明确

不管广告所传播的信息内容是什么，最终目的都是为了促进商品的销售，并使广告主从中获得利益。

二、广告的种类

广告按不同的标准，可划分为不同的种类。常见的分类有：

(一)按内容分

按广告的内容分，可分为商品广告、企业广告和劳务广告。

1. 商品广告

商品广告又称产品广告，是以商品信息为广告内容，以销售商品为目的，向用户和消费者提供商品信息的广告。在广告中，以介绍商品的品牌、商标、性质、特点、功能为主，目的是获取消费者的好感，进而诱发消费者购买商品。

2. 企业广告

企业广告是以宣传企业，提高企业的知名度和声誉，树立企业良好形象为主的广告。企业广告的内容主要是介绍企业的宗旨、信誉、历史、成就、经营状况、管理水平等。

3. 劳务广告

劳务广告是向社会提供劳动服务的广告。这种劳动服务涉及的范围很广，如交通旅游、餐饮娱乐、理发、洗浴及住宿咨询服务等。劳务广告的内容主要是介绍服务的性质、内容、质量、方式、效果等。

(二)按所选用的媒体分

按广告所选用的媒体分，可分为印刷广告、视听广告、户外广告、邮寄广告、交通广告、展示广告等。

1. 印刷广告

印刷广告是指刊登在报纸、杂志、书籍、火车时刻表、挂历、台历等物品上的广告。它具有信息发布快、可经常修改、费用低、可反复阅读等优点，但时效性差，不易引起人们重视。

2. 视听广告

视听广告是指通过电视、广播、电影、幻灯等发布的广告。它具有生动、形象、突出等特点，而且传播迅速、影响面广，但易消失，保持时间短，费用高。

3. 户外广告

户外广告是指在街道、码头、车站、道路两旁等公共场所及建筑物按规定允许设置、张贴的招牌、海报、旗帜、路牌、标语等宣传广告。它具有成本低、较持久的优势，但不易更改，并且宣传范围小。

4. 邮寄广告

邮寄广告是指以邮政部门的邮件为媒体寄发、散布的广告。例如，商品目录、说明书、信函、传单、贺年卡、宣传小册子等。它具有成本低、随意性强等优势，但时效性差，易被人忽视。

5. 交通广告

交通广告是指在一些交通工具(车、船、飞机)上放置或张贴的广告。它具有成本低、直观、醒目等特点，但流动性大，不易使人记忆。

6. 展示广告

展示广告是指以商品陈列、布置、装饰、展现为主要形式的广告。例如，商品柜台陈列、橱窗陈列、展销会商品摆设、商品模型、模特等广告。它具有形象、直观、突出、持久、见效快等优势，但影响面小。

7. 其他媒体广告

除上述诸多媒体外，还有包装纸、购物袋、手提包、气球、雨伞等广告媒体。这类广告成本低、使用频繁、较持久，但不易引起人们的注意，易废弃。

(三)按覆盖影响地区分

按广告覆盖影响地区分，可分为地方性广告、全国性广告和全球性广告。

1. 地方性广告

地方性广告是指运用地方性媒体，配合营销策略所作的广告。主要在地方报刊、电台、电视、路牌、霓虹灯等媒体上所作的广告。

2. 全国性广告

全国性广告是指在信息面遍及全国城乡的媒体上刊播的广告。例如，通过中央人民广播电台、中央电视台播放的广告，在国家级刊物上刊登的广告。

3. 全球性广告

全球性广告又称国际性广告，是指在具有国际性影响的广告媒介上发布的广告。例如，通过国际性报刊等发布的广告。

(四)按直接目的分

按广告的直接目的分，可分为商品销售广告、企业形象广告和企业观念广告。

1. 商品销售广告

商品销售广告是指以推销商品为目的的广告。此类广告又可分为三类：

(1)报道式广告。报道式广告又称开拓性广告，该广告如实地报道和介绍商品的性质、用途、价格，以及商品生产厂家、品牌、商标等，促使消费者对商品产生初级需求。

(2)劝导式广告。劝导式广告又称竞争性广告，该广告以说服消费者为目标，通过突出商品的特优品质，刺激消费者选择性需求和认牌购买。

(3)提醒式广告。提醒式广告又称备忘性广告，该广告用以提醒消费者不要忘记本商品，防止消费者购买习惯或兴趣转移。

2. 企业形象广告

企业形象广告是指以建立企业信誉，树立企业形象，沟通企业与消费者的公共关系，间接达到推销商品为目的的广告。

3. 企业观念广告

企业观念广告是指通过广告宣传，建立或改变企业或产品在消费者心目中的形象，使其树立一种新的消费观念的广告。例如，在国外饮料市场，在可口可乐独霸天下的情况下，生产七喜汽水的厂商有意识地通过广告宣传，把饮料分为可乐型与非可乐型两大类，从而使七喜饮料脱颖而出，打破了可乐饮料的垄断地位。

(五)按诉求方式分

按广告的诉求方式分，可分为感性诉求广告与理性诉求广告。

1. 感性诉求广告

感性诉求广告是指采用感性的说服手法，在向消费者介绍商品、服务的同时，注意动之以情，使他们对广告商品产生好感，进而购买。

2. 理性诉求广告

理性诉求广告是指采用理性的说服手法，有理有据地直接论证产品的优点与长处，让顾客自己作出判断，进而购买使用的广告。

三、广告的写作

广告写作是指广告文案的写作。广告文案主要是指在广告作品中用来表现广告主题和广告创意的语言文字，包括广告标题、标语、正文、随文等要素。

随着社会生产力的发展和科学技术的不断进步，广告的表现形式层出不穷，表现技术也日新月异。广告以其生动形象、多姿多彩的视觉表现而成为吸引广告对象注意的主要因素。尽管如此，如果没有语言和文字，广告就无法将产品或服务的特性具体明白地传达给消费者，广告的目的也就难以实现，广告的信息桥梁作用也无以发挥。现代广告中，广告语言往往能起到画龙点睛的作用。因此，广告文案是广告的核心，广告写作是广告活动中极其重要的、不可缺少的环节。

(一)广告标题的写作

1. 广告标题及其作用

标题是广告主题的集中体现，又是区分不同广告内容的标志。它是广告文案的有机组成部分，也是广告的精髓所在。人们常用“题好一半文”来说明标题的重要性，对广告写作而言尤其如此。广告标题具有突出主旨，提示要点，引人注目，激发消费者阅读广告正文，加深印象，促使消费者进行购买等功能。一个优秀的广告标题能起到画龙点睛的作用。因此，广告的优劣，在一定程度上取决于标题语言的质量。

2. 广告标题的类型

广告标题按其诉求方式划分，可分为直接标题、间接标题和复合标题三类。

(1)直接标题。直接标题用简明的文字直截了当地表明广告的主要内容，明确点明主题，使人一看即知。直接标题具有直截了当、简单明了的优点，但它缺乏吸引力，只适用于内容简单、特点非常突出的商品广告。

【例文 10-1】

田七牙膏广告

田七牙膏，洁齿护齿好。

【例文 10-2】

方便面广告

康师傅红烧牛肉面，好吃看得见。

【简析】

上述两例广告标题都是直接传播广告信息，将产品的主要情况、产品效用直截了当地告诉消费者。

(2)间接标题。间接标题不直接点明广告主题，而是用耐人寻味的词句作标题，以诱人阅读正文或观看广告图片。这类标题富有情趣，以引人注目、诱人产生兴趣为主要目的，因而多运用比喻、比拟等修辞手法，采用常用语或富有哲理性的文字语言，多用于正文内容丰富，介绍信息较详尽的商品广告。

【例文 10-3】

美国眼镜广告

眼睛是灵魂的窗户，为了保护您的灵魂，请给窗户安上玻璃吧！

【简析】

这则标题没有直接说出广告的商品，但已用暗喻的手法间接地强调了眼睛的重要性，提醒人们去保护它，显示了对人们切身利益的关心，因而使消费者乐于接受这样的诱导。

【例文 10-4】

化妆品广告

把闪烁的星星揉碎，溶入绚烂的晚霞之中。

【简析】

该标题充满诗情画意，具有一种梦幻般的意境。但只看标题，读者会觉得费解，于是，他们只能从正文中去寻找答案。读了正文后方才领悟到这是一则化妆品广告，而广告标题产生的浪漫意境已留存于读者心中。

(3)复合标题。复合标题就是把直接标题和间接标题组合起来，各取所长，既富有情趣性，又简单明了。这类广告标题常于前两种标题不易表达广告内容时使用。

一则广告标题通常包括引题、正题和副题。引题主要用来交代背景，衬托主题，或点明广告的意义；正题主要表明广告主题，传递广告主要信息；副题则说明产品的名称、型号、性能等，主要对正题作进一步的引申或补充说明。复合标题可以由引题和正题组成，也可由正题和副题组成，还可以是引题、正题、副题三者兼备。

【例文 10-5】

春兰集团空调广告标题

引题　微不足道的一声，足以影响“春兰”所创造的宁静

正题　春兰集团隆重推出新一代宁静空调

【简析】

本例由引题和正题组成，引题点明“春兰宁静空调”的意境；正题传递出了“春兰新款宁静空调”的有关信息。

【例文 10-6】

四通文字处理机的广告标题

主题　小到一颗螺丝钉

副题　四通的服务无微不至

【简析】

本例的主题采用间接标题，运用了“比”的修辞手段，是虚写；副题则采用直接标题，道出了广告所宣传的产品，是实写。以小小的螺丝钉做文章，让消费者联想到四通的产品质量过硬、服务周到，小到一颗螺丝钉都毫不马虎，关键部位就更不用说了。通过间接标题的诱导、直接标题的点明，消费者从形象思维过渡到产品本身，由此加深了对产品的印象。

【例文 10-7】

香皂广告标题

引题　美丽离不开水和肥皂

正题　蜂花液体香皂

副题　使你头发根根柔软 令你肌肤寸寸滑嫩

【简析】

本例的引题交代广告信息背景或意义，指出美丽与水和肥皂的关系，由此引出正题；正题传递了香皂的有关信息；副题则对主题内容作了补充，说明了产品的性能。

3. 广告标题的写作方法

为使广告标题更加醒目、引人注目，标题的创作可采用多种多样的写法，常见的有：

(1)新闻式标题。即直截了当地告诉消费者新近发生的某一事实，在写法上类似报纸上的新闻标题。这种新闻式标题多用于介绍最新产品、最新业务、最新营业活动，以及技术革新、服务改进等方面的内容。

【例文 10-8】

手机广告

能看电影的商务手机。

【简析】

这则标题是关于手机功能的新信息，也是新闻，让人眼睛为之一亮。

(2)宣告式标题。即如实地将广告正文的要点或与本广告正文有关的事实直接告知消费者，使人一目了然。这类广告标题比较严肃、庄重，多用于产品和服务项目的介绍。

【例文 10-9】

计算机办公系统广告

以最简单的操作，完成最复杂的工作。

【简析】

这则标题广告无疑对文秘工作人员，特别是对计算机语言了解甚少的人有极大的吸引力。

(3)祈使式标题。即用劝勉、叮咛、祈求、希望等口气敦促消费者采取购买行动。这类标题在写作时，应尽量表达得客气和婉转，否则消费者会产生反感。

【例文 10-10】

化妆品广告

让母亲重温年轻的梦。

【简析】

这则广告标题抓住了那些已告别青春，但又力图挽留青春的妇女的心理，含蓄地表达了该化妆品使用后的效果，同时表达了“让母亲重温年轻的梦”的美好愿望，使每个爱美的母亲都为之动情，达到促销产品的广告效果。

(4)颂扬式标题。即以赞叹的口气直接颂扬广告商品的特殊优点和名贵之处。这类标题容易见效，也容易让人反感，关键在于实事求是，忌夸大其词。

【例文 10-11】

雪碧汽水广告

晶晶亮，透心凉。

【简析】

这则广告标题以形体感极为强烈的用词，让人在视觉、感觉上都产生玉澈冰肌之感，直接体验到饮用该产品的舒适。

(5)号召式标题。即用带有鼓动性的词句作标题以鼓动消费者使用某产品或服务。这类标题在写作时，要求文字有力量，能起暗示作用，易于记忆，使消费者易受鼓动，在措辞上要求委婉，不能直露，以回避一般人不愿受他人支配的心理。

【例文 10-12】

松下电子按摩椅广告

只要你有时间坐下，我们就能给你健康！

【简析】

这则广告标题没有直接道出产品的性能，而是以健康许诺于人，既有关怀又有悬念，引你行动。

(6)提问式标题。即通过提出问题来引起消费者关注，引发兴趣，启发思考，产生共鸣，从而加深对标题的印象。这类标题要抓住要害，所提问题必须是公众密切注意，十分关心的。问题的提出要巧妙，要能打动人，并促使消费者思考。

【例文 10-13】

凤凰系列香波广告

想想今天的和昨天的洗发感觉有何不同？

【简析】

这则广告标题站在消费者的位置上，提出“为什么”的问题，促使消费者在购买时进行分析思量。

(7)悬念式标题。即为吸引消费者关注，故意制造出一些悬念和疑点，使消费者由惊讶而猜想，进而阅读广告正文。这类标题在设置悬念时要巧妙恰当，要与广告宣传的产品或服务的特性吻合，使读者阅读正文后，能解开疑团。

【例文 10-14】

法国轿车广告

你可能不相信，三个轮子的轿车也能跑。

【简析】

看到这则广告的标题，人们会产生这样的疑问：三个轮子的轿车能跑吗？这是怎么样的轿车？有了这个疑问，人们就会去看正文，看完正文就会明白轿车的安全性能。这则广告妙在只突出了轿车的这种近乎夸张到不可能的特性，充分调动了顾客的好奇心理。

(8)比较式标题。即通过对比，突出产品的优点。这类标题用于产品本身前后的对比，或者不同类事物的比较，效果较好。使用这类标题时，不能直接指名对比，这是《广告法》明令禁止的，只能泛比，不能贬低其他商品或服务。

【例文 10-15】

美国丽明顿刮胡刀片广告

从前每片刮 10 人，此后刮 13 人，如今可刮 200 人。

【简析】

本例的广告标题用一系列数字的对比，将丽明顿刮胡刀片质量不断提高，技术上的更新和改造鲜明地突现了出来。

(9)歌谚警语式标题。即借用或改用古今诗句、谣谚警策、成语典故的语言形式作为广告标题。这类广告标题具有简洁凝练、生动传神的效果。但要注意应选用那些著名、通俗、传神、贴切的语句，避免使用生僻的语言和典故，更不能生搬硬套、不伦不类。

【例文 10-16】

美加净生发灵广告

聪明不必绝顶。

【简析】

本例的广告标题巧用成语“聪明绝顶”，形象地表达了该产品的性能，也给患者一个良好的祝愿。它妙在具有幽默感，给人留下深刻印象。

(二)广告标语的写作

1. 广告标语的概念及其作用

广告标语又称广告口号或广告警句，是广告者从长远销售利益出发，在一定时期内反复使用的特定宣传用语。

广告标语具有特殊的作用，它能加深消费者对企业的经营特征、商品或劳务的独特优良个性的理解与记忆，以形成固定的良好印象，产生持续性购买。因此，广告标语成为消费者识别企业、商品的符号，是强调广告主题的“语言标志”。一些经久不衰的广告标语被企业视作无形的财富，世代相传。例如，在美国，可口可乐的广告标语：“请喝可口可乐吧”，使用了近半个世纪，至今不改。在我国，越来越多的企业认识到广告标语的重要性，为求得一句妙语，不惜花费巨资。

2. 广告标语与广告标题的区别

由于广告标语与广告标题在写作方法、表现形式等方面都有相似或相同之处，所以广告标语与广告标题容易混淆。其实，广告标语与广告标题还是有明显区别的，这主要表现在：

(1)目的不同。广告标语是为了帮助消费者形成某种观念，以指导消费，是企业广告的标志，并且，它可以离开正文单独存在；而广告标题则是引导消费者注意并阅读广告正文，它与正文紧密联系。

(2)时效不同。广告标语寿命较长，能长期反复使用，甚至与商品的商标与企业名称相伴始终；而广告标题是一则广告一个标题，伴随该广告而使用或停止，使用期相对较短。例如，上海申花企业集团于1993年5月东亚运动会在沪开幕之际，先后在《文汇报》上刊登了七篇系列广告，标题分别为“我们在等待……”、“我们共铭记……”、“25万用户的见证!”、“有一壶水奉献一壶水”，但广告标语用的都是“领先一步，中国申花”。

(3)语言构成不同。广告标语注重音韵，朗朗上口，以便于记忆，是意思完整的一句话，一般在10字以内，写作难度要比广告标题大得多，而广告标题主要是概括主题，引导消费者阅读正文，在文字上不苛求音韵，意思可以是完整的，也可以是半句话，甚至一个词组或一个词。例如，风华女士精工表的广告标题“最女人的表”就是一个词组，而不是一句完整无缺的话。而“今年二十，明年十八”(白丽美容香皂)则是广告标语，它是一句完整的话，并且提示了商品的性能特点。

(4)使用不同。广告标题一般只用于印刷类广告；而广告标语还可用于广播、电视等广告。

(5)在广告中的位置不同。广告标题的位置比较固定，往往在广告作品最醒目的地方，与图片、插图有机结合；而广告标语的位置没有特殊的限制，可以放在正文之前代替标题，也可放在正文结尾，比较灵活、多变。

3. 广告标语的种类

广告标语的种类很多，按照内容和心理效应可分为赞扬式、号召式、情感式、标题式、综合式等标语。

(1)赞扬式标语。即运用直接陈述的方法，强调商品或劳务的特征、优点，从而使消费者容易鉴别和牢记其突出的优点。

【例文10-17】

田七牙膏广告

田七牙膏，洁齿护齿好。

【简析】

这则广告标语强调了产品的特点——洁齿护齿，虽然语言通俗，但利于记忆。

(2)号召式标语。即运用鼓动性词句，直接动员消费者购买广告的商品。

【例文 10-18】

春兰牌空调广告

只要您拥有春兰空调，春天将永远陪伴着您。

【简析】

这则广告标语极富鼓动性，只要你拥有了春兰空调，春意将一年四季都将陪伴着你，有谁能抗拒这诱惑呢?

(3)情感式标语。即使用幽默风趣、充满人情味、引人联想的词句来显示商品的优点，从而使消费者在轻松的微笑中不自觉地接受了宣传。

【例文 10-19】

飞利浦电须刀广告

孩子孝，爸爸笑。

【简析】

这则广告标语语言简洁和谐，富有人情味，它鼓动有“孝心”的孩子都让“爸爸笑”。

(4)标题式标语。这种广告标语放在标题位置，一身而兼二任，起到代替广告标题的作用。

【例文 10-20】

亚米茄手表广告

欢乐盛事亚米茄。

【简析】

这则广告标语就放在了广告顶端，没有再写标题。

(5)综合式标语。综合上述各种形式，融合为一。

【例文 10-21】

神州牌热水器广告

款款“神州”，领先潮流，随心所“浴”，现代享受。

【简析】

这则广告标语既传达了产品的性能，又体现了人情味和号召力，并且读起来朗朗上口，极富韵律感。

4. 广告标语的主题分类

广告标语的主题没有固定的模式，可以充分发挥想象力。为了便于广大初学者更好地学习掌握，下面举例说明：

(1)以商品的便利性为主，不加商品或公司名称。

【例文 10-22】

美国联合航空公司广告

乘美国航空公司的班机，到处都是好天气。

【简析】

坐飞机的人都希望拥有好天气，旅途顺利愉快。而空难的发生十有八九是因为天气不好。这则广告标语抓住并渲染了人们渴望吉利的主题，使乘客得到心理的寄托。

(2)以商品的特点为主，不加商品或公司名称。

【例文 10-23】

饼干广告

胖子一样有口福。

【简析】

这则广告标语妙在抓住现代顾客注重形体美的心理特点，表面上是替胖子着想，实则是暗示该产品不会对体形产生任何有害的影响。

(3)以商品的便利性为主，加进商品或公司名称。

【例文 10-24】

双桥牌味精广告

家有双桥味精，米都多放一斤。

【简析】

有时无技巧反倒是一种技巧，让人一看，开怀释然。

(4)以商品的特点为主，加进商品或公司名称。

【例文 10-25】

康师傅方便面广告

康师傅方便面，好吃看得见。

【简析】

这则广告标语很质朴，口语化，易于流行，广告效果好。

(5)以一般生活趣味为主题。

【例文 10-26】

美国橘子广告

名牌不能在树梢上生长。

【简析】

这则广告标语巧设悬念，既然名牌不能在树梢上生长，那它在哪儿生长呢？在服务质量上？幽默生动，寓意深远。

(6)在主题里加进新闻性。

【例文 10-27】

英国 555 牌香烟广告

禁止抽各种香烟，连 555 牌香烟也不例外。

【简析】

这则广告标语给人一种此烟非同一般香烟的感觉，以“禁止”的语气，表达了 555 牌香烟质量的优良，对人的身体危害最轻的语意。

(7)以诉求大众情感为主题。

【例文 10-28】

四通打字机广告

输入千言万语，奏出一片深情。

【简析】

这则广告标语语言准确扼要、鲜明生动地将产品性能表达出来，“千言万语”与“一片深情”相对相衬，从而使其极富感染力。

(8)以要求大众行动为主题。

【例文 10-29】

房产广告

房子加上爱，就成一个家。

【简析】

这则广告标语极富哲理，蕴意深刻。它引人深思，令人向往，表达了人们“我想有个家”的愿望，给人留下深刻印象，增强了客户购买该公司房产的欲望。

总之，广告标语的撰写要求与广告标题的拟写基本相同，但广告标语的鼓动性更强，因此，撰写时要突出特点、有亲切感、押韵动听、简单易记。

(三)广告正文的写作

1. 广告正文的格式

在广告中，除标题、标语、随文之外的其他说明文字，就是广告正文。广告正文是广告文案的中心部分，是广告主题的集中体现，是传达商品或劳务信息的重点所在。

广告正文主要起着宣传产品或劳务，树立企业和产品形象，推动消费者采取购买行动的作用。

广告正文通常由开头、中心、结尾组成。

(1)开头。开头又称引言、开端。一般承标题而来，对标题所提的商品、劳务或事实问题进行简明扼要的解释和证明，并引出下文。

【例文 10-30】

SuZuki 汽车广告正文的开头

生活总是由您自己来主宰，或兴奋激越，或平淡无奇。自己与困扰之界线简单如汽车的两轮。驾上 Suzuki，您就可以冲破烦恼。

【简析】

该广告正文的开头简明清楚，起到了连接标题和正文主体的作用，因而能持续吸引消费者。

广告引言的方式多种多样，除了开门见山、直奔主题式以外，也可略作提示，揭示广告的主要内容；也可交代广告的目的或动机；还可从释疑入手等。总之，开头方式并非千篇一律，可灵活多样，只要能起到承上启下的作用就行。要注意的是：开头要直截了当、简洁明了、具体实在，不要空发议论，或作不必要的解释。

(2)中心。中心又称正文主体，是正文的核心部分。中心是对开头的阐述和证明，用关键性、有说服力的事实来介绍、说明广告的标题，阐述广告主题或提供产品论据。

【例文 10-31】

Canco 牌一次性牛奶容器广告正文的中心

做妈妈的忙得不可开交。因为她要在短短的半小时内让孩子吃饱后去上学，还要侍候丈夫去上班，繁华路口的交通警察紧张起来也不过如此。那么就这时候，Canco 牌一次性牛奶容器就可以帮您大忙了。

这一方便的现代化容器质轻，呈四方形，能像水壶一样把牛奶倾倒出来。即使是小孩也能很方便地用它饮用牛奶，而不至于泼洒。

这种容器还易于开启，手指轻轻一按就可盖严，确保牛奶不会与其他食品串味，从而免去牛奶中产生怪味的麻烦。

不仅在早餐时间，而且在整整一天的时间内，Canco 牌一次性牛奶容器省掉了你许多家务。它外形坚固，便于存放——实际上是使你本来就放得满满的冰箱增加了储存空间。容器一次性使用，用毕即弃，无洗涤之劳。

【简析】

这篇广告正文的主体部分指出了一次性牛奶容器的许多优点，从质轻、方便、易于开启、保鲜、省时省力到节约空间等，每一个优点都增强了广告的说服力。中心段的写法多种多样，可以纵写，按事物发展的先后来写，有头有尾，始末清楚；也可以横写，按事物的逻辑联系，分若干个问题或几个侧面来写，有点有面，层次分明。总之，中心不管怎样写，都要做到观点与材料相一致，有条有理，切忌杂乱无章，空发议论。

(3)结尾。即正文的结束部分。一般是为便利消费者或用户迅速付诸行动而作的服务方面的种种说明，告诉消费者该广告所宣传的商品如何购买，如购买的时间、地点、价格、方法、质量或服务保证等。有的广告在末尾还附注有厂名、厂址、电话、联系人等。另外，结尾可以直接或委婉、含蓄地提出建议或总结，敦促消费者及时采取购买行动。

【例文 10-32】

美国福特汽车的广告结尾

我们相信，消费者是明智的，你一定明白“钻石和玻璃珠岂可相提并论”的道理，我们尊重您的判断和选择。

【简析】

这则广告的结尾没有像一般广告那样正面直接地动员消费者采取购买行动，而是委婉含蓄地提出建议，让消费者自己进行明智选择，这样宣传反而更能打动说服消费者。

结尾也可以只提自己的优点，而不涉及购买或接受服务的问题。

【例文 10-33】

某歌舞厅广告结尾

也许，在这样的歌舞厅中，你的生活也会变得多几许滋味。何况，那里的门票并不贵，每月去个一两次，你我这样的“上班族”还都负担得起。

【简析】

这则广告的结尾没有谈及如何购买等方面的情况，而是向消费者宣传了歌舞厅的优点及长处，这样结尾颇具感召力。

总之，结尾不一定写得很长，该短则短，有时也可用标语代替。

2. 广告正文写作的要求

(1)重点要突出。写作正文时一定要把广告的主题、主要诉求点突现出来。一则广告最好只有一个主题，避免面面俱到，头绪纷呈，以免影响广告效果。

(2)简明易懂。广告正文要写得简明扼要、通俗易懂、具体明白，切忌拖沓晦涩。一般日常生活用品和已享有盛誉的商品，其商品性能是众所周知的，宜简短；新产品、高档消费品及生产资料，为便于消费者了解，宜详细。另外，正文的长短还要考虑广告媒体的特点，用于报刊的印刷广告可详细具体；而广播、电视广告、户外广告则要简短，尽量口语化，避免使用空洞抽象的词句。

(3)生动有趣。广告正文要生动形象，有文采，具有趣味性和人情味，使消费者感到亲切，乐于接受。

(4)有号召力。广告正文要有鼓动性，能令人信服。常用的办法是引用权威人士、社会名流、消费者的评价和推荐，或利用权威部门颁发的证书、称号、奖状及鉴定结论来证明，这种证明比自称“质地优良，工艺精湛”等更有说服力。

3. 广告正文的种类

广告正文根据其体裁、风格、表现手法等不同，可分成若干种类，常见的有以下几种：

(1)简介型广告正文，又称叙述型广告正文，即用简明扼要的文字交代事物发展变化过程。这类广告正文多用于商品制作工艺、生产过程和企业发展历程的概说。

【例文 10-34】

Toshiba 复印机广告正文

隆重推出有史以来第一台涡轮启动式复印机——新型 Toshiba 2230 Turbo。在精秀的机壳下，是一套业经授予专利的先进复印系统。

拥有它，你 1 分钟能复印 22 份材料。如果按下涡轮键，则 1 分钟可复印 30 份，现在你可以提高工作效率 40%，同时节约 33%的增色剂。更具创新精神的是，我们并没有因为增加涡轮启动而提高价格。如需要安排免费的示范表演，只需拨 1～800～转 Toshiba。

【简析】

这则简介型广告以几个强有力的数字，简明扼要、直截了当地指出这种新式复印机的优势所在，使消费者一看便产生兴趣。

写作简介型广告正文，一定要注意平铺直叙、语言精练、突出重点，只需将最具特色的或读者最想了解的信息传达出来，切忌面面俱到，事无巨细。

(2)新闻型广告正文，又称报道型广告正文，即采用新闻的笔法或格式对新近发生的有关商品或企业情况的事实进行简要的报道。

【例文 10-35】

春兰空调广告正文

1994 年 8 月，春兰空调率先通过由国际标准化组织颁布的 ISO9001 国际标准认证。

ISO9001 系列标准由国际标准化组织颁布，目前已被 50 多个国家和地区所采用，被誉为企业进入国际市场的“通行证”。ISO9001 型系列标准分为四个标准：ISO9001 标准～ISO9004 标准。其中，ISO9001 系列标准规定了从产品设计到售后服务的质量保证体系要求，是最为全面的标准。

1995年新春伊始，又传佳音：全国48家商场联袂推举公认，《消费时报》第十次产品质量商场评价揭晓：春兰系列空调再次荣登空调产品榜首。

春兰人感谢广大消费者的信任与厚爱，在新的一年中，将再接再厉，为用户提供更加精良的服务。

【简析】

这则新闻型广告采用类似新闻的写法对春兰空调通过国际标准化组织颁布的ISO9001国际标准认证的情况进行了简要的报道，突出了新闻价值，比一般广告更具有征服人心的魅力。

(3)议论型广告正文，又称论说型广告正文，即充分发挥论据、评论和推理来宣传产品的质量、功效、特点和长处，使消费者对产品产生信任感。这类文字要严谨，针对性强，多采用肯定句式，正面说明。

【例文10-36】

上海大众汽车维修服务广告正文

虽说是万水千山只等闲，但毕竟征途坎坷，即使具备钢筋铁骨，若不随时保养，也会因此而损伤元气。

对您的上海桑塔纳而言，有些基本的保养工作需时时留心，处处在意。遇到问题时，你应该去上海大众汽车特约维修站，在那里你会得到像朋友一样的接待。更重要的是，由于轿车的保养维修是一项非常特殊的工作，而那里的保养维修技师，都受过上海大众严格而专业的培训，具有高超的技术和丰富的经验；加上在任何一家上海大众汽车特约维修站，都有上海大众提供的原产纯正零配件，你得到的当然是百分之百的放心。

驾驶着上海桑塔纳，你可以安心走遍全中国，而没有后顾之忧。

【简析】

这则议论型广告正文很有说服力，它通过上海大众特约维修站的保养维修工作能让你的汽车没有后顾之忧的事实，有力地宣传了企业优秀的服务质量，从而使消费者对企业产生好感，达到广告的预期效果。

(4)描写型广告正文，又称描述型广告正文，即着重对商品或劳务进行绘声绘色的描绘和渲染，以生动鲜明的形象，给人留下深刻的印象。

【例文10-37】

一则菲律宾旅游广告正文

美丽的白色沙滩，沐浴在金色的阳光里……恣情嬉戏，尽情享受……美妙的风景，激动人心的奇观……世界一流的设施，高效的服务。不仅这些，最令人神往的是，你能享受到菲律宾带给你的独有的温暖、热情与舒适。

【简析】

看完这则描写型广告，你会不由自主地对美丽的菲律宾心驰神往。

(5)幽默型广告正文，即用生动风趣的笔法与诙谐幽默的语言，轻松俏皮地宣传商品和劳务。用词含蓄、活泼、逗趣，但回味无穷、令人深思，能刺激消费者购买的欲望。一般此类广告只适合中低档商品，而且使用寿命短，大多用一两次就不新鲜了。

【例文 10-38】

美国福特汽车广告正文

将这页广告一撕两半，你会听到噪音，但这比一辆 71 年静悄悄的福特轿车，以每小时 40 英里速度前进时，你在车中听到的分贝要高。

测音器可以证明这一点。LTO 型轿车时速 40 英里的噪音测定为 64 分贝，撕报纸的噪音却为 74 分贝。

【简析】

这则幽默型广告摆脱了单调，清除了枯燥，给消费者带来了信息，也给人一种趣味盎然的感觉，它将福特轿车噪音低的优点很好地突现出来，能够诱发人们对轿车的购买欲。

(6)提问型广告正文，又称问答型广告正文，即通过一问一答，或只问不答的方式来表述广告内容。它具有针对性强、叙述清楚、富有人情味和真实感强等特点，适合于介绍和解释一些知识性、技术性较强或容易让人生疑的商品或劳务。当然写作这类广告正文时，不能只作机械性的描述，否则会使人感到乏味。

【例文 10-39】

某电子琴广告正文

女孩：阿姨，这是什么琴呀？声音真好听。

阿姨：好听吗？这叫电子琴。

女孩：电子琴，是谁做的？

阿姨：这呀，是武汉电视机厂的叔叔阿姨们做的，叫莺歌牌全复音电子琴。

女孩：阿姨，这上面一条条的是什么？

阿姨：这是琴键，你看，一共有 49 个键，好听的歌就从这里弹出来的。

女孩：啊，原来这样！我能学会弹电子琴吗？

阿姨：能，好多小朋友都学会了。

女孩：我让妈妈买一部莺歌牌电子琴，阿姨教我弹，好吗？

阿姨：好的。

【简析】

这则提问型广告较好地通过女孩与阿姨的问答式对话，介绍了电子琴的生产厂家及质量好等有关信息内容，这则广告显得既真切又自然。

(7)引论型广告正文，又称证书型、证明型广告正文，即为证明广告内容真实确切、所许诺言都能兑现，特引证有关权威的鉴定评论，该产品的荣誉称号、获奖情况或各界知名人士、典型用户的见证和推荐或消费者的反馈等。如写得巧妙，能使人深信不疑，有很强的说服力。

【例文 10-40】

上海牙膏厂美加净假牙清洁液广告正文

如何保持假牙的洁净，是使装戴假牙的人深感烦恼的问题，特别是一些有烟、茶嗜好的人，他们的假牙积污和着色尤为严重，有碍口腔卫生和外表美观。

为了提供有效的假牙保洁方法，上海牙膏厂在上海市纺织局第一职工医院口腔科、上海市普陀区眼牙病防治所的协助下，对假牙积污原因作了初步调查分析，并对这个厂研制的美加净假牙清洁液进行了临床观察和效果评定。

调查分析结果表明：吸烟、饮茶以及没有养成假牙保洁习惯是假牙致污的重要因素，尤其是吸烟致污作用更为明显。临床观察结果证明：不洁假牙经过美加净假牙清洁液浸泡 4～10 小时，去污除垢优良率达到 94%，具有明显的实用价值。

【简析】

这则引论型广告就用了确凿的事实论据及鲜明的结论来揭示美加净假牙清洁液的功能，富有逻辑性，令人信服。

(8)对话型广告正文，即由两个或两个以上的不同人物，以谈话的方式来介绍产品或服务的有关信息，这种形式比较直接活泼，显得亲切自然，可以避免消费者对广告的逆反心理，常用于广播、电视广告。

【例文 10-41】

"PVC 塑胶砖"广告正文

女：哎呀！老张，你家的屋子装修得好漂亮啊！真是满屋生辉啊！

男：那还用说吗？我用的是 PVC 塑胶砖。

女：什么？PVC 塑胶砖？

男：对呀，这玩意美观大方，防腐、防滑、防燃烧，不怕磕磕碰碰，铺地好，贴墙妙，镶天棚也中啊！而且施工特别方便。

女：那价钱一定很贵吧？

男：不贵，不贵。一间屋子光铺地面，花上三百多元也就够了。

女：哪产的？

男：中外合资——沈阳天龙建筑装饰材料有限公司啊。

女：那现在能买到吗？

男：我刚与公司总经理徐荣武通过电话，他说现在有现货。

女：那我马上就去。

男：对，马上就得去。

【简析】

这则对话型广告通过男女对话交代了产品有关的信息，并且听起来轻松自然，具有强烈的诱导力。

(9)诗歌型广告正文，即运用诗歌的样式来传递商品信息、劳务信息等广告内容，但要求不像文艺类诗词那样严格，只要字句排列整齐，内容概括，朗朗上口就行。这种广告正文形式能增强读者的阅读兴趣，给人以独特的音乐美，易赢得消费者的好感。

诗歌型广告正文又可分为抒情诗型、叙事诗型、格律诗型、散文诗型、民歌型、顺口溜型等许多种。

第一，抒情诗型广告正文，即以优美、抒情的语言来塑造出鲜明的广告形象，使消费者心动，从而激发其购买欲望。

【例文 10-42】

新加坡航空公司的广告正文

她将一缕温馨的柔情带给全世界，
和蔼的空中服务员
身着一袭纱笼裙，
当她和您相逢，
一绽迷人笑容，
一缕温馨的柔情。
晴空万里，朵朵白云，
你们相逢在舒适的
747B、707 或 737
波音机群上，
她将以最殷勤的方式招待您。
我们的女郎，
是新加坡航空公司的灵魂。

【简析】

贯穿这篇广告正文的始终是一个“情”字，它以优秀的文辞，把人们带入了一个温馨的世界，人非草木，孰能无情，人们对感情有强烈的需求，又时时受感情的召唤，此则广告以情动人，大大增强了广告的诱导作用。

第二，叙事诗型广告正文，即用诗的形式来叙事和描写人物形象，注重对商品的形态、色彩、工艺等特征进行生动的描述，给人以鲜明具体的广告形象，使人如临其境，如见其物，从而获得良好的宣传效果。

【例文 10-43】

西门子公司为 150 周年庆贺活动所写的广告正文

150 周年的历史，150 周年的辉煌。
岁月悠悠，西门子这个名字，
曾为多少人向往。
在我们庆贺这 150 岁生日的时候，
我们再次想起了他们：
——我们的前辈
那些 40 年代西门子的老雇员们；
——我们的老用户
那些最早接受了西门子的知音们；
曾为中国人民带来欢乐的功臣们。
我们希望找到他们——
听听他们的感受，
理解西门子的含义。
我们想把那些老产品请回来，
让历史延续……
我们请求您的帮助！
帮助我们完成这一寻找：
或许您的祖父曾是西门子雇员，
或许您的邻居仍保存着他们的
第一台收音机，
或许……
请将您的发现及时通知我们，
与我们一起保存即逝的过去，
这将是您对公司 150 岁生日
最丰厚的献礼。
为此，我们——
以西门子的名义，
感谢您！

【简析】

这则叙事诗型广告从过去说到现在，抒发了对顾客的殷殷真情，于叙事和抒情中，宣传了企业形象。

第三，格律诗型广告正文，即按照唐代沿袭的近体诗的格律格式而写成的广告诗。格律诗广告正文在押韵和平仄方面要求较严格，并讲究字、句的锤炼。

【例文 10-44】

汾酒的七绝广告诗

其一

杏花汾酒远驰名，冽润甘芳品格清。
应起太白来一醉，好诗千首唤人醒。

其二

将军跑马触神泉，美酒喷香勇士喧。
一饮三呼摧敌阵，凯歌高唱满汾川。

其三

贪杯莫诬醉八仙，浪迹红尘颠倒颠。
科学养生适量饮，为民服务可延年。

其四

巧把琼浆装玉瓶，五洲四海播清芬。
争誉不只家邦美，万国联欢也托君。

【简析】

这是由当代著名老诗人冈夫为汾阳杏花村生产的汾酒写的一组七绝广告诗，它用独特的诗歌体将汾阳杏花村汾酒的历史、品质、影响，及厂家对消费者莫贪杯的忠告和盘托出，全诗说古道今，把杏花村汾酒的质量赞颂得淋漓尽致，读之韵味浓厚，情趣盎然，有利于加强消费者印象。

第四，散文诗型广告正文，即用散文的形式、富有诗的语言和节奏来宣传商品或劳务信息而作的广告。它兼有散文和诗歌的两重特点，并融为一体而不露痕迹。它结构灵活、篇幅不长、富有意境。

【例文 10-45】

蒙古民族乐器马头琴的广告正文

马头琴是表现力很强的弓擦弦乐，既可伴奏又可独奏，也适于自拉自唱。音域宽广、音色深沉，浑厚的马头琴声，如泣如诉，特别善于表达忧伤、哀怨的情感，让人闻声落泪。它还富有浓厚的草原生活气息，舒缓的节奏展现了辽阔无垠的草原上那安静的蒙古包和移动的羊群；激越的旋律犹如暴风骤雨、万马奔腾；明快响亮的乐章使人想到风和日丽溪水旁，挤奶姑娘正与剽悍的驯手悄悄细语。古老的马头琴伴随蒙古族的游牧生活，走过千余年的历程，已经与蒙古族的生活密不可分。难怪有人说：对于蒙古的描述，一首马头琴的旋律，远比画家的色彩和诗人的诗句更加传神。这并不夸大的评语，是对马头琴的赞美。

【简析】

这则散文诗型广告勾勒出了一幅淡淡的蒙古草原的画面，活脱出一种轻灵的意境来，在这些蕴涵深意的、富有节奏的词语中，使消费者对马头琴产生了深沉的爱。

第五，民歌型广告正文，即以民歌的语言形式来表现广告信息。内容朴实清新，想象丰富，生动活泼，如叙家常，如道家珍，具有浓厚的生活气息；语言生动活泼，朗朗上口，好唱好记，浅显易懂。

【例文 10-46】

利肝隆冲剂广告正文

·妈妈去世整两年，
撇下爸爸孤零零。
恰逢孤女有情意，
爸爸欲恋则不能。

··为啥好景不成戏？
正逢乙肝活动期。
爸爸闷闷不言语，
女儿暗暗心中急。

∴开明女儿知父心，
日日打听处处寻。
终有一天捧药归，
良药驱散满天云。

∷药到病除真奇效，
身体康复合家笑。
鸳鸯成对人成双，
双双感谢“利肝隆”。

【简析】

这则民歌型广告内容朴实清新，很好地介绍了药品——利肝隆冲剂给父亲家庭生活带来了欢乐及幸福，语言通俗浅显，朗朗上口，具有浓厚的生活气息。

第六，顺口溜型广告正文，即采用民间流传的口头韵文形式来表现广告内容，字句齐整，押韵自然，平易浅近，不事雕饰，纯用口语，念起来顺口易记。

【例文 10-47】

大连商业大厦一则广告正文

六一节，来到了，
中兴大厦真热闹。
骑着童车逛中兴，
问声叔叔阿姨好。
这边电子琴比赛，
那边孙猴把手招。
小模特们多神气，
各种童车随你挑，
背首儿歌能得奖，
快到中兴来夺标。

【简析】

这则顺口溜型广告针对了少年儿童的特点，把“趣味性”、“记诵性”和“浅易性”糅合在一起，语言浅显易记，能引起少年儿童的极大兴趣。

(10)戏剧型广告正文，即运用我国传统的戏剧表演形式来表现广告内容。它借助戏剧中文学、音乐、美术、舞蹈、动作和表演等各种艺术手段，给人以新颖别致、风趣幽默的感觉，使人对产品留下深刻印象，适合于广播、电视广告。

【例文 10-48】

成都彭县羊羔美酒广告正文

(京剧探子上场锣鼓)

探马：报——启禀丞相，司马懿十万大军离西城四十里安营扎寨。

诸葛亮：再探——

哎呀，想我西城乃是一座空城，这便如何是好，噢噢噢有了，想我诸葛亮一生从不弄险，唯有设下空城之计，方可骗过司马懿来——

老军：丞相有何吩咐？

诸葛亮：命尔等速备琴棋设于城楼之上。

诸葛亮：慢，再取羊羔美酒，摆设西城之外，准备犒赏司马大军。

老军：这种羊羔美酒哪儿弄去呀？

诸葛亮：老夫听说成都彭县羊羔美酒厂，已经酿制出这一传统美酒。前日，老夫已命人采购回来，后营搬取。

老军：是，后营搬取成都彭县羊羔美酒啊！

（一段京剧锣鼓）

【简析】

这则戏剧型广告用京剧的念白把有关商品信息介绍出来，既吸引人，又充满了趣味。

(11)相声型广告正文，即运用相声的艺术表演形式来表现广告内容。采用这种方式宣传商品，可以使人在轻松、愉快的气氛中接受广告信息。

【例文 10-49】

"嘉陵牌"摩托车电视相声广告

唐杰忠：老马，您在等谁呀？

马季：我的那个"嘉陵"。

唐杰忠：嘉陵是您的"爱人"呀？

马季：我太喜爱嘉陵了，它有许多优点，容貌长得盖世无双，绝代佳人，风度潇洒、帅气，平地走路像仙女腾云驾雾，爬坡就如嫦娥奔月，唱歌优美动听。与"嘉陵"结为"伴侣"太幸福了。追求嘉陵的小伙子太多了，连姑娘都在追求嘉陵哪！

唐杰忠：什么，姑娘们也向您"爱人"求爱?!

马季：什么呀？您瞧，它来了。

唐杰忠：呵！原来是"嘉陵牌摩托车"呵！

【简析】

这则相声体广告，构思新颖独特，语言俏皮幽默，紧紧扣住产品外形美观、性能可靠等特点，以拟人手法加以表现，并采用相声中"抖包袱"的方式，先造成一方误解，然后亮出底牌使人恍然大悟，达到引人入胜的目的。

(12)歌曲型广告正文，即是把广告稿写成歌词并谱上曲，然后用演唱的形式来进行广告宣传。它具有通俗易记、给人印象深刻等宣传效果。

【例文 10-50】

康巴斯石英钟的广告歌

生命如流水——不是水，生活如彩云——不是云，是什么？是什么连着你的心。——康巴斯，分分秒秒连着你的心。

【简析】

这则广告歌用抒情的笔调把富有哲理的歌词写出来，并通过优美动听的旋律来表现广告内容，艺术效果佳，使人听过不忘，印象长久。

(13)故事型广告正文，即是通过讲故事的形式来传播商品或劳务信息。它具有简单的故事人物和情节，人物是购买或使用某种商品的人，情节是购买或使用某种商品前后的一些矛盾、难题及解决的过程。故事型广告语言通俗活泼、富于变化、有传神感、具有生活情趣，给人以亲切感和趣味性。

【例文 10-51】

参参口服液广播广告正文

朋友，我给你讲个故事，在美丽的西子湖畔，有一对好夫妻，男的叫生晒参，体格健壮，是个东北大汉，女的叫西洋参，身体苗条，来自遥远的美国。那么是谁做的大媒，使这对国籍不同的夫妻和睦相处，心心相印呢？原来是杭州胡庆余堂制药厂的古一先生。后来他们生了孩子取名为参参，小参参吸取了父母的优点，而且爱打抱不平，很快成了人类健康的挚友，病魔的克星。

朋友，你听了我的故事，我相信您一定会喜欢这清火滋补的参参口服液的。

【简析】

这则故事型广告将产品用拟人的手法通过故事表现出来，无疑增加了产品的神秘感，使广告本身及产品更具有吸引力。

广告正文类型多种多样，除上述外，还有书信型、小品型等许多种，不一一列举。

（四）广告随文的写作

广告随文又称附告，是在正文之后的必要说明。广告随文包括广告单位的名称、地址、电话号码、开户银行、邮政编码、银行账号、购买手续等。附文要具体、明确，以保证信息的清晰度和实用性。在文案中，附文主要对消费者的购买起指南作用。

（五）广告文案写作的要求

广告类型不同，广告文案的写作要求也不同。但不论采用何种广告形式，首先，必须遵照 1994 年 10 月 27 日通过的《中华人民共和国广告法》第三条规定："广告应当真实、合法，符合社会主义精神文明建设的要求。"第七条规定："广告内容应当有利于人民的身心健康，促进商品和服务质量的提高，保护消费者的合法权益，遵守社会公德和职业道德，维护国家的尊严和利益"，不得"妨碍社会安定和危害人身、财产安全，损害社会、公共利益"，不得"妨碍社会公共秩序和违背社会良好风尚"，不得"含有淫秽、迷信、恐怖、暴力、丑恶的内容"等。这是广告文案写作的原则性要求。要真正写好一则广告文案，还必须遵守以下几点：

1. 内容要真实

真实是广告的生命，也是广告文案写作中应当注意的问题。任何虚假编造的广告最终都会失去广大消费者的信任，丧失其存在的价值。因此，广告文案的写作，必须坚持实事求是的原则，不言过其实、任意夸大或者含糊其辞，在介绍商品和劳务的特点和性能时，必须准确、明白，向消费者提供真实可靠的信息。《中华人民共和国广告法》也明确规定："广告不得含有虚假的内容，不得欺骗和误导消费者。"总之，广告的形式可以灵活多样，但无论采用哪种形式，都必须以实事求是为前提。

2. 目的要明确

广告文案的诉求要有明确的针对性，要根据不同消费者的消费心理特点来进行诉求，做到因地制宜、因人制宜，只有这样才能使广告具有说服力。如果广告文案不适应消费者的心理需要，就不会被人们所接受，广告也就难以发挥作用。因此，把握好广告的诉求对象，确定基本的诉求方向，是确保广告文案成功的首要问题。例如，同是介绍服装的广告文案，在内地农村就应宣传商品质地优良、价格便宜等；而在沿海开放城市，则要突出款式新颖、做工考究等。

3. 诉求重点要明确

创作广告文案时，必须从众多的宣传信息中选取最能体现商品、劳务的功用，最能突出表现商品、劳务特殊个性的"核心点"来作为诉求重点，只有这样，才能激发消费者的兴趣和关注，从而认牌购买。例如，"只要你按动快门，余下的一切由我来做"(柯达相机)，它的诉求重点就是强调了商品的简便特点；"手艺不到家没关系，只要比斯奎特面粉到了家"(比斯奎特面粉公司)，它的诉求重点就是突出了商品质量的优良。在确定诉求重点时，还必须注意商品是处在市场的引入期、成长期、成熟期还是饱和衰退期。在引入期、成长期，诉求重点应是商品的名称和性能；在商品的成熟期，诉求重点应是商品性能的改良和商标的信誉；在商品的饱和衰退期，诉求重点应是商品的新技术、新用途，以开辟更多的新市场。

4. 语言文字要有感染力

广告文案应运用文学创作的手法，充分运用各种修辞手法来增强文案的艺术情趣，只有富有感染力和吸引力的广告文案，才能给人留下深刻印象，才能达到预期的广告效果。因此，语言文字要富于文采，要生动、形象、准确、简明，既要通俗易懂，朗朗上口、易于记忆，又要活泼风趣、富有趣味性和人情味，避免使用抽象空洞之词以及没有个性特点的套话废话。例如，某电冰箱的广告："把'新鲜'直接拉出来"，巧妙地道出了电冰箱优秀的保鲜性能。不夸张、不煽动，却极富想象力，给人耳目一新之感。又如，《青年报》的广告："你读《青年报》如果没味道，请扔掉!"广告的字里行间既充满幽默，又透着自信，使人倍感亲切。

【例文 10-52】

微不足道的一声，足以影响“春兰”所创造的宁静

春兰集团 1995 年隆重推出新一代宁静空调

春兰空调是驰名中外的名牌产品。1994 年 5 月，率先通过由国际标准化组织颁布的 ISO9001 国际标准认证，从而保证了从产品设计到售后服务的质量体系符合国际化标准。在中国轻工总会 1995 年 3 月发布的全国“空调生产快报汇总表”中显示：1 至 2 月份全国累计销售空调约 50 万台，其中春兰空调销售约 21 万台。1995 年春兰集团又隆重推出新一代宁静空调。

新款宁静空调是在原有的基础上，不断摸索探求，经历上万次试验创出的新一代产品，在内部构造、管道安排以及零件加工工艺精度上都有所创新，大大降低了空调的噪音，为消费者带来了福音。

假如您购买的是一台春兰新款宁静空调，会发现她带给您不仅仅是四季如春的气息，她还令您多一份温馨与宁静……

【简析】

这是一则利用报纸作传媒的图文式广告。标题紧扣“宁静”二字，揭示了该产品独特的性能，与画面中的水滴形象构成一种耐人寻味的意境。正文部分通过理性诱导与情感诱导相结合的方法，先用叙述性的语言概括地介绍春兰空调品牌优势，再说明新款宁静空调的优点，最后借助抒情性的语言描绘其使用效果。三个段落浑然一体。

【例文 10-53】

现代住宅的新经典——××花园

××花园位于虹桥吴中路、虹许路要津，紧邻三星级宾馆天马大酒店，与虹桥高尔夫球场和古北豪宅名都城隔街相望。87、511、548、721、752、757、莘仙线等多条公交线穿梭左右，交通便利，四通八达。

●住××花园——您不用再爬楼梯

××花园处处体现以人为本的规划理念，符合未来市场的发展趋势。首期开发的 7 万余平方米 5～8 层公寓全部规划为一梯二户的电梯房，并特别选用国际公认的上佳住宅电梯——欧洲原装进口的迅达无故障豪华电梯，安全、舒适、耐用。在××花园，您一辈子免受爬楼梯之苦。

●住××花园——您不用为有车没处停而苦恼

随着经济的发展，汽车进入家庭将是必然趋势。××花园前瞻性地把泊车车位作为楼盘规划设计的主要技术指标，满足购房者长远的消费需求，使××花园在未来的住宅市场中有较大的保值潜力。小区辟建多处地下车库，确保每户都有一个汽车泊车车位。这在上海内销房市场中实属罕见。

●住××花园——您不必担心用电量不足

现代家庭家用电器林林总总，但经常困扰的是不能同时开启所有的电器，一不小心就要跳闸。××花园的开发商不惜多缴纳扩容费，硬是将每户用电配置增加到10千瓦。您可以同时享受所有家用电器带来的现代文明，而绝无用电超负荷之虑。

××花园市政环境优良，周边超市、商店、医院、影剧院、中小学校一应俱全，居家生活便利，加上一流的小区环境(16 000 m^2 的中央主题公园，60 000 m^2 的绿地面积)，一流的住宅品质，使得××花园成为沪上少有的一个跨世纪品质的经典社区。××花园与古北豪宅具有同样的品质，完全物超所值。寻常人住虹桥的梦想，在××花园得以实现。

银行提供七成15～20年公积金按揭组合贷款，内部认购期间优惠活动在即!

垂询电话：×××××××××、×××××××××、×××××××××

【简析】

这是一则商品房广告，标题中“现代”与“经典”并举，新颖别致。正文开头概括介绍其地理位置、交通条件，三言两语点出了××花园的优势，为随后的介绍作了铺垫。主体部分主要通过小标题方式从各个侧面说明入住××花园的种种实惠、实在，令人信服，也令人心动。结尾部分的交代，虽没有直接标明价格，却极具感召力。

【例文10-54】

奥迪的辩证法

对于一部轿车来说，排量小动力也一定小吗？能不能打破这种规则，尝试着证明另外一种情况，那就是：排放量与实际功率之间并不构成一个正比关系。

奥迪2001.8T回答了这个动力技术问题！这是因为奥迪的技术改变了一切！单杠五气阀，废气涡轮增压，燃油电喷技术的综合运用，使小排量、大功率从此梦想成真。

让我们来领略一下1.8升排量的普通发动机的杰出表现吧：

●功率105 KW。

●时速超过200公里，0～100公里加速时间需10.9秒。

●一流的变速性，在任何转速下均可快速加速。

●90公里/小时等速行驶时百公里油耗仅7.3升。

尤其值得一提的是：采用新技术的发动机扭矩输出范围极广，在1 750～4 600 r/min的转速范围始终保持最大扭矩值。使整车在几乎全部使用工作状况下都动力强劲，这是每一个驾车者都希望拥有的结果。

奥迪技术创新的视野里，世界就是进步和变化！

与奥迪结缘做时代先锋！

一汽贸易轿车销售有限公司销售热线电话：

0431—5908888

0431—5995555

【简析】

这则汽车广告采用间接性标题，将汽车动力技术的革新上升到哲学高度作抽象的表述，悬念强，耐人寻味。正文部分紧紧围绕奥迪2001.8T轿车在排量与功率之间的“大小”问题，通过科学技术革新原理及一系列实际表现数据的介绍，有力地证明了奥迪技术能让普通发动机创造奇迹的事实。标语“与奥迪结缘做时代先锋”，平实中显出非凡的气势，在情与理上做到了完美的统一。

【例文10-55】

联想昭阳——智慧型笔记本电脑

独特的会“说话”、能“听话”、可“手写”功能

超强的互换、扩展性(可同时内置两块硬盘、两块电池)

特有的三块PCMCIA插槽，USB接口，全内置一体化结构

mmx166，16m内存，2G/3G硬盘，10CD－ROM，12.1“TFT/13.3”TFT，TV－OUT

东芝技术，国外生产

赠送多种学习、管理软件

代理COMPAQ、IBM、恒升

联想电脑授权分销商(代理所有联想电脑)

创捷科技有限公司

地址：南京市珠江路187号

电话：(025)83377483

【简析】

这则报纸广告的文案配合印刷技术，将产品的品名及经销商公司名称，都用大字印出，十分醒目。而在广告的正文中，由罗列式句式、段落组成，中间没有过渡性语言，显得干净、利落。结尾有关销售范围、联系电话、公司地址等信息，也是分行书写，清楚简明。整则广告文案采用这种结构，有效地传递了大量信息，符合文体及传播媒介的要求。

第二节　产品说明书

一、产品说明书概述

（一）产品说明书的概念和作用

产品说明书是一种以说明为主要表达方式，向用户概括地介绍产品的用途、性能、特征、构造、规格、使用方法和维修保养、注意事项等内容的文书材料。它经常是随产品一起赠送给用户的。

作为生产厂家推销产品的一种重要宣传工具，产品说明书的作用具体表现为：

1. 推销产品

产品进入市场便成为商品。消费者购买商品，尤其是购买新问世的商品，首先要考虑是否需要，是否经济适用。产品说明书对产品的专门介绍，有助于消费者对商品的认识，也能激起消费者的购买欲望，促成购买行动，从而起到推销商品的作用。

2. 指导用户

产品说明书可以指导用户理解产品的性能特点，了解产品的用途，掌握产品的使用、维修护理方法等。它是向用户传授商品知识，为用户提供服务的有效途径。用户通过产品说明书，能够理解应该怎样使用、不应该怎样使用商品，从而避免因不了解商品知识带来的损害。

3. 交流信息

随着科学技术的迅猛发展，信息情报的传递和交流愈加频繁。在经济活动中，产品说明书从原始的解说手段一跃成为交流信息互通情报的重要工具。一些企业借助产品说明书进行技术改造、产品研制，它的价值已日益受到工商企业、科研机构的重视。

（二）产品说明书的特点

1. 内容的科学性

首先，内容的科学性体现在内容的准确明了上，说明书对产品或服务项目的介绍要恰如其分，实事求是，不能夸大其词或含糊不清。其次，内容的科学性还体现在内容的全面上，在产品说明书中，要将消费者需要了解的事项全部写入。

2. 表述的通俗性

产品说明书的读者多为不具备专业知识的普通消费者，因此，应以通俗浅显的语言形式，将产品的各方面情况写清。为了加强表述的形象性、直观性，产品说明书常常配以图片或表格，以便于读者理解。

3. 层次的条理性

这是对说明性文体的共同要求。任何一种产品的说明，无非是要告诉消费者产品的性质、特点、用途、使用方法和注意事项等，这些条款的介绍，要根据人们认识问题的规律或操作使用的程序等依次排列，以使消费者循序渐进地了解并掌握相关知识。

二、产品说明书的种类

由于产品的性能、功用和消费者了解产品的需要不同，推销产品的方法也不一样。根据推销产品的目的、方式的不同，产品说明书可分为以下几类：

1. 梗概型产品说明书

梗概型产品说明书运用极其扼要的文字说明产品的主要特点或概况，使消费者在瞬息之间便能了解到产品的基本情况。有些商品，如饮料、食品的说明书并不一定需要向人们介绍食用方法和注意的事项，也不需要说明它们的性质和功能，只要作简单概括而无须分条列项的介绍便可达到说明的目的；有的商品虽然也需要介绍使用方法或特征，但只要用散述的方法作简单的说明便可以给消费者留下鲜明、深刻的印象，如雀巢咖啡的说明书："雀巢咖啡用百分之百纯咖啡豆精制而成，只需放一茶匙咖啡于杯中(浓淡随意)，注入沸水，搅匀，酌量加糖、加奶，至适味，即成一杯香浓美味、称心满意的雀巢咖啡(无须煮沸)。"

2. 描述型产品说明书

描述型产品说明书运用优美流畅的笔法，介绍、渲染产品的特点和风格，以加强其形象性、个性化。例如，容声冰箱的说明书是这样开头的："您可能在朋友家中看过这么一种现象：他想将冰箱换个适当的位置，或移动清洁一下地板，于是全家上下就协力忙碌起来了……现在，您完全可以相信以下的事实：无论老人或小孩都能轻而易举地自由移动并固定重逾百斤的冰箱。""只需将调节脚往上旋，就可将冰箱轻易地移到目的地；然后将调节脚下旋，冰箱可立即固定下来。"这一说明其实是介绍容声冰箱的特点和使用方法，却给消费者一种身临其境的感觉。有时，产品说明书还可运用比喻、拟人的手法，用自述的形式介绍，寓知识性于趣味性之中，使人在撷取商品信息的同时，获得艺术的享受。

3. 说明型产品说明书

说明型产品说明书运用说明的方式对产品各方面情况进行分类介绍。目前，我们所见到的产品说明书大多都是说明型的。例如，由香港阳泰企业有限公司和深圳可口食品罐头实业有限公司联合生产的可口营养八宝粥说明书的全部内容为："成分：红豆、花生、桂圆、花豆、薏仁、绿豆、麦片、糯米、砂糖。生产日期标于罐底。保存期限：2年。"全文不足50字，也分为成分、生产日期、保存期限来介绍。由于该商品属即时食品，所以消费者最关心的是它的成分、生产日期和保存期限，作者正是考虑消费者的心理，适应了他们的需要。

4. 析疑型产品说明书

析疑型产品说明书通过说明和议论相结合的方法，对商品作出恰如其分的解释和评价，对商品的价值和社会影响等作出说明。有些新产品刚刚问世，尚未被人们所认识，特别是对它们的性能、功用等还有疑惑，产品说明书必须有目的地对其加以解释，这种解释可以是理论性的，也可以通过实验法或临床运用的方式进行。其目的不仅要说明这是什么、怎么办，更重要的在于说明为什么、怎么样。例如，广西柳州牙膏厂刚推出"两面针"牙膏时，因它的绿色膏体令众多消费者望而却步，惟恐用久了该产品会使自己的牙齿同样变绿。因此，在该牙膏的说明书中，作者重点剖析了"两面针牙膏为什么是绿的"这一问题，较具体地说明了"两面针"牙膏主要成分叶绿素在消灭口腔细菌、保护牙齿上的功能，为引导消费者起到了应有的作用。

三、产品说明书的写作

（一）产品说明书的格式和内容

产品说明书有印在包装上的，有印成专页的，也有印成小册子的，无固定的格式，通常由标题、正文和落款组成。

1. 标题

产品说明书的标题，大体上有以下三种写法：一是由说明对象或产品名称加文种组成，如《绿源牌电动自行车说明书》；二是以产品名称为标题，省略文种，如《健民咽喉片》；三是由产品名称加上功效，如《补脑冲剂——神经系统滋补品》。

产品说明书的标题的字体都较大，放在明显的位置上，以突出其产品；有的还印上商标式样，给消费者以深刻印象。医药用品还注明有关主管部门的批准文号，以示药品的可靠性。

2. 正文

正文是产品说明书的主体部分，一般在开头介绍生产单位的历史、规模、技术力量和产品声誉等，随后介绍产品的性能、技术规格、构成、用途、使用方法和维修保养、注意事项等知识。有些关系到人们健康、安全问题的产品，其说明书上还印有技术鉴定单位和鉴定委员会成员名单，或提供有关测试实验资料和例证，以示慎重。

正文的写作方式主要有两种：

一是条款式，对正文内容分条列项地进行说明，它一般适用于程序性的内容说明，如机器、设备、装置、仪表、药品以及耐用消费品等，常含产品的技术经济参数、使用寿命、使用范围、保证期限、安装方法、维修方法和保存条件、技术保养检修期以及其他有关产品设计参数的有效数据等条目；定型包装食品和食品添加剂等，根据不同产品分别按规定标出品名、产地、厂名、生产日期、批号、规格、配方或者主要成分、保存期限、食用或使用方法等条目，条款式的特点是层次清楚、详细严谨、客观可信。

二是概述式，对产品的基本情况、性能、用途、构造以及使用方法、保养维修常识等有关知识作概括的叙述、介绍。不同类型的产品有着不同的特点，对不同类型的产品，应着重说明不同的事项。另外，有的产品说明书还应附图解，电器产品还应附线路图或原理图。

3. 落款

落款注明生产、经销等相关企业或单位的名称、联系地址、联络电话、邮政编码、传真号码、电子邮箱、网址等，以便于消费者识别或直接同生产或经销者进行沟通。

(二)产品说明书写作的要求

写作产品说明书要注意如下事项：

1. 通俗易懂

由于产品说明书是面向社会的，是为广大的消费者服务的，写作产品说明书也是为了给社会公众看的，如果满篇的专业术语，就不利于产品的推销，只有写得通俗易懂、条理清晰，才能让消费者一目了然，买起来称心，用起来放心。

2. 准确、规范、简洁

产品说明书的文字使用必须准确、规范，不可模棱两可，不能产生歧义，出现多种理解，要用准确的语言把有关事项简要地表达出来；否则，消费者不但不能正确使用产品，甚至会危及自己与他人的安全。

3. 实事求是，恪守信誉

撰写产品说明书，一定要实事求是、恪守信誉，对用户高度负责，说明的内容必须符合产品的实际状况，这样才能取得用户的信赖。

【例文 10-56】

传化超浓缩洗衣粉说明书

产品特点

○含足量高纯度的表面活性剂和高效能助洗剂，洁力超群，能彻底洗净衣领、衣袖上的顽垢。

○泡沫少、漂清易，省时、省力、省水。

○浓缩配方，用量省，更经济划算。

○衣物洗晒后洁白鲜艳，清香怡人。

用法用量

○请用家庭常用的汤匙量取洗衣粉。机洗：普通洗衣量一满匙(30 g)；手洗：6～8 件衣物一浅匙(20 g)。对于较脏衣物或较大洗衣量，可适当增加用量。

○倒入温水中充分溶解(水量以刚浸没衣物为佳)。

○再放入衣物浸泡 5 分钟以上。

○按平常洗衣习惯洗涤。

适用范围

○适用于棉、麻、化纤及混纺等质料之衣物。

○请勿用于丝质、毛料衣物。

注意事项

○存放在阴凉、干燥及小孩接触不到的地方。

○不慎误食或入眼，请立即用水冲洗或及时就诊。

○若遇易褪色衣物，请将深浅颜色衣物分开洗涤。

执行标准：洗衣粉 HL－BGB/T13171－1997

保质期：二年

传化集团·杭州传化日用化工有限公司

【简析】

该洗衣粉说明书采用条款式表述，分产品特点、用法用量、适用范围及注意事项四个方面，层次清晰，注重逻辑。首段产品特点的介绍，多角度展示该产品的优点，有广告效应。第二段在说明用量时，做到模糊与精确的统一，方便了产品用户。尾段注意事项体现了厂家以人为本的经营理念，实在中见人情。

【例文 10-57】

暖瓶加热器说明书

暖瓶加热器为我厂最新产品，专为家用暖瓶设计。设计合理，使用方便，安全卫生，经济实惠，节约能源。煮开一瓶凉水(2 公升)只需 20 分钟左右，电费相当于每杯水 3 厘钱。本产品使用交流电 220 V　400 W。产品出厂前做过严格检验，确保安全。使用方法：将加热器置于水中后(水面距瓶口不得低于 5 公分)，再接通电源。使用完毕，先断电源，然后取出，擦拭干净，收藏备用。

注意事项：禁止在空气中使用及加热固体。禁止剧烈磕碰及拆卸。

北京××厂出品　联系地址：

电话：　　　　　　　　邮编：

【简析】

由于是大众化的产品，所以这则暖瓶加热器的说明书正文简明扼要地概述了产品功效等有关情况及分别交代了使用方法和注意事项等内容，语言简洁通俗，条理清晰。

>>> 思考与练习

1. 什么是广告？广告有哪些特点？

2. 列举出直接广告标题、间接广告标题各几例。

3. 列举颂扬式广告标语、情感式标语、号召式标语、综合式标语各几例。

4. 为某企业新上市的新产品撰写一则广告，要有标题、广告语、正文和随文。

5. 什么是产品说明书？产品说明书有哪些特点？

6. 简述产品说明书的格式和内容。

7. 为某一产品写一则产品说明书。

第十一章 招标书 投标书

第一节 招 标 书

一、招标书概述

(一)招标概述

1. 招标的概念

在工程建设或大宗商品采购等经济活动中，为了寻找理想的承建单位或供货单位，事先由业主或买主把有关工程项目或所需商品的基本要求(如标准、价格、条件、说明等)、基本情况，通过各种媒介和途径向外界公布，然后接待各个承包商或供应商的咨询并发放有关资料和标书，让他们在指定期限内参加投标，通过公平竞争，优秀的承包商或供应商获得该项目的建设资格或供应资格。这就是招标，是当今广泛采用的一种方法。

2. 招标的特点

从上述定义中不难看出，招标具有以下特点：

(1)公开性。用招标的方式公开地寻求承包对象或贸易对象，使这些活动置于有关部门和群众的监督之下，可以有效地避免诸如“权钱交易”、“暗箱操作”等腐败现象的发生。

(2)公平性。凡参加竞标的单位，能够在相对公平的条件下参与竞争。

(3)竞争性。竞标单位不止一家，故竞标单位之间存在激烈竞争，自身的实力和填写标书的内容与数据成为竞争的唯一武器。

(4)择优性。通过公开、公平、公正的竞争，最终优胜劣汰，业主能够选中理想的合作伙伴。

3. 招标的种类

(1)公开招标，又称无限竞争招标。其做法是：凡对这项工程(或贸易)感兴趣者均可参加投标。

(2)选择招标，又称有限竞争招标。其做法是：先进行资格审查，只有具备一定条件者才有资格参加投标。

(3)两阶段招标。其做法是：先进行无限竞争招标，然后进行选择招标。

(4)谈判招标。这是一种没有竞争对象的招标。其做法是：业主直接与承包商或供应商谈条件，从而确立合作关系。

4. 招标的一般程序

(1)发布信息。一般通过招标公告或招标邀请通知书向外界发布需求信息及有关要求。

(2)出售标书。业主将自己制作的标书出售给前来的投标者，并提供有关咨询服务。

(3)开标。由招标人在规定的日期和地点，邀集所有参与投标者当众启封各个标书，并宣读其内容。

(4)评标。由有关机构对各个标书进行综合考评。

(5)中标。通过评标选出中标者，向中标者发出通知，同时告知其他未中标者。

(6)签订合同。业主(或买主)与中标者签订合同，正式确立合作关系。

(二)招标书的概念

招标书有狭义和广义之分。狭义的招标书特指用于发布招标信息的招标公告(又称招标启事、招标广告等)；广义的招标书泛指在整个招标过程中所涉及的一系列文件。

广义的招标书包含以下几种：招标公告、招标邀请通知书、招标章程、招标单位要求、投标企业须知、招标技术质量要求书、标书、中标通知书以及其他招标文书。

二、招标书的写作

(一)招标公告的写作

招标公告是招标人发出的招人承包或承购的告示性文书。

招标公告由标题、正文、结尾三个部分组成。

1. 标题

招标公告的标题应对招标的中心内容进行概括和提炼。主要有以下几种形式：

(1)完全性标题。它由单位、事由和文种组成，如《恒业集团公司青年路高层住宅建筑工程承包招标公告》。

(2)不完全性标题。它由单位和文种组成，如《××公司招标广告》。

(3)简明性标题。它只写文种，如《招标广告》。

2. 正文

招标公告的正文一般由前言和主体两部分组成。

(1)前言。主要交代招标人此次招标的目的、根据、项目名称等。文字应准确精练、简明扼要。

(2)主体。主要包括如下内容：招标方式、招标范围、招标程序、招标内容、招标过程以及其他事项。

3. 结尾

结尾是招标书的一个必要组成部分，要详细而具体地写清楚招标单位(或承办招标事项的单位)的名称、地址、电话、传真、邮编、联系人等，以便于外界与之联系招标事宜。

【例文 11-1】

××市机电设备招标中心公告(第 96 号)

××市机电设备招标公司、××市投招标公司受××市地铁公司委托，对下列设备联合招标。

欢迎具有本招标项目生产供应能力和法人资格的国内外厂商参加投标，国外投标者须联合中国国内企业共同设计、制造。

标书编号：SMEYC—88021

招标设备名称：盾构掘进机

主要技术参数：

机型：土压平衡式

隧道衬砌：外径 Φ6 200mm 内径 Φ5 500mm

数量：7 台

标书售价：270 美元(外国企业和中外合资企业)

1 000 元人民币(中国企业)

发售标书时间：××××年 5 月 26 日至××××年 6 月 25 日

每天上午：9:00～11:00

下午：1:30～4:30(星期日除外)

发售标书地点：××市机电设备招标公司

中国××市中山东一路 18 号 114 室

投标地点：××市机电设备招标公司

中国××市中山东一路 8 号 114 室

电话：×××××××× 传真：××××××××

联系人：×××

开户银行：××市建行二支行

账号：××××××××

投标截止日期：××××年 7 月 25 日上午 11 时

开标地点：另行通知

本招标项目要求投标者根据招标文件的规定在××××年 6 月 1 日至××××年 6 月 25 日期间把概念设计交予招标人后，方可正式参加投标。

【简析】

这篇招标公告是某招标中心(公司)受某地铁公司委托而发布的，招标中心是专业的招标中介、代理机构，业务熟练。这篇招标公告要言不烦，很简明扼要地交代了本招标项目的主要情况，如标书编号、设备名称、技术参数、标书发售事宜、投标事宜等。信息交代清楚、措辞清楚明了，是专业招标机构的典范之作。

(二)招标邀请通知书的写作

招标邀请通知书通常用于有限竞争招标或谈判招标方式下，是由招标单位邀请一些具有一定实力的知名企业前来参加投标而发送的信函文件。

较之招标广告，招标邀请通知书也具有发布信息的功能，但前者的发布面更广，且属公文体文书；而后者的发布对象是特定的几个，属书信体文书。

招标邀请通知书由以下几个部分组成。

1. 标题

其一般形式为“招标邀请通知书”。

2. 称谓

即被邀请对象，如“湖南省第六建筑工程公司”。

3. 正文

用以说明招标目的、内容及具体事项(如果随函另附有“招标广告”，则不必详述具体事项)。

4. 落款

落款包括招标单位名称、地址、联系人、联系电话以及发文日期等。

【例文 11-2】

招标邀请通知书

×××××(单位名称)：

××工程，是我部××××年重点建设项目，经请示××同意，采取招标办法进行发包；

贵单位多年来从事××工程建设，施工任务完成得很好。对此，我们表示赞赏。

随函邮寄“××工程施工招标书”一份。如同意，望于××××年××月××日至××月××日光临××(地点)领取投标文件，并请按规定日期参加工程投标。

招标单位：××××

地　　址：××××××

联系人：××

电　　话：××××××××

邮　　编：××××××

电　　传：××××

传　　真：××××××××

【简析】

这篇招标邀请通知书语言简练，首先，简单介绍了本招标项目的由来；然后，肯定了拟邀请单位的资质和实力，表明了发表人向该单位发出招标邀请的原因；最后，补充交代了有关事项以及联系方式等。由于随邀请通知书附有"××工程施工招标书"，所以本邀请函没有赘述招标的具体事项。

(三)招标章程的写作

招标章程是招标过程中的纲领性文件，用以说明招标的宗旨、范围、要求、做法、程序等基本问题。它对招标人和投标人双方都具有约束作用，使双方在招标过程中有"章"可依、照"章"办事。招标章程由标题、正文、落款三部分组成。

1. 标题

标题一般由单位、事由和文种组成，如"××集团公司××项目招标章程"。

2. 正文

正文一般包括如下内容：

(1)宗旨。用以说明招标的目的和要求。

(2)招标管理。对招标工作的领导机构、办事机构和监督机构作出规定。

(3)招标。说明招标范围及招标方式。

(4)投标。规定投标资格、投标方法及投标要求。

(5)开标。说明开标时间、开标方式及开标程序。

(6)中标。说明中标后的有关事宜。

(7)合同。说明签订合同的依据及有关的问题。

(8)其他。用以规定未尽事宜。

3. 落款

落款应写明招标单位的名称、地址、联系人、电话等内容。

由于招标章程是具有法律效力的文书，故在写作时应注意逻辑严密、表述准确、规定具体、切实可行。

【例文 11-3】

××自行车厂外购、外协件招标章程

一、宗旨。

第一条　为了加强企业经营管理，提高产品质量，降低成本，对××牌 26 寸自行车外购、外协件采取公开招标，特制定本招标章程。

二、招标管理。

第二条　由招标单位有关负责人组成领导小组，成立招标办公室，指派专人办理具体工作。

第三条　严格执行招标的规定程序和保密原则，尊重投标单位的合法权益，投标箱在公证员监督下密封，投标函件一律投入密封箱内保存，待开标时开封。

三、招标。

第四条　在国内公开招标，采用登报或广告形式，也可用书面通知对方单位前来洽谈。

第五条　招标单位必须向投标单位提供下列资料：（略）

四、投标。

第六条　投标条件：凡具有法人资格和具有招标项目的生产能力者（包括资料、设备及相适应的技术条件），均可投标。

第七条　投标方法：投标单位按照招标要求，向招标单位购买招标文件及有关技术资料，填写招标文件。署名人签名，加盖公章密封，面交或挂号邮寄本厂招标办公室。

第八条　投标函件必须书写清楚，在规定期限内投送，超过截止日期投标者无效。

五、开标。

第九条　开标时间：规定在投标截止日期后 7～15 天内进行。

第十条　开标方式：由招标单位请公证机关公证员、法律顾问、企业主管单位领导，以及自愿参加的投标单位代表见证的情况下开标。

第十一条　开标程序：招标单位负责人主持开标，由公证员按公证程序进行监督。

1. 查验投标箱密封。2. 并箱。3. 清点投标件数。4. 拆封、编号。5. 按招标项目、名称、价格公开唱标，分类登记。6. 评选小组评议，投标单位代表不得参加，由公证员听取评议。以质量优良、价格优惠为主，参考运费和其他条件，各零部件评选 1～5 户为预选中标单位。7. 单位负责人公布开标结果，宣布预选中标名单。8. 公证员宣读公证书，发表公证，对预选中标予以确认。

六、中标。

第十二条　经评定为预选中标者，均为预选中标户。由招标单位发给预选中标通知。约定日期、地点协商谈判。应邀代表携带单位委托书。预选中标单位如在通知的期限内，无承诺反映，即视为弃权。

第十三条　与预选中标户协商谈判后，经依次逐一验证，协商比较，综合分析，以质量、价格、交货期、运输条件最佳者为最后中标单位，发给中标通知书，提出要约。

第十四条　对未中标单位，招标单位不另发通知，但可接受落标单位查询。

七、合同。

第十五条　招标单位在选定中标单位后，发给中标单位签约函件，中标单位必须按签订合同的法定手续，如期前来协商；依照经济合同法的规定，签订经济合同，互相信守，违约者必须承担经济、法律责任。

签订经济合同的双方或一方要求公证机关公证的，应申请公证。

八、其他。

第十六条　本章程如有与国家政策法令相抵触者，以政策法令为准，本章程未尽事宜，在执行中可补充修正。

××自行车厂招标办公室

×××年××月××日

【简析】

这是一篇非常标准的招标章程文件，它非常完备而详尽地对该自行车厂的外购、外协件招标事项作出了规定，以便招、投标双方共同遵守；具体包括招标的宗旨、招标管理、招标、投标、开标、中标、合同以及其他事宜等8项内容、16个条款。格式规范、内容完备、规定具体、表述周密，并具有很强的可操作性。

(四)招标单位要求、招标技术质量要求书和招标企业须知的写作

招标单位要求、招标技术质量要求书和招标企业须知都是由招标人制作的，是对招标章程的补充和具体化。

1. 招标单位要求

它是招标单位就招标的核心技术部分、投标对象的最佳状况以及招标过程中的一些特殊问题提出要求的文件。

2. 招标技术质量要求书

它是针对招标项目提出详细、具体的技术质量要求，是中标后签订合同的重要依据，也是今后项目竣工验收(或货物验收)的重要依据。其特点是专业性强，具体翔实。

3. 投标企业须知

它用于详细说明投标程序中投标企业必须了解的一些具体事务性问题和投标企业应遵循的要求。

以上三种文书的写法可参照招标章程，兹不举例。

(五)标书的写作

这里所说的标书是指由招标单位发售的半空白式文件(通常为表格式文件)，交由投标人研究、填写。本章第二节所指的投标书，实际上是根据标书制作的答案。

实例可参见本章第二节之投标书。

(六)中标通知书的写作

中标通知书是招标企业通知投标企业中标的消息，并要求其前来签订合同的文书。中标单位根据中标通知书前来与招标单位签订合同，招标活动即告终结。

中标通知书由标题、正文和落款三部分组成。

1. 标题

标题写“中标通知书”即可。

2. 正文

正文包括称谓(写中标单位名称)和主体两部分。主体部分应注明中标的项目名称、标价数目、工期质量要求以及前来签订合同的时间等。

3. 落款

落款包括署名、时间以及附注等。

【例文 11-4】

文字式中标通知书

××市希望教学设备厂：

贵单位在××市第三中学理化生实验器材及图书馆设施投标中，经评审被定为本次政府采购(标二)中标单位，中标价 120 000 元(壹拾贰万元整)，接到通知后，望贵单位速与以上单位签订合同及办理有关手续。

××市政府采购中心

二〇〇六年六月二十三日

【简析】

这是一篇文字式的中标通知书。通知书以非常简洁的文字通知中标单位(××市希望教学设备厂)在什么项目中中标、中标价位是多少，并通知该厂前来办理签订合同等相关手续。其中，用大小写数字强调该厂的中标价位，是对该厂的一个提示，并要求确认，以防止失误或误会。

【例文 11-5】

表格式中标通知书

××××建筑安装工程中标通知书

字(××××年)

中标单位	
建设单位名称及中标工程项目	
建设地点	
承包方式	
中标条件	1. 中标总造价： 2. 开竣工时间： 3. 工程质量： 4. …… 5. ……
定标单位	（盖章）　　年　月　日
备注	

【简析】

这是一份空白的表格式中标通知书，适合于绝大部分的建筑安装工程类项目。需填写的主要栏目包括：中标单位、建设单位名称及中标工程项目、建设地点、承包方式、中标条件、定标单位以及备注等。其中，与文字式中标通知书类似的是，表格式中标通知书也需要重复中标单位的中标条件，以兹提示和确认。

第二节　投　标　书

一、投标书概述

投标书又称标书、标函，是指投标人根据招标公告以及其他招标文件(如招标单位要求、投标人须知等)的条件和要求而制作的递送给招标单位的文书。它是整个招标活动的中心文书，议标、评标、定标等重要环节的活动都是围绕标书而进行的。对于参加竞标的投标企业来说，能否制作出令招标人满意的标书，是其竞标成功的关键。

二、投标书的种类

(一)按投标书的形式分类

按投标书的形式分类，可分为文字式和表格式投标书。其中，表格式投标书的表格格式往往由招标人设计制定，其具体内容则由各竞标单位研究填写。而文字式投标书由投标人根据招标人的条件和要求，以文章的形式将自己的竞标方案表达出来。在实际运用中，表格式投标书更为常用。

(二)按投标书的使用对象分类

按投标书的使用对象不同分类，可分为：①生产经营性投标书，如工程投标书、承包投标书；②科研课题投标书、技术转让投标书；③生活投标书。

三、投标书的写作

(一)文字式投标书的写作

文字式投标书由标题、正文和落款组成。

1. 标题

标题一般由投标项目和文种组成，如“××宿舍建筑工程投标书”，也可以直接以“标书”或“投标书”作为标题。

2. 正文

正文部分由引言和主体组成。

(1)引言。这部分主要用于介绍投标单位的有关情况。例如，单位名称、法人代表、隶属关系、营业执照及资格证书、单位目前人员结构、固定资产、流动资金、设备、技术力量、单位生产经营业绩等。要求简明扼要、突出重点。

(2)主体。这部分主要应根据不同类型的投标书具体写明完成招标文件提出任务的方法、步骤等。例如，工程项目承包投标书主要写标书综合说明，标价，工程质量达到的等级和质量保证、主要安全措施，工程进度安排，主要施工方法和选用的施工设备等。

3. 落款

落款应写明投标人的名称、负责人、投标日期等内容。

(二)表格式投标书的写作

表格式投标书一般由标书封面、表头和正表组成。

1. 标书封面

标书封面包括招标单位名称、投标工程名称和负责人姓名、投标书投送时间等。

2. 表头

包括标题、投标企业及其法人代表签章、填写时间等。

3. 正表

正表应按招标文件的要求写明各有关事项，如工程总标价、总工期、主要材料指标、工程质量标准以及要求招标单位提供的配合条件等。

(三)投标书写作的注意事项

1. 有针对性地认真研究招标文件

招标文件反映了招标单位的招标目的和要求，作为投标者，必须“投其所需”；也要结合招标文件，客观地分析本单位的各项条件，判断有没有能力参加该项目的投标竞争。

2. 有竞争性地明确表达投标意愿

招标、投标活动的显著特点就是竞争性强。因此，投标书的写作要突出本单位的实力、优势和特色，增加中标机会。

3. 要实事求是

对本单位的实力介绍要客观、对项目的分析要透彻、引用的数据要准确、确定的目标要可信、制定的措施要可行，切不可为了增加中标机会而夸大其词，采取欺骗手段。

【例文 11-6】

文字式投标书

工程名称：

投标企业：

企业负责人：

一、标书综合说明

据××××市××局××建设工程招标管理处199×年××月××日发布的《××××广播电视中心办公楼建设安装工程招标公告》，以及××省建筑设计院设计的设计图纸内容，我公司具备承包施工条件，决定对以上工程进行投标。

本公司经历了长期建筑安装工程施工实践，于199×年企业整顿验收合格，199×年经省建委审定为一级建筑安装施工企业，公司现有职工人数×××人。公司具有对液压滑模、全钢架现浇、大弯度钢架、预应力工艺、轻钢骨架、装配式工业厂房等施工能力和经验。具备大型土石方工程，建筑工程和水电安装工程总承包施工能力。

我们决心在此建筑工程中以全面质量管理为核心，严格编制施工组织设计，发挥企业固有优势，保证缩短工期，力争在该项目上创优良、优质工程。

二、工程标价

预算总造价为 5 500 万元，标价在预算总造价的基础上降低 1‰，即 5.5

万元(详见报价表)。

三、建设工期

在接到“中标通知书”后15天进场，做好开工前的一切准备，199×年××月××日正式破土动工，199×年××月××日竣工，总工期为××个日历工作天(详见进度计划)。

四、工程质量

根据图纸要求，保证工程质量达到优良级，保证质量安全的主要措施见“施工组织计划”。

五、合理的施工措施

(一)计划控制

采取总进度计划控制与土石方工程平衡调配和主车间平行，主体交叉流水网络计划控制相结合。

(二)质量控制

制定质量目标，坚持TQC管理方法，建立各单位工程中分部分项工程质量预控网络体系。

(三)健全技术档案，做到技术资料“十二有”，提高施工管理科学性。

(四)安全生产、运用安全“三宝”，搞好安全教育，加强安全检察监督，防范事故于未然。

(五)加强职工队伍思想政治教育，增强劳动纪律，讲究职业道德。

(六)各工种工程，分部分项实行挂牌施工，落实岗位职责，推行栋号承包。

六、建议

建设工程中如有设计变更、材料串换、代用等现象出现，相互间都应本着实事求是的原则处理。

199×年××月××日

【简析】

这是一篇文字式的工程建设项目投标书。正文先重复了拟投标的项目，并表示自己将参加这一工程的竞标；之后概括介绍了本公司的资质、能力和既往业绩等情况，让招标单位对己方建立信心；随后具体阐述了项目标价、建设工期、计划进度等具体措施。对招标书作出了明确的回答。这可以说是投标单位的正式报价单，是评标决标的依据。本投标书还包括了保证工程质量的措施和达到的等级、主要施工方法、安全措施和对招标单位的要求等，是一份写得较完整、较规范的投标书。

【例文 11-7】

表格式投标书

（封面）

×××（招标单位名称）：

兹报送××××工程项目投标书一本一份，请审核

投标单位____________________________（盖章）

负 责 人____________________________（盖章）

投标日期：　　年　　月　　日

（正文）

我公司研究了××××工程的招标文件，同意按设计图纸、技术说明书和合同条件的要求，承担上述工程的施工任务。现提出正式报价如下：

一、总包标价：××××××元（大写）

二、综合单价：×××元/平方米

三、总包标价构成（略）

工程项目	计量单位	工程数量	标价（元）	占总价（%）

四、工期

自××××年××月××日开工，至××××年××月××日竣工，总工期××个月。

五、工程质量标准及主要施工技术组织措施（略）

六、主要材料

1. 钢材××吨（何种规格应说明）。

2. 水泥××吨（何种标号应说明）。

3. 木材××立方米（原木或锯材应说明）。

七、要求招标（或建设）单位提供的配合条件（略）

附件一

XX(单位工程名称)主要部分标价明细表

工程项目	单位	数量	直接费	
			单价	合价
其他				
直接费小计　　元				
管理费　　元				
独立费　　元				
包干系数　　元				
利润、技术装备费、劳保支出　　元				
标价合计　　元				

附件二

XX(单位工程名称)主要材料、设备标价明细表

材料、设备名称	单价	数量	预算(元)		标价(元)		差价(元)
			单价	合价	单价	合价	
合计							
材料、设备差价合计(大写)：　　元							
说明							

【简析】

这是一篇工程项目空白投标书，投标人按要求逐一填写该表格即可。正文部分要求投标人需就项目的名称、进度、计划、工程人工费和材料的种类、数量、价格等，对招标书作出明确的回答。这可以说是投标单位的正式报价单，是评标决标的主要依据。此外，这份投标书的内容还具体写明了工程质量达到的等级、主要工程施工方法以及要求建设单位提供的配合条件等，并附有2张标价明细表，内容完备、一目了然。

>>> 思考与练习

1. 什么叫招标？招标在现代经济生活中有哪些积极作用？
2. 招标有哪些主要形式(种类)？
3. 一个完整的招标过程主要包括哪几个主要环节？
4. 什么叫招标章程？它的主要内容有哪些？
5. 投标书写作的注意事项有哪些？

第十二章　意向书　协议书　合同

第一节　意　向　书

一、意向书概述

(一)意向书的概念及性质

意向书是国家、单位、企业以及经济实体与个人之间，对某项事务在正式签订条约、达成协议之前，由一方向另一方表明基本态度或提出初步设想的一种具有协商性的应用文书。相对于协议书和合同而言，意向书是当事人各方就某一项目在进入实质性谈判前所形成的表达合作意愿的文书。

(二)意向书的作用

意向书的作用主要有：

(1)意向书能传达“意向”，提请对方注意或供参考，可以约束双方的行动，保证双方的利益。

(2)意向书能反映业务工作上的关系，能为合作双方进行实质性谈判奠定基础，从而保证业务朝着健康有利的方向发展。

(3)意向书是签订合同的先导，可为正式签订协议或合同打下基础。

(三)意向书的特点

1. 协商性

意向书不具法律效力，它是双方初步协商的产物，但具有促使双方进一步协商而签订合同的导向作用。因此，在写作意向书时多用商量的语气，不带强制性。有时还用假设、询问的语气。

2. 灵活性

意向书的文字比较灵活，条款也比较原则，对实质性的关键问题不像合同那样需作出具体、准确的表述，而只表达原则性的意向。

3. 临时性

意向书是协商过程中各方基本观点的记录，一旦达成正式协议，便完成了意向性的使命。意向书不像协议书、合同那样具有法律效力。

二、意向书的种类

(一)按文体格式分

按文体格式分，意向书可分为下列两种类型：

(1)条款式意向书。即类似协议书和合同，采用分条列项式写作的意向书。

(2)书信式意向书。即用信函文体写作的意向书。

(二)按内容分

按具体内容分，意向书大致可分为：

(1)合作意向书。

(2)投资意向书。

(3)购房意向书。

(4)招股意向书。

(5)就业意向书。

三、意向书的写作

(一)意向书的格式

意向书由标题、正文和尾部组成。

1. 标题

标题常见的形式有两种：一种直接写文种，即“意向书”；另一种由项目名称和文种组成，如“中外企业合营意向书”。

2. 正文

正文由导言、主体和结尾三部分组成。

(1)导言。一般写双方单位名称，代表人姓名、身份，洽商时间、地点及因何事项进行了协商，继而用“双方就有关事宜，达成如下意向”一类承上启下的惯用语导出主体部分。

(2)主体。主体部分是意向书的重点内容，一般写双方的意图及初步商谈后达成的倾向性认识和比较认同的事项。多采用分条列项的形式写，各条项的内容要相对完整。

(3)结尾。结尾一般应写明“未尽事宜，在签订正式合同时予以补充”类语，以便留有余地。或注明“本意向书一式两份，作为备忘录，各执一份备查”等内容。

3. 尾部

尾部通常注明意向书签订各方单位的名称、签订时间、通讯地址、电子邮箱、电话号码等。

(二)意向书的内容

无论采用哪种方式写作意向书，它的基本内容无非是写协议双方的意图以及达成共识的条款。条款的表述无非是在回答“为什么”、“做什么”、“怎么做”等基本问题。

（三）意向书写作的注意事项

(1)坚持平等互利的原则。应平等相待，既不能迁就对方，也不能把自己的要求无原则地强加给对方。

(2)要忠实地表达各方协商的事项。同时，各条款的内容要合理合法。

(3)表述语言要适应意向书的特点。由于意向书表述的内容比较原则、笼统，需为以后的谈判和正式签订合同留有余地，因而必须注重使用留有余地、富有弹性的语言，不必把关键问题的条款尤其是数字写得太具体、太精确。

【例文 12-1】

意　向　书

××厂(甲方)　　　　　　　　××××公司(乙方)

双方于××××年××月××日在×地，对建立合资企业事宜进行了初步协商，达成意向如下：

一、甲、乙两方愿以合资或合作的形式建立合资企业，暂定名为××有限公司。建设期为×年，即从××××年～××××年全部建成。双方意向书签订后，即向各方有关上级申请批准，批准的时限为××个月，即××××年××月××日～××××年××月××日完成。然后由×××厂办理合资企业开业申请。

二、总投资××万元(人民币)，折××万(美元)。××部分投资××万元(折××万美元)；××部分投资××万元(折××万美元)。甲方投资××万元(以工厂现有厂房、水电设施现有设备等折款投入)；乙方投资××万元(以折美元投入，购买设备)。

三、利润分配：各方按投资比例或协商比例分配。

四、合资企业生产能力：(略)

五、合资企业自营出口或委托有关进出口公司代理出口，价格由合资企业定。

六、合资年限为×年，即××××年××月～××××年××月。

七、合资企业其他事宜按《中外合资法》有关规定执行。

八、双方将在各方上级批准后，再行具体协商有关合资事宜。

本意向书一式两份。作为备忘录，各执一份备查。

××厂(甲方)　　　　　　　　××××公司(乙方)

代表：　　　　　　　　　　　代表：

××××年××月××日

【简析】

这份意向书，标题仅由文种构成。导言写双方于何时何地就什么问题达成了合作意向，并导出本文的主体。主体部分写合作的几个主要方面的意向性意见，包括：何时成立企业、双方的投资份额、企业的利润分配、生产能力、销售定价以及合资年限等。这些问题，有的写得比较具体，如对合资企业的成立就规定了较为具体的时间表；对合资的投资总额以及双方的投资比例也作了较为具体的规定；而对企业的生产、销售等问题则写得相对简略。这样的详略处理体现了合作双方的务实精神：对于合资企业的创立写得具体，方能确保合作进展；对于企业成立后的具体运作写得简略，这些问题可在日后的协议书或合同等文件中进一步具体规定。

【例文 12-2】

中外企业合营意向书

中国____________公司和____________国____________公司，根据中华人民共和国的有关法律法规，本着平等互利的原则，通过友好协商，同意在中华人民共和国共同投资举办合营企业，特订立本意向书。

第一条　双方如下：

1. 中国____________公司(以下简称甲方)是一个按中华人民共和国有关法律设立和存在的企业法人，在中国注册。

法定地址：____________

法定代表：____________职务：____________国籍：____________

2. ____________公司(以下简称乙方)。

法定地址：____________

法定代表：____________职务：____________国籍：____________

第二条　按照中国的合营企业法和其他有关法律和法规，合同双方同意在中国境内________市建立合营公司。

第三条　合营公司的名称为____________。

法定地址：____________

第四条　合营公司为中国法人，受中国的法律、法规和有关规章制度的管辖和保护，在遵守中国法律的前提下，从事其一切合法经营活动。

第五条　合营公司的法律形式为有限责任公司，合营公司的责任以其全部资产为限。

第六条　目的。

合营双方希望加强经济合作和技术交流，从事第七条所规定的经营活动……(根据具体情况写)，为投资双方带来满意的经济利益。

第七条　合营公司生产和经营范围。(略)

第八条　合营公司生产规模。(略)

第九条　总投资。

合营公司的总投资额为＿＿＿＿＿＿。

第十条　注册资本。

合营公司的注册资本为＿＿＿＿＿＿，其中：

甲方＿＿＿＿＿＿元，占＿＿＿＿＿＿%；

乙方＿＿＿＿＿＿元，占＿＿＿＿＿＿%。

第十一条　双方将以下列作为出资：

1. 甲方：

现金＿＿＿＿＿＿元

机械设备＿＿＿＿＿＿元

厂房＿＿＿＿＿＿元

专有技术＿＿＿＿＿＿元

工业产权＿＿＿＿＿＿元

其他＿＿＿＿＿＿元

共＿＿＿＿＿＿元

2. 乙方：

现金＿＿＿＿＿＿元

机械设备＿＿＿＿＿＿元

专有技术＿＿＿＿＿＿元

工业产权＿＿＿＿＿＿元

其他＿＿＿＿＿＿元

共＿＿＿＿＿＿元

第十二条　合营公司注册资本由各方按其出资比例分＿＿＿＿＿＿期缴付，每期缴付的数额如下：（略）

第十三条　经营年限。

合营公司经营年限自营业执照签发之日起＿＿＿＿＿＿年。

本意向未尽事宜，由双方在合同中约定。

本意向书由合营各方授权代表于＿＿＿年＿＿月＿＿日在中国＿＿＿＿签订。

中方：＿＿＿＿＿＿　　　　外方：＿＿＿＿＿＿

【简析】

这是一份中外企业合营意向书，与[例文 12-1]性质相似，但这份意向书具有意向书标准示范文本的性质，凡涉及中外企业合营的企业均可拿来作为标准文本使用。这则意向书的前言说明了合作双方签订意向书的法律依据等。

主题部分首先单列一个条款，较为详细地介绍合作双方的基本信息；之后，对合营公司的成立、名称、地址、性质、目的、经营范围、规模、投资额、注册资本、出资比例、合作年限等公司存续运作期间将要涉及的主要方面作了一个较为全面的规定。本文的特点是格式规范、内容完备，是标准的示范文本，具有广泛的参考使用价值。

【例文 12-3】

联办综合服务公司意向书

××市化工厂(以下简称甲方)和× ××公司(以下简称乙方)于××××年××月××日在×地就创办联营综合服务公司的问题进行了初步协商。根据双方需要，为更合理地利用双方优势，提高经济效益和社会效益，双方在平等互利的基础上达成如下联营意向：

一、联营综合服务公司在创建之初的生产经营项目主要有二：一是利用甲方在生产过程中产生的废渣、石灰脚生产煤渣砖；二是代客户运输。

二、甲方提供运输工具载重车数辆给联营企业，按月收取适当的租用费。乙方提供土地一块给联营企业，按月收取适当的租用费。乙方一并提供综合服务公司所需的生产人员。

三、此联营项目投资总额估计十余万元(包括基建、厂房、设备及流动资金)。甲方投资比例约八成，乙方投资比例约二成，实现的利润按投资比例分成。

四、综合服务公司是具有法人资格、实行独立核算、自负盈亏的企业。

五、双方各派代表若干人组成筹建小组，具体负责筹建工作。筹建小组应于明年春完成可行性研究并提交工作方案。

六、有关具体问题双方在进行可行性研究后进一步协商。

七、本意向书一式四份，双方各执两份。

甲方(盖章)：　　　　乙方(盖章)：

甲方代表×××(签字)：　　　　乙方代表×××(签字)：

××××年××月××日

【简析】

这是一份双方联办公司的意向书。标题由项目名称和文种构成。导言部分，写双方单位名称、因何事项进行了“初步协商”和合作的指导思想。一句“……达成如下联营意向”引出主体部分。主体部分采用条文式结构，依次写了联营综合服务公司的经营项目、双方的职责、双方投资比例、公司的性质和经济形式、组建筹建小组及意向书份数等内容。本协议书注重使用留有余地和弹性的语言，如载重车是“数辆”、土地是“一块”、投资比例约“八成”、“二成”，各派代表“若干”等，还有“有关具体问题双方在进行可行性研究后进一步协商”，这些都是颇能体现意向书写作特点的语言。

第二节 协 议 书

一、协议书概述

(一)协议书的概念及性质

协议书是契约文书的一种。协议书是当事人双方(或多方)为了解决或预防纠纷，或确立某种法律关系，实现一定的共同利益、愿望，经过协商而达成一致后签署的书面意见。

(二)协议书的作用

订立协议书，能更好地从制度上乃至法律上，把双方协议所承担的责任固定下来。作为一种能够明确彼此权利与义务、具有约束力的凭证性文书，协议书对当事人双方(或多方)都具有制约性，它能监督双方信守诺言，约束轻率反悔行为，它的作用与合同基本相同。

(三)协议书的特点

1. 广泛性

协议书具有使用范围广泛的特点，无论是国内还是国外，无论哪个单位、哪个领域，都有可能用到协议书。它既有政治的，也有经济的；既有文教卫生方面的，也有科学技术方面的。

2. 简约性

协议书的条文，一般来说比较繁多，因而写作各条条文时，文字上应当高度精练，切不可啰唆冗长。写作者必须简明扼要地写清条文内容，以便一目了然，便于记忆和执行。

3. 平等性

协议书是建立在平等协商基础之上的，订立协议的双方(或多方)在法律地位、权利以及义务上都是平等的。

4. 协作性

订立协议书的目的往往就是为了合作完成某一项目，故有大量条文都是体现合作双方(或多方)在权利、义务上的合作关系。

(四)协议书与合同的区别

协议书与合同既有相同的本质属性，又有所区别，它们在具体功能和用法等方面各有特点、各有所宜。总的说来，协议书的内容较为单纯，使用比较广泛，具有一种单纯的宽泛性；而合同则要受合同法等有关法规的制约，使用比较严谨，内容比较具体。

在现实生活中，使用协议书作为经济关系凭证文书的，常见于以下几种情况：

1. 作为正式合同的前奏

有些初次建立的较为复杂的经济关系的双方，需要经过多次谈判、协商，才能对标的、彼此的权利义务、经济责任等作出最后的确切的规定。为了表明合作的意向，肯定初步洽谈的成果，以便于实际工作的展开，就在订立正式合同前先签订协议书。这种协议书是纲要性的，只对某些问题起正式合同前的暂行规定的作用。

2. 作为已订合同的补充或修订

在合同履行过程中，有时发现合同的某些规定欠妥或出现了原先预料不到的影响合同履行的情况，双方经协商同意作局部的补充或修订；有时出现当事人一方不适当履行合同的情况，但是经过双方谈判、协商取得了谅解或对解决办法达成了一致意见，原合同仍可继续执行。在这些情况下，可由双方当事人订立协议书，作为原合同的补充或修订。这种协议书，经双方签章并呈报原合同鉴证机关后，成为原合同的组成部分，与原合同具有同等法律效力。

3. 作为合同

随着改革开放的深入，经济事业日益繁荣、经济关系日趋繁杂。对于经济生活中出现的新事物来说，有些合同关系就缺乏可资参考的法规，合同内容主要靠当事人协商订立，因此称协议书更合适。这种协议书经过充分酝酿，协议的条款也相当完备，签订手续又十分严格，而当事人双方以后也不准备另立合同了，这时的协议书实质上就等同于合同。

需要说明的是，作为合同的协议书只限于经济合同尚未作出明确具体规定的新的合同关系。若经济法规已有明确规定的合同关系，应该依法使用合同，而不要用协议书。

二、协议书的种类

(一)按名称分类

广义的协议书有多种多样的名称，如协议书、议定书、条约、宣言等。

(二)按使用范围分类

协议书有广义和狭义之分。狭义的协议书就称协议书，一般用于国内政治、经济、文教、卫生、科学技术等方面；广义的协议书称为协议文书，多用于国际关系方面，即外交协议文书，具体包括条约、协定、议定书、换文、宣言等。

（三）按内容分类

根据协议书的具体内容，大致可分为政治外交协议书、贸易经济协议书和科教文卫协议书。

三、协议书的写作

（一）协议书的格式

协议书由标题、当事人、协议条款和落款组成。

1. 标题

标题一般由事由和文种组成，如“××××协议书”。

2. 当事人

当事人若是单位，须写全称；如系委托关系，委托单位一般为甲方；如系协作关系，可不分甲乙方。

3. 协议条款（正文）

协议条款是协议书的主体部分，具体地规定双方所议定的各种事项。一般以条款的形式一项一项地列出来。

4. 落款

落款主要包括当事人及监证人的签章、日期、附注项目（如电话、银行账号）等。

（二）协议书的内容

协议书的内容是因事而异的，主要就是双方经协商所议定的有关事项。但一般而言，协议书的内容无非包括以下几项内容：

(1)协议的中心内容、共同任务、标的。

(2)双方各应承担的责任。

(3)双方对工作的技术要求以及享有的权利。

(4)违约责任的追究。

(5)附注事项，如协议书份数、执凭单位及份数、有效期限、其他需要说明的问题等。

（三）协议书写作的要求

在写作协议书时，要注意语言的准确性和周密性，做到意思明确、表述周密、文辞简洁、平实庄重。

【例文 12-4】

合作协议书

甲方：北京中医药大学中药学院学生会

乙方：北京金山软件有限公司

经互相了解并友好协商，达成一致，双方自愿签订如下协议：

1. 甲方的权利及义务：

(1)甲方提供给乙方《风尚，我有——北京中医药大学第八届才艺大赛》的冠名权。

(2)甲方将对大赛进行全程的DV录制，并在赛后将DV刻成光盘给予乙方。

(3)甲方为乙方在校园内进行海报宣传(海报由乙方提供)。

(4)甲方为乙方在校内做宣传，如有改动必须及时通知乙方并经双方协定同意。

(5)甲方应该认真完成宣传，不得无故取消协议所定内容，并且不得开展有损乙方利益的活动。

2. 乙方的权利及义务：

(1)乙方为甲方提供《风尚，我有——北京中医药大学第八届才艺大赛》所需奖品。奖品为金山公司开发的系列软件，价值1 000元以上。

(2)乙方为甲方提供大赛的彩色节目单500张，背面可印有乙方的宣传资料。

(3)乙方为甲方提供具有乙方冠名的大赛横幅一条，横幅内容为“金山网游杯风尚，我有——北京中医药大学第八届才艺大赛”。

(4)乙方需在甲方比赛开始前付清所有赞助物品。

3. 其他事宜：

(1)比赛当天如遇特殊情况(如会场设备、安全问题)，使甲方无法顺利进行活动，甲方不负对乙方的责任。

(2)如一方没有履行其义务，要对另一方进行赔偿。

(3)比赛时间为5月23日19:00。

本协议一式两份，甲、乙方各一份，未经双方同意不可任意改动本协议。

甲方：(签章)	乙方：(签章)
联系人：×××	联系人：×××
电话：××××	电话：××××

【简析】

这是一份大学生从企业拉赞助搞校园文化活动所签订的协议书。协议书首先有一个简要的前言“经互相了解并友好协商，达成一致，双方自愿签订如下协议”，之后主要拟写了三大条款，即甲方的权利与义务、乙方的权利与义务、其他事宜。从双方的权利、义务条款可以看出本次合作的主要内容是：乙方金山公司赞助甲方大赛奖品、提供彩印节目单和横幅、海报等宣传材料；

甲方将大赛冠名权授予乙方，并为乙方进行一些校园内的宣传活动等。对双方的权利义务、合作细节等规定较为具体，文字严谨。

【例文 12-5】

就业协议书

为了帮助毕业生解决就业问题，解除学生及家长的后顾之忧，××广播电视大学(甲方)与报考××广播电视大学的学生(乙方)签订以下协议。

一、甲方负责对乙方进行面试，要求乙方五官端正，身高符合一定要求，身体健康，无影响就业的疾病。

二、乙方在校期间，必须保证各门功课成绩合格，思想品德鉴定优良，按期获得毕业证书和各专业相应的从业资格证书，严格遵守甲方的各项规章制度，若违反学校的规章制度或违纪违法，其安置就业甲方将不予负责。

三、就业遵循“双向选择”的原则，甲方负责组织召开人才招聘会，让毕业生自主选择适宜的岗位就业。对于在人才招聘会上未找到合适岗位的乙方，甲方负责对不同层次、不同专业的乙方分批推荐到本市、外地企事业单位就业。

四、对于有毒有害、危及人身安全的岗位，甲方不予推荐。甲方安置乙方到用人单位后，跟踪服务一年，在此期间被解雇或不满意现有工作的乙方，由我校重新予以安置；同时在上岗第一年内所产生的劳务纠纷，均由甲方负责与用工单位协商解决。

五、乙方符合就业要求未被安置的，甲方退还全部学费。乙方在用人单位必须维护甲方的形象，若有违法乱纪行为被开除或劝退的，甲方不退还学费，并不再予以安置。

六、若乙方修业期满，愿意在本校继续读专科或本科的，甲方负责按有关规定为乙方办理相关入学手续，《就业协议书》涉及的有关事项继续有效。

本协议一式两份，甲乙双方各执一份。

甲　方：××广播电视大学	乙　方：学生(签字)
法人代表：校长(签字)	监护人：家长(签字)
二〇一　年　月　日	二〇一　年　月　日

【简析】

当前就业形势严峻，某些学校在新生入学时就与学生签订就业协议书，给他们吃下“定心丸”，以吸引他们前来就读。这份协议书共 6 个条款，其中第 1、第 2 条主要是校方对学生的要求：不能有影响将来就业的疾病，在校期间要遵纪守法、好好学习；第 3、第 4、第 5 条是校方对学生的具体承诺，包括如何落实学生的就业、就业后的跟踪服务以及退还学费的情况等。这些条款比较具体实在，能让学生和家长比较放心。第 6 条是一个补充条款，声明如学生留在本校继续深造，就业协议可继续生效。

【例文 12-6】

美法同盟条约

第一条　在合众国同英国继续进行战争期间，一旦法国同不列颠之间爆发战争，即为友好和忠实的盟邦，国王陛下和合众国应根据局势的急需采取一致行动，并通过斡旋，提出意见和提供武装部队进行互相帮助。

第二条　本防御同盟的主要的和直接的目的，是有效地维护合众国不仅在贸易上而且在政治上的自由、主权和绝对的无限制的独立。

第三条　缔约双方同意，任何一方如果进行任何特殊事业而需要另一方协力时；被要求协力的一方，只要环境及其环境自身特殊情况允许，即应为此欣然诚意地采取一致行动；遇此情况应通过订立特殊协定，规定提供援助的种类和数量，实施的时间和形式以及作为补偿应给予的利益。

第四条　如果合众国认为降低英国存在于北美洲或百慕大群岛的势力企图是适当的，如获成功，这些国家和岛屿应参加合众国或从属于合众国。

第五条　最虔诚的国王陛下正式宣称，永远放弃百慕大群岛和北美大陆任何部分的属地。此属地系 1763 年巴黎条约以前或根据这个条约承认属于大不列颠帝国或合众国而在此以前称谓英国殖民地者，或系这次或近期为大不列颠和国王所统治者。

第六条　如果最虔诚的国王陛下认为进攻现为大不列颠统治的任何位于或靠近墨西哥湾的岛屿是适当的，如获成功，所有上述岛屿，作为一种权利，应归法兰西帝国所有。

法兰西共和国代表：×××

美利坚合众国代表：×××

1778 年 2 月 6 日

（录自《国际关系史资料选编》上册）

【简析】

这个条约是美国独立战争时期，美国为寻求法国援助以摆脱英国的殖民统治、争取国家独立而签订的条约。条约中，美国利用法国与英国的矛盾，承认了法国的一些权益，从而争取法国参加对英国作战并获得法国的经济援助，为独立战争的胜利创造条件。这是美国人外交战略上的一个重要举措，条约的签订大大地推进了独立战争的进程。

【例文 12-7】

中华人民共和国政府和多哥共和国政府
关于中国派遣医疗队赴多哥工作的议定书

（签订日期 1978 年 3 月 31 日　生效日期 1978 年 3 月 31 日）

中华人民共和国政府和多哥共和国政府，为了加强两国之间的友好合作关系，经友好协商，达成协议如下：

第一条　根据多哥共和国政府的要求，中华人民共和国政府同意派遣由二十五人左右组成的中华人民共和国医疗队赴多哥进行工作。

第二条　中华人民共和国医疗队（以下简称医疗队）的任务是与多哥医务人员紧密合作，开展防病治病工作（不包括承担法律责任的医疗工作），并通过医疗实践，或举办短期训练班，交流经验，传授技术，为多哥培养医务人员。

第三条　医疗队以定点的方式进行工作，具体工作地点由中国驻多哥大使馆同多哥政府指定的部门共同商定。

第四条　医疗队在多哥工作期间所需的主要药品和医疗器械，由中国无偿赠送给多哥，但由医疗队直接保管使用。一般常用药品和医疗器械由多哥提供。

第五条　医疗队赴多哥所需的往返旅费，以及在多哥工作期间的工资、伙食费由中国政府负担。医疗队在多哥工作期间所需的住房（包括家具和卧具）、交通工具及交通费用由多哥政府负担。

第六条　医疗队在多哥工作期间，多哥政府负责他们应缴纳的直接税款，并为他们提供执行工作任务的方便条件。

第七条　中国运往多哥供医疗队使用的药品、医疗器械和其他物品（包括医疗队集体和个人的生活用品），多哥政府免收各种税款。

第八条　医疗队人员享有中国政府和多哥政府规定的假日。

第九条　医疗队人员在多哥工作期间应尊重多哥共和国政府的法律和多哥人民的风俗习惯。

第十条　本议定书如有未尽事宜或在执行中发生问题，应由两国政府通过友好协商解决。

本议定书自签字之日起生效，有效期为两年。期满时如双方无异议，本议定书将自动延长两年。

本议定书于一九七八年三月三十一日在洛美签订，共两份，每份都用中文和法文写成，两种文本具有同等效力。

中华人民共和国政府　　　　　　　　多哥共和国政府

代　　表
中华人民共和国驻多哥
共和国特命全权大使
岳　欣
（签字）

代　　表
多哥共和国
外交和合作部长
埃德姆·柯乔
（签字）

引自：《新法规速递》网站
（http://www.law-lib.com）

【简析】

新中国成立后，面临西方敌对势力的包围和排挤，国家的外部环境相对恶劣。我国政府在外交上采取了积极的应对策略，主要是争取广大亚非拉第三世界国家的支持。这一战略收到了很好的效果，在第三世界国家的大力支持下，中华人民共和国得以顺利重返联合国，提升了国际地位。本议定书是为中国政府向非洲的多哥政府派出医疗队，协助该国改善医疗卫生工作而签订的。其主要内容包括：派出的医疗队的人数、任务、工作方式和地点、所需的药品与器械、日常费用的担负，以及多哥政府应给予中国医疗队何种待遇、中国医疗队在当地应遵守法规、尊重习俗等，规定比较周密、具体，从宏观和微观上都保证了双方合作的顺利展开。

第三节　合　　同

一、合同概述

（一）合同的概念及性质

合同是单位之间、个人之间或者单位与个人之间，为了实现一定的目的，依据有关的法律规定，经过平等协商，彼此确认一定的权利与义务，并用书面形式固定下来，作为以后执行和检查的一种凭证。我国《合同法》规定："合同是平等主体的自然人、法人、其他组织之间设立、变更、终止民事权利义务关系的协议。"

（二）合同的法律特征

1. 合同是当事人之间在自愿基础上达成协议，是双方或多方的民事法律行为

首先，合同是建立在自由基础之上的。其次，合同是一种民事法律行为。再次，合同是双方或多方的民事法律行为。

2. 合同当事人的法律地位平等

合同的各方当事人，不论是公民还是法人，不论其经济实力和所有制形式如何，也不论其在行政上有无上下级隶属关系，法律地位一律平等。各方之间没有上下之分、高低之别。合同当事人之间的法律地位平等和当事人表达意志的自由是相辅相成的，只有当事人的法律地位平等，才能保障当事人自由地表达自己的意志，使合同内容充分体现当事人的意志和经济利益；没有当事人的法律地位平等，当事人也就失去了自由地充分表达自己意愿的可能，也就无所谓合同。

3. 合同所确立的关系是民事法律关系

合同所确立的关系是一种民事法律关系，因此，不发生任何法律后果，不涉及当事人之间权利义务的协议，不是合同；虽能在当事人之间发生权利义务关系，但在当事人之间产生的权利义务关系不是民事法律关系的协议，也不是合同。

（三）签订合同必须遵循的原则

1. 协商一致原则

合同必须经过双方当事人的充分协商，并达成一致意见后方能签订。任何一方都不得采取威胁、欺诈、腐蚀等非法手段把自己的意志强加给对方，迫使对方签订合同。任何组织或个人不得非法干预当事人签订合同。只有在双方当事人自由表达意志的基础上，经过共同的充分协商，这样签订的合同才能成立。

2. 平等互利原则

签订合同的当事人，经济、法律地位平等，均有平等地享受权利和平等地承担义务的责任。一方不能损害他方利益。如果合同显失公平，损害了他方或国家利益，仲裁机关或人民法院可根据具体情况，宣布合同全部或部分无效。

3. 等价交换原则

签订合同的双方（或多方）当事人之间必须进行公平合理的经济协作和有来有往的商品、货币交换，体现等价交换的原则。

（四）合同的作用

合同是各方当事人意见表示一致的合法文书，在经过法定的机关鉴证或公证之后，它具有法律效力，各方当事人都要严格遵守。因而，合同的具体作用就是使签约双方（或多方）的协作关系或商品交换关系得到法律上的保护。俗话说："空口无凭，立字为据"，"白纸黑字，铁证如山"。有了合同，签约者就不得不严格地履行各自的义务，从而也就保证了各方预定经济目标的实现。合同大大减少了对对方可能失信毁约的担忧，这样，签订合同的双方便能有条不紊地安排工作和生产，企业的管理水平也因之得到提高。由此可见，经济合同不仅在发生经济纠纷时可以作为诉讼的凭证，而且在促使双方真诚协作、努力工作、实现管理科学化等方面也能起到积极的作用。

二、合同的种类

合同的种类很多，按当事人的国籍关系分，可分为国内合同和涉外合同；按时间分，可分为长期合同、中期合同和短期合同；按形式分，可分为条文式合同、表格式合同和条文表格结合式合同。此外，还有专门拟写的合同，也有按固定格式填写的合同。随着法制的不断健全，我国实行了合同示范文本制度。所谓合同示范文本，是指合同管理机关和有关业务主管部门，经过法定程序，正式规定了一些合同的文本格式。在实际运用中，签订合同的双方就不必再专门起草、修改、拟订合同，只需依照现成的标准合同格式，填上自己所需的内容即可。合同示范文本的出现，增强了合同文本的规范性、完备性和适用性，也使拟订合同这一工作变得简单、方便、易于操作，并且相对较为安全(可以避免重大疏漏的产生)。

合同的分类，除上述划分法外，在实际运用中主要还是按照合同的内容和业务性质来划分，大致可划分成以下类别：

(一)经济合同

这种合同主要用于经济生活领域，具体又可分为：①货物买卖合同；②建筑工程承包合同；③财产租赁合同；④加工承揽合同；⑤货物运输合同；⑥仓储保管合同；⑦供用电、水、气、热水合同；⑧借款合同；⑨财产保险合同；⑩联营合同等。

(二)技术合同

这种合同主要用于技术服务与贸易，具体又可分为：①技术开发合同；②技术转让合同；③技术咨询合同；④技术服务合同等。

(三)人员聘用合同

这种合同一般由用人单位拟写框架(主要条款)，经应聘求职人员审阅同意后生效。

(四)其他合同

其他合同包括文艺演出合同、社会服务合同、图书出版合同等各种形式的合同。

三、合同的写作

(一)合同的格式

合同的种类繁多、内容各异，形式上也各有特点，但其格式却大同小异，一般由标题、立合同方和正文组成。

1. 标题

合同的标题一般由合同性质和文种名称两部分组成，如“建筑工程承包合同”、“借款合同”等；也有的标题还点明单位或标的名称，如“××铁路局货物运输合同”等。

2. 立合同方

在标题下面并列书写订立合同的单位名称或当事人姓名。为了使行文简便，可把签约的一方简称为“甲方”，另一方称作“乙方”，如果有中介方，也要注明。

3. 正文

这是合同的主要部分，一般由前言、双方议定的内容、附注和落款组成。

(1)前言。用于交代签订合同的根据或目的。例如，“××厂与××厂本着进一步加强合作、互惠互利的原则，以有利于扩大生产、提高产品质量、扩大创汇、提高经济效益为目的，经双方协商，一致同意进行联营”。又如，“经甲乙双方协商，特签订本合同”。前言有时可省略。

(2)双方议定的内容。不同的合同有不同的内容，具体将在下文介绍。

(3)附注。附注主要写合同份数、保存单位、附件名称及件数等。例如，“本合同一式三份，甲、乙双方各执一份，公证机关存放一份”。

(4)落款。落款在正文之下，写明签订合同双方单位的全称和代表姓名，并签字盖章，如有主管部门鉴证、公证的部门、机关及代表，并签字盖章。有的合同还在上述各单位之下分别注明地址、电话、联系人、银行账号等内容以方便联络。

(二)合同的内容

合同的内容因文而异，不同种类的合同有不同的主要条款。但从宏观角度看，各类合同的条款可分为通用条款、专用条款和合同某方特约条款三类。

1. 通用条款

通用条款是指各类合同都必须具备的或普遍常用的条款。例如，任何一份合同都至少必须包含以下三个方面的内容：

(1)标的。即合同签约双方权利和义务共同指向的对象，或者说签约双方所要处置的事物(如工业产品、农副产品、基建项目等)。

(2)双方的权利和义务。即合同双方各应承担哪些义务，各自享受哪些权益。例如，在货物买卖中，买方的主要权利是得到货物，义务是按时足额交款；卖方的主要权利是得到货款，义务是按时保质保量交货。具体说来，这部分大致包括标的、对标的的具体说明与要求、价款或酬金、履行期限、违约责任、验收办法和支付办法七项条款。

(3)违反合同的惩罚性措施。这是确保双方正确履行合同的必要手段。

2. 专用条款

专用条款是指某类合同特有的条款。例如，

(1)购销合同专用条款。包括包装要求、交货方式、交货地点等。

(2)财产租赁合同专用条款。包括租赁财产的用途、租赁期间财产维修保养的责任等。

(3)建筑、安装工程承包合同专用条款。包括签约双方互相协作的内容、保修期等。

(4)加工承揽合同专用条款。包括承揽方提供原材料的名称、规格、数量、质量、交付日期以及技术资料、图纸的提供办法等。

(5)货物运输合同专用条款(栏目)。包括发站、到站、运距、收货人等。

(6)仓储保管合同专用条款。包括货物的保管方法、出入库手续、损耗标准和损耗处理等。

(7)科技协作合同专用条款。包括协作方式、经费和物资概算、科技成果所有权及其保密、保护等。

(8)借款合同专用条款。包括货款用途、还款资金来源及还款方式、保证条款等。

(9)财产保险合同专用条款。包括联营体管理机构的组成、经营的范围和方式、各方出资的方式、数额、期限、利益分配方案等。

3. 合同某方特约条款

合同某方特约条款是指签约一方特别要求对方允诺的条款。例如，合同中的特约事项、补充条款或其他要求等栏目就属于特约条款。

(三)合同写作的注意事项

1. 内容完备，条款齐全

由于合同的法律效力的严肃性，要求双方在研究、协商和拟写合同时，要考虑周全，力求把可能涉及的各个环节和细节都考虑进去，切不可出现重大疏漏，以免给合同的履行带来麻烦，造成经济损失。例如，在货物买卖合同中，没有对付款的期限作出规定，则可能造成恶意拖欠。

2. 规定具体，表述周密

这是指合同条款在具体写作中要注意语法和逻辑，把事项具体而周密地表现出来。例如，交货地点写“北京”就很不具体，容易发生纠纷。

3. 书写工整，文面整洁

首先，要注意不写错别字；其次，金额、数量等数字应大写；再次，字迹要清楚、工整，不得任意涂改。例如，把“定金”写成“订金”，虽只有一字之差，但两者内涵相去甚远。

【例文 12-8】

石油购销合同

购货单位：______________，以下简称甲方；

供货单位：____________，以下简称乙方。

经甲乙双方充分协商，特订立本合同，以便共同遵守。

第一条　产品的名称、品种、规格和质量

1. 产品的名称、品种、规格：____________。

2. 产品的技术标准(包括质量要求)，按下列第(　　)项执行：

(1)按国家标准执行；

(2)按部颁标准执行；

(3)由甲乙双方商定技术要求执行。

第二条　产品的数量和计量单位、计量方法

1. 产品的数量：____________。

2. 计量单位、计量方法：____________。

3. 产品交货数量的正负尾差、合理磅差和在途自然减(增)量规定及计算方法：____________。

第三条　产品的包装标准和包装物的供应与回收____________。

第四条　产品的交货单位、交货方法、运输方式、到货地点(包括专用线、码头)

1. 产品的交货单位：____________。

2. 交货方法，按下列第(　　)项执行：

(1)乙方送货；

(2)乙方代运；

(3)甲方自提自运。

3. 运输方式：____________。

4. 到货地点和接货单位(或接货人)____________。

第五条　产品的交(提)货期限

______________________________________。

第六条　产品的价格与货款的结算

1. 产品的价格，按下列第(　　)项执行：

(1)按甲乙双方的商定价格；

(2)按照订立合同时履行地的市场价格；

(3)按照国家定价履行。

2. 产品货款的结算：产品的货款、实际支付的运杂费和其他费用的结算，按照中国人民银行结算办法的规定办理。

第七条　验收方法

______________________________________。

第八条　对产品提出异议的时间和办法

1. 甲方在验收中，如果发现产品的品种、型号、规格、花色和质量不合规定，应一面妥为保管，一面在30天内向乙方提出书面异议：在托收承付期内，甲方有权拒付不符合合同规定部分的货款。甲方怠于通知或者自标的物收到之日起过两年内未通知乙方的，视为产品合乎规定。

2. 甲方因使用、保管、保养不善等造成产品质量下降的，不得提出异议。

3. 乙方在接到需方书面异议后，应在10天内(另有规定或当事人另行商定期限者除外)负责处理，否则，即视为默认甲方提出的异议和处理意见。

第九条　乙方的违约责任

1. 乙方不能交货的，应向甲方偿付不能交货部分货款的______%的违约金。

2. 乙方所交产品品种、型号、规格、花色、质量不符合规定的，如果甲方同意利用，应当按质论价：如果甲方不能利用的，应根据产品的具体情况，由乙方负责包换或包修，并承担修理、调换或退货而支付的实际费用。

3. 乙方因产品包装不符合合同规定，必须返修或重新包装的，乙方应负责返修或重新包装，并承担支付的费用。甲方不要求返修或重新包装而要求赔偿损失的，乙方应当偿付甲方该不合格包装物低于合格包装物的价值部分。因包装不符合规定造成货物损坏或灭失的，乙方应当负责赔偿。

4. 乙方逾期交货的，应比照中国人民银行有关延期付款的规定，按逾期交货部分货款计算，向甲方偿付逾期交货的违约金，并承担甲方因此所受的损失费用。

5. 乙方提前交货的产品、多交的产品的品种、型号、规格、花色、质量不符合规定的产品，甲方在代保管期内实际支付的保管、保养等费用以及非因甲方保管不善而发生的损失，应当由乙方承担。

6. 产品错发到货地点或接货人的，乙方除应负责运交合同规定的到货地点或接货人外，还应承担甲方因此多支付的一切实际费用和逾期交货的违约金。

7. 乙方提前交货的，甲方接货后，仍可按合同规定的交货时间付款：合同规定自提的，甲方可拒绝提货。乙方逾期交货的，乙方应在发货前与甲方协商，甲方仍需要的，乙方应照数补交，并负逾期交货责任；甲方不再需要的，应当在接到乙方通知后15天内通知乙方，办理解除合同手续。逾期不答复的，视为同意发货。

第十条　甲方的违约责任

1. 甲方中途退货，应向乙方偿付退货部分货款______%的违约金。

2. 甲方未按合同规定的时间和要求提供应交的技术资料或包装物的，除交货日期得顺延外，应比照中国人民银行有关延期付款的规定，按顺延交货部分货款计算，向乙方偿付顺延交货的违约金；如果不能提供的，按中途退货处理。

3. 甲方自提产品未按供方通知的日期或合同规定的日期提货的，应比照中国人民银行有关延期付款的规定，按逾期提货部分货款总值计算，向乙方偿付逾期提货的违约金，并承担乙方实际支付的代为保管、保养的费用。

4. 甲方逾期付款的，应按中国人民银行有关延期付款的规定向乙方偿付逾期付款的违约金。

5. 甲方违反合同规定拒绝接货的，应当承担由此造成的损失和运输部门的罚款。

6. 甲方如错填到货地点或接货人，或对乙方提出错误异议，应承担乙方因此所受的损失。

第十一条　不可抗力

甲乙双方的任何一方由于不可抗力的原因不能履行合同时，应及时向对方通报不能履行或不能完全履行的理由，以减轻可能给对方造成的损失，在取得有关机构证明以后，允许延期履行、部分履行或者不履行合同，并根据情况可部分或全部免予承担违约责任。

第十二条　其他

1. 按本合同规定应该偿付的违约金、赔偿金、保管保养费和各种经济损失的，应当在明确责任后10天内，按银行规定的结算办法付清，否则按逾期付款处理。但任何一方不得自行扣发货物或扣付货款来充抵。

2. 本合同如发生纠纷，当事人双方应当及时协商解决，协商不成时，任何一方均可请业务主管机关调解或者向仲裁委员会申请仲裁，也可以直接向人民法院起诉。

第十三条　本合同自______年______月______日起生效，合同执行期内，甲乙双方均不得随意变更或解除合同。合同如有未尽事宜，须经双方共同协商，作出补充规定，补充规定与合同具有同等效力。

第十四条　本合同正本一式二份，甲乙双方各执一份；合同副本一式____份，分送甲乙双方的主管部门各留存一份。

购货单位(甲方)：______(公章)　　供货单位(乙方)：______(公章)

法定代表人：________(公章)　　法定代表人：______(公章)

地址：____________　　地址：____________

开户银行：__________　　开户银行：__________

账号：________________　　　　账号：________________

电话：________________　　　　电话：________________

______年______月______日　　　　______年______月______日

【简析】

这是一份标准合同示范文本，适用于绝大部分的产品购销经济行为。这种合同是半空白的：框架已经拟好，具体内容则需要根据各次购销行为的具体情况如实填写。合同文本首先列出“立合同方”的有关项目；正文条款主要包括：购销活动所指向的对象(具体又包括对这一对象在数量、质量、规格、款式、标准等方面的要求)、供方的权利与义务、需方的权利与义务、违约责任的追究等。最后还列出了立合同双方的联系方式等信息要求填写。这类合同文本格式规范、结构严谨。

【例文 12-9】

员工试用合同书

甲方：

乙方：

身份证号：

根据国家和本地劳动管理规定以及本公司员工聘用办法，按照甲方关于公司新进各类人员均需试用的精神，双方在平等、自愿的基础上，经协商一致同意签订本试用合同。

一、试用合同期限：

自____年____月____日至____年____月____日止。有效期为____个月。

二、试用岗位根据甲方的工作安排，聘请乙方在________工作岗位。

三、试用岗位根据双方事先之约定，甲方聘用乙方的月薪为____元，该项报酬包括所有补贴在内。

四、甲方的基本权利与义务：

1. 甲方的权利。

有权要求乙方遵守国家法律和公司各项规章制度；

有权对乙方违法乱纪和违反公司规定的行为进行处罚；

对试用员工不能胜任工作或不符合录用条件，有权提前解除本合同。

2. 甲方的义务。

为乙方创造良好的工作环境和条件；

按本合同支付给乙方薪金；

对试用期乙方因工伤亡，由甲方负担赔偿。

五、乙方的基本权利和义务：

1. 乙方的权利。

享有国家法律法规赋予的一切公民权利；

享有当地政府规定的就业保障的权利；

享有公司规章制度规定可以享有的福利待遇的权利；

对试用状况不满意，请求辞职的权利。

2. 乙方的义务。

遵守国家法律法规、当地政府规定的公民义务；

遵守公司各项规章制度、行为规范的义务；

维护公司的声誉、利益的义务。

六、甲方的其他权利、义务：

试用期满，若乙方不符合录用条件，甲方有权不再签订正式劳动合同；

对员工有突出表现，甲方可提前结束试用，与乙方签订正式劳动合同；

试用期乙方的医疗费用由甲方承担90％，乙方承担10％；

试用期甲方一般不为乙方办理各项保险手续，如乙方被正式录用，可补办有关险种，从试用期起算；

试用期，乙方请长病假10天、事假等累计超过7天者，试用合同自行解除。

七、乙方的其他权利、义务：

试用期满，有权决定是否签订正式劳动合同；

乙方有突出表现；可以要求甲方奖励；

具有参与公司民主管理、提出合理化建议的权利；

反对和投诉对乙方试用身份不公平的歧视。

八、一般情况下，试用期间乙方岗位不得变更。若需变更，须事先征求乙方的同意。

九、本合同如有未尽事宜，双方本着友好协商原则处理。

十、本合同一式两份，甲、乙双方各执一份，具同等效力，经甲乙双方签章生效。

甲方：　　　　　　　　　　　乙方：

法定代表人：　　　　　　　　签字：

签约日期：　　年　　月　　日

签约地点：

【简析】

这是一份劳动用工类的标准合同文本，适用于规范用人单位与试用期员工之间的权利义务。合同首先规定了试用期长度、拟试用岗位、试用期待遇等。接着，第 4、第 5 两大条规定了双方的基本的权利与义务，这属于比较通用的条款(绝大多数的公司与试用期员工都遵循的一些最基本的权利与义务条款)；第 6、第 7 条则是“专用条款”，比较详细地约定了双方的一些具体的权利与义务关系。最后，合同还对违约责任的追究以及合同文本的数量和效力等作了说明。

【例文 12-10】

民间借贷合同

出借方：____________　　住所：____________

借款方：____________　　住所：____________

合同签订地：____________

双方为借款事宜，经协商达成如下协议：

(1)借款数额：出借方于____年____月____日借给借款方人民币________元(金额大写)。

(2)借款期限：自____年____月____日至____年____月____日。

借款利息：双方约定借款利息为________%(注：利息不得超过同期银行贷款利息的 4 倍)。

(3)违约责任：借款方应当按照约定的期限返还借款本息，借款方未按照约定的期限返还借款本息，出借方可以要求借款人按日加付本息的万分之________的违约金。

(4)本合同自出借方提供借款之日起效。

出借方：____________(签章)　　借款方：____________(签章)

年　月　日

【简析】

这是一份比较简单的民间借款合同，与银行贷款等的合同相比，其内容比较单纯，主要是注明借款的数额、还款的期限、应支付的利息、违约的追究等事项。合同虽不复杂，但内容还是完备的。在实际生活中，即便是熟人相互借贷，也应该放得下面子、不惧麻烦签订这样的合同，以避免不必要的纠纷和损失。

【例文 12-11】

家庭居室装修装饰合同

委托人：____________　　住所地址：____________

联系电话：____________　　邮编：____________

受托方：____________　　住所地址：____________

联系电话：____________　　邮编：____________

本人身份证号码：____________

从业人员上岗证书号码：____________(适用于个体装饰人员)

合同签订地：____________

委托人与受托人根据《中华人民共和国合同法》与国家建设部发布的《家庭居室装修管理试行办法》的规定，本着平等互利的原则，特订立本合同。

一、家庭居室装修的间数、面积、装饰装修的项目、方式、规格、质量要求以及质量验收方式：____________。

二、装饰装修工程的开工、完工时间：____________。

三、工程保修的内容、期限：____________。

四、装修工程价格及支付的方式、时间：____________。

五、合同变更和解除的条件：____________。

六、违约责任及解决纠纷的途径：____________。

七、本合同自双方签字、签章时(或公证时)起生效。

委托人：____________(签章)　　　　受托人：____________(签章)

____年____月____日　　　　____年____月____日

【简析】

这是一份家居装修合同的标准文本。随着人民居住水平的改善，家庭居室装修已成为众多家庭要面对的问题。在良莠不齐的家装行业，存在着一些欺诈、陷阱，在装修工程开始之前与装修公司或个人签订合同是十分必要的。这份合同为我们提供了一个框架，提示我们在签订这类合同时应对哪些问题作出具体而明确的约定，具有较高的参考价值。

【例文 12-12】

××市白蚁防治所治蚁工程合同

委托单位：××市公房处(以下简称甲方)

承治单位：××市白蚁防治所(以下简称乙方)

为了使国家和人民的财产免遭白蚁的危害，并保障人民居住安全，经双方协议，签订防治白蚁合同如下：

一、乙方采用科学方法，根据白蚁的生活习性施药，防治结合，消灭白蚁并防止其再生。

二、防治白蚁勘查施工范围：××市公房处所辖×××路 14 号二栋一门一楼两家。

三、本合同工程费：×千×佰元整。乙方第一次施工完毕，甲方一次付清。

四、合同期壹年。由××××年 3 月 31 日起至××××年 3 月 31 日止。

每年定期复查两次。第一次复查××××年9月1日。第二次复查××××年3月1日。

五、合同期内，在乙方承治的范围里再次发生白蚁危害，甲方通知乙方灭治，不加收费。

六、其他要求：合同期内，在乙方承治范围里再次发生白蚁危害，甲方通知乙方，乙方拖延不治，由此造成的损失由乙方负责赔偿。因甲方通知不及时而造成的损失，由甲方负责。

七、本合同一式五份，甲方二份，乙方三份，双方盖章生效。

甲方：××市公房处(公章)　　乙方：××市白蚁防治所(公章)

代表：×××　　代表：×××

地址：(略)　　地址：(略)

电话：(略)　　电话：(略)

年　月　日　　年　月　日

【简析】

与前面的标准合同示范文本相比，这份以及下面一份合同都属于专门草拟的合同。不过，这类专门草拟的合同一般是由其中一方事先起草好了的“半成品”，待签约的另一方过目并表示没有疑义之后正式签署具体内容。这份合同是由某白蚁防治所起草的，共7个条款。第1、第2条属于“标的”，它规定了双方签约所为何事；第3条是对劳动报酬的约定；第4、第5条规定了乙方在合同有效期内防治白蚁工作的具体义务；第6条约定了产生纠纷后对双方责任的认定；第7条说明了合同文本的数量和效力。

【例文12-13】

著作权转让合同

甲方：北京金万东科技发展有限责任公司

乙方：

产品名称：《________》光盘。

产品背景：本光盘系由甲方研制开发的《________》系列商用光盘之一，已由______出版社出版。

第一条　经双方友好协商，甲方同意出让，乙方同意受让《________》光盘的著作权，现达成本协议。

第二条　甲方保证拥有本产品的著作权。

第三条　转让金额为人民币______万元整。

第四条　付款方式：

1. 首付________万元，于CD-R交付之日一次性付清。

2. 第二次付________万元，于____年____月____日前一次性付清。

3. 第三次付________万元，于____年____月____日前一次性付清。

第五条　甲方权利和义务

1. 在合同有效期内，未经乙方同意，甲方不得将产品著作权转让第三方或授予第三方代理销售权。

2. 甲方对上述产品仍保留署名权。

3. 甲方有获取著作权转让金的权利。

4. 甲方有权从乙方处按零售价______折进货销售本产品。

5. 在合同生效之日起______日内，甲方应提供本产品的CD-R。

第六条　乙方权利和义务

1. 乙方对上述产品有署名权。

2. 乙方有按时支付转让金的义务。

3. 成品盘制作完成后，乙方应拨出少量赠送盘，其中提供给出版社样品盘______片，提供给甲方样品盘______片。

第七条　甲方同意乙方自行对本产品内容和版本进行修改。但甲方保留署名权和产品标题名称。

第八条　违约条款：

1. 甲方逾期______日交付本产品的CD-R，乙方有权解除本合同，并向甲方要求赔偿损失。

2. 根据上述第四条各项，乙方如延期付款，按每日千分之三向甲方支付延期付款补偿金。如该项付款超过20日，乙方仍未付款，甲方有权解除本合同。并可自由使用著作权，不再受本合同之约束。已收取的款项不再退回，且对于乙方已生产出的成品盘有权按基本成本价格回收。

第九条　双方因合同的解释或履行发生争议，由双方协商解决，协商不成，诉讼解决。

第十条　本合同自双方签字之日起生效。

著作权转让生效以最后一笔转让费结清之日为准。

第十一条　本合同一式两份，双方各持一份。

甲方：北京金万东科技发展有限责任公司　　　　乙方：

代表：　　　　　　　　　　　　　　　　　　　代表：

年　月　日　　　　　　　　　　　　　　　　　年　月　日

【简析】

这份合同是由甲方(北京金万东科技发展有限责任公司)拟定的，适用于甲方在出版某光盘制品时，将自己所拥有的著作权出让给乙方。随着著作权的转让，甲乙双方的权利义务关系也发生了一些变化。本合同就是要对双方这些权利与义务作出具体而明确的规定，以保护知识产权，维护双方的利益。合同详尽地规定了转让金额、付款方式、甲方权利和义务、乙方权利和义务、违约条款、争议的解决以及合同的生效等问题。其内容具体完备，表述周密严谨，能有效避免各类纠纷的产生。

>>> 思考与练习

1. 什么是意向书？它有何作用？
2. 与协议书或合同相比较，意向书有什么特点？
3. 意向书写作的注意事项有哪些？
4. 协议书的作用和主要特点有哪些？
5. 协议书与合同有哪些区别与联系？
6. 签订合同必须遵循哪些主要原则？
7. 合同的通用条款一般包含哪几个方面的内容？
8. 合同写作的注意事项有哪些？

第十三章　书状类文书　法庭论辩类文书 法律事务类文书

第一节　书状类文书

一、书状类文书的概念

书状是指涉讼的刑事或民事、行政案件当事人为维护自己的合法权益，依照不同的审判程序向司法机关递交的诉讼书面请求。

书状是一种单方面法律行为的体现。这是其本质特征。所谓单方面行为是指书状主体只代表自身的利益，即使是律师替当事人代写的书状也只能代表委托人的意志，而不代表对方当事人的利益。

书状的作用是它可以引起不同的审判程序，有助于人民法院正确审理好案件。如起诉状的递交可以引起案件的第一审程序；上诉状的递交可以引起案件二审程序；申诉状的递交可以引起案件再审程序；申请执行书的递交可以引起民事案件执行程序。这些书状的作用就为人民法院的受案提供了重要依据。

书状既可以由诉讼当事人自行书写，也可以由聘请的律师代写，代写的书状属律师办理诉讼案件的代书范畴。

二、书状类文书的种类

根据1993年最高人民法院颁布的《法院诉讼文书样式》对书状类别的划分，书状可分为民事起诉状、行政起诉状、刑事自诉状、民事上诉状、行政上诉状、刑事上诉状、反诉状、申诉状、答辩状。此外，申请执行书虽未列入，但因其可以引起民事诉讼的执行程序，诉讼保全书、管辖异议申请书、撤诉申请书属于当事人在民事诉讼过程中为解决某些问题所递交的文书，故也应归入书状范围。

三、书状类文书的写作

(一)起诉状

1. 起诉状的概念

起诉状，是指起诉人向人民法院提出诉讼请求时所提交的有事实、有理由的书面材料。

2. 起诉状的种类

起诉状包括刑事诉状(这里指刑事自诉状)、民事诉状(其中包括刑事附带民事诉状)和行政诉状三种。

3. 起诉状的写作

(1)民事起诉状的写作。现分述如下:

第一,民事起诉状的格式、内容及写法

民事起诉状由首部、诉状请求、事实与理由、尾部四部分组成。

其一,首部。首部依次写明下列事项:

第一部分　文书标题。在文书顶部居中写"民事起诉状"。

第二部分　原告的身份事项。依次写明原告的姓名、性别、年龄、民族、籍贯、职业、工作单位和住址。原告如属企业事业单位、机关、团体,应写明它们的单位全称和所在地址,在下一行写法定代表人的姓名、职务和电话号码。如原告有委托代理人,还需要加写委托代理人的姓名、年龄、职务和与被代理人的关系;委托代理人如系律师,则只写律师姓名和工作单位,没有诉讼代理人的此栏不写。

第三部分　被告身份事项。公民作为被告的写法同原告栏目内容一样,可参照。法人是被告的,只写被告单位全称、所在地址和电话号码。

如果原告和被告不止一人,应分别写明其各自的身份情况。如果对方当事人为两人以上,应当分清其所承担的责任的主次,将主要被告列在前面,然后依责任大小排列。如有第三人,也应分别写明身份事项,写法亦如上。

其二,诉状请求又称请求事项。要求用简明扼要的文字写请求法院解决的民事权益争议问题。如要求解决损害赔偿、追索劳动报酬、债务清偿、履行合同以及要求与被告离婚、给付赡养费、继承遗产等。若请求有两项以上,可分款列出。

其三,事实与理由。这部分是起诉状的核心,必须集中力量写好。事实与理由是原告提出诉讼请求的材料来源,也是人民法院裁决权益纠纷的重要依据。

事实部分,主要应写明被告侵权行为的具体经过和当事人双方权益争执的具体内容,要求具体写明被告侵权行为或当事人双方发生争议的时间、地点、人物、原因、结果等要素,将纠纷的过程如实反映出来。叙述事实应注意把被告侵权行为所造成的后果和应承担的责任反映明确,将当事人双方争议的焦点写清楚,以便人民法院能全面了解事态真相,分清责任的大小,从而依法判处。

继事实叙述之后,还应列举相应证据,说明事实是属实的。证据包括物证、书证、证人、证人证言等。同时还要写明证据的来源，证人的姓名、住址，以便为人民法院核实证据提供方便。

理由部分包括以下内容：一是分析纠纷的性质，确定被告的行为属侵权行为或违法行为，以分清是非；二是分析被告行为造成的后果，指明其应承担的民事责任；三是分析权利义务关系，论说提出诉讼请求的合理性、合法性；四是引用相关的法律条文，为起诉确立法律依据。之后，还要写明“为此，特向贵院起诉，请依法判决”字样。

其四，尾部。应分两行写明致送法院单位，即第一行空两格位置写“此致”，第二行顶格写“××人民法院”，其右下角由具状人签名或盖章，并注明具状的日期。如系律师代书的，在日期之下还应写明代书人的姓名、工作单位及职务。附项部分应写明本状副本的份数及提交证据的名称、份数。

第二，民事起诉状的写作要求。

其一，民事起诉状重点应叙述好纠纷的事实，因为事实是人民法院据以判明是非责任的重要依据。从目前存在的问题来看，在诉状写作过程中尤其要注意如下四点：

一要详略得当，不要重点不明。通晓写作之道的人大都懂得围绕着中心选材这一基本常识，诉状的制作亦应如此。写诉状最忌讳抓不住中心，该说的不说，不该说的却不厌其烦，喋喋不休，做节外生枝、漫无边际的无谓表述。

二要具体明确，不要含糊不清。叙述纠纷的事实在抓住争议的要害问题后，必须用事实说话，将纠纷的具体经过一一写明，因为事实是诉讼请求赖以成立的依据，事实叙述得具体、充分，可以使办案人员准确地把握案件情况，以辨明所提请求的合法性。写诉状陈述案情特别反对言之无物、空话满篇，用抽象空洞的词语来取代具体的事实。

三要客观求实，不要歪曲真相。当事人陈述案情必须实事求是，尊重客观事实，如实反映案件的本来面目，绝不能随意夸大、缩小，歪曲甚至捏造事实，这是当事人进行诉讼、写书诉状的基本要求。

四是语言文明，不要恶语伤人。当事人因民事争议而引起诉讼，此时双方往往积怨很深，因而书写诉状时要注意语言文明，平心静气地列举事实，表明主张，晓之以理，不要使用刺激性的词语，更不能用谩骂的语言对对方进行人身攻击和人格污辱，实践中有些当事人写诉状时往往不注意这一点，如有份诉状中写道：“这个笑里藏刀、人面兽心的中山狼，一贯善于玩弄假善人的伎俩。”语言的刻薄乃至粗俗，只能反映一个人文化水平、思想水平的低下，绝不能为胜诉带来丝毫有利因素，写诉状强调的是摆事实、讲道理，以理服人，污言秽语、肆意伤人不仅无助于纠纷的解决，而且会产生副作用。

其二，说理要充分，坚持以理服人。要使自己的诉讼请求得以成立，就必须加强理由的论证力及针对性。通过剖析事实，列举证据，分析证据，从不同的角度、不同的方面去论证原告提起诉讼的合理性、合法性。这样才能区分责任，明确权利义务的关系，使诉讼具有说服力量。

其三，诉讼请求要具体、明确，切实可行。诉讼请求是具状人诉讼所要达到的目的，内容虽不多，但却异常重要，必须写得具体、明确。如离婚状，不能仅写“请法院依法判决我与某某离婚”一项内容，因为一旦婚姻关系解除，随之而来，必定要涉及子女抚养、财产分割等方面问题，所以在请求事项中还必须将这些内容写入。又如索要赡养费、抚养费案中，不仅应具体写明索要的数额、期限、给付方法等，同时，还应提得合情合理，切实可行。如果索要的赡养费、抚养费远远超出了对方经济负担的能力，则不合理，法院是不会根据不合理的请求作出判决的。

【例文 13-1】

民事起诉状

（公民提起民事诉讼用）

原告：关云，男，15 岁，汉族，北京市人，学生，住北京市海淀区中关村大街 16 号。

法定代理人：关涛，男，40 岁，汉族，北京市人，个体工商户，住北京市海淀区中关村大街 16 号。

委托代理人：张某，北京××律师事务所律师。

被告：王林，男，40 岁，汉族，北京市人，住北京市海淀区知春路 18 号。

诉讼请求

1. 判令被告赔偿医疗费、生活补助费 1 万元。
2. 判令被告赔偿误工补助费 200 元。
3. 判令被告赔偿精神损失费 1 万元。
4. 本案的诉讼费由被告承担。

事实与理由

2003 年 10 月 23 日下午 4：00 左右，关云在下课回家的路上，路经王林所住的居民楼，楼上三楼王林家的一个花盆突然落下将其砸伤。正途径此处的市政府干部赵海遇见此事，便向附近居民刘华借了一辆摩托车，送关云去医院。由于赵海对刘华的车不熟悉，车速较慢，虽最终将关云送往医院，但因抢救不及时，留下后遗症，经鉴定为头部被撞击、失血过多、耽搁时间过长所致。

根据《中华人民共和国民法通则》第126条规定，王林应当对其所管理的花盆坠落致人受伤承担民事责任；根据《中华人民共和国民法通则》第119条和最高人民法院《关于贯彻执行〈中华人民共和国民法通则〉若干问题的意见（试行）》第144条、第145条，最高人民法院《关于确定民事侵权精神损害赔偿责任若干问题的解释》第1条的规定，被告应当承担原告因此支付的医疗费、生活补助费1万元，原告父母护理原告的误工补助费2000元；以及精神损失费1万元。根据《民事诉讼法》的有关规定，特向贵院提起民事诉讼，请求保护原告的合法权益。

证据和证据来源，证人姓名和住址

1. 关云就诊的医院病历

2. 证人赵海，住北京市海淀区×号

3. 证人刘华，住北京市海淀区×号

此致

北京市海淀区人民法院

附：1. 本诉状副本1份

2. 书证1份

3. 证人证言2份

起诉人　关云

法定代理人　关涛

二〇〇四年三月二日

【简析】

本诉状当事人的身份事项齐全；诉讼请求明确具体；事实叙述清楚，当事人双方的法律关系明确、理由充分，写明了法律依据；文字简明扼要。且附证据。

（2）刑事自诉状的写作。现分述如下：

第一，刑事自诉状的概念。

刑事自诉状是刑事案件的自诉人或其法定代理人根据事实和法律向人民法院控告被告人侵犯自身权益，要求追究其刑事责任的书状。根据刑事诉讼法的规定，刑事自诉案件是指只有告诉才处理或其他不需要进行侦查的轻微刑事案件。它包括下列范围：伤害案、侮辱案、诽谤案、重婚案、暴力干涉婚姻案、破坏现役军人婚姻案、虐待案、遗弃案等。刑事自诉人是指直接向人民法院提起刑事诉讼的人，被起诉的一方称被告人。刑事案件的自诉人向人民法院起诉，可以自己书写自诉状，也可以由他的法定代理人或委托诉讼代理人代写自诉状。

第二，刑事自诉状的格式、内容及写法。

刑事自诉状由首部、案由和诉讼请求、事实与理由、尾部组成。

其一，首部。首部应写明下列各项：

第一部分　标题。写明“刑事自诉状”字样。

第二部分　自诉人身份概况。写明自诉人的姓名、性别、年龄、民族、籍贯、职业、工作单位及住址。

第三部分　被告人的身份概况。写法同自诉人栏，可参照。如果自诉人或被告人不止一人，应分别写明其身份概况。

其二，案由和诉讼请求。这一部分主要写明所控的被告人罪名和要求人民法院依法判决的请求事项。如遗弃案，可写“被告人某某犯遗弃罪，请依法追究其刑事责任”。诽谤案，可写“被告人某某犯诽谤罪，请依法追究其刑事责任”。

案由和诉讼请求是刑事自诉状的主体。因之确定罪名，务求准确、规范，文字表述也要简洁明了，一语道明即可。

其三，事实与理由。这部分是刑事自诉状的中心环节。包括犯罪事实和起诉的理由两个方面，应分开段落来写。犯罪事实应当写清被告人所犯罪行的具体经过，将犯罪的时间、地点、动机、目的、手段、情节、后果等要素明确交代出来。对于具有因果关系的案件要特别注意将犯罪的前因后果交代清楚，以便供法院调查核实，正确判明案情。此外，在叙述犯罪事实时还要列举有关证据(如证人、证言、书证、物证等)，写明证据的来源及证人的姓名、住址、职业，以供法院核实对证。证据可以在叙述中列举，也可以在写完事实之后一并列举。理由部分主要应根据被告人的罪行对其行为进行分析认定，写明被告人的犯罪行为使被害人受到什么损害，已构成什么性质的犯罪，触犯了什么法律条文，提出请求人民法院依法追究刑事责任的事实依据和法律依据。

其四，尾部。

第一部分　写明致送法院的单位名称，分两行写“此致”、“某某人民法院”。

第二部分　右下方由自诉人署名或盖章，并注明具状的年月日。

第三部分　附项。写明下列事项：本状副本份数，物证几件，书证几份。

第三，刑事自诉状的写作要求。

书写刑事自诉状要求：第一要真实合法。真实是叙述有罪事实必须符合案情的原貌，做到客观，不走样。合法，是指制作刑事自诉状必须严格依照法律的规定，有充分的法律依据，指控被告人犯有何罪，必须符合该罪的犯罪特征，否则，就不能提起自诉。第二要严格区分罪与非罪的界限。叙述犯罪事实所使用的材料，须是构成犯罪的内容，属于道德品质、思想意识、生活作风等问题和轻微违法行为，不要写入，以免徒劳。

【例文 13-2】

刑事自诉状

自诉人：张××，女，28 岁，汉族，××市××区人，××区××厂职工，住××市××区东北关 43 号楼 2 单元 8 号。

被告人：王××，男，29 岁，汉族，××市××区人，××市工商管理局干部，住××市工商管理局家属院 3 号楼 208 室。

案由与诉讼请求

被告人王××犯重婚罪。请求人民法院依照《中华人民共和国刑法》第 258 条之规定，追究王××的刑事责任。

事实与理由

我与被告人王××通过朋友介绍相识，1992 年建立恋爱关系，并于 1996 年国庆节结婚，婚后感情较好，1998 年 3 月生一女。

1998 年 9 月，王××被调到××市工商管理局工作，不久即隐瞒已有妻女的事实与该局干部刘××(女，25 岁)恋爱。为了达到与刘××结婚的目的，王××多次在他的来信中编造谎言欺骗我，说“离了婚，就可以在局里分配到职工住房，等分到房后再复婚，这样才有机会让我和他待在一起”，“局里选拔培养后备干部，必须是未婚的，我们离婚只是为了应付局里，等事过去后再复婚”，等等。1999 年 4 月，我到××市工商管理局找王××协商，恰好王××被局里派到外地出差。经向其同事了解，证实王××所说纯属谎言。同年 7 月 8 日，王××回来休假，我对其编造谎言进行欺骗一事给予批评。王××见我识破其诡计，竟然恼羞成怒，对我拳打脚踢，致使我身上多处受伤。此后，王××不再来信，也不给付女儿的抚养费用。

据了解，王××于 2000 年 6 月利用非法手段，骗得单位结婚登记介绍信，并与刘××在××市××街道办事处正式办理了结婚登记手续。

综上所述，被告人王××为了达到与他人非法再婚的目的，用谎言欺骗，被识破后又不择手段，骗得单位结婚登记介绍信，并与刘××登记结婚。王××的行为已经触犯了《中华人民共和国刑法》第 258 条之规定，构成重婚罪，应当依法追究其刑事责任。为此，特向贵院起诉，请依法惩处。

此致

××市××区人民法院

附：本自诉状副本1份

自诉人：张××

2000年12月20日

【简析】

本诉状符合自诉案件的范围，而且格式规范，符合要求，在叙述事实与理由时，语言精练，条理清楚，详细叙述案件经过，能使法官弄清案情的来龙去脉。列举法律事实和法律条文，明确提出诉讼请求。

(3)行政起诉状的写作。现分述如下：

行政起诉状的写法大体与民事起诉状的写法相同。但根据行政诉讼自身的特点，行政起诉状的写作也有一些特殊要求，下面简单地介绍一下：

第一，首部。首部应写明下列事项：

第一部分　标题。写明“行政起诉状”字样。

第二部分　原告的身份情况。

第三部分　被告的情况，即写明被告机关的全称及地址。

第二，正文。应写明原告请求的事项及依据的事实和理由。

其一，行政起诉状的请求事项。根据行政案件的特点，诉讼请求主要有违法撤销、请求作为、请求变更和损害赔偿等几种，原告可以针对自己不服被告具体行政行为的情况，分别提出不同的诉讼请求。

其二，行政诉讼中的事实与理由，同样是起诉状的核心部分。事实部分要写明行政争议的焦点，着重写明被告及其工作人员侵犯原告合法权益的事实经过、原因及其后果。理由部分应根据不同的案情而有所侧重。例如，对于被告侵犯原告人身权和财产权的案件，要着重论述被告实施的具体行为所依据的事实是不真实的，或者所适用的法律是错误的，或者违反了法定的程序；或者被告纯属超越职权、滥用职权的行为；或者该行政处罚决定过重，显失公平等。又如，对于被告不履行法定职责或拖延履行法定职责的案件，要重点论述依据有关法律规定，原告应当享有的请求权，被告应当履行的职责及期限，从而阐明被告的过错及其应当承担的责任。

第三，尾部。写明受诉人民法院名称，具状人签名或盖章，注明具状年、月、日。附项部分写明本状副本份数，提交有关证据的名称、份数。

【例文13-3】

行政起诉状

原告：王静，男，汉族，1975年11月19日出生，××市人，身份证号：×，初中文化，住址：××市××区××路×号

委托代理人：王立胜，系甘肃为公律师事务所律师

被告：××市劳动教养管理委员会，地址：××市××区××路×号

法定代表人：赵某，系该委员会主任

诉讼请求：

1. 请求依法撤销某劳教【2010】203号劳动教养决定。

2. 判令本案诉讼费由被告承担。

事实与理由

一、本案基本事实

原告王静初中文化，36岁，农民，无业，单身一人。6月份经朋友介绍到本地打工，长时间没有找到活，朋友说听课可以赚钱，原告就去听课，授课内容是宣传"一生缘滋补酒"的功效、作用，朋友让王静听课学习。陷入传销组织后，原告主要从事在上课时擦黑板的工作。原告王静被抓时站在黑板旁。王静听课擦黑板第7天，即2010年8月5日11时左右，王静在位于市七区梁家庄29号302室授课点被公安人员抓获。王静因受骗参加了听课，但自己没有获取分文，自己的3000多元也被人骗走，事实证明王静也是受害人。基于上述事实，公安机关给予原告行政拘留10天的行政处罚，教育王静不要再参与传销组织，原告没有想到，行政拘留期满，被告却以原告王静自2010年7月中旬加入"汇丰国际"传销组织以来，多次向刘长军、谢忠亮等30余名传销人员讲授传销行骗方法，教唆他人违法犯罪为由，依据国务院转发公安部《劳动教养试行办法》第10条第6项和国务院《关于劳动教养的补充规定》第3条的规定，决定对王静劳动教养一年。原告不服该劳动教养决定，向市政府提出行政复议，市人民政府以[2010]3号决定维持了该劳动教养决定。

被告作出某劳教[2010]203号劳动教养决定的事实不清、证据不足，适用法律错误。

《劳动教养试行办法》第十条规定，对下列几种人收容劳动教养。

(一)罪行轻微、不够刑事处分的反革命分子、反党反社会主义分子；

(二)结伙杀人、抢劫、强奸、放火等犯罪团伙中，不够刑事处分的；

(三)有流氓、卖淫、盗窃、诈骗等违法犯罪行为，屡教不改，不够刑事处分的；

(四)聚众斗殴、寻衅滋事、煽动闹事等扰乱社会治安，不够刑事处分的；

(五)有工作岗位，长期拒绝劳动，破坏劳动纪律，而又不断无理取闹，扰乱生产秩序、工作秩序、教学科研秩序和生活秩序，妨碍公务，不听劝告和制止的；

（六）教唆他人违法犯罪，不够刑事处分的。

根据上述规定，符合《劳动教养试行办法》第十条规定的劳动教养对象必须具备一个先决条件，那就是罪行轻微、屡教不改、不够刑事处分。其法律本意是行为人的行为必须符合我国刑法规定的某一犯罪构成，但因罪行轻微，不够刑事处分，才可以收容劳动教养；即使反革命分子、反党反社会主义分子，该办法也要求必须罪行轻微、不够刑事处分的，才可以收容劳动教养。而本案原告的行为无论根据劳动教养决定所认定的事实还是根据兰州市劳动教养管理委员会行政复议所重申的事实，原告的行为性质仍属于传销的一般违法行为，不属于也不构成我国刑法规定的任何一项犯罪行为。因此，《劳动教养试行办法》第十条第（六）项规定："教唆他人违法犯罪，不够刑事处分的，可以劳动教养。"其前提是该教唆行为必须构成犯罪。我们恳请人民法院查明以下事实：1. 原告教唆他人犯罪，原告触犯了《刑法》的第几条第几款犯罪？2. 原告教唆他人犯罪，教唆他人实施的又是什么犯罪？在劳动教养案件中，如果办案机关违背《劳动教养试行办法》第十条规定的情节要求，对一般违法行为和犯罪行为不加区分，随意扩大劳动教养的适用范围，以劳动教养代替行政处罚，势必产生《劳动教养试行办法》超越《中华人民共和国行政处罚法》的尴尬局面，这是有悖立法机关的立法本意的。

被告作出的【2010】203 号劳动教养决定之所以事实不清，证据不足，其原则错误在于没有区分一般违法行为和轻微犯罪行为的界限，混淆了劳动教养和行政处罚的法律适用范围，将一般违法行为错误地定性为犯罪行为，导致基本事实定性错误，被告依据错误的事实作出的劳动教养决定必然事实不清，证据不足。既然事实认定错误，适用法律错误是必然的。

二、被告作出【2010】203 号劳动教养决定的程序违法

被告作出【2010】203 号劳动教养决定的程序违法表现在两个方面：一方面是采取欺骗手段让原告签字，办案人员让原告在劳动教养决定书上签字时，没有告知原告已被劳动教养，而是告知其签完字后，就可以释放原告出去，原告糊里糊涂签完字，误认为可以自由了，却没有想到被送到了劳教所。可见，被告实际上剥夺了原告的知情权、陈述权、申辩权以及由此产生的被告复查权的表决。另一方面是被告不顾公安机关已对申请人行政拘留 10 天的行政处罚决定，又在行政拘留期满后对原告以教唆他人违法犯罪为由决定劳教一年，属重复处罚，显失公正。行政处罚已足以达到教育和惩罚该行为的目的，再对原告处劳教一年，属于重复处罚，明显不当。因为劳动教养是一种

严重限制人身自由的行政强制措施，解决的是人民内部矛盾，对相对人是否给予劳动教养，应当本着善良公证的态度严格按照法律、法规的规定，依法办理。特别是对那些行为不符合劳动教养条件的违法人员，应当慎之又慎，依法惩处。

综上所述，[2010]203 号劳动教养决定，依据的事实不清，主要证据不足，违反法定程序，适用法律法规错误，显失公正。根据《中华人民共和国行政诉讼法》第五十四条第(二)项之规定，特向人民法院提起诉讼，请求人民法院依法撤销[2010]203 号劳动教养决定。以保护原告的合法权益，监督行政机关依法行政。

此致

××市××区人民法院

附：行政复议决定书一份

劳动教养决定书一份

具状人：王静

2010 年 11 月 16 日

【简析】

本诉状格式规范，叙述事实条理清楚，证据附件齐全。诉讼请求明确，请求依法撤销某劳动教养决定，并列举某市劳动教养管理委员会做出劳动教养行政决定这一行政行为，事实不清、证据不足，适用法律错误。

(4)刑事附带民事诉状的写作。现分述如下：

第一，刑事附带民事诉状的概念。

刑事附带民事诉状是刑事案件的被害人向人民法院控诉被告人犯罪行为的同时，要求一并解决因犯罪行为造成的民事损害予以赔偿的书面请求。

我国刑事诉讼法规定：被害人由于被告人的犯罪行为而遭受物质损失的，在刑事诉讼过程中，有权提起附带民事诉讼。公诉案件和自诉案件均可提起附带民事诉讼。

第二，刑事附带民事诉状的格式、内容及写法。

其一，首部。这部分应依次写明下列事项：

第一部分　标题。在文书篇首标明“刑事附带民事诉状”字样。

第二部分　当事人身份事项。按原告、被告的先后顺序依次写明其姓名、性别、民族、籍贯、工作单位、住址等项内容。

其二，诉讼请求。这部分提出依法予以民事赔偿的请求。如是自诉案而附带民事诉讼一同提起的，还应提出依法追究被告刑事责任的请求。赔偿请求应具体明确，如："要求被告人赔偿将我致伤的住院费、误工费、护理费、车船费共计 7 800 元。"

其三，事实与理由。事实与理由是刑事附带民事诉状写作的重点，应从犯罪的时间、动机、目的、手段、情节及导致的后果等诸要素方面组织文字，将被告人的犯罪经过及犯罪行为造成的民事赔偿侵权行为，层次清晰、有条不紊地叙述出来。叙述过程中需要举证的，还应列出有关证人、证言、书证、物证等证据，以增强其可靠性。

理由部分在用"综上所述事实，具状人认为"一语提起之后，用简明扼要的文字对犯罪事实进行文字概括，说明其行为已触犯的刑法条款，构成何罪，并阐明应予民事赔偿的事实根据及法律依据，最后写明"为此，特向贵院具状起诉，请依法判决"。

其四，尾部。分两行写明致送单位名称，"此致"、"某某人民法院"，右下角由具状人署名，注明具状日期。

【例文 13-4】

刑事附带民事诉状

刑事附带民事诉讼原告人：李永贵(系死者李治军之父)，男，生于 1962 年 12 月 23 日，汉族，初中文化，农民，住巴州区上八庙镇盘龙村 149 号。

刑事附带民事诉讼原告人：朱开秀(系死者李治军之母)，女，生于 1965 年 2 月 4 日，汉族，小学文化，农民，住址同上。

刑事附带民事诉讼被告：巴中市腾达运输有限责任公司(以下简称腾达公司)。

法定代表人：雷涛，该公司经理。

刑事附带民事诉讼被告人：杨月国，男，生于 1974 年 2 月 17 日，住巴州区双胜乡天良村 5 组，系四川 Y19822 福田牌运输型拖拉机驾驶员，因涉嫌交通肇事罪现被羁押在巴州区看守所。

第三人：中国人民财产保险股份有限公司巴中支公司(简称人保巴中支公司)。

法定代表人：徐毅，该公司经理。

案由：道路交通事故损害赔偿

请求目的：

1. 依照刑法第一百三十三条之规定依法从重追究被告人杨月国犯交通肇

事罪的刑事责任。

2. 判令被告、被告人共同赔偿因交通肇事致原告人李永贵、朱开秀之子李治军死亡的死亡赔偿金187002元(9350.1元/年×20年)，丧葬费8926元(17852÷12×6)，处理事故的交通费1000元，误工费1500元，此项合共同赔偿计：198428元。并相互承担连带赔偿责任。

3. 判决上列被告赔偿原告精神抚慰金5万元。

4. 判决第三人人保巴中支公司将四川Y19822车辆的保险金在责任限额范围内赔付给上列原告人。

事实与理由

2007年8月19日上午7时15分许，被告人杨月国驾驶巴中腾达公司所有的四川Y19822号运输型拖拉机，从巴州区万安乡九村载预制板十五张到双胜乡十三村，当车行至巴州区高(店子)双(胜)路11Km+200m处时，由于操作不当，所驾车辆制动不良，车辆侧翻，致路边行人两死一伤，造成重大车损人亡交通事故，其中死者之一李治军乃二原告人之子。该次事故经巴州区公安分局交通警察大队第(2007)00062号认定书认定被告人杨月国担本次交通事故的全部责任，行人李治军不负责任。现被告人杨月国交通肇事一案，已经巴州区公安分局侦查终结，已由巴州区人民检察院提起公诉。被告人交通肇事的犯罪事实和情节以及造成的危害后果，巴州区人民检察院公诉书中有详细的叙述，这里不再重复。

同时经查，四川Y19822号运输拖拉机系被告人杨月国2006年5月购买后于2006年11月17日变更过户到巴中腾达公司，登记产权为公有，车主是腾达公司。杨月国并与腾达公司签订货运汽车联合经营合同，由腾达公司于2007年5月14日至2008年5月14日在第三人人保巴中支公司投保车辆保险，保额限额为250000元。

综上所述：被告人杨月国无视国家道路安全法规，病车上路且操作不当，因此造成新被录取的大学生李治军，这名未来的国家栋梁之材命归黄泉，同时造成其他死伤，其交通肇事行为已构成犯罪。其犯罪行为，不仅给国家和社会造成人才损失，而且给原告人家庭造成了物质损失和精神损失。根据《中华人民共和国刑事诉讼法》第77条第1款规定："被害人由于被告人的犯罪行为而遭受物质损失的，在刑事诉讼过程中有权提起附带民事诉讼。"以及相关法律规定，现原告人依法提起附带民事诉讼，请求人民法院一并审理。

此致

巴州区人民法院

原告人：李永贵

朱开秀

二〇〇七年十月九日

【简析】

这份刑事附带民事诉状，格式规范，诉讼请求明确，事实也叙述清楚，理由充分，文字通顺。但民事诉讼请求不够具体，而且缺人证、书证。

(5)反诉状的写作。现分述如下：

第一，反诉状的概念。

根据我国刑事诉讼法和民事诉讼法规定，刑事自诉案件的被告人或民事案件的被告人在诉讼过程中认为自诉人或原告侵犯了其合法权益，有权针对自诉人、原告的起诉提起反诉。反诉状就是原告起诉后，被告人于同一诉讼程序再对原告予以起诉所写的书状。

依法提起反诉，是法律赋予被告人的特定权利，通过制作反诉状，提出反诉请求，可以使人民法院正确了解被告人的反诉看法及主张，全面把握案情，有助于公正、合理地处理好案件，切实维护当事人的合法权益。

第二，反诉状的格式、内容及写法。

其一，首部。这部分应按顺序写明下列事件：

第一部分　文书标题。在文书顶端居中写“反诉状”字样。

第二部分　反诉人与被反诉人身份事项。

其二，反诉请求。要求用精练而明了的文字列出反诉人提出反诉的请求。如果反诉请求事项较多，可分项一一写明。

其三，事实与理由。这是反诉状的主体部分。根据时间、地点、起因、演变过程及导致的后果诸要素，将行为、经过有条理地叙述清楚。由于反诉是针对本诉而起诉的，所以反诉事实也就是本诉的事实，但是反诉状中叙述的事实却不能与起诉状所写的事实完全一致。这是因为原告与被告在事实认定上认识完全不同，尽管是同一争议情节，但双方都认为对方侵犯了自己的合法权益，故反诉事实中应着重写明反诉人认为正确可以成立的事实，从而去支持自己反诉的请求，对抗原告的诉讼请求，达到抵消、吞并本诉，使其失去作用的目的。

理由部分应论述提起反诉的合理性及合法性，指明被反诉人侵权行为的非法性，然后引用有关法律条文，为反诉确立法律依据，文末用“为此，特提出反诉，请依法判决”结尾。

其四，尾部。这部分应写明下列四点：①证据和证据来源，证人姓名和住址。依次写明证据的名称及件数，从何处收集而来，及提供证据人的情况，以供法院查核。②写明致送单位的名称。分两行写：“此致”、“某某人民法院”。③左下角注明反诉状份数。④右下方注明反诉人署名，并注明制作文书日期。

【例文 13-5】

反 诉 状

反诉人(本诉被告人)：陈××，男，60岁，汉族，××县××镇人，住××镇65号。

被反诉人(本诉原告人)：赵××，男，30岁，汉族，××县××镇中学教师，住镇中学内。

被反诉人(本诉原告人)：肖××，女，25岁，汉族，住××县××镇中学宿舍。

反诉请求：

为赵××、肖××诉干涉婚姻自由一案，反诉殴打致伤，请依法惩处并给予赔偿。

事实与理由：

赵××、肖××诉我干涉婚姻自由，纯系颠倒是非，混淆黑白，诉我殴伤肖××一事也是颠倒是非。事实真相是：赵××与肖××自由恋爱结婚，是他们之间的事。我没有干涉，也无权干涉。至于乡亲们议论赵、肖时，我仅仅看了他二人一眼，并没有说话，更没有谩骂他们。但肖××首先对我吐痰，并骂我是“老贼”、“老不死”、“不是好东西”等。由于肖无故骂我，我问道：“你怎么骂人?”肖说：“骂你又怎样!”接着赵也跟着骂我，并以拳猛击我的胸部。我慌忙用扁担自卫。肖抢去扁担打我背部、左脚。我被打倒在地下，口吐鲜血。幸好杨××、高××把我扶起。还有几个小孩在场看到。他们把我送到卫生所医治。经检查，诊断为胸部肋骨骨折、肺挫伤，背和腿青肿，花去医药费1 500余元。现有医疗诊断书药费收据等可资证。

赵××、肖××诉我干涉他们的婚姻自由，纯系诬告。他二人殴打我，谩骂我，故意伤害我身体，构成伤害罪。为此，特提起反诉，请予合并审理，依法惩办赵××、肖××，并要求赔偿医疗费和误工损失3 000元。

此致

××县人民法院

附：1. 本反诉状副本2份；

2. ××卫生所诊断书1件；

3. 药费收据1件。

反诉人：陈××

2009年8月3日

代书人：××律师事务所律师××

【简析】

本案的反诉事实同是本诉事实，所以反诉成立，并且提出反诉的事实与理由充足有力，足以对抗本诉，反诉状格式符合要求，文句尚为通顺。其不足之处在于没有附上证人、证言。

（二）上诉状

1. 上诉状的概念

上诉状，是诉讼当事人或他们的法定代理人对地方各级人民法院作出的第一审未生效的判决、裁定，在法定期限内声明不服，要求上一级人民法院进行审理，并依法提出撤销或变更原审裁判的书面请求。上诉状既是上诉人声明上诉的一种诉讼文书，又是第二审人民法院开始上诉程序的书面依据。上诉状的特点在于，它是上诉人针对第一审人民法院的裁判提出全部或部分的意见，并请求更改原审裁判，以维护自己的合法权益的书面请求。

2. 上诉状的种类

上诉状包括刑事上诉状、刑事附带民事上诉状、民事上诉状和行政上诉状四种。下面着重介绍刑事上诉状和民事上诉状的写作。行政上诉状基本与民事上诉状相同，不另叙述。

3. 上诉状的写作

(1)刑事上诉状的写作。现分述如下：

我国刑事诉讼法规定，当事人或者他们的法定代理人不服地方各级人民法院第一审的判决、裁定，有权用书状或者口头向上一级人民法院上诉。被告人的辩护人和近亲属经被告人同意，可以提出上诉。

刑事上诉状是第二审人民法院受理案件进行审理的依据。上诉状的提起，能够引起第二审人民法院对一审裁判进行全面细致的审查。这样，有利于保证审判工作质量，防止冤假错案的发生，也有利于保护刑事案件当事人的合法权益，这就是刑事上诉状的主要作用。

第一，刑事上诉状的格式、内容及写法。

刑事上诉状主要由首部、上诉请求、上诉理由和尾部及附项四部分组成。

其一，首部。这部分应写明下列事项：

第一部分　文书标题。写明“刑事上诉状”字样。

第二部分　上诉人身份事项。写明上诉人的姓名、性别、年龄、民族、籍贯、工作单位、职业及地址。

第三部分：如果是自诉案件则须写明被上诉人身份概况，内容同上诉人该项，可参照。如果是公诉案件则不写此项。

第四部分：案由。写明不服原审判决（或裁定）的事由。具体写法如下：“上诉人因××（罪名）一案，不服××人民法院××××年××月××日×字第×号刑事判决（或裁定），现提出上诉。上诉的请求和理由如下。”

其二，上诉请求。这部分主要写明上诉人不服原审判决（部分或全部），要求二审法院撤销、变更原审裁判（部分或全部）或请求重新审理的要求。写时，可以从以下几个方面提出相应请求：

一是从事实方面，指出事实认定错误、不清楚、有出入、有遗漏，或者认定的事实并不存在。

二是从定性、判处方面，指出刑事案件确定罪名错误，量刑畸轻畸重。

三是从适用法律方面，指出裁判所依据的法律条文引用不当。

四是从诉讼程序方面，指出原审办案过程中，违反了诉讼程序或有贪赃枉法、徇私舞弊之行为。

其三，上诉理由。这部分主要针对原审裁判的错误，阐明上诉的理由，驳斥一审的错误裁判。论述理由可以从以下几个方面相应提出：

一是针对原审裁判认定事实不清，提出纠正或否定的事实依据和证据。

二是针对原审裁判定性的不准或适用法律不当，提出纠正或否定的事实依据和法律依据。

三是针对原审裁判量刑的失当，提出纠正的法律依据和事实。

四是针对原审裁判在程序上的错误，提出纠正的法律依据。这部分内容写完后，可用如下文字结尾“……为此，特向贵院提起上诉，请依法撤销原判（或裁定），予以改判（或重新审理）”。

其四，尾部及附项。这部分应在理由之下，分两行写明“此致”、“某某人民法院”。其右下角由上诉人签名盖章，注明具状年、月、日。

最后写明附项。依次写明：

一是本状副本几份；

二是证据材料几份。

第二，刑事上诉状写作的要求。

其一，阐明上诉理由要抓住主要的、关键性问题，无论是摆事实、讲道理，还是援引法律依据，都要有的放矢，紧密围绕上诉人不服的原判错误去写，避免不分主次地平行罗列材料，将无关紧要的细枝末节写入。

其二，恰当地运用一定的反驳方法，从具体案件的实际出发，抓住一审裁判的错误，进行有理、有力、有据的驳斥。反驳充分、中肯有力，上诉请求才易成立。

其三，提出上诉请求，内容要明确，不可含糊其辞，模棱两可。文字要概括、简练，不要拖泥带水，繁冗不堪。

其四，严格掌握上诉期限，即刑事上诉状必须在一审判决次日起10日内，一审裁定次日起5日内提出。

【例文13-6】

刑事上诉状

上诉人：邱富，男，32岁，汉族，××市平安区人，平安区供销社干部，住平安区和平路18号。

上诉人(一审被告人)因收受贿赂一案，不服平安区人民法院(93)平法刑字第50号判决，提出上诉，请求：

①撤销平安区人民法院1993年6月25日第50号刑事判决；

②宣告上诉人邱富无罪。

上诉理由：

①原审判决书认定我“身为国家干部，不务正业，利用职务之便推销商品”是没有根据的。我帮助推销商品，一没有打着供销社干部的旗号，二没有利用工作关系，三没有利用自己的身份、手中的权力强求任何一方出售或购买商品，与自己的职务没有任何联系。只不过是利用业余时间，传递商品供销的信息，以中间人的身份介绍双方业务，促成双方成交，与《刑法》第185条关于利用职务之便收受贿赂之规定明显不符。根据最高人民法院、最高人民检察院《关于当前打击经济犯罪具体应用法律问题的解答》(试行)中规定：国家工作人员没有利用职务之便而为他人推销、购买物资，联系业务，以“酬劳费”等名义索取、收受财物的，不应定受贿罪，而属于行政处罚的范围。

②上诉人帮助大发公司推销了大批积压棉布，一方面为平安区街道益民公司的地毯找到了销路，加快了上述公司的资金周转，提高了经济效益；另一方面也满足了买方的需要。我们现在缺乏有效的交易市场，流通渠道不畅，商品信息交流不发达，我的活动客观上对商品经济活动有利。上诉人并没有索取“酬劳费”，帮助推销商品，对公司有利，一般都有奖励措施。上诉人接受“酬劳费”，虽然是错误的，但根据“两院”《解答》的精神只是一般违反党政机关工作人员工作纪律的行为，可由所在单位给予行政处理，不应以受贿定罪。

③一审判决书对上诉人的行为适用全国人大常委会《关于严惩严重破坏经济的犯罪的决定》显属不当。适用这一《决定》是以犯罪为前提。上诉人的行为并不构成受贿罪，自然不能比照受贿罪论处。

综上所述，特提出前列上诉请求。鉴于上诉人已在本案宣判之前被捕，实属无罪受押，恳请二审法院尽快依法作出无罪的终审裁判。

此致

××市中级人民法院

附：本上诉状副本两份

上诉人(一审被告人)：邱富

2008年8月3日

【简析】

这是一篇写得不错的刑事上诉状。除了格式规范，文字概括简练，不拖泥带水外，更主要的是抓住了一审在认定事实行为性质及适用法律上的错误，进行了有理、有力、有据的驳斥，反驳充分、中肯，从而使无罪的主张能站住脚。

(2)民事上诉状的写作。现分述如下：

如同刑事上诉状一样，民事上诉状也是二审法院受理案件进行审理的依据。通过民事上诉状对原审错误裁判的提出，可以使二审人民法院正确行使审理上诉状的职权，纠正一审民事裁判可能发生的错误，从而维护上诉方当事人合法权益的实现。

第一，民事上诉状的格式、内容及写法。

民事上诉状由首部、上诉请求、上诉理由和尾部组成。

其一，首部。这部分应写明下列内容：

第一部分　标题。写明“民事上诉状”字样。

第二部分　上诉人身份概况。写明上诉人的姓名、性别、年龄、民族、籍贯、职业及住址。上诉人是法人的，写明单位全称，所在地址及法定代表人的姓名、职务和电话号码。列明上诉人在原审中的地位。上诉人如有诉讼代理人，也应写明其情况，写法可参照民事起诉状该项。

第三部分：被诉人身份概况。写法同上诉人身份概况。

第四部分：案由。写法与刑事上诉状相同，如写“上诉人因××纠纷一案不服××人民法院××××年××月××日民初字第×号民事判决，现提起上诉”。

其二，上诉请求。这部分主要应写明上诉人认为原审判决(裁定)有何错误或不当，要求二审法院撤销、变更原审裁判或请求重新审判的要求。上诉请求应针对下列情况提出：

一是原审裁判认定的事实不清，证据不足。

二是原审裁判适用的法律不当，理由不充分。

三是原审裁判违反了诉讼程序等。

其三，上诉理由。主要阐明上诉人不服原审裁判事项的具体道理，运用事实和法律予以驳斥，具体可从以下几方面来阐述：

一是，针对原审裁判认定事实出现明显错误，提出纠正或否定的事实和证据。

二是，针对原审裁判对是非的判断、责任的区分出现的重大偏差，提出自己的理由及意见。

三是，针对原审裁判适用法律不当及诉讼程序上的错误，提出予以纠正的法律依据。理由写完后，底下还应写明："为此，特向贵院上诉，请依法撤销(或变更)原判决(裁定)，予以改判(或重新审理)。"

其四，尾部。分两行写明"此致"、"某某人民法院"，左下角写出附项："本上诉状副本几份"，右下角由上诉人签名，注明具状日期。

第二，民事上诉状写作的要求。

其一，阐述上诉理由应有针对性。上诉人不服一审裁判，必须针对所归纳的论点进行针锋相对的反驳，原审裁判哪一部分有错误，就针对哪一部分提出上诉的理由；全部错，就提出全部否定的理由，针对性强，才能一语破的。

其二，阐述上诉理由要摆事实、讲道理，以理服人。上诉人在提出不服原审判决认定事项后，必须进行深入、具体、透彻的分析，上诉有理有据、理由充分才能服人，引起上诉法院的重视。

其三，阐述上诉理由应注意反驳的条理性。做到层次分明、眉目清晰、章法有序。原审裁判如果只有一个方面的错误，则应按照反驳的逻辑顺序，运用驳论点、驳论据、驳论证的方法，有条理地将内容阐释清楚；如果有几个方面的错误，则应用序码分条分项地针对原审论点将驳斥的内容逐一表述出来，避免出现将几个问题纠葛在一起，致使头绪繁杂，含混不清的情况。

其四，民事上诉状的提起必须遵守法定的上诉期限，即在一审判决书送达的次日起15日内，一审裁决书送达的次日起10日内提出，逾期即丧失了上诉权。

【例文13-7】

民事上诉状

上诉人(原审被告)：李××，女，34岁，××市人，住××市××区×

×路×号。

被上诉人(原审原告)：郭××，男，38岁，××市人，住址同上。

上诉人因婚姻纠纷一案不服××市××区人民法院×民初字第24号民事判决，现提起上诉。

理由：

原判决认为：双方婚姻由父母包办，并无感情基础，婚后不久，双方因家庭琐事，不断争吵。近年来，女方毫无根据地怀疑男方心有别恋，经常到男方工作单位吵闹，影响工作，双方感情日益破裂，男方迁居单位宿舍，分居已两年。现男方提出离婚，调解无效。经调查，证实双方感情已完全破裂，无法和好，因此判决离婚。

上诉人认为原审判决认定的事实和理由是不正确的。我与被上诉人的结婚，虽然由双方父母做主，但订婚后，不断约见，彼此印象都好。结婚时，被上诉人欢天喜地，绝无异议，有亲友可证。这怎么能认定无感情基础呢？父母做主，必然无情，这是形而上学，不能成立。我们结婚12年，生了两个孩子，家庭和睦。只是由于近几年来被上诉人在经济上和生活上对上诉人和子女照顾不够，时有争吵。但就争吵的内容说，毕竟是“家庭琐事”，原审判决也作此认定。因琐事而判决离婚，于法无据。至于去对方单位反映问题，是为了和好，原审据此作为判离理由，未免武断。至于上诉人认为被上诉人心有别恋，也不是原判中所说的“毫无根据”。早在三年前，上诉人已发现被上诉人与王××关系暧昧，后经多方了解，并有周围同志及邻居证实，他们的关系确已超出正常的范围；特别是被上诉人对我的态度，用心显见。去单位反映，既是为了家庭，也是为了被上诉人不致越陷越深，铸成大错。原审不查究竟，得出了错误的判断。

上诉请求：

根据上述，只要被上诉人出于至诚，放弃错误思想，改善夫妻关系，我们的感情是完全可以恢复和好的。我有缺点，也愿改正。为了家庭和子女幸福，请求撤销原判，不准离婚。

此致

××市中级人民法院

上诉人：李××(盖章)

2010年8月18日

【简析】

本上诉状文字不长，却使人感到句句掷地有声，很有说服力，逻辑性很强，令人信服。对一审判决认定的问题，逐一针对批驳，进行了深入、透彻的分析，层次分明，做到了上诉有理有据。

(三)申诉状

1. 申诉状的概念

申诉状，是指刑事、民事诉讼和行政诉讼中的当事人或其法定代理人，被害人及其家属或其他公民对已经发生法律效力的判决、裁定不服，向人民法院或人民检察院提出申请复查的书面请求。

申诉权是公民在诉讼中的一项基本权利。人民法院的判决、裁定一经生效，必须严格执行，以维护法律的严肃性及稳定性。但是，如果诉讼当事人发现已生效的判决、裁定仍确有错误，可以行使国家赋予的申诉权，用申诉状的形式向人民法院或人民检察院提出复查纠正的要求。人民法院如果认为申诉有理，应当及时作出判决，或将案件提交审判委员会讨论；向人民检察院申诉的刑事案件，检察院如果认为申诉有理，应当按审判监督程序向人民法院抗诉。可见，申诉状是人民法院决定是否引起审判监督程序的重要参考材料，是再审案件的来源之一。申诉状是人民法院和人民检察院发现错案的一个重要途径。由申诉而决定再审，可以有效地防止冤假错案的发生，从诉讼程序上切实保障、维护申诉人的合法权益。

2. 申诉状的格式、内容及写法。

(1)首部。这部分写明以下几项内容：

第一部分　标题。文书顶端写明“民事申诉状”或“刑事申诉状”字样。

第二部分　申诉人身份情况。写明申诉人的姓名、性别、年龄、民族、籍贯、职业及住址。如系刑事案件的在押申诉人，应写明现押处所。如果是被告的辩护人、近亲属或其他公民申诉的，应写明申诉人姓名、职业，同被告人的关系，并加写被告人的身份概况。如果是民事、行政案件的当事人申诉的，还应将对方当事人的身份概况写明。

第三部分：申诉案由。按下面规范文字表述：“申诉人×××对××人民法院××××年××月××日(×)字第×号刑(民)事判决(裁定)提出申诉。”

(2)请求事项。这部分应简明扼要地提出对原裁判定罪处理或对某项民事、经济、行政实体裁决项目要求予以撤销、变更的意见，以供人民法院或检察院审查时考虑。

(3)事实与理由。首先，叙述原判认定的事实。应突出、集中地将原审裁判认定的主要情节反映出来，有影响的次要情节也应列出。原审裁判认定正确之处，应予承认、肯定。原审裁判认定不当之处应用事实予以说明。本案如经多次判决，应按最后一次判决认定的事实写，因为这种事实是最后一次判决的根据。

其次，阐明申诉理由。这是申诉状的关键部分，应针对原审裁判在认定事实、定性、适用法律、执行诉讼程序或对民事、行政案件处理不公等错误的地方，加以有理有据的申辩和反驳，通过摆事实、讲道理，指明其错误所在，论证申诉的正确性、合法性。

(4)尾部。这部分应写明以下几项内容：

第一部分：分两行写明申诉状所递交的单位。即写“此致”、“某某人民法院”或“此致”、“某某人民检察院”。

第二部分：写明附件名称和份数。

第三部分：由申诉人署名盖章，并注明具状日期。

【例文 13-8】

刑事申诉状

申诉人：徐克飞，男，34 岁，汉族，××市人，××县中学教员，住××县××中学。

申诉人因陈××过失杀人一案，不服××县人民法院 2007 年×月×日刑字第×号刑事判决，提出申诉。

请求事项：原判定性不当，重罪轻判，要求重新审判，依法惩处。

事实与理由：

我儿徐××，现年 8 岁，于 2006 年 12 月 30 日下午 3 时在自家门口玩耍，不料对面二楼陈××持重型气枪，向下面行人瞄准射击，一枪击中我儿头部，子弹从右太阳穴进入，当即死亡。此案经××县人民检察院提起公诉，××县人民法院审理，以过失杀人罪判决被告人陈××有期徒刑 3 年。我作为被害人家长，对此判决不服，曾于宣判时向县人民检察院提出不服判决的理由和意见，要求人民检察院提出抗诉。但县人民检察院未予采纳。现判决已经生效，我作为被害人家长，根据刑事诉讼法的规定，提出申诉。理由如下：

××县人民法院认定被告人陈××犯有过失杀人罪，以未成年应从轻判处为由，判处陈犯 3 年徒刑是错误的。首先，被告陈××现年已 20 岁，只因他随父母从农村迁回城市时，为了上学少报了 3 岁。这是他平时流露出来的，可向原下放的农村调查。其次，本案定性不准，应为故意伤害致人死亡。被告人陈××一贯游手好闲，不爱劳动，不肯就业，受其父母溺爱，不加管束，经常持枪东游西荡，随意以行人为目标，射击取乐。附近群众，均有意见。本案虽非被告人故意杀人，但以伤害他人取乐，应属故意伤害致人死亡。这从被告人平时的一贯表现和在法庭上的恶劣态度即可佐证。如审判长多次发问，对造成死亡事件，应负什么责任时，被告拒不回答，但已承认“是故意对准开枪闹着玩的”。竟对准我孩子头部开枪，就这么个“闹着玩”？实属故意伤害无疑。原判定性为“过失杀人”，是不准确的。定罪不准，引用法律不当，轻纵了罪犯。应根据刑法134条规定定罪量刑，故意伤害他人身体，致人死亡的应判处7年以上有期徒刑。为此，特提出申诉，请求改判，判处被告人陈××应负的刑事责任，以儆效尤。

此致

××地区中级人民法院

附：××县人民法院(2007)×刑字第×号刑事判决书1份(复印件)

申诉人：徐克飞

2007年×月×日

【简析】

本刑事申诉状写得较好。刑事被害人及法定代理人对刑事部分的原审判决不服，不能提起上诉，只能通过申诉由检察院决定抗诉或法院决定再审。本申诉状抓住了原判认定被告是未成年人和“过失杀人”两个要害，进行了驳斥，实际原审被告是“间接故意杀人”，而且被告本人在庭审中也承认“故意对准开枪闹着玩”，寥寥数语，就驳得原审认定的事实的错误暴露无遗。

(四)答辩状

1. 答辩状的概念

答辩状是指在诉讼活动中，被告人或被反诉人一方针对原告、自诉人或上诉人的起诉、自诉、上诉状内容进行答复和辩解的诉讼文书。

答辩状是在两种情况下提出来的：一是原告向一审法院起诉后，被告就起诉状提出答辩；二是一审审结后，一方不服，提起上诉，被上诉人就上诉状提出答辩。上述两种情况，都说明被告或被上诉人已经应诉，所以答辩本身就是一种应诉的法律行为，这是法律赋予被告、被诉方应有的诉讼权利。在诉讼活动中正确使用答辩状，既有利于人民法院全面地审理案件，避免偏听一面之词，又有利于维护一方当事人的合法权益。

2. 答辩状的格式、内容及写法。

答辩状由首部、答辩理由和请求、尾部三部分组成。

(1)首部。这部分应写明下列各项：

第一部分　标题。写明“刑事答辩状”、“民事答辩状”或“行政答辩状”。

第二部分　答辩人的身份概况。写明答辩人的姓名、性别、年龄、民族、籍贯、职业和住址。如系法人答辩，写法与民事起诉状该项内容一样，可参照。

第三部分：答辩案由。写明对何人起诉或对上诉的何案提出答辩。其写法如下：“因×××诉我××(案由)一案，提出答辩如下。”亦可采用如下写法："你院××××年××月××日字第×号送达的诉状副本通知书及诉状副本我已收到。现遵嘱提出如下答辩。"

(2)答辩理由和请求。答辩理由是答辩状的重要组成部分。答辩人在答辩理由中要明确回答原告人、上诉人的诉讼请求，具体阐明自己对案件的主张和看法。答复的内容有两种情况：

一是承认诉讼请求。即被告对原告所提出的请求愿意接受，这种情况在辩状中较为少见。更多的情况是被告人在答辩中承认诉讼请求是附有条件的，或往往只承认部分诉讼请求。

二是反驳诉讼请求。即被告在答辩中提出充分的理由和证据，从事实、法律、程序等方面反驳原告或上诉人的请求，也可以否定原告或上诉人所提出的证据。答辩状根据不同案件有不同的答辩内容。

提出理由后，有的还应写明答辩请求，即要求法院维护答辩人权益的意见，也有的在理由中即已体现，应据情而定。

接着，应该列举出有关证据，写明证据来源和证人姓名、住址，以供人民法院审理使用。

说理时，要针对起诉状、自诉状和上诉书所提出的诉讼请求进行有针对性的答复和反驳，避免答非所问、文不对题的情况出现。

(3)尾部。这部分应写明下列内容：

第一部分：答辩状致送的人民法院单位名称。分两行写"此致"、"某某人民法院"。

第二部分：左下角写明附项：本答辩状副本份数。

第三部分：右下角由答辩人签名盖章，并注明具状日期。

【例文 13-9】

民事答辩状

答辩人：王春香，女，52 岁，汉族，丁市人，市手表厂工人，现住丁市西区文山路 18 号。

因原告刘艳诉我继承纠纷一案，提出答辩如下：

1. 我对公婆尽了主要的赡养义务，依法有权继承遗产。原告在起诉书中诬我对公婆未尽赡养义务，长期婆媳不和，事实恰恰相反。我自 1970 年嫁到刘家，1981 年后丈夫、公公相继谢世。家人去世，我的精神受到严重打击，眼见婆婆年老体弱，小姑刘艳尚小，我不忍置老少于不顾，一直未改嫁。此后 3 口之家全靠我料理，关系很融洽。1984 年底原告出嫁，也是我一手操办。多年来，我与婆婆相依为命，对婆婆照顾周到，我守寡伴在婆婆身边，给了她极大的安慰，从未发生大的争执。家里的主要家务由我料理，房屋也是我请人修缮。由于我有工作要上班，婆婆有时主动干点家务也是正常的。2003年婆婆去世，我一人料理后事，原告在起诉状中诬告我只顾自己快活，要婆婆为我操持家务，以此证明我未尽赡养义务，实属居心叵测。倒是原告未对自己的母亲尽应尽的义务，长大结婚都是我与婆婆一手操办，婚后专顾经营自己的小家庭，对其母亲的生老病死漠不关心，人一死就吵着要房子，是十分不道德的。根据我国《继承法》第12条的规定，丧偶儿媳对公公、婆婆尽了主要赡养义务的，应作为第一顺序继承人。我有权继承公婆的房产。

2. 关于遗产的分割，原告在起诉前曾要求房屋由她继承，我可以继续住在东屋，对此我坚决反对。我与原告同属第一顺序继承人，但在考虑继承份额时，应根据权利义务一致的原则，考虑继承人对死者有生前所尽的义务。我负担全部赡养责任，尽了应尽的义务，理所当然应继承较大的份额，我要求继承堂屋与东屋(86 m^2)。

总之，第一，原告父兄死后，我担负了养家的重担；第二，我对婆婆尽了全部赡养义务；第三，我负责对房屋进行了必要的修缮。请人民法院查明事实，并根据《继承法》第12条规定之精神和权利义务一致的原则，对我的继承权加以确认和保护，并驳回原告的无理请求。

此致

西区人民法院

答辩人：王春香

2005年3月14日

【简析】

本民事答辩状写得简练流畅，针对原告的指控一一进行了有力的反驳，充分有理，从事实、法律等方面反驳了原告的诉讼请求。

(五)申请执行书

1. 申请执行书的概念

根据我国民事诉讼法的有关规定，败诉一方的当事人如果不履行或拒绝履行已经生效的民事(含经济)、行政判决书、裁定书、民事调解书中有关财产实体决定，胜诉方当事人有权向人民法院提出执行的请求。仲裁机构发生法律效力的裁决，公证机关已依法赋予了强制执行效力的债权文书，一方当事人如不履行或拒绝履行，另一方当事人也有权向人民法院提出申请执行的请求。申请执行书就是该请求在书面上的体现形式。

2. 申请执行书的格式、内容及写法

申请执行书由标题、申请执行人及被申请执行人的自然情况、申请理由及申请执行的具体要求和尾部四部分组成。

(1)标题。在文书顶端标明“申请执行书”字样。

(2)申请执行人及被申请执行人的自然情况。按先后顺序分别写明双方的姓名、性别、年龄、籍贯、住址。如系法人，写法可参照民事起诉状该项内容。

(3)申请理由及申请执行的具体要求。这是申请执行书的主体部分，主要应写明以下几个要点：

第一，交代纠纷的案由，即申请执行人与被申请执行人曾发生过何种纠纷。

第二，说明此案的审理解决情况，即经何法院、何仲裁机构或何公证单位何时作出何种具有给付性质的判决(裁定)、裁决或决定，如给付医疗费用、给付房租、给付货款、腾出房屋等。

第三，简述被申请执行人拒不履行判决(裁定)、裁决或赋予公证效力债权文书决定的基本情况。同时还须写清被申请执行人的现有经济状况和财产所在地，以便人民法院确定其偿还能力和采取相应的民事强制措施。

第四，写明申请执行人要求执行的具体请求及执行的方法。具体请求是指执行的标的。若执行标的不止一项，应分别写明。执行的方法是指对标的的强制执行所采用的具体措施，如冻结财产、强行拍卖、钱款强行从银行划拨等，这些都应书写明确。

(4)尾部。写明致送单位名称，分两行写出“此致”、“某某人民法院”。底下由申请执行人签章，如申请执行人系法人，下方应由法定代表人签章。最后注明申请日期。

【例文 13-10】

申请执行书

申请执行人：王××，男，65岁，汉族，××市人，退休工人，住本市××街×号，电话：×××××××。

被申请执行人：王军平，男，30岁，汉族，××市人，本市第三中学教师，住该中学内，电话：×××××××。

请求事项：请执行赡养费每月50元。

申请理由：

申请人王××于去年×月诉王军平赡养一案，业经贵院(2009)法民字第××号民事判决，责令王军平每月付给我赡养费50元。在判决后的半年内，王军平按月付赡养费不误，但自今年1月以来，其强调物价上涨，生活困难，已经3个月没有付赡养费。他所谓“物价上涨，生活困难”就不执行判决，难道物价上涨只影响到他的生活而不影响到我的生活吗？显然这不成为理由。

我年纪这么大，更需要注意生活安定，衣食充足，才好安度晚年。为此，特提出申请，要求每月从本市三中发给王军平的工资中扣除50元给我，并要求补足已欠3个月的赡养费共150元。请法院依法执行。

此致

××市人民法院

附：×市人民法院(2009)法民字第××号民事判决书1份。

申请人：王××(章)

2009年×月×日

【简析】

本申请执行书写明了申请执行的法律依据，被执行人的执行情况，批驳了被执行人不执行的理由，并且指明了要从被执行人的每月工资中予以扣除的执行方案，这样就便于法院执行，而且这种执行很有保障，所以本例文很符合申请执行书的要求。

(六)财产保全申请书

1. 财产保全申请书的概念

财产保全是指人民法院在案件受理前或诉讼过程中对当事人的财产或争议的标的所采取的查封、扣押、冻结或法律规定的其他方法的强制措施。财产保全分为诉前保全和诉讼保全两类。

财产保全申请书是指申请人要求人民法院对争议的财产采取保全措施时所提交的书面请求。在民事诉讼活动开始前，当出现了紧急情况或诉讼进行中，负有给付义务的一方当事人出现或可能出现转移、出卖、隐匿、毁损财物的行为，使判决不能执行或难以执行时，主张权利的当事人可以提出财产保全申请，由人民法院及时作出保全裁定。

2. 财产保全申请书的格式、内容及写法

财产保全申请书由首部、请求事项、事实与理由及尾部四部分组成。

(1)首部。这部分写明下列事项：

第一，标题。在文书顶端居中标出："财产保全申请书。"

第二，申请人与被申请人的自然情况。依次写明各方的姓名、性别、出生年月、民族、籍贯、职业、工作单位、职务和住址。如系法人按民事起诉状该项内容写。

(2)请求事项。要求用简洁的文字写出请求人民法院采取保全的具体措施。

(3)事实与理由。事实与理由是请求事项赖以成立的依据，是申请书的重要内容。由于财产保全是解决民事诉讼活动中具体环节上的问题，并不涉及案件争议的实体问题，因而财产保全申请书的事实与理由应简明扼要，将纠纷发生、发展变化的过程概要写清即可，不必像起诉状那样写得具体、翔实。

(4)尾部。这部分写明下面三项内容：

第一，致送单位的名称。分两行写“此致”、“某某人民法院”。

第二，附项。应具体写明要求查封、扣押的财产所在地，要求冻结的钱款的开户银行及银行账号等，为人民法院采取保全措施提供方便。

第三，右下角申请人署名，并注明申请日期。

【例文 13-11】

诉前财产保全申请书

申请人：××果品供应站，地址：××市××路××号。

法定代表人：张××，××果品供应站经理，电话×××××××。

被申请人：××食品有限责任公司，地址：××市××街×号。

法定代表人：刘×，××食品有限责任公司经理。

请求事项：请依法对××食品有限责任公司开户银行存款 108 200 元予以冻结。

事实与理由：申请人与被申请人于 2004 年 5 月 8 日签订了一份购销 20 000公斤富士苹果的合同。双方约定：供方于 6 月 20 日前将 20 000 公斤富士苹果送至××食品有限责任公司住地，需方于 6 月 30 日前将货款全部付清。合同履行中，被申请人公然违约，在收到全部货物后，以种种不能成立的理由拒付货款，一拖再拖，申请人在索款无望的情况下，决定诉讼解决。据了解，被申请人已获知申请人起诉意向，有将其银行钱款转移、逃避审判的可能，为了维护申请人的合法权利不受侵犯，特依照《中华人民共和国民事诉讼法》第 93 条第 1 款之规定，向贵院提出诉前财产保全申请。

此致

××人民法院

附：××食品有限责任公司开户银行账号：81000368。

申请人：××果品供应站

2005 年 1 月 8 日

【简析】

在本案中，申请诉前财产保全很有必要，否则会使判决难以执行。这份财产保全申请书对事实叙述清楚，提出保全的理由讲得充分，语言简练、流畅，值得借鉴。其缺点在于：缺诉前保全担保内容。

(七)撤诉申请书

1. 撤诉申请书的概念

撤诉申请书是指在诉讼程序中，原告或上诉人为取消已向法院提出的诉讼而递交的书面请求。

在民事诉讼过程中，由于当事人的自行和解或其他某种特定原因而提出撤诉，是当事人自愿原则的充分体现，也是法律赋予当事人的诉讼权利，申请撤诉经人民法院裁定准许后，案件即行终结。

2. 撤诉申请书的格式、内容及写法

撤诉申请书与财产保全申请书通用一个格式。

(1)首部。先标出“撤诉申请书”标题。下行分别写明申请人与对方申请人的自然情况，写法与财产保全申请书该项相同，可参考。

(2)请求事项。这部分主要应写明申请人提出撤诉的目的要求。写法上要直截了当、简短明了。

(3)事实与理由。这部分主要应阐明撤诉的理由，如因何原因已自行和解或原告的思想发生了变化，不愿再继续诉讼或由于其他某些原因等。撤诉的理由不必写得过于具体，只要能够成立，说清即可。

(4)尾部。写明致送的单位名称。分两行写“此致”、“某某人民法院”。右下角由撤诉申请人署名，并注明制作日期。

3. 撤诉申请书写作的要求

(1)提出撤诉，主张权利只能由原告或上诉人行使，除此之外，其他有关当事人一律不能申请。

(2)撤诉申请必须在诉讼开始之后、法院宣判之前提出。

(3)文字要简练、明了。阐述申请撤诉的理由要合情、合理、合法。如当事人有违反法律的行为需要依法处理而申请撤诉的，人民法院可以不准撤诉。

【例文 13-12】

撤诉申请书

申请人：王××，男，42 岁，汉族，××市人，××电器公司工程师。

对方申请人：刘××，女，38 岁，汉族，××市人，××大酒店职员。

请求事项：因情况变化，申请人(原告)请求撤诉，请人民法院予以准许。

事实与理由：我与对方申请人刘××离婚一案，起诉后，由于刘××向我承认了错误，并表示了悔改之心，故已取得我的谅解，无需再进行诉讼，特提出撤诉请求。

此致

××区人民法院

申请人：王××

2010 年 9 月 8 日

【简析】

这份撤诉申请书短小精悍，撤诉请求明确，理由也合理，可供参考。

第二节　法庭论辩类文书

一、法庭论辩文书的概念

法庭论辩文书是刑事案件的控辩双方及民事案件原、被告方的代理人在法庭辩论阶段为实现自己的辩论主张，就案件的认定及要求如何作出处理意见的书面发言。

富有强烈的辩驳色彩是法庭论辩文书呈现的基本特征。这是由于法庭辩论是控辩双方的对抗，双方围绕案件争议的焦点各抒己见，据理辩论，目的是探求真理，暴露谬论，使自己的观点为法庭所接受。

法庭论辩词对于人民法院正确审理案件具有重要作用。通过双方的发言，可以使审判人员充分地听取各方所持的意见和理由，做到“兼听则明”，避免“偏信则暗”，有助于公正、合理、合法地审理案件。同时，就控辩主体而言，论辩词的发表也为他们进行口头辩论定好了基调，奠定了坚实的基础。

二、法庭论辩文书的种类

法庭论辩文书主要有检察机关的公诉人出庭支持公诉时发表的公诉词，支持抗诉时当庭发表的抗诉词，进行公诉答辩时拟就的公诉答辩提纲，辩护人在法庭上所致的辩护词及民事原告、被告、上诉人、被上诉人的代理人在法庭上发表的民事代理词等。

三、法庭论辩文书的写作

下面着重介绍辩护词和代理词的写法。

(一)辩护词

1. 辩护词的概念

辩护词，是被告人及其辩护人在诉讼过程中根据事实和法律所提出有利于被告人的材料和意见，部分地或全部地对控诉的内容进行申诉、辩解、反驳控诉，以证明被告人无罪、罪轻，或者提出应当减轻、甚至免除刑事责任的文书。

根据《刑事诉讼法》规定，被告人除自己行使辩护权外，还可以委托律师、社会团体或者被告所在单位推荐的或经人民法院许可的公民，以及被告人的近亲属、监护人为自己辩护。

2. 辩护词的格式、内容及写法

辩护词由序言、辩护理由、结论三部分组成。

(1)序言。包括下列五项内容：

第一，标题。标明“×××(姓名)××案的辩护词”。

第二，称谓语。顶格写：“审判长、陪审员”，或“审判长、审判员”，表明是在向法庭审理人员申述。

第三，写明辩护人出庭进行辩护的法律依据和责任。这项内容属开场白，主要是交代辩护权的行使情况。应根据不同的辩护类型来决定其不同写法。例如，“我是被告的近亲属，根据我国法律的有关规定，被告人除自己可以行使辩护权外，被告人的近亲属也可以出庭为被告人辩护。今天，我以被告人×××(姓名)的辩护人的身份出庭为被告辩护”。

第四，简要说明辩护人开庭前所做的主要工作，如查阅案卷，了解案情，会见被告人，进行必要的查访，与被告人通信，与家属谈话，研究起诉书，听取法庭调查等。

第五，表明对本案的基本观点。主要包括以下范围：或认为被告无罪；或认为被告人罪轻；或认为被告人应当减轻处罪；或认为被告人应当免除其刑事责任。

(2)辩护理由。这部分是辩护词的核心部分，必须全力写好。辩护理由可以从以下几个方面提出：

第一，事实辩护。事实是确定罪名成立的基础。辩护人如发现起诉书中认定的事实不清或与实际情况不符，可以运用调查取证后所掌握的新的事实，加以论证和反驳，从而达到为被告人辩护的目的。

第二，证据辩护。证据是定案的关键。辩护人如果认为起诉书指控的犯罪事实证据不足，证据自相矛盾或间接证据无法形成证据链条，可以据此予以反驳，使之指控不能成立。

第三，无罪辩护。运用充分的事实及法律依据说明其行为属于正当防卫，意外事故，情节显著轻微等，从而达到辩护的目的。

第四，罪名辩护。公诉机关如果定性失准，混淆了相近易混的罪名概念，辩护人可以此为辩护方向，运用犯罪构成理论进行分析论证，指明其错误所在。

第五，罪轻、免刑辩护。辩护人通过开庭前的阅卷及调查，如发现被告人具有从轻或减轻、免除刑事处罚的情节，如自首、中止犯罪、从犯、认罪态度好、未达到法定刑事责任年龄等，以此为重点，指明其具备的从轻或减轻、免予刑事处罚的情节。

第六，适用法律辩护。法律依据是定罪量刑的法定原则及标尺。如果起诉书适用法律出现了错误而影响到对案件的定性、量刑，辩护人可据此辩驳，指明本案应适用的法律依据是什么，从而达到减轻被告人罪责之目的。

此外，还有诸如案件管辖、诉讼主体、诉讼时效之辩等，应根据具体情况确定辩护理由的内容。

(3)结论。这部分是辩护论点的总结，首先，应对辩护理由作一概括小结；然后，提出对被告人从轻、减轻、免除刑事责任或宣告无罪的意见；最后，使用适当的结束语表示发言的完结。

辩护词的理由要从实际出发，多方面考虑，制作辩护词时要注意的是，辩护人在刑事案件辩护中所追求的是公正判决，而不是单纯有利于被告人的判决，要把保证国家法律的正确实施和维护当事人的合法权益有机地结合起来，以充分发挥辩护词的作用。

【例文 13-13】

未成年人盗窃案辩护词

审判长、审判员：

根据国务院《法律援助条例》的规定，陕县法律援助中心经被告人刘某和其监护人的同意，指派我们担任被告人刘某的辩护人，依法出席本案的审判活动。开庭前辩护人认真地研究了陕县人民检察院陕检刑诉[2005]176号起诉书，详细地查阅了本案全部卷宗材料，并依法会见了被告人刘某。现辩护人结合今天的庭审情况，发表辩护意见如下：

今天，处于花季年龄的被告人刘某，本应当坐在明亮的教室聆听老师的教诲，但却因为自己的无知和愚昧，站在了刑事审判的被告席。我们相信，参加诉讼的每一个人都和他的家长一样，感到格外的心痛。我们既为他的犯罪感到愤慨，更为他的未来感到担忧，因为今天的审判关系到他的终身。严格依照我国有关未成年人保护的法律法规和政策审理本案，既是对他的惩罚，也是对他的挽救。辩护人认为，陕县人民检察院指控被告人刘某犯盗窃罪定性准确、犯罪事实清楚、证据确凿充分，但根据本案事实，从教育为主、惩罚为辅的原则出发，对被告人刘某应当予以减轻或免除刑事处罚。理由如下：

一、被告人刘某具有从轻、减轻或免除处罚的法定情节。

第一，被告人刘某犯罪时，尚不足十八周岁，根据《刑法》第十七条第三款规定，应当从轻或减轻处罚。

第二，被告人刘某在犯罪后能够主动投案，并在侦察、起诉、审理中始终如实地供述自己的犯罪行为，根据《刑法》第六十七条规定，已构成了自首。

二、根据法庭调查显现的事实，被告人刘某的犯罪情节是较为轻微的。

首先，从被告人刘某的主观恶性及所实施的客观行为来看，被告人只是为了满足其上网玩耍的欲望，实施了秘密窃取少量财物的行为，其主观上既没有窃取更多财务的想法，更没有暴力抢劫的念头；其次，我省盗窃罪的追诉限额为800元，而被告人所窃取的三个氧气瓶经价格评估价值仅为1050元，从造成的社会危害结果看相对较小；再次，被告人仅从这次盗窃中分得200元，收益较少。所有这些都表明，被告人刘某的犯罪情节轻微，社会危害性不大，主观恶性小，依法应当减轻或免除处罚。

三、综合以上情节，辩护人认为，根据我国对未成年人保护的法律法规和刑事法律政策，对被告人刘某应当处以缓刑或者免除处罚。

本案作为一个未成年人犯罪案件，发生的社会背景和原因是令人深思的。被告人刘某本身的主观因素当然是第一位的，但是，家庭、社会的因素也是促成本案的不可忽视的原因。法庭调查中表明，被告人刘某长期脱离家长、学校的管束，经常逗留于网吧，包括这次盗窃的赃物所卖来的钱也是用于上网。正是因为家长及其社会角色的不到位，正是因为许多法定的社会责任的落空，才使当前青少年犯罪成为社会的一个突出问题。公平地说，这种社会的责任让孩子们来承担，是有失法律的公正的。只有对未成年人犯实行减轻或免除处罚，才能体现社会正义和法律的公允。

对未成年人犯罪实行预防和教育为主的原则，也是我国的一贯方针。我国《未成年人保护法》第三十八条规定："对违法犯罪的未成年人，实行教育、感化、挽救的方针、坚持教育为主、惩罚为辅的原则。"1992年，中华人民共和国最高人民法院副院长林准在未成年人犯罪的预防、审判和矫治国际研讨会上所做的《中国审理未成年人刑事案件的司法制度》报告向全世界昭示，我国在对未成年人犯罪的刑事审判中，坚持以教育为主，惩罚为辅的原则，"尽可能把对未成年犯人身自由的限制保持在最低限度"。最高人民检察院在《关于认真开展未成年人犯罪案件检察工作的通知》中规定："在办理未成年人犯罪案件中，一是要注意正确运用法律、政策，划清罪与非罪的界限，坚持可捕可不捕的不捕，可诉可不诉的不诉的方针；二是要坚持教育为主，惩罚为辅的原则，有针对性地做好教育、感化、挽救工作，促使未成年人犯悔罪伏法；三是对于犯罪情节较轻的初犯、偶犯以及对被教唆而犯罪的未成年人犯，可以依法免除处罚。对于犯罪情节较重，但确有悔改表现的，也应依法从轻处理，可以提请人民法院减轻或免除处罚"；《最高人民法院关于办理未成年人刑事案件适用法律的若干问题的解释》第三条第一款第三项"缓刑的适用"中规定，"对于被判处拘役、三年以下有期徒刑的未成年罪犯，犯罪后有悔罪表现，家庭有监护条件或者社会帮教措施能够落实，认为适用缓刑确实不致再危害社会的，应当适用缓刑”。可见，对未成年人犯的刑事处罚能轻则轻，能减则减，能免则免，最大限度地降低对未成年犯限制人身自由的程度，是我国对未成年人犯审判的一项重要原则。鉴于本案被告人刘某在犯罪活动中，主观恶性小，对社会造成的危害较小，且犯罪时不满十八周岁，属未成年人，犯罪后主动投案自首，且被告人的父母及外祖父积极退赃，均表示愿意尽监护职责，因此辩护人认为，应当对被告人刘某处以缓刑或免除刑事处罚。

以上意见望合议庭合议时予以充分考虑。

谢谢！

辩护人：潘×× 曹××

××法律援助中心律师

【简析】

本辩护词是针对未成年人犯罪的辩护词。辩护词中充分考虑到未成年犯罪的特征，从家庭、心理方面的原因分析犯罪原因，理由中本着坚持教育为主，惩罚为辅的原则充分论证了被告在犯罪活动中，主观恶性小，对社会造成的危害较小，且犯罪时不满十八周岁，属未成年人，犯罪后主动投案自首，悔罪程度高。本辩护词立足案情，结合法条和《未成年人保护法》的立法精神，分析在情在理。

（二）代理词

1. 代理词的概念

代理词是民事当事人委托的诉讼代理人为维护被代理人的合法权益，在法庭辩论阶段所作的综合性发言。

代理词的发表，既可以起到维护被代理人合法权益的作用，也有助于法庭全面了解案情，公正、合理地处理好案件。

2. 代理词的格式、内容及写法

有的代理词在开庭前先拟就发言稿，也有的只拟就提纲。因其属于即席发言，因而写法比较灵活。主要由序言、代理意见和结束语三部分组成，其写法与辩护词大体相同。

（1）序言。写明下列四项内容：

第一，标题。写明“代理词”字样。

第二，称呼语。顶格写“审判长、审判员”。

第三，申明代理人的合法身份。例如，“本人作为××市××律师事务所律师，根据《民事诉讼法》的有关规定，接受以上委托人的委托，作为原告一方的委托代理人出庭参加诉讼”。

第四，说明出庭前做了哪些准备工作，如查阅案卷、走访当事人等，而后用“现根据事实和法律提出如下几点代理意见”引出正文。

(2)代理意见。这是代理词的主体部分，主要是发表代理意见，运用事实及法律阐述，证明所提观点的正确性及合法性。代理意见一般是分成几个小论点，分段阐述，主要内容有：

第一，陈述纠纷的事实经过，指明对方侵权行为的违法性，运用证据，驳斥其错误所在。

第二，结合案情，对当事人争议的焦点进行分析；从而分清是非，区分正误，辩明责任。

第三，明确双方当事人的权利义务关系，并力求使其统一，促成双方的彼此谅解。

第四，提出要求解决纠纷的意见和要求，供法庭调解或判决参考。

制作时应根据具体情况和不同的案情，来决定该阐述或重点阐述的内容。

(3)结束语。对发言作小结，明确代理意见的中心思想，同时对本案如何处理，向法庭提出意见和要求。结束语必须与前两部分内容相一致，前后呼应，浑然一体。然后写明“我的发言完了，谢谢!”最后，写明代理人的工作单位、职务及姓名，并注明写作日期。

【例文 13-14】

代　理　词

审判长、审判员：

根据《民事诉讼法》第 58 条，我受××律师事务所的委派，担任××的诉讼代理人，出席今天的法庭审理。在审理之前我认真仔细地查阅了本案的卷宗、材料，并进行了必要的调查，现结合本案事实，依照法律发表如下代理意见：

原告贾××与被告黄××于 2009 年 3 月经人介绍认识，同年 5 月 6 日登记结婚。从恋爱到结婚仅仅 2 个月的时间，这本身就是一种草率的做法；相互没有更多深刻的了解，只凭外表上的“好感”便匆匆结合，在这种基础上建立起来的婚姻关系是不牢固的，可以说，这个家庭悲剧是双方草率结合的必然结果。

由于婚姻基础不牢固，婚后双方没有建立起真挚的感情，所以家庭一直处于不稳定状态。应该明确指出的是：对此案，被告应负主要责任。首先，婚后，被告不是对原告在生活上给予照顾关心，而是很快地就暴露出许多坏习气，对原告歧视、虐待；经常因一点小事就对原告打骂，侵犯原告的人身权利；甚至对原告捂嘴、掐脖子，威胁原告的生命安全。虽然原告一再地忍让、原谅，可是被告终无悔改的表现，可见被告粗暴野蛮已成习性，难以纠正。其次，在生活习惯上，被告追求的是腐朽的生活方式，经常看黄色录像，两个人的兴趣爱好，以至思想水平是截然不同的。再者，被告对婚姻家庭感情不专一，婚外乱搞两性关系，追求刺激，并曾因此被行政处罚，其单位也给予了行政处理。像这样一个思想作风恶劣、道德品质败坏的人，他对婚姻家庭怎么会有真正的感情？为此，原告无法忍受这种非人的生活，提出与被告离婚的诉讼是完全可以理解的，应该受到法律的保护。

婚姻应当建立在爱情的基础上，而且也只有维持有爱情的婚姻才是道德的。考察原告和被告婚姻关系的建立、发展的全部过程，我认为：原、被告草率结合，基础不牢；双方的兴趣爱好不同，性格脾气不投；加之被告婚外求欢，追求腐朽的生活方式，品德败坏，在家庭生活中夫权思想严重，不能平等地对待妻子；虽然经过单位的多次教育，仍不改悔，且变本加厉。这样的婚姻关系实际上早已死亡了。

为了使原告早日摆脱这种痛苦的生活，希望法庭依据《婚姻法》的有关规定，解除原、被告的婚姻关系！

代理人：林××

2010 年 6 月 20 日

【简析】

这份代理词写得较好。作者从原、被告双方的婚姻基础、婚后的婚姻家庭生活、以后双方婚姻感情的发展趋势几个方面论证了双方婚姻关系实际已破裂，并无和好可能。特别是在婚姻破裂原因上，分清了是非与责任。但说双方草率结合是导致家庭悲剧的必然结果，未免太武断了，因为存在“先结婚后恋爱”的事实。

第三节　法律事务类文书

一、法律事务文书的概念

法律事务文书是当事人在办理非诉讼事件活动中，为求得某一利益的实现，由自己或他人代写的具有法律效力或法律意义的各类事务文书。

律师接受非诉讼事件当事人的委托，为其提供法律帮助，或担任代理人参加调解、仲裁等活动，是律师事务机关办理诉讼案件之外的另一项主要业务之一。通过法律事务文书，可以为当事人提供必要的法律服务，为其排忧解难，使他们之间的非诉讼纠纷得以消除，合法利益得以实现。这对于安定社会秩序，加强人民团结，促进社会主义经济建设的发展，无疑是十分有益的。

二、法律事务文书的种类

由于非诉讼事件所涉及的范围广泛，因而法律事务文书的种类就比较多。例如，遗嘱、分单、授权委托书、赠与书、协议书、消费者投诉状、申请复议书、法律意见书、上访材料、公司章程等。

三、法律事务文书的写作

本节就公民与法人在民事活动中最常用的法律事务文书的写法作一些介绍。

(一)分单

1. 分单的概念

分单又称分产契约，是指共有财产、私有财产所有人之间进行分割、划分出自己份额的协议。

分单的达成必须符合双方或多方的意愿，是双方或多方协商一致的产物，未经任何一方同意，分产契约就不能成立。

2. 分单的格式、内容及写法

(1)首部。写明以下几点：

第一，标题。在文书顶端居中标明："分单"或"分产契约"。

第二，立契约人各方的身份情况。按照立约人排列的主次顺序分别写明各自姓名、年龄及相互关系。

第三，分产的原因及所分财产情况。这项内容要求简要地交代清楚分产的主要原因、分产人的基本现状。同时，将拥有财产的名称、份数及人民币金额一并写明，以便作为分割的依据。

(2)财产的具体分配方案。用分项标号的方式按照主次顺序依次写明各方应分得的财产名称及数量金额。如果分割的财产较多，还应列出清单，分别说明。

(3)尾部。继分配方案之后，另起一段写明："以上各款，立契约人完全同意，今后永无争执。"以示合法。而后立约人、见证人分别签名盖章，并写明本分单一式几份，各方应执的份数。注出立约时间。日期之下再注明代书人。

【例文 13-15】

分　　单

立契约人：张××，女，72 岁，系下列立约人曹××、李××、赵××之母，赵斌之祖母。

曹××，男，48 岁，张之长子。

李××，女，45 岁；张之二儿媳。

赵××，男，52 岁，张之养子。

赵斌，男，18 岁，张之孙子。

张××之夫赵××于2008年5月9日因病去世，生前未留下遗嘱。现遗有房屋两间(坐落于××市××街××号)，赵、张夫妻关系存续期间积蓄有人民币120万元，均存在张的名下，另有彩色电视机、冰箱、家具、生活用品等什物。赵××生前欠他人借款10万元。张××考虑到家庭实际情况，决定分割家庭财产。为做到合理合法，不伤和气，一次割清，永无争执，张××特委托××律师事务所律师王××代书并见证，在征得各继承人认可同意的基础上，依照继承法，共同达成分产契约如下：

一、房屋一间(东厢房)、彩色电视机、冰箱、家具及生活用品等什物，银行存款人民币66万元，全部归赵之配偶张××所有。

二、张、赵之长子曹××为残疾人，一直未婚随张生活，考虑到实际情况，分得房屋一间(西厢房)，人民币11万元。

三、张、赵之二儿媳，对两位老人尽了赡养义务，张心甚慰，按第一顺序继承分得人民币11万元。

四、张之养子赵××，符合第一顺序继承人条件，分得现金11万元。

五、张之孙赵斌，父母双亡，应代位继承，分得现金11万元。

六、赵××生前债务10万元，从120万元中支出。

以上各条，立契约人完全同意。立约之时，律师在场，今后永无争执。

立契约人：张××(签字)手印
曹××(签字)手印
李××(签字)手印
赵××(签字)手印
赵　斌(签字)手印
见证人：××律师事务所律师王××
2010年8月10日

本契约一式6份，立契约人各执一份，律师入卷一份。

【简析】

这份分单依照我国《继承法》的规定，对私有财产进行了合理分割，符合法律精神。立契约人的法律关系清楚，财产与债务清楚，分割既符合法律规定，又贯彻了根据实际情况，予以合理照顾的原则，因而财产分割得公平、合理、合法。没有留下后遗症。

(二)民事代理授权委托书

1. 民事代理授权委托书的概念

授权委托书是指当事人把代理权授予委托代理人的证明文书。

在人们日常生活、工作交往中，某些公民或法人团体由于一些特殊原因不便参加民事活动时，可以委托他人进行代理，使其合法权益得以实现，授权委托书就是委托代理人接受被代理人代理权限的合法依据，它对于便利民事流通具有重要作用。

2. 民事代理委托书的格式、内容及写法

(1)标题。在文书上端标出“委托书”或“授权委托书”。

(2)委托人与受托人的姓名、性别、年龄、职务、现住址。如果委托人是法人，则应写明法人的全称、地址。

(3)委托事项。这部分一定要写得明确、具体。应当注意的是，在民事代理中，代理人受托的事项必须是具有法律意义，能够产生一定法律后果的民事行为，如代理接受继承、履行债务、代为办理纳税、法人登记、专利申请、代为买卖、租赁、借贷、承揽等。但是，我国《民法通则》第63条第3款明确规定：“依照法律规定或者按照双方当事人约定，应当由本人实施的民事法律行为，不得代理。”如具有人身性质的遗嘱、收养子女、婚姻登记等法律行为，以及具有人身性质的债务的履行，如为报社撰写文章、预约为音乐会演奏等，不能通过代理进行。

(4)委托的权限范围。这部分是代理人实施代理行为有效的依据，必须写清楚。

(5)委托期限。这部分是授权委托书的必备内容。

(6)落款。委托人应在授权委托书上签字盖章，委托人是法人的，应由法定代表人签字盖章并加盖公章，然后写明委托的日期。

根据法律规定或委托人与受托人之间的协议，授权委托书需经公证方为有效的，还应办理公证，以确保委托行为的真实性、合法性。

【例文13-16】

民事代理授权委托书

委托人××市××商业大厦于2009年8月13日聘请××市××律师事务所律师李××为我商业大厦常年法律顾问，特授权李××律师，今后凡与我商业大厦有关的一切法律事务均由李××一人负责处理。

委托人：××市××商业大厦

法定代表人：罗××，××商业大厦总经理

受托人：××市××律师事务所律师：李××

2009年8月1日

【简析】

这份民事代理授权委托书虽然只有一句话，但委托书的基本要素齐全。写得简洁、明了，授权内容清楚，可供参考。

(三)复议申请书

1. 复议申请书的概念

复议申请书是指被处罚人不服行政机关的具体行政行为，依照行政复议法，在法律规定的期限内，向有管辖权的行政机关申请复议时所写的书面请求。

2. 复议申请书的格式、内容及写法

(1)首部。按顺序写明下列事项：

第一，标题。在文书顶端居中标出“复议申请书”字样。

第二，申请人基本情况。依次写明姓名、性别、年龄、职业和住址，申请人如系法人或其他组织的，应写明其单位的全称、所在地址、电话号码，同时加写其法定代表人身份事项。申请人如有委托代理人，还应在申请人身份事项之下将其概况写明。

第三，被申请人的基本情况。列出实施行政处罚的行政机关的全称。

第四，案由和复议要求。写明“申请人不服被申请人××××年××月××日作出的《关于×××的处罚决定》，现申请复议。申请复议的要求：一、……二、……三、……”

(2)正文。包括事实和理由两部分。事实部分主要叙述行政纠纷的发展过程，将时间、地点、纠纷起因、发展演变过程及后果等要素交代清楚，并列举有关的证据材料，为阐述理由打下基础。理由部分应针对原处罚决定在认定事实及适用法律上出现的错误、超越或滥用职权的行为，以致作出不公正的处罚结果等进行充分的批驳，通过摆事实、讲道理，论证原处罚决定的错误实质，说明提出复议请求的合理性与合法性。最后写明“为此，特向×××申请复议，望作出公正裁决，维护我(单位)的合法权益”。

(3)尾部。应写明下列事项：

第一，分两行写明致达单位，“此致”、“××××”。

第二，右下方由申请人签章，说明写作日期。

第三，左下角写明附项。注明本申请书副本几份及有关证据材料的名称和份数。

【例文 13-17】

复议申请书

申请人：××商贸有限公司

地址：××市××区××路×号

法定代表人：李××

联系电话：××××

委托代理人：×××

被申请人：××市×××区国家税务局

法定代表人：×××

请求：责令被申请人退还金税卡，发还发票，赔偿违法行政导致的申请人直接经济损失。

事实与理由：

被申请人于2007年4月对我公司进行纳税评估并提出评估处理建议，因与被申请人的评估建议存在较大分歧，我公司递交了对评估建议的陈述材料，在等待结果期间，被申请人未下达任何文书，未预先通知我公司就于2007年8月10日收缴了我公司的金税卡，停售我公司的增值税专用发票，导致我公司无法对外开具增值税发票，造成我公司合同违约，产生直接经济损失。

对此，我公司认为：

我公司不存在违法行为，未违反增值税专用发票管理办法的规定，被申请人未出具任何文书，而擅自收走我公司的金税卡，严重违反《税收征收管理法》、国务院令362号《税收征管法实施细则》、《发票管理办法》之规定。

依据《国家赔偿法》第四条的规定，被申请人应对收缴金税卡之日起、退还金税卡之日止给我公司造成的全部直接经济损失××元给予赔偿。

为此请求贵局依法受理和处理，撤销被申请人的行政行为，以维护申请人的合法权利。

附申请书副本一份

书证五份

致

××市国家税务局

申请人：××××有限公司

二〇〇×年×月十五日

【简析】

这份行政复议申请书简明扼要地陈述申请复议的行政决定，即××市××区国家税务局收缴××商贸有限公司的金税卡，停售××公司的增值税专用发票不符合法律规定的事实。并举出证据，证明××市××区国家税务局的处罚决定不合法，应对××商贸有限公司的经济损失做出赔偿。理由明确、理由充分，可供参考。

(四)消费者投诉状

1. 消费者投诉状的概念

消费者投诉状是指在商品流通领域中，消费者因购买了假冒伪劣产品，其合法权益受到侵害，而向消费者协会投诉，要求予以解决处理时所提出的书面请求。

在当今的商品流通领域中，伪劣、冒牌商品的大量涌现，不仅严重阻碍了社会主义市场经济秩序正常、健康地发展，损害了国家、企业的名誉，而且也侵害了消费者的利益，使其蒙受人格或经济上的损失。

因消费发生了纠纷，消费者可以行使投诉权，由律师代书或自行书写消费者投诉状，向当地消费者协会递交。在投诉状中通过叙述侵权的事实及证据，阐明投诉的理由及法律依据，提出投诉的请求，可以引起消费者协会的充分重视，正确把握案情，以及做好下一步的调查、核实、取证、索赔工作，制裁商品流通中的违法行为，维护消费者的合法权益。

2. 消费者投诉状的格式、内容及写法

(1)文书标题。写明“消费者投诉状”字样。

(2)投诉人和被投诉人的基本情况。在投诉人栏目中，应具体写清投诉人的姓名、性别、年龄、详细住址、电话号码。在被投诉人栏目中，应写明被投诉人姓名(或单位名称)、地址。如可能，亦需提供电话号码。

(3)投诉请求。该项要求用简明扼要的文字写明投诉人投诉要求达到的目的。

(4)事实根据和理由。这部分是投诉状的主体部分，应具体写明投诉纠纷的主要情节及投诉人对此所持的看法和主张，写投诉情节时需要围绕投诉人在什么时间、什么地点、因购买什么商品与被投诉人发生了什么争议，争议的焦点是什么等要素进行具体叙述。

投诉情节写完之后，还要阐明投诉理由，即用一段结论性的文字，对事实及证据进行分析，指出投诉人要求维护自己被侵害利益的合法性及对方侵权行为的非法性。如有可能，在理由末端还可列举《民法通则》相应条款及地方政府颁布的市场管理规则，消费者权益保护法等有关法律、法规、条例作为投诉的法律依据。

(5)投诉的证据。证据是证明伪劣商品成立的最有力见证。如果证据类别较多，可用分项式方法写，分别列出，最后写明证据附件附后。

(6)尾部。分两行写明“此致”、“××消费者协会”。最后在其右下方由投诉人签章，注明投诉日期。

【例文 13-18】

投　诉　状

投诉人：王××，男，53 岁，住××市××路××学院 9 号楼 3—17 号，联系电话：82654321。

被诉人：××市××百货股份有限公司，地址：××市××大街×号，联系电话：87652133。

投诉请求：要求××百货股份有限公司退换投诉人购买的质量不合格产

品——××电冰箱一台，并保证换回的冰箱质量不出问题。

事实与理由：

2009年8月28日，我在××百货股份有限公司的下属分店××商行(不具备法人资格)购得××产地的××电冰箱一台，单价为2132元。购回后开机运行了约6个小时，即出现啪啪乱响之声，之后启动之声就由强变弱，1小时后，冰箱便再也不启动。此时，我立刻打电话给商行要求派人查看，商行王经理答复说，现人手紧张，过两天再派人来。第三天，我心急如焚，骑自行车赶到商行，再三陈述，请求立即派人查看，商行才派了一位姓赵的师傅前往。检查之后，赵声称电冰箱压缩机质量没问题，压缩机停运的原因是由于电压过高，烧毁了里边的线圈，是用户的责任。我当即与他论理，如果是电压问题，为什么别人家的冰箱都没有问题，没有烧坏，独独毁坏了我家的呢？赵理亏，搪塞说那你去找领导吧！之后，我又数次前往商行，要求退换冰箱，但其领导竟避而不见，下面人员又向上推诿，至今解决无望。为了保护消费者的合法权益不受侵犯，特向贵会投诉，请依法出面调查核实，辨清责任，退换不合格的劣质冰箱，并保证换回的冰箱质量合格。

此致

××市××区消费者协会

投诉人：王××(章)

2009年9月8日

【简析】

这份投诉状的事实叙述清楚，具体过程写得完整，从而为投诉提供了有力的依据，文字精练，格式规范。其不足之处在于：在事实之后未阐明投诉的理由。

>>> 思考与练习

1. 什么是书状？根据最高人民法院的规定，书状有哪些种类？
2. 民事起诉状的格式是怎样的？写作要求是什么？
3. 刑事自诉状的事实与理由部分有什么写作要求？
4. 刑事上诉状的上诉理由应如何提出？
5. 民事上诉状写作的要求是什么？
6. 什么是答辩状？答辩状的格式是怎样的？写作要求是什么？
7. 什么是辩护词？其辩护理由可以从哪几方面提出？
8. 什么是法律事务文书？具体有哪些种类？
9. 分单和民事授权委托书各有什么写作要求？
10. 在什么情况下应当提出财产保全申请？

第十四章　实验报告　课程设计　毕业论文

第一节　实验报告

一、实验报告概述

(一)实验报告的概念

实验报告是在科研活动或专业学习中，实验者对实验目的、方法、过程和结果等情况进行记录、整理和总结而形成的书面文字。作为科技报告，它是从事科学实验的人向社会或他人公布、告知自己实验成果的一种总结性文字。

实验报告必须在科学实验的基础上进行，其主要用途在于帮助实验者不断地积累研究资料，总结研究成果。成功的或失败的实验结果的记载，有利于不断积累研究资料，总结研究成果，提高实验者观察、分析和解决问题的能力，培养理论联系实际的学风和实事求是的科学态度。

(二)实验报告的特点

1. 正确性

正确性要求实验报告的实验原理、方法、数据以及结论都是正确无误的，同时也要求实验报告的表述是准确无误的。

2. 客观性

客观性要求人们不仅抱着客观的态度观察实验和记录现象，同时在实验报告写作时也应当尽可能忠实地报道实验的结果。

3. 公正性

公正性要求做实验的人不能带某种对自然现象的偏见去观察和理解实验现象，而要实实在在地观察和记录实验，因为任何一点先入为主的看法都会影响报告结果的公正性。

4. 确证性

确证性要求实验的结果是能被证实的，即给出的实验结果可以让任何人在任何地方按给定的条件去重复这个实验，都能观察到同样的现象，并能得到同样的结果。

5. 可读性

可读性要求实验报告的写作必须符合语法规范要求，要求实验报告简洁明晰，流畅上口，通俗易懂。

二、实验报告的种类

由于科学门类的多样性，实验的种类很多。按照实验的方法划分，有定性实验报告、定量实验报告、结构分析实验报告、模拟实验报告、中间实验报告、对照实验报告等。按照实验的主体划分，有科技研究实验报告、教学实验报告等。按照实验的学科属性划分，有物理实验报告、化学实验报告、生物实验报告等。其中，某一学科的实验报告又包括许多类型的实验报告，如物理实验报告又可分为力学实验报告、电学实验报告等。

三、实验报告的写作

(一)实验报告写作的步骤

(1)确定实验目的和实验对象。实验对象即科研项目、研究对象，选好实验对象直接关系到实验的内容、意义和作用，同时还应明确本实验要达到的目的是什么，以便根据实验目的设计实验方法、程序等。

(2)掌握实验原理。科学理论是实验的唯一依据，实验的本质决定了任何特定的科学实验都必须依据有关的科学原理进行。

(3)设计实验方法、实验装置和实验程序。只有预先设计好实验方法、实验装置和实验程序等实验项目，具体的实验过程才能有步骤、有计划地按照实验意图进行操作。

(4)演示实验，观察、记录、整理实验的全部过程和实验数据。在具体的实验操作过程中，要认真观察实验的各个环节，记录实验中出现的各种现象和数据。待实验结束后，将实验记录进行归纳整理，得出实验结论。

(5)撰写实验报告。

(二)实验报告写作的格式

科学实验报告的内容千差万别，但是各种实验报告一般都由标题、作者及单位、摘要、引言、主体、讨论、结果和参考文献组成。

1. 标题

实验报告的标题一般是由研究对象和文体名称组成，如《电子自旋共振实验》，“电子自旋共振”是科学研究对象，“实验”就是实验报告的代称。标题的写作一定要揭示实验的对象，使读者一目了然。

2. 作者及单位

为了维护科技工作者的合法权益、便于科技信息交流，报告起草人要将参与实验的科技人员的单位、姓名，按照主次顺序一一写明。有的实验是以课题组的名义进行的，署名就必须为课题组的名称，而不能以个人代替课题组。

3. 摘要

这是写在作者下面的一段文字，内容包括实验报告中突出的若干结论，并不加任何说明。有的报告还对实验方法给予概括的阐述。

4. 引言

这是实验报告的开头部分，也称前言、导语，包括实验的对象、意义、作用、结果和存在的问题等。通过引言，读者对实验对象的有关情况大致有所了解，具有提纲挈领的作用。

5. 主体

主体部分由以下内容组成：

第一，实验原理。实验原理从理论上说明实验的可行性，介绍实验涉及的科学定律、公式和由此推导的实验结果，为实验奠定理论基础。

第二，实验设备和装置。写作中要介绍清楚主要设备的原理、结构、性能、型号，对重要的设备或依据设计安装的实验装置作详细的说明，并给出装置图。介绍自制设备时须附图表。

第三，实验方法。叙述实验过程时要具体介绍重要的实验方法、实验条件和实验要求，并以实验原理图、流程图、电路图等辅助说明。

第四，实验结果。主要是分析论证实验结论的正确性，通过对实验数据的具体分析、计算及有关图表的处理，得出科学的结论。

6. 讨论

作者通过对实验过程的观察，对相关问题有了科学认识，并对这些认识给予简要说明。讨论的有关问题有：影响实验的根本因素、实验中发现的规律、观察到的实验现象及解释、说明实验结果与理论结果异同的原因等。

7. 结果

用简洁、肯定的语言分条叙述实验的结果。

8. 参考文献

如果实验报告中引用了他人的科研成果，要在报告的末尾给予说明。

（三）实验报告写作的注意事项

1. 前提

实验前，一定要弄懂实验原理，熟悉仪器设备，掌握操作方法。

2. 步骤

实验中，一定要按步骤操作，细心观察实验对象，正确测取数据，认真做好记录。

3. 原则

写实验报告要认真严肃，遵循科学性的原则，不经重复实验不得随意修改数据；在处理数据时，遇到误差分析和有效位数的问题，应按有关要求执行，不可擅自决定。

4. 利用辅助语言

应充分利用图表这种辅助语言来表达实验结果，它们比文字叙述更直观简洁。

【例文 14-1】

物理实验报告

班级：×××

姓名：×××

实验日期：××××年××月××日

一、实验名称

用伏安法测电阻

二、实验目的

(一)学会用伏安法测电阻

(二)学习使用电压表、电流表、滑动变阻器等电学常用仪表或元件

三、实验原理

欧姆定律：通过一段导体的电流强度 I 与导体两端的电压 V 成正比，与导体的电阻 R 成反比。即

$$I=V/R$$(以下略)

四、仪器设置

直流稳压电器、毫伏表、毫安表、滑动变阻器、开关、导线、待测电阻。

五、实验步骤

(一)电流表内接法

1. 按图 1 所示(图略)，用回路接线法连接电路。

2. 调节滑动变阻器用来改变通过电阻 Rx 的电流 Ix，从毫伏表上读出相应的示数。

3. 计算待测电阻 Rx。

(二)电流表外接法

1. 接图 2 所示(图略)，用回路法连接电阻。

2. 同内接法步骤 2。

3. 计算待测电阻 Rx。

六、数据记录

七、计算

(一)内接法(略)

(二)外接法(略)

八、误差分析

随机误差(略)

最大绝对误差(略)

(一)内接法时

相对误差(略)

绝对误差(略)

(二)外接法时

相对误差(略)

绝对误差(略)

九、结果

(一)内接法时：$Rx=Rx\pm\Delta Rx=(24.8\pm0.9)\Omega$

(二)外接法时：$Rx=Rx\pm\Delta Rx=(25\pm0.9)\Omega$

十、讨论

用伏安法测电阻时，由于线路原因，测得的电阻值总是偏大或偏小，即存在一定的系统误差。(略)

本实验对同一电阻分别采用内接与外接两种方法进行测量，意在熟悉两种方法，实际测量时选定一种即可。

【简析】

这是一则比较规范的实验报告，作者将实验结果与分析部分的每一段都冠以一个小标题，使得文章结构严谨、条理清楚，便于读者阅读和加深印象。文字使用了大量专业术语和数字，语言规范准确。

第二节　课程设计

一、课程设计的概念

课程设计是工科院校或专业学生学完一门课程后，综合运用该门课程的基础理论、基本知识、基本技能，研究和解决实际问题时所进行的活动和所用到的一种应用文。它是教学中综合性和实践性较强的教学环节，是理论联系实际的桥梁，是学生体察实际问题复杂性的初次尝试。

二、课程设计的目的和要求

(一)课程设计的目的

课程设计的基本目的是：

(1)通过课程设计，要求学生能综合运用本课程和前修课程的基本知识，进行融会贯通地独立思考，进一步巩固、加深和拓宽所学的知识。

(2)通过设计实践，逐步树立正确的设计思想，增强创新意识和竞争意识，基本掌握设计的一般规律、主要程序和方法，培养分析问题和解决问题的能力。

(3)通过课程设计，还可以使学生树立正确的设计思想，培养实事求是、严肃认真、高度负责的工作作风，进行设计全面的基本技能训练，为毕业设计打下一个良好的实践基础。

课程设计不同于通常的作业，在设计中需要学生自己作出决策，自己确定方案、选择流程、查取资料、进行过程和设备计算，并要对自己的选择作出论证和核算，经过反复的分析比较，择优选定最理想的方案和合理的设计。所以，课程设计是培养和提高学生独立工作能力的有益实践。

(二)课程设计的要求

通过课程设计，应该重点训练学生提高如下几个方面的能力：

(1)熟悉查阅文献资料、搜集有关数据、正确选用公式。当缺乏必要数据时，尚需自己通过实验测定或到生产现场进行实际查定。

(2)在兼顾技术先进性及可行性、经济合理性的前提下，综合分析设计任务要求，确定设计流程，进行设备选型，并提出保证过程正常、安全运行所需要的检测和计量参数，同时还要考虑改善劳动条件和环境保护的有效措施。

(3)准确而迅速地进行过程计算及主要设备的工艺设计计算。

(4)用精练的语言、简洁的文字、清晰的图表来表达自己的设计思想和计算结果。

三、课程设计的种类

根据内容的不同，可以将课程设计分为工程设计、工艺设计、实验设计和试验设计。

四、课程设计的选题

(1)课程设计的内容应属课程范围，能满足课程设计的教学目的与要求，能使学生得到较全面的综合训练。

(2)课程设计的题目一般应带有设计性或综合性，并尽可能有实用背景。

(3)课程设计题目的难度和工作量应适合学生的知识和能力状况，使学生在规定的时间内既工作量饱满，又经过努力才能完成任务。

五、课程设计写作的步骤

(1)阅读文献、收集资料。

(2)工程(工艺)设计或实验(试验)研究。

(3)理论分析和技术经济分析。

(4)撰写设计报告或计算说明书初稿。

(5)修改定稿。

六、课程设计报告(或计算说明书)的写作

课程设计应层次分明、数据翔实、文字简练、推理有据、立论严谨。它一般由封面、任务书、目录、正文、参考文献和附录组成。

(一)封面

封面应包括课程名称、设计题目、层次、班级、设计者、学号、指导教师、设计时间。

(二)任务书

课程设计任务书应由指导教师按要求填写，并及时下达。

(三)目录

目录作为课程设计的提纲，是课程设计组成部分的小标题，应简明扼要、一目了然。

(四)正文

正文是课程设计的主体，一般由标题、正文、图、表格和公式等组成。写作内容可因题目的性质不同而有所变化，一般包括选题背景、方案论证、过程(设计、计算或实验)论述、结果分析或讨论等。正文应按目录中编排的章节依次撰写，要求计算正确、论述清楚、文字简练通顺、插图简明、书写整洁。

(五)参考文献

为了反映课程设计的科学依据和作者尊重他人研究成果的严肃态度，同时向读者提供有关信息出处，正文之后一般列出主要参考文献。参考文献应按文中所引用资料出现的顺序书写，附于文末。

(六)附录

对需要收录于课程设计中，且又不适合书写于正文中的附加数据资料、详细公式推导、计算机程序等特色内容，可作为附录。

七、课程设计写作的注意事项

(1)课程设计是培养设计能力的重要环节。设计者在设计的全过程中只有严肃认真，刻苦钻研，精益求精，才能在设计思想、方法和技能各方面获得较好的锻炼和提高。

(2)设计者必须发挥设计的主动性，主动思考问题、分析问题和解决问

题。另外，要认真接受教师的指导和考核，注意培养和锻炼自己的独立工作能力和创新精神。

(3)设计是一项复杂、细致的劳动，从分析总体方案开始到完成全部技术设计，往往要通过“边计算，边绘图、边修改”才能逐步完善。为此，要善于掌握和使用各种资料，要合理选用已有的经验设计数据，创造性地进行设计，以加快设计进程和提高设计质量。

(4)设计者要准备一个稿本，把设计过程中所考虑的问题及全部计算写在稿本上，以便于检查、修改、整理。不要用零散稿纸书写以免散失。这对于设计的正常进行及编写设计计算说明书都是十分重要的。

【例文 14-2】

××学院机电系××课程设计

多级滚筒式水果分级机的研究与设计

学生姓名：

指导老师：

学号：

专业：

目录

前言

一、水果分级的目的意义及国内外水果分级的现状

(一)水果分级的目的

(二)水果分级的意义

(三)国内外水果分级的现状

二、国内外水果分级的技术及方法

(一)按尺寸大小分级

(二)按重量分级

(三)按颜色和辐射透过性分级

(四)分级时水果的卸装

(五)水果的流水线介绍

三、设计方案的确定与计算

(一)多级滚筒式水果分级机的结构和分级原理

(二)设计方案的确定

(三)电动机和减速器的选用

(四)选择电动机应综合考虑的问题

(五)电动机的选择

(六)电动机的主要性能及结构特点

(七)电动机的用途

(八)链传动的设计

(九)链传动的优点

(十)链传动的缺点

(十一)链轮的计算

(十二)机架的设计

结束语

参考文献

(正文略)

【简析】

这篇课程设计的设计方案合理，立论准确，理论分析充分，实验和计算方法正确，各方面的数据可靠，图表规范清晰，文字表达流畅、简练、准确，格式规范，标点符号正确。

第三节　毕业论文

一、毕业论文概述

(一)毕业论文的概念

毕业论文是大中专应届毕业生的毕业作业，是学生在临毕业前，针对某一课题，综合自己所学专业的基础理论、基本知识和基本技能写出某一问题的文章。这就要求毕业论文具有较强的实践性，能把所学的专业知识应用于实践中，为毕业以后在工作岗位上更好地、有方向地研究和发展打下基础。

学生写毕业论文的目的，是为了总结自己在校期间的学习成果，培养自己具有综合运用所学知识分析、解决实际问题的能力。

毕业论文的写作，是在有经验的教师指导下进行的。

(二)毕业论文的特点

毕业论文与一般的文章不同，它是对本学科领域中的某些现象或问题进行论述的一种文体。

1. 科学性

毕业论文本身就是科研成果的表述和记录。科学性是毕业论文最重要的特点，可以说是毕业论文的灵魂。失去了科学性，毕业论文也就失去了存在的价值。毕业论文的科学性主要表现在三个方面：

(1)内容上要真实、正确、准确。所谓真实，是指论文内容要经过周密的思考，符合实际情况，不带个人的好恶偏见，是客观存在的事实。所谓正确，是指论文内容符合客观规律，经得起检验。所谓准确，是指论文内容的阐述要恰如其分，既不夸大，也不缩小，要做到恰如其分。

(2)结构上要严谨。所谓严谨，是指论文的结构既要符合形式逻辑的要求，又要符合辩证逻辑的要求，在形式上既要做到结构完整，又要做到逻辑性强。

(3)语言的表达上要准确。所谓准确，是指论文的观点要正确、鲜明，论据的材料要确切无误、充实，论述的道理要明白、正确。

2. 创造性

创造性是毕业论文的核心。毕业论文如果缺乏创造性，只是重复别人论述过的东西，那么这篇毕业论文就是一篇平庸之作。

毕业论文的创造性，主要是指作者对问题要有自己的见解。也就是说，毕业论文中所选择的课题要新，研究的角度要新，论述的角度要新，取得的成果要新。

毕业论文的创造性，就是要求论文所揭示的事物现象、属性、特点、内在联系、规律是首创的，或者部分是首创的。创造是人类进步的源泉，如果只会继承，不能创造，那么进步也就停止了。因此，要鼓励学生写出有创造性的毕业论文，要鼓励学生在毕业论文的写作中敢于观察、研究，发现他人未发现、未涉及的问题，并在综合别人认识的基础上进行创新，这样，才能在理论上和实践上取得新的成果，才能使毕业论文具有创造性。

3. 通俗性

通俗易懂，使人看了就明白是怎么回事。如果毕业论文使人读不懂，或读得很吃力，就违反了写毕业论文的基本原则。

写毕业论文的目的是要揭示客观规律，阐述比较深刻的理论，叙述复杂而又抽象的科学理论，因此毕业论文在内容上和语言上都有很强的专业特点，这对于除少数专业工作者以外的广大读者来说，会造成一定的困难。所以，毕业论文要写得通俗易懂，尽量使具有一般科学文化知识的人也能看得懂，要把深刻的道理寓于通俗的语言之中，把复杂的问题寓于简单明白的表述之中，深入浅出、通俗流畅，使人易于理解，提高阅读兴趣。

(三)毕业论文的作用

毕业论文是大中专院校教学计划的重要组成部分。写毕业论文是对毕业生全面的、综合性的考核。在毕业论文中，可以看出各门课程的教学效果，可以看出毕业生的质量，可以看出毕业生理论联系实际、分析问题和解决问题的水平，可以提高毕业生的理论水平和科研能力，还可以促进学校教学质量的不断提高。另外，毕业生通过毕业论文的写作，有助于运用自己所掌握的专业知识和专业技能解决实践中的问题，有利于理论和实践的结合，培养和锻炼自己解决实际问题的能力。

二、毕业论文的种类

毕业论文可以分为两个大类：一是自然科学毕业论文，二是社会科学毕业论文。

（一）自然科学毕业论文

自然科学毕业论文又称为理工科毕业论文，是理工科各专业的毕业生根据专业培养目标，选择某一课题，在教师的指导下，综合运用所学基础理论、专业知识、专业技能，写出的表达科研成果、阐述学术观点的论说性文章。自然科学的毕业论文可以分为以下五类：

1. 理论类毕业论文

理论类毕业论文是指针对所学专业学科范围内的某一课题，通过严密的理论推导和理论分析，对研究成果进行理论性的概括和总结，正面提出自己的观点和见解的说理性文章。

2. 实验类毕业论文

实验类毕业论文是指为了验证某一科学理论或假说，或者为创造发明和解决实际问题，有计划、有目的地进行科学实验，然后把实验过程和实验结果用书面表述的形式加以归纳、总结的文章。

3. 观测类毕业论文

观测类毕业论文是指综合运用所学专业的基础理论、专门知识和实践技能，对自然界的各种现象和事物进行观察和测量，将所观察、测量的结果进行准确、具体的描述，从而给人以明确、完整认识的文章。

4. 报告类毕业论文

报告类毕业论文是指综合运用所学专业的基础理论、专业知识和实践技能，对所学专业的某一课题进行研究或考察后写出的正式科研成果的文章。

5. 评述类毕业论文

评述类毕业论文是指根据所学专业的基本原理、基础知识和国家的科技经济政策，对特定时域里的某一学科、专业、产品、技术经济的研究成果、科技发展趋势进行综合性评述的文章。

（二）社会科学毕业论文

社会科学毕业论文是根据专业培养目标，针对某一课题，在教师的指导下，综合运用所学专业的基础理论、专业知识和专业技能，写出表达科研成果、阐述学术观点的论说性文章。

社会科学的毕业论文可以分为以下五类：

1. 论证类毕业论文

论证类毕业论文是指综合运用所学专业的基础理论、专业知识和专业技能，对社会科学领域里的某些重大理论问题或现实生活中的某些社会现象和问题进行探讨、研究、阐述、论证，揭示其本质和规律，以表达作者的思想、观点、见解的说理性文章。

2. 考证类毕业论文

考证类毕业论文是指针对社会科学不同专业领域里的某一问题，运用考证的方法，根据直接或间接的材料，深入地进行探究，追本溯源，考证事实的真伪异同，最后推导出具有真实性、真理性论断的文章。

3. 诠释类毕业论文

诠释类毕业论文是指针对本专业领域内的概念、理论、假说、原则以及事物的属性、特征、功用和史实、事件的面貌、来龙去脉、发展变化等作出解释说明的文章。

4. 调研类毕业论文

调研类毕业论文是指对现实生活中存在的各种现象或问题，运用所学专业的基础理论、专业知识和专业技能，进行深入细致的调查研究后，作出正确判断，提出相应对策和建议的文章。

5. 争辩类毕业论文

争辩类毕业论文是指对本学科、本专业的某些重大理论问题、学术观点有不同的看法，提出来进行争论和辩论，以辨明道理、驳倒对方的主张和观点，进而表明自己的看法，弘扬真理的文章。

三、毕业论文的写作

要写好一篇毕业论文，必须做好以下几个方面的工作。

(一)要符合毕业论文的总体原则和要求

1. 主题要突出，论点要鲜明

写毕业论文，必然要说明一个问题，反映出作者的立场和观点。也就是说，在论文里要体现出肯定什么、否定什么、赞成什么、反对什么，这些都要通过对论文的论说传达给别人。这就要求作者必须切实地从实际出发，运用辩证唯物主义和历史唯物主义的观点和方法观察问题、分析问题、解决问题，提出合乎客观实际的结论。

2. 结构要严谨，论述要清楚

所谓结构严谨，是指写出的论文要合乎思维形式，合乎逻辑性。从毕业论文的构成上看，常见的有：论文的标题、目录、内容提要、正文(绪论、本论、结论)、参考文献、论文的装订等构成形式。从论文的正文论述上看，有大论点、小论点、分论点三部分。一篇结构好的毕业论文，大论点和小论点要考虑清楚，安排妥当，做到层次井然，逻辑性强。从毕业论文的具体论述上看，有归纳、推理、演绎三种论述方式。在写作中，三种方式可以交叉运用，即在推理过程中，有演绎和归纳；在论证的过程中，也有演绎和归纳。

3. 语言要精确，文面要整洁

毕业论文的语言要求信息量大，表达精确，既不夸大其词，也不要言不由衷，更不要含糊不清。毕业论文的语言要做到精确，首先，语言要正确。在语言运用上，概念要清楚、词意要明确、定性和定量要准确。其次，语言要简洁。要求做到提炼最精粹的词语，节约用字，删繁就简，自然朴素，不求华饰等。再次，语言要生动。论文语言的生动，主要包括语言新鲜活泼，多样化，有幽默感等。最后，语言要平易。语言平易，就是要平顺易懂，不要故弄玄虚。不要把论文写得艰涩难懂，使人望而生畏。

文面是毕业论文的外在表现形式。这对写作毕业论文具有重要作用。毕业论文给读者的第一个印象就是文面。文面整洁、清晰，字迹秀美，读起来就会心情舒畅，有利于掌握论文的内容。

(二)要选择好论文课题

毕业论文是从选题开始的，“题好一半文”，爱因斯坦说过，在科学面前“提出问题往往比解决问题更重要”。选好毕业论文的课题是写好毕业论文的重要环节。

1. 毕业论文选题的基本原则

毕业论文选题的基本原则有两条：一是科学性的原则；二是可行性的原则。

(1)科学性原则。科学性就是要求论文的作者正确地反映客观事物，并揭示它的规律。这就要求作者的论述是系统的，而不是零碎的；是完整的，而不是片面的；是首尾一贯的，而不是前后矛盾的；是经过实践检验的，而不是主观臆造的。科学性首先要求立论的观点正确。如果观点不正确，就会使读者迷惑。

科学性还表现在知识的准确性上，如果知识不准确，就不能准确地反映客观事物的规律，并且给读者带来困惑。

客观性与科学性是密切相关的，科学性要求实事求是，客观性要求一切从实际出发。课题的客观意义包括两方面的内容：一是社会意义；二是学术意义。从根本上说，课题的学术意义和社会意义应该是相一致的，因为一切学术研究的最终目的都是服务于社会，有效地指导社会实践。

(2)可行性原则。可行性是指要选择自己可以完成，主观上又利于展开的课题。

可行性原则，首先，要考虑选择有科学价值的课题，这是最基本的原则；其次，必须从主观和客观上考虑是否具备展开研究的条件，如专业水平、兴趣爱好、是否具备必要的条件(资料、设备、经费、完成论文所需要的时间等)。所以，要量力而行地选择适合自己实际情况的课题，扬长避短、宜实不宜空、宜专不宜泛，要难易适中、深浅适中，应该是经过主观努力自己能够完成的课题。

2. 毕业论文选题的途径和方法

法国17世纪杰出的数学家、哲学家和科学方法论学者笛卡尔说："最有价值的知识是关于方法的知识。"在毕业论文的选题上，选题的途径、方法正确就会收到事半功倍的效果，如果选题的途径、方法不对，就可能造成人力、物力和时间的浪费。

(1)选题的途径。现分述如下：

第一，要查阅文献资料。通过查阅文献资料，我们可以了解本学科研究的历史，能知道本学科过去已经进行了哪些研究，有什么成果，了解本学科的研究现状，能知道现阶段的研究达到了什么程度，以及哪些问题尚未得到解决，本学科发展的新动向、新问题是什么。这些问题搞不清楚，选题就是盲目的，有时花费很大气力研究出一个课题，却是别人早已解决的问题，已经没有研究价值了。

要了解本学科研究的历史与现状，就要查阅大量的资料。要到图书馆去，充分利用文献目录、索引和文摘等检索期刊。怎样才能把握住研究方向？从文献资料入手，要看最新的期刊。因为最新的期刊代表了最新的研究成果，是我们进行选题时迈出的第一步。

第二，做好必要的调查、咨询工作。邓小平同志在谈到社会科学怎样改变落后面貌时强调："一定要深入专业，深入实际，调查研究，知彼知己，力戒空谈。"我们所进行的任何一项研究工作，都是面向实际的，为社会进步发展服务是科学研究所要达到的目的。

我们可以通过毕业实习期间来进行本学科的调查和咨询工作。例如，会计、审计专业的同学，在实习过程中，可以向会计、审计人员咨询实际工作中的一些问题，同时可了解到实际工作中一些疑难问题和亟待解决的问题。

第三，积极主动地去思考。我们在查阅文献资料，调查、咨询的过程中，大脑需要积极地工作，触发想象，积极思考出新的问题。比如，我们看到《中国目前财政金融问题》会想到"关于金融体制改革"、"货币政策"等；看到《洪秀全洋迷信与太平天国之衰亡》会想到中国近代资产阶级思想家是怎样对待西方资本主义文明的。当然，这些思考不是消极、被动地接受那些资料而触发的，而是充分运用自己的思考力、创造力积极主动地进行加工，这样就会形成自己的新思想、新思路。

(2)选题的方式。目前高等学校毕业论文的选题，有下述三种方式：

第一，命题与自选题结合的方式。题目先由指导教师拟出，经教研室讨论确定，然后向全体学生公布，学生可根据自己的实际情况，在公布的若干题目中进行选择。对多数同学来说，这是一种合适的方法。

第二，自选题。少数学习成绩优秀并有一定科研能力的同学，可以不局限于老师拟出的题目范围，根据自己的专长，独立地进行命题、选题，这样更便于反映自己的实际科研能力。

第三，引导性命题。这是对少数学习成绩较差，缺乏研究能力，不能独立选题的同学所采用的方法。当指导教师拟出的题目公布之后，这些同学对这些题目感到迷惑，心中无数，难以确定，这时指导教师就要给予一定的帮助。有经验的教师不是随便地为学生选择一题就了事，而是要很好地了解学生专业课的学习情况，他们的兴趣爱好及所关心的方面，逐步引导他们有目的地确定一个题目。这样做虽然要花费一些时间，但对于提高学生的选题能力是一种有效的方法。

就学生本人来说，无论学习成绩、科研能力如何，在选题过程中，除了自己要积极主动地进行探索之外，还要主动地争取得到老师的指导。目前，一般院校的毕业论文写作都安排在最后一个学期。按教学计划，结束课程之后，就仓促地转入毕业论文写作阶段，不少同学缺乏必要的准备，这对论文写作的质量带来了一些不利的因素。因而有三个环节特别需要得到老师的指导：第一是选题；第二是制订研究计划；第三是拟定写作提纲。抓住这三个关键环节，对论文的写作是最有益的。

(3)选题的方法。在毕业论文选题过程中常出现的问题是：把握不住选题方向，寻找不到最佳选题，题目过大、过小等。怎样选题？我们介绍以下几种选题方法：

第一，选用“横向扫描”法，确定选题方向。选题，首先应该确立选题的方向。所谓选题方向，指的是研究学科里哪一方面的课题，如中文系的学生，是研究语言，还是文学作品，还是文艺理论？经济专业的学生，是研究经济理论问题，还是研究经济实践问题，是研究经济管理问题，是研究会计问题，还是审计问题？应该把研究方向首先确定下来，而不能犹豫不决。

怎样确定选题方向？实践告诉我们，“横向扫描”是一种较好的方法。所谓“横向扫描”，即在自己所学专业范围内，根据自己的兴趣爱好、专业特长、资料搜集情况、现实需要、指导教师等主客观各方面因素，对所学专业的各门课程，逐一列示、对比、筛选，从而确立课题研究的大体方向。比如，学过审计专业的同学从基础课、工业经济、工业会计、企业管理、统计学、审计学、会计学……诸学科中，可以确立以审计课题为自己的选题方向。因为审计问题在诸多学科中，从主观条件来看，自己有浓厚的兴趣，基础知识学得最扎实，这方面资料搜集得比较充分；从客观条件上看，审计学科是改革开放后的新兴学科，现实中有很多问题尚未解决，研究这方面的课题有价值，而且能得到指导老师的点拨。

第二，运用“浏览捕捉”法，确定该方向中的最佳选择方向。选择的大体方向明确之后，仅仅是迈出选题的第一步，然后就应该在已确定的大方向之中，确立具体的选题方向，尤其是要在诸多可供选择的具体方向中，寻找最佳选择的方向，这时可用“浏览捕捉”法。

所谓“浏览捕捉”法，即在已确定的大方向领域内，大量阅读各种各样的资料，其中包括历史的资料、现实的资料、理论资料、实践资料、第一手资料、文献记载的资料等。在阅读资料过程中，往往还会发现有很多具体课题，需要深入研究，而且自己也有一些见解。仍以审计方向的选题为例，在阅读大量资料的过程中，可能会发现很多具体研究课题，例如，审计理论研究上存在薄弱环节、审计方法问题、审计的职能问题、内部审计问题、民间审计问题等。我们应该在浏览和思考的过程中，捕捉到一个具体的研究课题。如果你认为审计的职能问题是一个最佳选择，就把它作为具体的选择方向。

第三，运用“收缩或放大”法，确定大小适中的题目。在确立论题时，一些同学往往犯立题不当的毛病：或者题目过大，或者题目过小。比如，《论当前经济体制的改革》、《现代企业制度下的现代会计》、《市场保护与市场秩序》等，这些题目就过大。它们所涉及问题的面比较广，需要占有相当数量的资料，更需要相当的理论知识水平、较强的研究能力，而且在较短的时间内是难以完成的。又比如，像《对会计概念的认识》、《论有奖储蓄的好处》等，这些题目过小，作为一个大中专院校即将毕业的学生来说，题目太小，就不能通过撰写论文反映自己的实际能力。

当具体的选题方向确定下来之后，如何对题目加以限定，使之大小适中呢？一般采取“收缩或放大”法。

所谓“收缩或放大”法，即如果最初拟定的题目过大，就把它收缩一下；预先设想的题目过小，就把它放大一下。这样就可以使题目大小适中，不至于力不胜任或轻而易举地完成。

(三)毕业论文的写作和安排

写毕业论文，要了解毕业论文的格式，懂得写作的基本步骤和时间安排。这些问题不了解清楚，就很难把毕业论文写好。现针对毕业论文的一般格式、写作的基本步骤和时间安排进行论述。

1. 毕业论文的一般格式

毕业论文的格式多种多样，但也有一些共性，如封面、题目、署名、摘要、引言、正文、结论、致谢、参考文献、附录、作者及单位等11项内容，有的长篇论文还有目录。

(1)封面。封面是毕业论文的外表，要提供应有的信息，同时起保护作用。它是给人以第一印象的文面，因而要设计得规范、装帧得美观。封面的内容有以下几个方面：①毕业论文完整的题目；②作者姓名；③指导教师姓名、职务、职称、单位名称及地址；④作者就读的学校、专业(系)；⑤提交论文的日期(年、月、日)。

(2)题目。题目又称标题，主要包括反映论文中心内容的总标题和副标题，总标题应概括论文的核心内容，较好地反映研究的范围和深度。并且应简明具体，做到既不能“大题目，小文章”，也不能“大文章，小题目”；应该做到文题一致，和谐统一，简明扼要，精练醒目，恰当贴切。至于文中的小题目，则是段落内容的概括。

(3)署名。毕业论文的署名比较简单，署名的位置应该放在论文总标题的下面。如果是多人合著，则应按贡献大小排序署名。

(4)摘要。毕业论文的摘要和其他科研论文的摘要一样，是为了使读者对整篇论文所研究的主要目的、内容、方法和结果一目了然，所以摘要是论文基本思想的缩影。尤其对万字以上的论文，摘要是必不可少的。从目前来看，摘要有两种写法：一种是放在论文的正文前面，主要概括论文的要点，字数一般在200字左右；一种是排在论文的正文后面(也称摘录)，字数比前一种要多一些，一般在1 000～2 000字，其内容包括：研究目的、对象、方法、结果、结论等。其中，有论文的主要数据、研究工作的思路、过程和论证方法，尤其要突出论文中自己的新观点、新见解部分，以使评阅者了解作者的研究能力和成果。详细摘要的写作过程必须实事求是，忠于原文，分清主次，详略得当，有条理，有层次，突出论文的核心。简单的摘要必须文字简洁，概括性强，中心明确，语言畅达。

(5)引言。引言又称前言，标志着一篇论文的真正开始，是论文的重要组成部分。在引言中，一般应写出这样几方面的内容：

第一，选择课题的理由。对课题选择的原因和意义要进行论证。这里包括国内外同行在本课题所属领域的研究程度，作者在这一领域有什么见解以及对这一领域的研究成果等。

第二，与论文主题密切相关的文献进行综述。要着重叙述关于本学科的概念和规律，以求反映作者研究工作的范围和质量，反映作者具有开阔的科学视野和文献综合、分析、判断能力。

第三，论文的学术地位。主要说明本课题在本学科领域内的学术地位，反映作者在论文所属学科领域中的学识水平。

引言是论文的开头，不必面面俱到，也不应罗列过多的历史资料，所以不要过长，要与整篇文章篇幅相协调。如果篇幅过长，就容易造成头重脚轻之感，另外，引言的最后一句话应该与紧跟在后面的正文相衔接。

(6)正文。正文又称本论，这是论文的核心和主体部分。正文主要是逻辑严密地表达作者课题研究的结果，并体现着论文水平和价值。因而篇幅长、分量重，一篇论文90%的篇幅应是正文。不同类型论文的正文写作有很大的差异，其中，差异主要区别在于论文的内容与写法上。也就是说，正文是区别毕业论文类型的主要标志。例如，理论型毕业论文的正文一般包括论点、论据、论证三个部分。所谓论点，就是作者对所论述的问题提出的主张和看法。这是作者需要加以阐述和说明的观点。所谓论据，就是作者建立自己观点的理由和依据。它要求论文所使用的一切理论都要完整、正确，资料要真实、确凿、适用。所谓论证，就是作者用论据说明论点的过程。也就是说，作者运用归纳法、演绎法和类比法等逻辑论证方法，阐明论据与论点之间的内在联系，用论据科学地证明自己论点的正确性和科学性，使论点得以成立。实践型论文一般包括理论分析；实践资料、手段和经过；实践结果分析和讨论三个部分。

撰写正文过程中需要注意的是，主体内容的表述要有严密的逻辑性和明晰的条理性。首先，要准确地把握文章内容大小层次间的各种内在联系，使各层次具有逻辑性。其次，要用适当的小标题或序号加以区分，使层次更加分明。最后，结论的推出要实事求是，符合客观实际。

(7)结论。结论是论文的收束部分，是全文的归结。在结论中，将对论文中最有价值的内容进行高度概括，并简要说明全文所得出的最主要规律，解决何种理论问题，对课题研究进行展望。结论的写作切忌冗长，要文字简洁，内容精练，观点鲜明。在结论中，要把正文里经过严密论证，水到渠成得出来的结果完美地引到结论里，使引论、正文和结论三者相互呼应，首尾一贯，浑然一体。结论在语句表达上必须十分明确，不能有多种含义，不要轻易放弃应该坚持的观点和独特的见解，但也不要轻率和武断，不能根据不充分的数据提出过大的结论，要留有余地，掌握分寸。

(8)致谢。现代科学研究越来越向复杂性和多极性方向发展，往往不是一个人能独立完成的，需要不同人员多方位、多侧面的协助、合作和支持。因此，当成果以论文的形式发表时，必须对他们的劳动给予充分的肯定，并表示感谢。这是一种讲究科研道德的表现，应该形成风气。

初写论文的大学生可能不太明白致谢的写法，但这是应该掌握的。致谢的对象主要有以下几方面人员：

第一，对本课题参加过讨论或提出过指导性意见的人。

第二，对提供资料以及提供其他方便的人。

第三，对被论文采用的重要资料、文献、数据的提供者。

第四，对论文提供过某种信息、研究思想和设想，但又非论文的共同合作者。

致谢的写法要文字精练、态度诚恳、措辞恰如其分，对致谢中被感谢者可以直书其名，也可以写敬称，如××教授、××博士等。

(9)参考文献。参考文献的引用是毕业论文写作中不可缺少的部分。参考文献的引用实际上反映了作者的科学态度和求实精神。因为任何一篇毕业论文的结论的得出都是以前人的研究成果为基础的。引用参考文献可以帮助读者了解论文的背景和科学的依据，并通过参考文献进一步检索有关资料，共享文献资源。同时，也给论文提供了令人信服的论据，以增强论文的权威性。

(10)附录。附录是为了补充论文主体而附加在文后的内容。附录并不是每篇文章所必需的，有些毕业论文信息量大，体现了作者研究工作的数量和质量。而这些信息如全部安排在正文里，有损于论文的条理性、逻辑性和完整性。因此，凡论文中只能局部使用或完全没有使用，但又与论文有关和具有科学价值的重要原始资料、数据，如复杂的公式推导、各类统计法、图表、注释、术语、符号、说明等，都可以放在附录中。它们既有利于说明和理解毕业论文，又提供了有用的科学信息。

(11)作者及单位。毕业论文最末要署上自己的姓名及所在单位。其目的是表明作者付出了辛勤的劳动和代价，同时也是为了对论文负责，更重要的是便于教师评定成绩及同行相互联系。

2. 毕业论文写作的基本步骤

毕业论文写作与其他写作活动一样，需有其基本的步骤。毕业论文写作的基本步骤是：确定题目、搜集资料、酝酿构思、执笔起草、修改定稿五个阶段。

(1)确定题目。无论是写一篇文章，还是写一本学术专著，首先应确定题目。题目选择的大与小、难与易是写作成功的关键，尤其是一些初写者，选择论文题目更为重要。

(2)搜集资料。题目确定后，就要围绕题目搜集资料，这既是写作技巧问题，也是大学生必备的基本功。那种不愿意做搜集资料的艰苦工作而利用别人搜集的资料而写作的人，是不认真的。有人做过调查，20 世纪 60 年代美国凯斯工学院对科技人员从事科研的时间安排是这样的：从事化学研究的人员查阅文献资料的时间占 50％，作计划思考的时间占 7.7％，搞实验的时间占 32％，写报告的时间占 9.3％。从事冶金、机械研究的人员查阅资料的时间也约占 2/3。可见，他们对查阅文献资料的重视。在搜集资料时，尽可能搜集第一手的，要从第一手资料中找依据。与此同时，对搜集来的材料要认真阅读分析，去粗取精，去伪存真，消化吸收，使它变为自己的财富，只有这样，才能写出有真知灼见的论文。

(3)酝酿构思。酝酿构思是论文写作的第三阶段。所谓酝酿构思，是指作者根据文章构成的要求，对认识成果进行加工，从而形成论文的过程。酝酿构思在论文写作中具有十分重要的意义。车尔尼雪夫斯基说："要是没有把应该写的东西经过明白而周到的思考，就不该动手写。"这说明，离开了酝酿构思，论文的思想系统就不能形成，语言组合也就无法进行。所以，有经验的作者在动笔写作之前，要进行深入的、反复的、艰苦的，甚至是长时间的酝酿构思。大画家郑板桥说自己："四十年间画竹枝，日间抒写夜间思。"这是他的经验之谈，只有经过深入细致的酝酿构思，写出来的论文才能更精粹、更深刻，具有更高的价值。酝酿构思主要包括酝酿、构思、成型三个环节。

第一，酝酿。对于作者来说，就是为了写好一篇论文或一部著作，在通盘考虑的基础上，为一个表述思想寻找一个恰当的表达方式。在酝酿中，作者要做的全部决策工作都围绕确定的题目来进行"取舍"。论文的读者是什么人？用什么样式写？表达一个什么主题？这些问题都需要在酝酿中加以解决。另外，酝酿需要多长时间，因具体条件不同而有所差异，有的可能只需几天、几小时，甚至几分钟，有时可能需要几个月、一年，甚至几年。总之，酝酿是内潜性很强的思维活动，外人觉察不到，即使是作者本人往往也很难说清楚，但主要方面应在论文的选择和主题的确定两个方面。

第二，构思。就是指作者在酝酿的基础上对文章内容和形式进行总体设计。构思主要包括：主题的提炼、结构和安排、形式的选择和艺术表现形式等。一篇论文或一本书，都要有一个中心，并围绕这个中心而选取材料。结构的安排要一环扣一环，具有严密的逻辑性。形式的选择要符合内容。形式要与内容达到完美的统一。这些只有通过认真仔细的构思，才能实现。

第三，成型。就是经过酝酿和构思后的最后定型。此时，作者所要写的论文已经粗具规模，但仍然存在于作者的头脑中，具有一定程度的模糊性。这时，要将模糊性的论文进一步具体化，定型——构想出腹稿提纲，这就是成型。成型是酝酿构思的最后一环。

提纲一般按论文内容的层次写出。段落式的提纲是一个段落形式的构成。它比句子更详细，不仅有观点、主旨，同时有叙述材料的概括，更利于起草，但写起来费时费力，比较适合于较长的论文或专著。

上述提纲的种类和写法，写作时应灵活选择。一般来说，经常写论文的人习惯于某一种提纲的写法。但总的来说，一般都是由大到小，由粗到细，一层层地思考拟定。首先，把论文的大架子搭好，再考虑每一部分的内部层次；其次，在各层次下列出要点和事例；最后，在提纲的各个大小项目之下记录一些需要的具体材料(索引号)，以备行文时采用。当我们完成了写作提纲之后，如果没有发现漏洞、重复或不当之处，便开始进行执笔起草的工作。

(4)执笔起草。执笔起草是开始动笔写论文的第一步。经过酝酿构思，有了写作提纲，要表达的思想已经基本形成系统，这时就要把考虑好的内容用语言文字的形式反映到文面上。

在写作过程中，执笔起草是一个不容忽视的重要步骤。作者把考虑好了的思想内容，一字一句地写在纸上，就会使我们的思绪更明晰。我们都有过这样的经验，在拟定提纲的时候，已经把要写的内容整理得清楚而富有条理了，所以，执笔起草这项工作是非常重要的，它是一项艰巨的工作。

第一，起草的要求。首先，在下笔之前，要先仔细想一想，怎样把这一段的主要意思充分地表达出来。要考虑好材料如何安排，如何展开论述？初写论文的人容易犯的毛病是，想一句写一句，往往是有了上句没下句。其结果不是重复啰嗦，就是前言不搭后语。其次，在起草的过程中，要注意文脉的贯通。论文是一段一段写出来的，这就要求在内容上要思路顺畅，使论文的各个段落浑然一体。因此，在写论文时，要使论文上下段做到一环紧扣一环，前后连贯。最后，做好语言的组合。所谓语言的组合，就是在书面上把作者的思想用语言表达出来。论文不是写给自己看的，而是给别人看的。要使别人看得懂，看得明白，就要用词准确，句子通顺，合乎规则。因此，在下笔的时候，心中要有读者，语言要合乎规范。这样，不仅能保证起草顺利进行，而且又可以减轻修改的压力。

第二，起草的方法。起草的方法就是作者在执笔写稿时所采用的方式。这种方式可因人而异，因时而异，因文而异。起草方法主要有以下两种：一种是作者在准备比较充分的前提下，根据写作提纲的要求，利用一段完整的时间，精力集中，连续写下去，中间没有耽搁或停顿，直到写完为止。这种方法比较适合短文章的写作，因为短文章篇幅短，容量大，作者既能宏观控制，又可微观把握，而且可以在短时间内完成。另一种是分段起草法。有时因时间有限，就利用分段起草法一部分一部分地写，最后把写好的每个部分有机地组织到一起，成为一篇文章或专著。

(5)修改定稿。修改定稿是写作的最后步骤。作者经过酝酿构思和执笔起草，变成了初步的文章形态——草稿。草稿是文章的毛坯，还不是成品，要把毛坯变成成品，还需要经过修改定稿。所谓修改定稿，就是对文章草稿进行加工润色，使之成为成品的过程。

修改定稿是作者对文章内容和形式的再思考和再组合。在修改时，对论文的思想内容是否有意义，中心论点与论据是否正确都要再思考一番；对语言修辞、论文结构和形式是否与内容达到完美的统一，也要重新思考，如不统一，需重新组合。在定稿时，作者要对论文的全部内容和形式作最后的检查和审定。如发现问题要及时修订，直到认为没有问题，写作的步骤才可结束，可以开始誊清原稿了。

(四)毕业论文的修改

毕业论文的修改是指从初稿形成到最后定稿之前，作者对文章从内容到形式所进行的一系列的、多次的修改和润色活动。它是写文章不可缺少的，也是重要的一道工序。

文章刚写成的时候，作者不容易发现存在的问题。过了一段时间，经过反复思考，受到别人，特别是指导教师启发，或者接触到新的资料后，感到原稿有不足之处，就会产生修改的动机。只有对文章不断修改，才能体现论文作者的学识水平、学术水平、认识水平和写作水平的新高度。

1. 毕业论文修改的重要性

毕业生撰写毕业论文是对自己在学校学习专业知识的学习总结，又是对某些客观现象和学术问题认识结果的阐述。由于论文作者受知识的深度、广度的限制，再加上实践经验不足，甚至认识片面等，作者的立意可能不够高远，不切合实际，没体现事实发展的客观规律。为解决这些问题，办法只有两个：一是学习，二是对论文进行修改。

乐于反复、不断地修改自己的论文，在论文写作和修改过程中不断充实自己的专业知识和写作知识，把撰写毕业论文作为自己学习生活的总结和继续，是每位毕业生应当采取的态度。每位毕业生都希望通过毕业论文的撰写和答辩，能够真实地反映自己的学识水平和分析问题、解决问题的实际能力，为毕业后的求职和科研工作打下良好的基础。所以，必须以认真负责的态度对待论文的修改，在修改中不断提高论文的水平。

毕业论文初稿有些粗糙或差错，不够完美，是不可避免的，在以后的修改中，不断地加以纠正、补充，使之臻于完美，是正常的。所以论文的写作与修改，是两个互相补充、相得益彰的环节，只有这样，作者的写作水平才能得到提高，好的文章、好的作品才能产生。

2. 毕业论文修改的范围

(1)思想内容的表达。思想内容是一篇毕业论文的灵魂，也是一篇毕业论文的价值所在，正确的思想内容可以引导人、鼓舞人，错误的思想内容可以误导人，起消极作用。毕业论文的思想内容要正确，正确地反映客观世界，实事求是地反映客观世界的规律。

(2)审查论点。要对毕业论文综观全局，看论点是否正确、鲜明、深刻。对中心论点、分论点、小论点，都要全面检查。要把论点中偏颇的改中肯，含糊不清的改鲜明，片面的改全面，肤浅的改深刻，零散的改集中，陈旧的改新颖，立意低的加以升华。

(3)调整结构。毕业论文要看结构是否完整、严密，层次是否清楚，思路是否开阔。调整结构时还要把杂乱的层次梳理通畅，臃肿的段落紧缩合并，上下文不衔接的串通连贯，轻重倒置、详略不当的地方修改合适，开头、结尾不当的地方斟酌周全。

(4)精选材料。毕业论文选用的材料必须达到三个要求：一是必要，即材料能够证明观点、表现主题。二是真实，即材料准确可靠，没有虚假成分。三是合适，即材料恰到好处，不多不少。如不符合这些要求，材料就要增补、删除、调换。要把空缺的材料补足，失实的材料改翔实，虚泛的材料换实在，平淡的材料换典型，陈旧的材料换新颖，分散的材料理得集中，与主题关系不大的材料删除，不连贯的材料连通。

(5)推敲语言。对语言进行仔细推敲，对文字进行认真加工，做到文通意顺。要检查用词是否准确，句子是否通畅，朗读是否顺口，整篇文章是否有漏笔等。要仔细推敲语言，改正出现的语病，使语言精练。要认真修改病句，使文字通畅、简洁。

(6)斟酌标题。对总标题和节标题进行修改。在毕业论文的初稿与成文后，对总标题应再进行斟酌，看总标题是否配文，文是否切题。如果题文不贴切、不相符、太笼统，或标题太长，就要进行修改。对节标题应检查其层次、数量是否清楚。同一层次的标题，格式是否混乱，如不符合要求，也应进行修改。

(7)规范文面。在写初稿时，书写可以比较随意，但经修改后，就应该符合毕业论文的文面要求，要做到文字书写、标点符号、行文格式符合规范。

【例文 14-3】

山西省旅游业发展管理研究

王　静

【摘要】 旅游业作为朝阳产业，对于提高国民素质和改善人民生活质量具有重要作用。本文主要从旅游业对山西经济发展的意义和作用中提出问题，然后审视山西旅游业的发展现状，进而对山西发展旅游业提出规划原则和思路，最后依据理论和实际科学提出山西旅游产业发展的对策。

【关键词】 旅游业　山西　发展管理

文献综述

（略）

前　言

（略）

1. 山西旅游经济对地区或区域经济发展的意义和作用

（略）

1.1 带动山西相关产业的发展

（略）

1.2 推动山西经济结构的调整

（略）

1.3 扩大旅游业就业机会，解决山西富余劳动力安置问题

（略）

1.4 对山西的对外开放发挥积极的促进作用

（略）

2. 山西旅游业发展的现状和问题

2.1 山西旅游业发展的现状

（略）

2.1.1 旅游经济产业地位已经确立

（略）

2.1.2 旅游业已成为热点产业部门

（略）

2.1.3 旅游业经济效益稳步上升，社会效益辐射明显

（略）

2.2 山西旅游业存在的主要问题

2.2.1 组织管理机制与统筹协调问题

（略）

2.2.2 产品内涵发掘不够，不能适应现代旅游业发展的需要

（略）

2.2.3 投入力度不够，配套设施不完善

（略）

2.2.4 旅游产品优势不足

（略）

2.2.5 旅游产品知名度低

（略）

2.2.6 旅游经济投资体制不合理

（略）

2.2.7 对发展旅游业的观念滞后

（略）

3. 山西旅游业发展的规划原则及思路

3.1 旅游业总体规划的原则

3.1.1 整体化原则

旅游业是国民经济的一个组成部分，因此，旅游业的发展不可能是孤立的，只有在整个旅游目的地的经济框架中找到合适的位置才能得到应有的发展。旅游业和其他产业一样，只有当它符合总体经济发展政策时，它的发展才有助于推动整个经济的发展，它本身才能取得最理想的发展。因此，作为一定区域内国民经济发展中的一个特定部门，旅游业发展规划的制定必须与旅游目的地社会经济发展的总体规划相一致，而不能相违背。

3.1.2 实事求是原则

从中国目前的实际情况来看，改革开放20多年，旅游业的发展经历了起步创业的过程，开始走上稳步发展的道路。已经制定了旅游业发展规划的地区，那里的旅游业都已经起步，或已经形成于一定的规模。因此，现在再做旅游规划，必须要下大工夫做好旅游业发展条件的分析。一是要认真，二是要客观，其根本原则就是实事求是。

3.1.3 资源与市场相结合的原则

对任何旅游目的地来说，旅游资源是当地旅游业发展的一个基础条件，市场需求是资源开发的条件和方向，而旅游产品则是连接市场和目的地的桥梁。任何好的旅游资源如果不能开发成产品，不能开发成市场需要的产品，那么那里的旅游业是不会成功的。同样，如果市场的需求潜力没有被发现，对一些可以开发成产品的资源没有发掘，那么旅游业的发展也不会取得理想的结果。因此，在规划的过程中，不仅要认真分析客源优势，而且还必须认

真地分析市场需求和潜力。

3.1.4 可持续发展原则

寻求发展，寻求较快的发展，寻求较大的经济效益，是许多新的旅游目的地发展旅游业所追逐的目标。国际经验说明，急功近利是许多旅游目的地发展旅游业失败的重要原因。我们所需要的是“可持续发展”，而不仅仅是“持续发展”。所以，环境意识是近些年来旅游总体规划中特别强调的一个方面。可持续发展的三个重要原则是生态的可持续、社会文化的可持续和经济的可持续(WTO，1997)。坚持持续性原则是一切发展的准则，旅游业的发展也不例外。

3.1.5 动态调整原则

旅游发展规划不同于城市建设规划，它更应当突出战略性、对策性，是根据对形势发展的预测而预先设计的行动计划。而影响旅游业发展的外部条件是不断变化的，所以规划也不应该一成不变，应当根据变化了的形势进行及时的调整、改善。旅游发展的规划期不宜过长，编制长期的发展规划，10年或20年。对一个好的规划来说，它的目标应当非常明确，但计划必须要具体，步骤要清楚，便于实施和监测。

3.1.6 注重具体方案实施的原则

旅游发展规划应当注重具体方案的实施，而不是理论概念的解释或探讨，不应当是“放之四海而皆准”的原则。世界旅游组织的《地方旅游规划指南》中指出：“不付诸实施且不具备可操作性的规划是没有价值的。”它强调，“在规划的制定过程中应该始终考虑采取什么措施贯彻实施规划目标，并在规划大纲中分别予以说明”(WTO，1997)。所以，在编制旅游发展规划的时候，特别是对一些近期的活动计划、方案应当有具体步骤、具体目标和时间安排。

3.1.7 利益相差原则

早在20世纪80年代中期，以墨菲(Muphpy，1991)为代表的学者开始提倡旅游规划中的社区公民参与。他们认为，如果旅游规划能够从纯商业性的开发方法转向一个更加开放的、以社区为导向的方法，把旅游视为当地的一种资源，那么旅游业将会产生更大的社会和经济利益。让当地社区(各个阶层，包括当地政府官员、居民、建筑师、开发商、生意人、规划师)参与旅游规划的过程、重大决策的制定，管理好旅游这一资源，使旅游业为整个社区世世代代带来好处，已成为旅游业发展的目标和评价旅游业的标准。

3.2 山西旅游业规划与发展的思路

3.2.1 核心—边缘理论在区域旅游规划中的运用

完整提出“核心—边缘”理论模式的，是美国区域规划专家弗里德曼

(J. R. Friedmann)。弗里德曼认为任何一个国家都是由核心区域和边缘区域组成。核心区域是由一个城市或城市集群及其周围地区所组成。边缘的界限由核心与外围的关系来确定。核心区域指城市集聚区，核心区域工业发达，技术水平较高，资本集中，人口密集，经济增长速度快，包括：(1)国内都会区；(2)区域的中心城市；(3)亚区的中心；(4)地方服务中心。边缘区域是那些相对于核心区域来说经济较为落后的地区。

根据核心—边缘理论，在区域增长过程中，核心与边缘之间存在着不平等的发展关系。总体上，核心居于统治地位，边缘在发展上依赖于核心。由于核心与边缘的贸易不平等，经济权力因素集中在核心区，技术进步、高效的生产活动以及生产的创新等也都集中在核心区。核心区依赖这些优势从边缘区获取剩余价值，使边缘区的资金、人口和劳动力向核心区流动的趋势得以强化，构成核心与边缘区的不平等发展格局。核心区的发展与创新有密切关系。核心区存在着对创新的潜在需求，创新增强了核心区的发展能力与活力，在向边缘区扩散中进一步加强了核心区的统治地位。但核心与边缘的空间结构地位不是一成不变的。核心区与边缘区的边界会发生变化，区域的空间关系会不断调整，经济的空间结构不断变化，最终达到区域空间一体化。

核心与边缘地区应该是种平等竞争、优势互补的合作、互赢的空间关系。发展核心，带动边缘，是区域旅游发展的重要空间战略举措。任何一个区域都要重视旅游核心的发展，依靠核心区把区内各种景观资源凝聚成一个整体。特别是发展中地区要十分注意培育自己的旅游核心区，通过培育和发展核心景区，形成旅游创新活动基地，并有步骤地主动向边缘区域扩散联动，促进核心景区质量升级，带动边缘区域发展，壮大整个区域的旅游竞争力。

3.2.2 城市游憩系统的空间结构(以太原市为例)

城市游憩系统空间结构是核心—边缘理论的一个典型的应用，山西省可以以太原、大同、运城等大中城市为核心区域，带动周边旅游经济的发展。现以太原市为例来作具体说明。

3.2.2.1 市中心——游憩商业区(RBD)

太原市以迎泽区为集聚中心的城市中心商务区(CBD)已基本形成，以解放路、开化寺街、柳巷、钟楼街为轴带，集聚了在市域和省域范围内最高级的大型高档商贸中心、名品店，各档次的专卖店、超市、影楼，肯德基、麦当劳等汇聚于具有本地特色的食品一条街，大型书店、多家电影院、柳巷步行街和全市最大的夜市，而且电信、金融、保险和房地产等企业也环绕在本区周围。这一带已经成为本市居民购物、餐饮、娱乐的首选区位，同时对省内旅游者也有很强的吸引力，未来可以将其发展成为满足国内外旅游者和本市居民需要的城市RED。这就需要一方面扩大现有山西旅游纪念品的数量、品种和规模；另一方面大力整治区内环境，开放区内的可供休憩的场所。

3.2.2.2 内圈层——市内休闲娱乐体系

太原市市内休闲娱乐设施建设在全国大城市中相对滞后，公园、体育馆、公共绿地等数量较少。目前散布于市内的公益性游乐场所有迎泽公园、动物园、双塔公园、汾河公园、五一广场以及卧虎山森林公园等，其中五一广场、汾河公园和迎泽公园免费向公众开放。为了给市民及旅游者提供更广阔的娱乐健身和休闲的空间，更好地发挥城市公园的公益性功能，各公园都应逐步免费开放。公共体育健身场所只有滨河体育馆、双塔街体育馆和体育路的大型体育场，社区内的体育健身场所还有待于进一步推广和加强。少年宫、科技馆以及展览馆、工人文化宫等都应作为休憩体系的重要组成进行完善，充分发挥其应有的功能和作用。

3.2.2.3 外圈层——郊野风景区和乡村旅游区

太原市近郊和远郊的风景区为数不少，但大都开发缓慢，设施欠缺。其中级别最高的是晋祠—天龙山风景区，每年吸引不少国内外游客。但二者由于不属于同一部门管理，因此开发和建设存在各自为政的现象，极大地阻碍了这个风景区应有价值的发挥。未来应统一开发，统一管理。另外还有崛围山、龙山、柳林河、晋阳湖、汾河水库、马鬣寺森林公园、云顶山森林公园等风景区以及白石沟生态旅游区、大运农艺园、太原农业科技园、王家峰神家园、东西山生态观光林等多个农业观光、乡村旅游区(点)，这些景区(点)，都需要进一步开发和完善，尤其是旅游设施、交通条件急需改善。

4. 山西旅游业发展的对策

4.1 巴特勒的旅游地生命周期曲线理论的运用

加拿大地进学家Butler在1984年提出了著名的旅游地生命周期理论，他认为一个地方的旅游开发不可能永远处于同一个水平，而是随着时间的变化不断演变的。他用一条S形曲线的变化，来说明不同的发展阶段旅游地的发展状况：有的时候旅游地的来访者处于上升、不断增长状态；有的时候来访者人数却可能处于下降状态。旅游地的发展阶段可以分为探查期、参与期、发展期、巩固期、停滞期和复兴期六个不同时期。地方旅游开发和管理的一个重要目的，就是要努力促使旅游区保持吸引力，延长其发展、巩固期，防止停滞期的到来，或者在停滞期到来之前，就已经未雨绸缪，进行旅游产品的更新换代，以使旅游开发进入一个新的发展阶段，步入复兴期。

旅游地要复苏，旅游地吸引力必须发生根本变化。达到这个目标有两种途径：一是增加人造景观吸引力，例如美国大西洋赌城；二是发挥未开发的自然旅游资源的优势，重新启动市场。

4.2 SWOT分析法的运用

SWOT分析是对旅游系统中的基础设施与服务、旅游出行条件、旅游支持系统的分析，是基于对当地旅游发展的外部环境与内部条件，包括对当地社会经济概况、旅游产业发展态势、旅游基础设施现状、旅游接待服务机构与设施现状以及当地政府对旅游产业发展的政策与态度的初步了解，并在这些现状调查与分析的基础上对当地发展旅游业的优势与机遇、劣势与挑战进行分析(见下表)。

山西省主要旅游资源的SWOT分析

景观资源	优势	劣势	机遇	风险
五台山	四大佛教名山之一，古代建筑的稀世宝库，避暑胜地	交通不便，周遭污染	旅游消费热，知名度高，宗教旅游圈	效益低
云冈石窟	国家级重点文物保护单位，距今1 500多年，佛教石窟艺术代表	煤灰污染区位，偏远	文化旅游圈，知名度高	改善环境投资大
壶口瀑布	中国第二大瀑布，景色奇丽壮观	区位偏远，交通住宿不便，缺乏娱乐及夜游设施	“飞黄”效应，自然旅游圈	水土流失严重，改善环境投资大
平遥古城	历史文化名城，规模大，建筑工艺精美，古朴，大量清末民居，民族特色突出	卫生环境差，城内文化气息不浓	旅游宣传活动，文化旅游圈	保护环境及古建筑投资大，可能增大利益协调成本
绵山	水光山色、文物胜迹、佛寺神庙、革命遗址集于一体，中国历史文化名山	区位偏远	自然旅游圈，宗教旅游圈	环保投入大
大寨	特定时代的创业精神	缺乏有吸引力的景观，服务设施欠缺	文化旅游圈，历史知名度	投资大，效益低
关帝庙	国内最大的纪念关羽的建筑群，武庙之首，建筑精致	宣传力度不够	每年一度的“关公文化节”	保护环境及古建筑投资大，可能增大利益协调成本

4.2.1 对旅游体制实行根本改革

多少年来，山西都是能源大省、工业大省，经济结构粗放、初级。如今调整产业结构，要把旅游产业作为调整的重点和发展的支柱，必须改变观念，给予人力支援、资金支持和政策优惠，整顿好旅游秩序，创造良好的旅游环境，规范旅游服务，消除旅游业内的恶性竞争，保护旅游消费者利益。

4.2.2 实现投资主体多元化，景区动作企业化

山西旅游景点很多，许多文物古迹需要维护、保养，许多自然景区需要修缮、扩建，一些新的景区景点需要开发，这些都需要大量的资金，单靠政府的拨款和有限的景区、景点门票收入是远远不够的。要根据"谁投资、谁受益"的原则，吸收各种投资力量，组建景区、景点管理有限公司，可以由政府与景区管理公司签订出租协议，所有权归国家，经营、管理权属景区管理公司，由景区管理。

公司对景区所有景点的各项收入视为自己的收入，独立核算、自负盈亏，同时承担景点、景区的开发维护保养义务。政府旅游管理部门要定期对其进行检查监督。

4.2.3 运用营销手段，实施精品战略

山西有不少世界级的景观，比如云冈石窟，1973 年法国总统蓬皮杜参观访问后，一度成为世人关注的旅游热点，可惜由于我们未能把握住这一机遇，使这一景点未能充分发挥其优势。旅游市场主体中最重要的是旅游者，开发、扩大山西旅游市场，首要的问题是让旅游者了解山西，热爱山西。为此，我们必须加大宣传力度，采用多样化的旅游宣传手段如电视、广播电台、报纸、杂志、互联网以及各种各样的商业广告、公益广告来宣传山西的旅游资源和旅游文化。此外，我们还应利用各种有利的机会进行旅游促销，如举办大型的国际文化艺术节、展览会来提高山西的知名度，增加人们来山西旅游的兴趣。如 2001 年 9 月"平遥国际摄影节"隆重举行，吸引了大批中外游客，也进一步加深了人们对山西的了解和认识。

4.2.4 积极引进优秀人才，努力提高服务质量

旅游业是一个服务性行业，服务质量的好坏直接关系到经济效益，而决定服务质量的因素，除了一些硬件设施外，最重要的是人的素质，人的素质体现在一言一行上。游客通过对导游、旅行社和景区管理工作人的印象便能评价出服务质量的高低。为此，我们在人才的引进、培养、使用、管理上必须下工夫，通过各种各样的方式，要引进、培养一大批旅游管理人才。尤其是提高与游客直接接触的导游人员的整体素质。众所周知，中国香港导游重在导购，中国澳门导游重在导赌，泰国导游重在导玩，新加坡导游重在导文

化投资。导游是发展旅游业的中坚力量，导游以最优质的服务化解了最大的风险，诱导并满足了游客的消费欲。因此，山西发展旅游业一定要抓住人才开发培养，提高导游人员的业务能力和整体素质这一环节，同时引入风险竞争意识，帮助导游树立以优质服务化解风险的观念，努力降低旅游成本，全面提高山西的旅游竞争力和服务质量。

4.2.5 要建立稳定的客源市场，不断扩大旅游客源

旅游业没有客源，等于售货没有顾客。要把山西的旅游业搞上去，首先要有稳定的客源，并在此基础上不断扩大旅游客源。在客源市场定位上，省内外之间要以省内为主，内外兼顾，重点做好京、津、冀、豫、内蒙等地的宣传招徕工作，要组织好“山西人游山西活动”，使山西人充分了解山西的大好河山。在国际国内游客方面，要立足国内，开拓国际。抓住各种有利时机，建立国内外促销网络，把山西旅游市场推上因特网，并在国内外主要客源地设立旅游促销窗口，以形成广泛稳定的客源市场。海外游客，目前重点是日、韩、东南亚等国家和中国香港、澳门、台湾等地区，今后还可以扩大到欧美等地。对海外游客，要彻底改变封闭、半封闭状态。要向省外、国外立体化、全方位开放，包括游客招徕、项目招商。对重点地区与国家，省领导可以亲自带队去组织旅游促销，还可以联系外国驻华人员和驻京办事处人员来山西参观度假。

4.3 发展旅游业要理顺和处理好几个关系

发展旅游业单靠旅游部门一家不行，要充分发挥政府的主导作用，从战略高度重新审视旅游这一朝阳产业，切实加强领导，重点支持。旅游、文物部门之间要相互支持和协调。对于自然风光的开发，一定要注意生态环境的保护，旅游与林业部门之间也是互相支持、协调发展的关系。

旅游业具有综合性、关联性，旅游业是众多部门共同作用的产物，是以多种服务表现出来的集合体。旅游业涉及众多部门，如旅游、文物、宗教、园林、财政、物价、教育、文化、交通、金融等，各自以不同的方式参与旅游业的发展，向旅游者提供服务；同时，各自又有其部门利益。这就必须由政府出面，协调相关部门之间的关系，提倡顾全大局、反对各行其是，防止扯皮掣肘，推动互助合作，兼顾各方利益，促进旅游业的健康发展。

4.4 把旅游业的发展同经济贸易、招商结合起来

“十五”期间，不仅是山西旅游业发展的大好时机，同时也是加快山西发展，大力引进外资的一个重要时期，找准旅游与经贸发展的切入点，带动旅游发展，促进经济增长应该是山西旅游未来发展的新构想。因为通过旅游有助于国内外游客了解山西的特点及具体的地域、产业优势，实质上也可以称

旅游为“休闲考察”，这样山西可以将更多的优势展现给国内外游客，提高招商引资的机会。

4.5 建立独具特色的旅游文化，吸引风格不同的文化旅游者

旅游文化是指隐含在旅游景区内一种无形的但具有导向价值的精神财富。对于旅游开发者、管理者、促销者来说，一定要找准旅游文化的定位，才可能使旅游更具有生命力。文化旅游是指旅游者涉足、接触、观赏、体验异地文化及其环境氛围的过程。可见，只有拥有丰富、深刻的旅游文化才可能吸引大批文化旅游者。旅游业的本质是一种文化产业，没有文化内涵与文化底蕴，势必造成表面化和浅层化，无异于对旅游资源的一种浪费。

山西要想成为旅游强省，在建立、开发旅游文化上还需下一番工夫。目前，除了推出的“三大旅游产品”之外，可以逐步推出以临汾为中心的尧文化旅游区以太原晋祠和古城营为中心的晋国文化旅游区、以大同为中心的北魏文化旅游区、以太原—晋中—晋南为中轴线的金元明清戏曲文化旅游区，同时开发一些参与性、表演性的旅游项目。在今后的旅游开发中，要对这些旅游文化进一步挖掘，加大文化含量，提高文化品位，增强旅游目的地的文化吸引力，形成独具特色的文化定位。

4.6 搞好假日旅游，开发淡季旅游、假日旅游

“五一”、“国庆”、“春节”为各大旅游景区带来不菲的收入。要保持假日旅游收入的持续增长，还要在提高旅游服务质量上下工夫，坚决杜绝“萝卜快了不洗泥”、胡乱宰客的短期行为，切切实实搞好旅游服务，健全旅游景区的配套设施，保证广大游客的衣、食、住、行，真正实现广大游客的旅游目的，不要让广大游客“带着一腔热情来，憋着一肚子气走”，只有这样，才能保证旅游产业的蓬勃发展。同时，要开发多种淡季旅游产品，吸引广大游客。根据山西文化特点，各大景区应在旅游淡季出售独具特色的旅游产品以招揽游客。

4.7 旅游与扶贫相结合，提高景区人民收入水平

目前，山西的人均收入尤其是农村居民收入在全国处于非常低的水平，还有不少国家级贫困县，严重缺乏人才、资金等方面的优势，但山西却拥有丰富的自然资源和文物资源，这为发展旅游提供了可能。把旅游与扶贫结合起来，提高景区人民的生活水平，将是发展山西旅游的又一个新思路。旅游与扶贫相结合，是变“输血”式扶贫为“造血”式扶贫的一种好方式，授人以鱼不如授人以渔，如山西首家旅游扶贫试验点——临县碛口，目前已做了合理的规划，正处于开发建设阶段，相信不久的将来，山西旅游景点又将添一道靓丽的风景线。

4.8 大力发展与旅游相关的行业

旅游业的发展有赖于多种因素，如交通运输业、餐饮业、旅馆业等，以及一些工艺制造业。这些产业的发展能够为旅游业提供客观的条件，反过来，旅游业的发展又能促进这些行业经济的迅速发展，两者相辅相成，互相作用。山西旅游业发展比较缓慢的又一个原因，恐怕与山西旅游景区的基础设施、配套设施建设不到位，旅游饭店管理水平不高，服务质量差等方面的原因有关。所以，加强基础设施的建设，改善生态环境，提高相关行业如交通运输业、餐饮业、旅馆业等的服务水平与质量是发展旅游经济必须应予以重视的问题，应常抓不懈。应尽快恢复太原至香港的航班，争取开通太原到日本、韩国和东南亚国家之间的旅游包机；同时，省内各重点旅游城市间的航班也应早日开通，在一些旅游点开辟机场。

4.9 完善旅游法律、法规，保护旅游资源

旅游开发是我们振兴经济、造福梓里的壮伟之举；保护文物资源是我们实现可持续发展、泽荫子孙后代的神圣职责。一定要统筹兼顾，合理开发，固本培元。许多法律条文已对旅游经济给予了规范，为旅游资源提供保护，这些法规无疑是旅游经济持续发展的重要保证。但是各省在自然环境、地理条件、文物数量、交通条件、管理水平上都存在一定差异。这就要求各省制定出适合本省实际、更加完善的地方性旅游法规，如旅游建筑物布局规定、景点防止污染规定、开发利用旅游资源规划等，都应有相应的法规予以规范。

4.10 突破行政区划界限，跨省区联合发展大旅游

旅游市场的开放性要求各地在发展旅游经济的过程中，要重视竞争，但更要重视联合，要在联合中竞争，在联合中发展。这一点对于旅游经济落后的地区来说尤为重要。因为只有通过联合才能把零散的景点连成一片，形成规模优势，增强旅游产品的吸引力；通过联合，更好地学习和掌握先进地区的经营管理经验，利用先进地区的营销网络，提高旅游产品的知名度；通过联合实现资源共享、服务共享、利益共享，必定会促进落后地区旅游业的更快发展。

结 束 语

山西旅游资源丰富多彩，无论是类型、数量或质量，都有自己明显的优势，高品位的旅游资源在全国举足轻重，待开发的旅游资源潜力很大。旅游业是国家之间、民族之间文化交流的重要方式，特别是在经济发展全球化、民族文化交流日益频繁的今天，山西旅游业的发展方向实质上代表了山西经济、文化的趋向。

目前，我们要按照市场运作的要求，调整产业结构，变革观念，因地制

宜地开发资源，开放市场，加大投资力度，统筹规划，培养人才，协调运作，加强合作，顺应国际、国内旅游业的发展趋势，抓住加入WTO和北京申奥成功这个契机，扩大山西旅游资源的国际知名度，树立旅游品牌形象。正视不足，取长补短，切实把旅游产业作为山西省的主导产业来抓，山西旅游产业必将成为振兴山西经济的“朝阳产业”。

参考文献

（略）

【简析】

这是一篇优秀管理类毕业论文。全文围绕山西旅游业发展这个问题，从不同角度、不同方面提出自己独到的见解和认识，给科研、政府和旅游界有关人员提供了很好的思路和发展对策。全文引经据典，材料事实充分，分析逻辑严密，观点新颖独到，结构严谨合理，语言通顺流畅。

>>> 思考与练习

1. 什么是实验报告？它有什么特点？实验报告一般包括哪些内容？写作时应注意哪些问题？

2. 什么是课程设计？它与毕业论文有何不同？课程设计与毕业论文的写作主要包括哪些内容？

附录1　国家行政机关公文处理办法

第一章　总　则

第一条　为使国家行政机关(以下简称行政机关)的公文处理工作规范化、制度化、科学化，制定本办法。

第二条　行政机关的公文(包括电报，下同)，是行政机关在行政管理过程中形成的具有法定效力和规范体式的文书，是依法行政和进行公务活动的重要工具。

第三条　公文处理指公文的办理、管理、整理(立卷)、归档等一系列相互关联、衔接有序的工作。

第四条　公文处理应当坚持实事求是、精简、高效的原则，做到及时、准确、安全。

第五条　公文处理必须严格执行国家保密法律、法规和其他有关规定，确保国家秘密的安全。

第六条　各级行政机关的负责人应当高度重视公文处理工作，模范遵守本办法并加强对本机关公文处理工作的领导和检查。

第七条　各级行政机关的办公厅(室)是公文处理的管理机构，主管本机关的公文处理工作并指导下级机关的公文处理工作。

第八条　各级行政机关的办公厅(室)应当设立文秘部门或者配备专职人员负责公文处理工作。

第二章　公　文　种　类

第九条　行政机关的公文种类主要有：

(一)命令(令)

适用于依照有关法律公布行政法规和规章；宣布施行重大强制性行政措施；嘉奖有关单位及人员。

(二)决定

适用于对重要事项或者重大行动做出安排，奖惩有关单位及人员，变更或者撤销下级机关不适当的决定事项。

(三)公告

适用于向国内外宣布重要事项或者法定事项。

（四）通告

适用于公布社会各有关方面应当遵守或者周知的事项。

（五）通知

适用于批转下级机关的公文，转发上级机关和不相隶属机关的公文，传达要求下级机关办理和需要有关单位周知或者执行的事项，任免人员。

（六）通报

适用于表彰先进，批评错误，传达重要精神或者情况。

（七）议案

适用于各级人民政府按照法律程序向同级人民代表大会或人民代表大会常务委员会提请审议事项。

（八）报告

适用于向上级机关汇报工作，反映情况，答复上级机关的询问。

（九）请示

适用于向上级机关请求指示、批准。

（十）批复

适用于答复下级机关的请示事项。

（十一）意见

适用于对重要问题提出见解和处理办法。

（十二）函

适用于不相隶属机关之间商洽工作，询问和答复问题，请求批准和答复审批事项。

（十三）会议纪要

适用于记载、传达会议情况和议定事项。

第三章 公 文 格 式

第十条 公文一般由秘密等级和保密期限、紧急程度、发文机关标识、发文字号、签发人、标题、主送机关、正文、附件说明、成文日期、印章、附注、附件、主题词、抄送机关、印发机关和印发日期等部分组成。

（一）涉及国家秘密的公文应当标明密级和保密期限，其中，“绝密”、“机密”级公文还应当标明份数序号。

（二）紧急公文应当根据紧急程度分别标明“特急”、“急件”。其中电报应当分别标明“特提”、“特急”、“加急”、“平急”。

（三）发文机关标识应当使用发文机关全称或者规范化简称。联合行文，主办机关排列在前。

(四)发文字号应当包括机关代字、年份、序号。联合行文，只标明主办机关发文字号。

(五)上行文应当注明签发人、会签人姓名。其中，“请示”应当在附注处注明联系人的姓名和电话。

(六)公文标题应当准确简要地概括公文的主要内容并标明公文种类，一般应当标明发文机关。公文标题中除法规、规章名称加书名号外，一般不用标点符号。

(七)主送机关指公文的主要受理机关，应当使用全称或者规范化简称、统称。

(八)公文如有附件，应当注明附件顺序和名称。

(九)公文除“会议纪要”和以电报形式发出的以外，应当加盖印章。联合上报的公文，由主办机关加盖印章；联合下发的公文，发文机关都应当加盖印章。

(十)成文日期以负责人签发的日期为准，联合行文以最后签发机关负责人的签发日期为准。电报以发出日期为准。

(十一)公文如有附注(需要说明的其他事项)，应当加括号标注。

(十二)公文应当标注主题词。上行文按照上级机关的要求标注主题词。

(十三)抄送机关指除主送机关外需要执行或知晓公文的其他机关，应当使用全称或者规范化简称、统称。

(十四)文字从左至右横写、横排。在民族自治地方，可以并用汉字和通用的少数民族文字(按其习惯书写、排版)。

第十一条　公文中各组成部分的标识规则，参照《国家行政机关公文格式》国家标准执行。

第十二条　公文用纸一般采用国际标准A4型(210 mm×297 mm)，左侧装订。张贴的公文用纸大小，根据实际需要确定。

第四章　行　文　规　则

第十三条　行文应当确有必要，注重效用。

第十四条　行文关系根据隶属关系和职权范围确定，一般不得越级请示和报告。

第十五条　政府各部门依据部门职权可以相互行文和向下一级政府的相关业务部门行文；除以函的形式商洽工作、询问和答复问题、审批事项外，一般不得向下一级政府正式行文。

部门内设机构除办公厅(室)外不得对外正式行文。

第十六条　同级政府、同级政府各部门、上级政府部门与下一级政府可以联合行文；政府部门与相应的党组织和军队机关可以联合行文；政府部门与同级人民团体和具有行政职能的事业单位也可以联合行文。

第十七条　属于部门职权范围内的事务，应当由部门自行行文或联合行文。联合行文应当明确主办部门。须经政府审批的事项，经政府同意也可以由部门行文，文中应当注明经政府同意。

第十八条　属于主管部门职权范围内的具体问题，应当直接报送主管部门处理。

第十九条　部门之间对有关问题未经协商一致，不得各自向下行文。如擅自行文，上级机关应当责令纠正或撤销。

第二十条　向下级机关或者本系统的重要行文，应当同时抄送直接上级机关。

第二十一条　“请示”应当一文一事；一般只写一个主送机关，需要同时送其他机关的，应当用抄送形式，但不得抄送其下级机关。

“报告”不得夹带请示事项。

第二十二条　除上级机关负责人直接交办的事项外，不得以机关名义向上级机关负责人报请“请示”、“意见”和“报告”。

第二十三条　受双重领导的机关向上级机关行文，应当写明主送机关和抄送机关。上级机关向受双重领导的下级机关行文，必要时应当抄送其另一级机关。

第五章　发　文　办　理

第二十四条　发文办理指以本机关名义制发公文的过程，包括草拟、审核、签发、复核、缮印、用印、登记、分发等程序。

第二十五条　草拟公文应当做到：

（一）符合国家的法律、法规及其他有关规定。如提出新的政策、规定等，要切实可行并加以说明。

（二）情况确定，观点明确，表述准确，结构严谨，条理清楚，直述不曲，字词规范，标点正确，篇幅力求简短。

（三）公文的文种应当根据行文目的、发文机关的职权和与主送机关的行文关系确定。

（四）拟制紧急公文，应当体现紧急的原因，并根据实际需要确定紧急程度。

（五）人名、地名、数字、引文准确。引用公文应当先引标题，后引发文字号。引用外文应当注明中文含义。日期应当写明具体的年、月、日。

(六)结构层次序数，第一层为“一”，第二层为“(一)”，第三层为“1.”，第四层为“(1)”。

(七)应当使用国家法定计量单位。

(八)文内使用非规范化简称，应当先用全称并注明简称。使用国际组织外文名称或其缩写形式，应当在第一次出现时注明准确的中文译名。

(九)公文中的数字，除成文日期、部分结构层次序数和在词、词组、惯用语、缩略语、具有修辞色彩语句中作为词素的数字必须使用汉字外，应当使用阿拉伯数字。

第二十六条　拟制公文，对涉及其他部门职权范围内的事项，主办部门应当主动与有关部门协商，取得一致意见后方可行文；如有分歧，主办部门的主要负责人应当出面协调，仍不能取得一致时，主办部门可以列明各方理据，提出建设性意见，并与有关部门会签后报请上级机关协调或裁定。

第二十七条　公文送负责人签发前，应当由办公厅(室)进行审核。审核的重点是：是否确需行文，行文方式是否妥当，是否符合行文规则和拟制公文的有关要求，公文格式是否符合本办法的规定等。

第二十八条　以本机关名义制发的上行文，由主要负责人或者主持工作的负责人签发；以本机关名义制发的下行文或平行文，由主要负责人或者主要负责人授权的其他负责人签发。

第二十九条　公文正式印制前，文秘部门应当进行复核，重点是：审批、签发手续是否完备，附件材料是否齐全，格式是否统一、规范等。

经复核需要对文稿进行实质性修改的，应按程序复审。

第六章　收　文　办　理

第三十条　收文办理指对收到公文的办理过程，包括签收、登记、审核、拟办、批办、承办、催办等程序。

第三十一条　收到下级机关上报的需要办理的公文，文秘部门应当进行审核。审核的重点是：是否应由本机关办理；是否符合行文规则；内容是否符合国家法律、法规及其他有关规定；涉及其他部门或地区职权的事项是否已协商、会签；文种使用、公文格式是否规范。

第三十二条　经审核，对符合本办法规定的公文，文秘部门应当及时提出拟办意见送负责人批示或者交有关部门办理，需要两个以上部门办理的应当明确主办部门。紧急公文，应当明确办理时限。对不符合本办法规定的公文，经办办公厅(室)负责人批准后，可以退回呈报单位并说明理由。

第三十三条　承办部门收到交办的公文后应当及时办理，不得延误、推诿。紧急公文应当按时限要求办理，确有困难的，应当及时予以说明。对不属于本单位职权范围或者不宜由本单位办理的，应当及时退回交办的文秘部门并说明理由。

第三十四条　收到上级机关下发或交办的公文，由文秘部门提出拟办意见，送负责人批示后办理。

第三十五条　公文办理中遇有涉及其他部门职权的事项，主办部门应当主动与有关部门协商；如有分歧，主办部门主要负责人要出面协调，如仍不能取得一致，可以报请上级机关协调或裁定。

第三十六条　审批公文时，对有具体请示事项的，主批人应当明确签署意见、姓名和审批日期，其他审批人圈阅视为同意；没有请示事项的，圈阅表示已阅知。

第三十七条　送负责人批示或者交有关部门办理的公文，文秘部门要负责催办，做到紧急公文跟踪催办，重要公文重点催办，一般公文定期催办。

第七章　公　文　归　档

第三十八条　公文办理完毕后，应当根据《中华人民共和国档案法》和其他有关规定，及时整理(立卷)、归档。

个人不得保存应当归档的公文。

第三十九条　归档范围内的公文，应当根据其相互联系、特征和保存价值等整理(立卷)，要保证归档公文的齐全、完整，能正确反映本机关的主要工作情况，便于保管和利用。

第四十条　联合办理的公文，原件由主办机关整理(立卷)、归档，其他机关保存复制件或其他形式的公文副本。

第四十一条　本机关负责人兼任其他机关职务，在履行所兼职务职责过程中形成的公文，由其兼职机关整理(立卷)、归档。

第四十二条　归档范围内的公文应当确定保管期限，按照有关规定定期向档案部门移交。

第四十三条　拟制、修改和签批公文，书写及所用纸和字迹材料必须符合存档要求。

第八章　公　文　管　理

第四十四条　公文由文秘部门或专职人员统一收发、审核、用印、归档和销毁。

第四十五条　文秘部门应当建立健全本机关公文处理的有关制度。

第四十六条　上级机关的公文，除绝密级和注明不准翻印的以外，下一级机关经负责人或者办公厅(室)主任批准，可以翻印。翻印时，应当注明翻印的机关、日期、份数和印发范围。

第四十七条　公开发布行政机关公文，必须经发文机关批准。经批准公开发布的公文，同发文机关正式印发的公文具有同等效力。

第四十八条　公文复印件作为正式公文使用时，应当加盖复印机关证明章。

第四十九条　公文被撤销，视作自始不产生效力；公文被废止，视作自废止之日起不产生效力。

第五十条　不具备归档和存查价值的公文，经过鉴别并经办公厅(室)负责人批准，可以销毁。

第五十一条　销毁秘密公文应当到指定场所由二人以上监销，保证不丢失、不漏销。其中，销毁绝密公文(含密码电报)应当进行登记。

第五十二条　机关合并时，全部公文应当随之合并管理。机关撤销时，需要归档的公文整理(立卷)后按有关规定移交档案部门。

工作人员调离工作岗位时，应当将本人暂存、借用的公文按照有关规定移交、清退。

第五十三条　密码电报的使用和管理，按照有关规定执行。

第九章　附　　则

第五十四条　行政法规、规章方面的公文，依照有关规定处理。外事方面的公文，按照外交部的有关规定处理。

第五十五条　公文处理中涉及电子文件的有关规定另行制定。统一规定发布之前，各级行政机关可以制定本机关或者本地区、本系统的试行规定。

第五十六条　各级行政机关的办公厅(室)对上级机关和本机关下发公文的贯彻落实情况应当进行督促检查并建立督察制度。有关规定另行制定。

第五十七条　本办法自2001年1月1日起施行。1993年1月1日国务院办公厅发布，1994年1月1日起施行的《国家行政机关公文处理办法》同时废止。

附录 2

国家语言文字工作委员会
中华人民共和国新闻出版署修订发布
（1990 年 3 月）

标点符号用法

说　明

1951 年 6 月，中央人民政府出版总署公布了《标点符号用法》，同年 10 月政务院下达指示，要求全国遵照使用。三十多年来，文字的书写排行已由直行改为横行，标点符号用法也有某些发展变化，因此需要进行修订。修订的内容主要有以下几方面：原列 14 种符号，现为 16 种，增加了连接号和间隔号；化简了说明；更换了例句；针对书写排印改为横行，某些说法也作了相应的改动。

标点符号是书面语中不可缺少的部分，用来表示停顿、语气以及词语的性质和作用。因此，必须重视标点符号的使用。

一、句号(。)

句号表示陈述句末尾的停顿。例如：

(1)北京是中华人民共和国的首都。

(2)虚心使人进步，骄傲使人落后。

(3)亚洲地域广阔，跨寒、温、热三带，又因各地地形和距离海洋远近不同，气候复杂多样。

陈述句是用来说明事实的。

祈使句是用来要求听话人做某件事情的。语气舒缓的祈使句末尾也用句号。例如：

(4)请您稍等一下。

句号还有另一种形式，即一个小圆点(.)，一般在科技文献中使用。

二、问号(?)

问号表示疑问句末尾的停顿。例如：

(5)你见过金丝猴吗？

(6)他叫什么名字？

(7)去好呢，还是不去好？

疑问句一般是用来提出问题的。

反问句是一种特殊的疑问句，末尾一般也用问号。例如：

(8)难道你还不了解我吗？

(9)你怎么能这么说？

有的句子虽然有疑问词“谁”、“什么”、“怎么”等，但全句并不是疑问句，末尾不用问号，例如：

(10)我也不知道该谁去。

(11)请你问问他姓什么。

三、叹号(！)

叹号表示感叹句末尾的停顿。例如：

(12)为祖国的繁荣昌盛而奋斗！

(13)我多么想看看她老人家呀！

感叹句是用来抒发某种强烈感情的。

语气强烈的祈使句末尾也用叹号。例如：

(14)你给我出去！

(15)停止射击！

语气强烈的反问句有时也用叹号。例如：

(16)我哪里比得上他呀！

四、逗号(，)

逗号表示句子内部的一般性停顿。例如：

(17)我们看得见的星星，绝大多数是恒星。

(18)应该看到，科学需要一个人贡献出毕生的精力。

(19)对于这个城市，他并不陌生。

(20)据说苏州园林有一百多处，我到过的不过十多处。

表示句子内部停顿的符号还有顿号、分号和冒号，不过这三种符号都有专门的用途，只有逗号是一般性的，行文中用得最多。例(17)—例(19)中的逗号表示单句里边的停顿，例(20)中的逗号表示复句里边分句之间的停顿。

五、顿号(、)

顿号表示句子内部并列词语之间的停顿。例如：

(21)亚马逊河、尼罗河、密西西比河和长江是世界四大河流。

(22)正方形是四边相等、四角均为直角的四边形。

顿号表示的停顿比逗号小，用来隔开并列的词或并列的短语(词组)。例(21)中的“亚马逊河”、“尼罗河”、“密西西比河”、“长江”是并列的词，例(22)中的“四边相等”、“四角均为直角”是并列的短语“词组”，它们内部的停顿都用顿号表示。并列词语之间用了“和”、“或”之类的连词，就不再使用顿号，如例(21)中的“密西西比河”与“长江”之间。

六、分号(；)

分号表示复句内部并列分句之间的停顿。例如：

(23)语言，人们用来抒情达意；文字，人们用来记言记事。

(24)在长江上游，瞿塘峡像一道闸门，峡口险阻；巫峡像一条迂回曲折的画廊，每一曲，每一折，都像一幅绝好的风景画，神奇而秀美；西陵峡水势险恶，处处是险滩。

分号表示的停顿比逗号大，主要用来隔开并列的分句，如例(23)和例(24)。

有时，在非并列关系的多重复句内也用分号。例如：

(25)我国年满十八周岁的公民，不分民族、种族、性别、职业、家庭出身、宗教信仰、教育程度、财产状况、居住期限，都有选举权和被选举权；但是依照法律被剥夺政治权利的人除外。

例(25)如果改作逗号便不易分辨前后两层意思，如果改用句号又会把前后连贯的意思割断，所以要用分号。

七、冒号(：)

冒号表示提示性话语之后的停顿，用来提起下文。例如：

(26)同志们，朋友们：现在开会了……

(27)他十分惊讶地说：“啊，原来是你!”

(28)北京紫禁城有四座城门：午门、神武门、东华门和西华门。

(29)外文图书展销会。

日期：1989年10月20日—11月10日。

时间：上午8：30—下午4：30。

地点：北京朝内大街137号。

主办单位：中国图书进出口总公司。

例(26)的“同志们，朋友们”是招呼所有到会的人，提示下面要讲话了；例(27)指明下面是“他”所说的话；例(28)先总说有“四座城门”，下面具体说明是哪四座城门；例(29)先提出要说明的项目，下面说明有关的内容。

此外，在总括性话语前也可以用冒号，以总结上文。例如：

(30)张华考上了北京大学，在化学系学习；李萍进了中等技术学校，读机械制造专业；我在百货公司当售货员：我们都有光明的前途。

八、引号(“”)

引号标明行文中直接引用的话。例如：

(31)爱因斯坦说：“想象力比知识更重要，因为知识是有限的，而想象力概括着世界上的一切，推动着进步，并且是知识进步的源泉。”

(32)“满招损，谦受益”这句格言，流传到今天至少有两千年了。

(33)现代画家徐悲鸿笔下的马，正如有的评论家所说的那样，“形神兼备，充满生机”。

行文中直接引用的话一般要用引号注明，为的是和作者自己的话区别开来，如例(31)—例(33)。要注意引文末尾标点的使用；凡是把引用的话独立来用，末尾标点放在引号的里边，如例(31)；凡是把引用的话作为自己的话的一部分，末尾不用标点，如例(32)和(33)。例(33)末尾的句号属于全句，不属于引文部分。

引号还用来标明需要着重论述的对象或具有特殊含义的词语。例如：

(34)古人对于写文章有两个基本要求，叫做“有物有序”。“有物”就是要有内容，“有序”就是要有条理。

(35)从山脚向上望，只见火把排成许多“之”字形，一直连到天上，跟星光接起来，分不出是火把，还是星星。

(36)这样的“聪明人”还是少一点好。

例(34)的“有物”、“有序”是着重论述的对象，例(35)和(36)的“之”、“聪明人”具有特殊含义，它们都用引号加以标明。

引号里面需要用引号时，外面一层用双引号，里面一层用单引号。例如：

(37)他站起来问：“老师，‘有条不紊’的‘紊’是什么意思？”

九、括号(())

括号标明行文中注释性的话。例如：

(38)中国猿人(全名为“中国猿人北京种”，或简称“北京人”)在我国的发现，是对古人类学的一个重大贡献。

(39)有人用氢气还原氧化铜制得5克铜，求有多少克氢参加了反应，这些氢气在标准状况下占多大体积？(氢气的密度是0.09克/升)

括号里的话如果是注释句子里某些词语的，这种括号叫句内括号；句内括号要紧贴在被注释的词语之后，如例(38)。括号里的话如果是注释整个句子的，这种括号叫句外括号；句外括号要放在句末的标点之后，如例(39)。

括号除了最常用的圆括号之外，还有方括号([])、六角括号(〔〕)、方头括号(【】)等几种。

十、破折号(——)

破折号注明行文中解释说明的词句。破折号和括号用法不同：破折号引出的解释说明是正文的一部分，括号里的解释说明不是正文，只是注释。例如：

(40)迈进金黄色的大门，穿过宽阔的风门厅和衣帽厅，就到了大会堂建筑的枢纽部分——中央大厅。

(41)蝉的幼虫初次出现于地面，需要寻求适当的地点——矮树、篱笆、野草、灌木枝等——脱掉身上的皮。

行文中解释说明的语句通常用一个破折号引出，如例(40)。这类语句如果是插在句子中间的，可以在前面和后面各用一个破折号，如例(41)。

此外，破折号还有其他一些用法。例如：

(42)“今天好热啊！——你什么时候去上海?”张强对刚刚进门的小王说。

(43)“呜——”火车开动了。

(44)根据研究对象的不同，环境物理学分为以下五个分支学科：

——环境声学；

——环境光学；

——环境热学；

——环境电磁学；

——环境空气动力学。

例(42)标明话题的突然转变，例(43)表示声音的延长，例(44)表示事项的列举分类。

十一、省略号(……)

省略号标明行文中省略了的话。例如：

(45)她轻轻地哼起了《摇篮曲》：“月儿明，风儿静，树叶遮窗棂啊……”

(46)在广州的花市上，牡丹、吊兰、水仙、大丽、梅花、菊花、山茶、墨兰……春秋冬三季的鲜花都挤在一起啦！

省略号标明的省略常见的有两种：一种是引文的省略，如例(45)；一种是列举的省略，如例(46)。

此外，省略号还用来表示说话的断断续续。例如：

(47)“我……对不起……大家，我……没有……完成……任务。”

十二、着重号(.)

着重号标明要求读者特别注意的字、词、句。例如：

(48)事业是干出来的，不是吹出来的。

十三、连接号(—)

连接号的作用是意义密切相关的词语连成一个整体。例如：

(49)我国秦岭—淮河以北地区属于温带季风气候区，夏季高温多雨，冬季寒冷干燥。

(50)梨乡种植的巨峰葡萄今年已经进入了丰产期，亩产 1 000—1 500 公斤。

(51)中国东方航空公司 MD—82 客机昨天从上海首航湖南长沙黄花机场获得成功。

例(49)的连接号连接两个地名，表示一个地理区域。例(50)的连接号连接两个数字，标明产量的幅度。例(51)的连接号连接“MD”和“82”，表示飞机的型号。

连接号还有另一种形式，即一个浪纹(～)，一般用来连接相关的数字。

十四、间隔号(·)

间隔号表示外国人或某些少数民族人名内各部分的分界。例如：

(52)列奥纳多·达·芬奇

(53)爱新觉罗·努尔哈赤

间隔号还可以用来表示书名篇(章、卷)名之间的分界。例如：

(54)《中国大百科全书·语言文字》

(55)《三国志·蜀志·诸葛亮传》

十五、书名号(《》)

书名号标明书名、篇名、报刊名等。例如：

(56)《红楼梦》

《孔乙己》

《人民日报》

《中国语文》

《红楼梦》是书名，《孔乙己》是篇名，《人民日报》是报纸名称，《中国语文》是刊物名称。

书名号的里边还要用书名号时，外边一层用双书名号，里边一层用单书名号。例如：

(57)《〈中国工人〉发刊词》

十六、专名号（____）

专名号表示人名、地名、朝代名等。例如：

(58)司马相如者，汉蜀郡成都人也，字长卿。

上例“司马相如”、“长卿”是人名，“汉”是朝代名，“蜀都”、“成都”是地名。

专名号只用在古籍或某些文史著作里面。为了和专名号配合，这类著作里的书名可用浪线（﹏﹏）。例如：

(59)屈原放逐，乃赋离骚；左丘失明，厥有国语。

标点符号的位置

句号、问号、叹号、逗号、顿号、分号和冒号一般占一个字的位置，通常不出现在一行之首。

引号、括号、书名号的前一半不出现在一行之末，后一半不出现在一行之首。

破折号和省略号都占两个字的位置，中间不断开。连接号和间隔号一般占一个字的位置。在书写和印刷时，这四种符号上下居中。

着重号、专名号和浪线式书名标在字的下边。

直行文稿的标点符号

直行文稿的标点符号只有以下几项和横行文稿不同：

(1)句号、问号、叹号、逗号、顿号、分号和冒号放在字的下方偏右。

(2)破折号、省略号、连接号和间隔号放在字下居中。

(3)引号改用和。

(4)着重号标在字的右侧，专名号和浪线式书名号标在字的左侧。

附录3 中华人民共和国专业标准校对符号及其用法

本标准规定的符号及用法，适用于出版印刷业中文字(包括各种少数民族文字)各类校样的校对工作。

校改符号式样及说明

符号	作用	用法示例	说　明
	改正	增高出版物质量。 提	
	删除	提高出版物物质质量。	
	增补	要搞好校工作。 对	增补的字符较多，圈起来有困难时，可用线画清增补的范围。
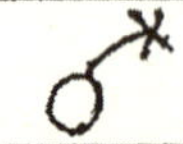	换损污字	坏字和模糊的字要调换。	
	转正	字符[illegible]要转正。	
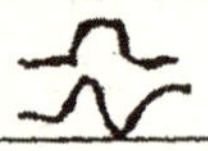	对调	认真经验总结。 认真经结总验。	
	转移	校对工作，提高出 版物质量要重视。	
	接排	要重视校对工作， 提高出版物质量。	
	另起段	完成了任务。明年……	
	上下修	序号 名称 数量 01 ××× 2	字符上移到缺口左右水平线处。 字符下移到箭头所指的短线处。

（续表）

符号	作用	用法示例	说　　明
┐└	排阶梯形	RH_2	
∨ >	加大空距	一、校对程序 校对胶印读物、影印书刊的注意事项；	表示适当加大空距。
∧ <	减小空距	二、校对程　序 校对胶印读物、影印书刊的注意事项；	表示适当减小空距。模式文字画在字头和行之间。
#	空1字距 空1/2字距 空1/3字距 空1/4字距	第一章校对职责和方法	
⇤ ⇥ 或	左右移	要重视校对工作，提高出版物质量。 3 4　5 6　5 欢呼　歌　唱	字符左移到箭头所指的短线处。字符左移到缺口上下垂直线外。 符号画得太小时，要在页边重标。
═ ‖	排齐	校对工作　常 重要。 非 必须提高印刷质量，缩短印刷周期	
△	保留	认真搞好校对工作	除在原删除的字符下画△外，并在原删除符号上画两竖线。
○	代替	机器由许多另件组成，有的另件是铸出来的…… ○＝零	同页内，要改正许多相同的字符，用此代号，要在页边注明： ○＝零
○○	说明	第一章　校对的职责	说明或指令性文字不要圈起来，在某字下画圈，表示不作为改正的。

附录4　常用公文词语汇释

公文的拟写，不仅有规范的格式，而且还在实践中逐步形成了一套为人们所广泛使用、并受到社会认可的公文词语。为便于大家掌握和运用，下面将常用公文词语，按汉语拼音字母顺序排列，作一简要介绍：

(1)案："处理公事的记录"、"查考"、"事件"或"涉及法律的事件"的意思。

在案："在处理公事的记录里"的意思。[例]：该厂部分房屋产权，应属我局所有，上次会上，我们曾声明在案。

备案："以备查文"的意思。[例]：各市、地、州和省级有关部门批准授予记者职称的人员，应将《专业干部确定与晋升业务职称呈报表》抄送省委宣传部和省人事局备案。

议案："供讨论的事件"的意思。[例]：此次会议共有五项议案。

破案："查清涉及法律的事件"的意思。[例]：在公安人员和广大群众的共同努力下，今年一季度发生的治安案件已全部破案。

(2)颁："发下"的意思，多用于庄严、隆重的场合。

颁布："庄严地发布"的意思，多用于公布重要的法律、规定、条例、命令。[例]：1979年7月4日全国人民代表大会常务委员会颁布了《中华人民共和国全国人民代表大会和地方各级人民代表大会选举法》。

颁发："隆重地发给"的意思。一般指领导机关通过一定的仪式发给个人或单位以奖状、奖品、奖金或荣誉证书等。[例]：我市将于12月下旬召开治安工作总结表彰大会，会上，将对有功人员和单位颁发奖状、奖品和奖金。

(3)不："否定"的意思。

不日："不多天，不久"的意思。[例]：该批机器设备，不日即可运抵你厂。

不时："随时"的意思。[例]：各医疗卫生单位，应储备一定的急救药物，以备不时之需。

不法："违法"的意思。[例]：对投机倒把、扰乱市场的不法行为，应予以坚决打击。

(4)查："清点"、"了解"、"调查"、"清查"的意思，其确定意义，要根据具体语言环境而定。

查收："清点收下"的意思。[例]：兹送去科技展览券80张，请查收。

查复："了解后作答复"的意思。[例]：国务院关于节约成品油的通知，兹已印发各地，你县是否收到？请速查复。

追查："追问调查究竟"的意思。[例]：关于你县大量中药材霉烂一事，应即追查原因，迅速上报。

查询："了解询问"的意思。[例]：你局急需了解的情况，经多方查询，已有线索。

查对："清查核对"的意思。[例]：1994 年度的行政经费收支账目，业经查对，全部正确无误。

(5)此："这个"的意思。

此令："就这样命令"的意思，多用于命令的正文末尾。[例]：经省人民政府第××次常务会讨论，批准任命×××同志为××市××局局长，此令。

此复："就这样答复"的意思，多用于复函的正文末尾，表示终了。[例]：×府发[1990]78 号报告收悉。省人民政府同意举办"××市设计院职工大学"，此复。

特此："特地这样"的意思。[例]：纪念"五四"青年节电影晚会提前于 5 月 3 日晚举行，特此通知。

(6)大："十分"、"很"的意思。

大有："很有"的意思。[例]：农工商联合企业大有发展余地。

大肆："十分放纵"的意思。[例]：对于少数坏人大肆盗窃国家财产的不法行为，必须坚决依法制裁。

大力："十分尽力"的意思。[例]：该项水利工程业已竣工，对你市在人力、物力上的大力支援，特电表示感谢。

(7)度："次"的意思。

再度："再一次"的意思。[例]：两县接壤地区的林权纠纷，经再度协商，仍未取得一致意见。

一度："一段时间"的意思。[例]：由于洪水灾害的影响，我省铁路交通运输曾一度中断。

(8)否："不对"、"不"的意思。

当否(妥否)："是不是恰当"的意思。[例]：兹送去我室 1995 年度工作计划，当否(妥否)？请批示。

可否："可不可以"的意思。[例]：由于工业人口急剧增加，当前，我市蔬菜供应十分紧张。为缓和蔬菜供需矛盾，可否在市郊增划部分蔬菜生产用地，以应急需，请核实。

能否："能不能"的意思。[例]：你局借调来我处的工程技术人员，能否于四月底前赶赴施工现场，望告。

(9)函："信"的意思。

函告："通过信件相告"的意思。[例]：你厂托运的机器部件已于7月8日运抵成都，请速派人去八里庄货站提取，特此函告。

函复："通过信件答复"的意思。[例]：我局拟于9月30日晚借用你厅礼堂召开国庆联欢晚会，可否，盼速函复。

(10)即："当时"、"当地"、"立刻"的意思。

即日："当天"的意思。[例]：农业参观团即日来蓉，望速派干部做好接待工作。

即席："当场"的意思。[例]：省府领导同志即席发表谈话。

即可："立刻就可以"的意思。[例]：我市供水工程扩建计划，业经上级主管部门批准，明日起即可动工。

须即："必须立即"的意思。[例]：为夺取今年的农业丰收，对水稻病虫害，须即抓紧防治。

当即："当时立即就"的意思。[例]：我局接全力防洪的紧急通知之后，当即进行了研究并采取了一系列具体防洪措施。

(11)鉴："审察"、"考虑"、"教训"的意思。

鉴别："审查、辨别"的意思。[例]：各地对所收集到的情况，要注意鉴别真伪，予以核实。

鉴于："由于考虑到"的意思。[例]：鉴于今年财力较紧，扩建体育场的项目，拟待明年财政稍宽后再进行安排。

鉴戒："教训"的意思。[例]：该厂由于不重视对职工进行安全生产的教育，致使伤亡事故连续发生，各厂矿企业应引为鉴戒。

(12)接："接到"的意思。

接洽："联系商量"的意思。[例]：关于去××化工厂参观一事，已同该厂接洽妥当。

接待："迎接招待"的意思。[例]：全国少数民族局参观团定于明日来我市参观，请即日做好接待准备工作。

接替："接任代替"的意思。[例]：兹决定张××同志调局政治部工作，其原任行政处长职务暂由王××同志接替。

接办："接过来继续办下去"的意思。[例]：××化工厂已由我公司接办，今后，有关对外业务事宜，请向我公司业务科接洽。

接管："接收管理"的意思。[例]：该厂迁走后，所遗房产、设备，均由迁入的企业接管。

(13)经："经过"的意思。

业经："已经经过"的意思。[例]：你厅报送的《关于压缩国营企业管理费的具体规定》，业经省人民政府第五十次常务会议讨论批准，请即按此执行。

均经："都已经过"的意思。[例]：代表们所提的全部提案，均经大会秘书处汇编完毕，并交有关部门研究办理。

并经："并且经过"的意思。[例]：××水库工程施工计划，经省人民政府研究同意并经水利部审查批准，请即按此执行。

后经："后来经过"的意思。[例]：该厂生产管理混乱，产品质量低劣，后经停产整顿后，情况有所好转。

未经："没有经过"的意思。[例]：该林区的树木，未经县人民政府批准，任何单位和个人不得擅自砍伐。

(14)迳："直接"的意思。

迳向："直接向"的意思。[例]：有关年度计划的制订情况，请迳向计委反映。

迳与："直接同"的意思。[例]：关于你州在××设办事处的有关事宜，请迳与市人民政府联系解决。

迳报："直接报送"的意思。[例]：安全生产大检查的有关情况，请迳报市人民政府联系解决。

(15)就："靠近"、"从事"的意思。

就地："在原地"的意思。[例]：此类问题应尽可能就地解决。

就绪："已经安排好"的意思。[例]：经全体同志的努力，大会的筹备工作已全部就绪。

(16)谨：敬词，有"恭敬地、小心慎重地"的意思。

谨电："恭敬地去电"的意思。[例]：欣闻××水利工程胜利建成，谨电致敬。

谨启："恭敬地陈述"的意思。用于下款末尾的敬词。[例]：……××公司谨启。

(17)免："去掉"的意思。

免去："免除(有关人员某种职务)"的意思。[例]：兹决定免去×××同志行政科长职务。

(18)拟："打算"、"起草"的意思。

拟于："打算在"的意思。[例]：我局拟于下星期三召开大会进行动员。

本拟："本来打算"的意思。[例]：这次会议本拟于2月7日举行，后因故延期。

拟稿：“起草文稿”的意思。[例]：有关征地问题的复文，由建委负责拟稿。

拟订：“起草制定”的意思。[例]：关于加强集市贸易管理问题，建议由工商行政部门拟订具体办法，报经当地人民政府批准后执行。

(19)批：“写上字句，判定是非、优劣、可否”的意思。多用于上级对下级。

批示：“对下级请示的问题表示意见”的意思。[例]：兹送上我局1995年度工作计划，当否？请批示。

批复：“对下级来文的批示答复”的意思。[例]：你局7月6日《要求增加行政经费的请示》收悉，现批复如下……

批转：“把下级机关的来文批示转给其他有关单位执行或参考”的意思。[例]：××省人民政府批转省人事局、省科委《关于安排使用闲散在社会上的科学技术人员的意见》。

(20)期：“希望”或“日期”的意思。

以期：“以此希望”的意思。[例]：在思想工作中要注意进行疏导，以期在教育青年上取得良好的效果。

定期：“规定日期”的意思。[例]：各级人民政府对所属各部门的工作，要定期进行检查。

按期：“按照预定的日期”的意思。[例]：各生产单位所需原料、设备，有关部门必须按期供应。

如期：“合乎预定的日期”的意思。[例]：该厂定购的首批机器设备，已如期运到。

限期：“限定日期”的意思。[例]：你局所属企业的基建任务，必须限期完成。

(21)切：“务必、千万”的意思。

切勿：“千万不要”的意思。[例]：加固沿江堤防，是保证安全度汛的重要措施。沿江各地、县都要特别重视并抓紧这一工作，切勿等闲视之。

切切：“千万注意”的意思。[例]：此系高压电杆，触及有生命危险，万勿靠近，切切此告。

切实：“务必实实在在”的意思。[例]：县五届人民代表大会定于明年2月召开，请各有关单位切实做好会前准备工作。

(22)顷：“刚才”的意思。

顷接：“刚才接到”的意思。[例]：顷接来函，所询各事答复如下……

顷闻：“刚才听到”的意思。[例]：顷闻××同志不幸病逝，特电致哀。

顷奉："刚才接到"的意思，多用于下级对上级。[例]：顷奉上级指示，每星期三下午进行业务学习，概不对外接待。

顷据："刚才根据"的意思。[例]：顷据××中心气象台预报，××地区明晨将有暴雨，望即做好防洪的有关准备。

(23)任："担负"、"使用"的意思。

任用："给予职务"的意思。[例]：人事部门将根据每个干部的实际情况量才任用。

任命："颁布命令或书面通知，任用有关人员担任某种职务"的意思。[例]：兹任命×××同志为××县副县长，免去其××区区长职务。

(24)审："审查核对"的意思。

审定："审查决定"的意思。[例]：此报告可否下发，请领导审定。

审批："审查批示"的意思。[例]：兹送上1995年度排水工程施工计划一份，请审批。

审发："审查发出"的意思。[例]：该《报告》我们已在文字上进一步作了修改，现送上请审发。

(25)时："时令、时候、时间"的意思。

届时："到时候"的意思。[例]：兹定于7月8日上午8时在会议室召开抗洪救灾工作会议，请届时参加。

准时："准确地遵守时间"的意思。[例]：代表团定于明日上午9时准时到达××。

按时："按照规定时间"的意思。[例]：该任务极为重要，必须按时完成。

临时："暂时"、"不是事先约定、事先预料到的"之意。

[例1]：××局长赴京学习期间，日常工作由×××同志临时负责。[例2]：厅务会议每半月举行一次，必要时可临时召开。

(26)事："事情"、"事项"的意思。

事由："公文的主要内容"的意思。[例]：为提高公文处理效率，请在来文前扼要注明事由。

事宜："事情的安排和处理"的意思。[例]：来函悉。关于征地的有关事宜请迳与××市人民政府联系解决。

(27)望："希望"的意思。

尚望："还希望"的意思。[例]：生产所需原料，除由当地自力更生解决一部分外，尚望你县大力支援。

(28)为：作表"目的"的介词，是"为了"的意思。

为此："为了这个"的意思。[例]：要完成全年工业生产任务，必须加强运输力量，保证能源供应；为此，交通、电力、煤炭等部门，要采取得力措施，作出相应安排。

为使："为了使得"的意思。[例]：为使全厂职工尽快掌握此项新技术，决定举办业余技术训练班，加强在职培训。

(29)为：作动词时是"当作"、"是"的意思。

引为："引来当作"的意思。[例]：该地区由于一贯忽视生产安全，导致近年来重大人身伤亡事故一再发生，给国家和人民造成巨大损失，对此，希望各领导要高度重视，引为教训。

为止："作为截止时间"的意思。[例]：该厂至今年10月底为止，已完成全年生产任务的90%。

为要："是重要的"意思。[例]：正确执行物价政策和广开就业门路等方面的问题，事关安定、团结的大局，望认真研究解决为要。

为宜(为妥)："是适当的"("是妥当的")的意思。[例]：业余文化学习班招学员，以自愿报名的方式为宜(为妥)。

为盼："是所盼望的"的意思。[例]：现将我厂征用土地的报告及全部附件报上，请速予批复为盼。

为荷：承受别人的恩惠叫"荷"，可引申为"接受别人的帮助"的意思。"为荷"即"感谢你们的帮助"的意思。多用于介绍信的末尾表示感谢。[例]：兹介绍×××同志去你局学习档案管理经验，请予大力协助为荷。

(30)悉："知道了、了解"的意思。

收悉："收到后知道了"的意思。[例]：9月10日来函收悉，经研究答复如下……

已悉："已经知道了"的意思。[例]：你县3月7日来文已悉。

阅悉："看过后知道了"的意思。[例]：来函阅悉，所托各事，均已照办。

电悉："通过电报(电话)了解到"的意思。[例]：电悉你县遭受特大洪灾，省委、省政府领导对此极为关怀，特电表示慰问。

谨悉："恭敬而慎重地了解到"的意思。[例]：来函谨悉。

(31)系："是"的意思。

确系："的确是"的意思。[例]：经技术鉴定，此次大桥垮塌事故，确系施工质量低劣造成。

显系："显然是"的意思。[例]：此次火灾，显系坏人有意纵火造成。

果系："果然是"的意思。[例]：经反复调查，此次车祸事故，果系司机酒后开车失误造成。

(32)行："实行"、"就是"的意思。

另行：“另外”的意思。[例]：兹介绍×××同志去你处另行分配工作，请接洽。

暂行：“暂时实行”的意思。[例]：合作商店职工的退休、退职，应按《××省商业集体所有制企业职工退休、退职暂行办法》的规定办理。

试行：“试验推行”的意思。[例]：该《条例》可先试行一段时间，针对试行中发现的问题，再进行修改、补充。

自行：“自己进行”的意思。[例]：兴办农工商联合企业，应由各地自行筹集资金。

(33)须：“必须”的意思。

还须：“还必须”的意思。[例]：造成这一事故的原因，还须进一步调查。

亦须：“也必须”的意思。[例]：企业领导除应集中主要精力抓生产外，对职工的生活和教育，亦须妥善安排。

均须：“都必须”的意思。[例]：关于对青少年的教育工作，无论学校、家庭、社会，均须引起足够的重视。

务须：“一定必须”的意思。[例]：汛期将近，各地各单位务须于4月底前做好防洪抢险的准备工作。

(34)严：“严格”的意思。

严防：“严格防范”的意思。[例]：提高革命警惕，严防坏人破坏。

严禁：“严格禁止”的意思。[例]：油库重地，严禁烟火。

严守：“严格遵守”的意思。[例]：严守国家机密，防止失密、泄密。

严加：“严格加以”的意思。[例]：对蓄意破坏国家财产的犯罪行为，要严加惩处。

(35)以：“用”的意思。

以资：“用来作为”的意思。[例]：该厂职工通过技术革新，提前一个月全面完成了生产任务，特予通报表扬，以资鼓励。

以此：“用这个”的意思。[例]：每个厂每天节约原煤一吨，一年可节约365吨。以此推算，全市两百个厂，一年即可节约原煤7.3万吨。

以利：“用来有利于”的意思。[例]：各部门要根据实际情况，引入各种形式的激励机制，以利调动广大职工的工作积极性。

以其：“用他(它)的”意思。[例]：该同志一贯以其勤奋好学、埋头苦干的革命精神，影响带动群众。

(36)应：“应该”的意思。

应即：“应该立即”的意思。[例]：目前，正是小麦生长的关键时节，应即抓住有利时机，加强田间管理。

应将："应该把"的意思。[例]：各级计委应将乡镇企业生产，统一纳入地方工业生产计划。

应以："应该用"的意思。[例]：该《操作规程(草案)》应以班、组为单位，进行讨论修改。

均应："都应该"的意思。[例]：凡保存有旧政权档案的单位，均应按规定时间，将档案移交指定的单位集中统一保管。

本应："本来应该"的意思。[例]：该同志由于粗枝大叶造成责任事故，给工作带来很大损失，本应从严处理，但鉴于事故发生后，本人尚能认真检查，并积极工作，立功补过，为此，决定给予该同志记大过一次处分。

(37)用："使用"的意思。

滥用："超过规定限度使用"的意思。[例]：该厂违反财经纪律，滥用行政费购买了高级沙发、高级收录机和彩色电视机等非必需高档商品。

乱用："该用于甲项的奖金，擅自用于乙项"的意思。[例]：该厂违反财经纪律，乱用基建费用购买了电风扇、空调和电冰箱等高档商品。

挪用："移作他用"的意思。[例]：要严格遵守财经纪律，任何人不得挪用公款。

概用："一律用"的意思。[例]：各单位在填报生产进度统计表时，概用规定表格，不得任意更换。

(38)于："在"的意思。

限于："限定在"的意思。[例]：你县棉花收购任务，限于 10 月底前完成。

定于："决定在"的意思。[例]：兹定于 5 月 4 日晚 7 时，在文化宫举行"五四"青年节联欢晚会，请准时参加。

应于："应该在"的意思。[例]：××电站扩建工程即将开工，施工所需的全部器材物资，应于 4 月底前运抵工地。

希于："希望在"的意思。[例]：明年 5 月起，将在我县进行土壤普查，希于 4 月底前做好有关准备工作。

业于："已经在"的意思。[例]：该厂基建工程业于 8 月上旬竣工，不日即可投产。

准于："准定在"的意思。[例]：我局出席会议的人员，准于 5 月 13 日上午 8 时到达北京。

拟于："打算在"的意思。[例]：为解决能源紧缺问题，我县拟于今年内自筹资金，新建小型水力发电站一座。

(39)予："给以"的意思。

应予："应该给以"的意思。[例]：各级领导必须充分发扬民主，接受群众监督，对来自群众的批评应予鼓励。

希予："希望给以"的意思。[例]：兹介绍经委×××同志去你厂了解扩权试点情况，希予协助。

定予："一定给以"的意思。[例]：对蓄意破坏沿江水利设施者，定予严惩。

准予："准许给以"的意思。[例]：你处×××同志遗失工作证一事，鉴于本人已作深刻检讨，经研究，准予补发。

特予："特地给以"的意思。[例]：该厂大搞革新挖潜，成绩显著，特予通报表扬。

不予："不给予"的意思。[例]：新建企业中凡不符合本规定者，不予登记。

(40)与：作动词是"参加"的意思；有时可作连词，意思相当于"和"，多用于文件标题。

与会："参加会议"的意思。[例]：这次大会，与会代表共1 230人。

参与："参加进去共同工作"的意思。[例]：关于我市环境污染情况的调查工作，去年你局曾参与其事。

(41)兹："现在"的意思。

兹有："现在有"的意思，多用于介绍信或便条的开头。[例]：兹有我局×××同志去你处联系借用运输车辆问题，请接洽。

兹派："现在派"的意思，多用于介绍信或便条的开头。[例]：兹派我厂总工程师×××同志参加产品设计会议，请接洽。

兹介绍："现在介绍"的意思，多用于介绍信或便条的开头。[例]：兹介绍我厅×××同志去你厂了解新产品试制情况，请予协助。

兹将："现在把……"的意思。[例]：兹将我县《农业生产情况统计表》一份，随函附上，请查收。

兹就："现在对……"的意思。[例]：兹就改进当前轻工生产问题，提出以下几点意见，供参考。

兹因："现在因为"的意思。[例]：兹因北楼即将动工维修，即日起，改在南楼办公。

附录5 国务院公文主题词表

国办秘函[1997]350号

各省、自治区、直辖市人民政府办公厅，国务院各部委、各直属机构办公厅(室)：

现将1997年12月修订的《国务院公文主题词表》印发给你们。自1998年2月1日起，凡国务院、国务院办公厅印发的文件和各地区、各部门报送国务院、国务院办公厅的文件，均按此词表标引主题词。1994年4月修订的《国务院公文主题词表》同时废止。

一九九七年十二月二十日

国务院公文主题词表

(1997年12月修订)

国务院办公厅秘书局

为适应办公现代化的要求，便于计算机检索和管理公文，特编制《国务院公文主题词表》(以下简称词表)。词表主要用于标引国务院、国务院办公厅印发的文件和各地区、各部门上报国务院及其办公厅的文件。

一、编制原则

(一)词表结构务求合乎逻辑，具有较宽的涵盖面，便于使用。

(二)词表体现文档管理一体化的原则，即词表中主题词的区域分类和类别词可分别作为档案分类中的大类和属类。

二、体系结构

(一)词表共由15类1 049个主题词组成，分为主表和附表两大部分，主表有13类751个主题词，附表有2类298个主题词。词表分为三个层次。第一层是对主题词区域的分类如“综合经济”、“财政、金融”类等。第二层是类别词，即对主题词的具体分类，如“工交、能源、邮电”类中的“工业”、“交通”、“能源”和“邮电”等。第三层是类属词。如“体制”、“职能”、“编制”等。第二层和第三层统称为主题词，用于文件的标引。

(二)1988年12月和1994年4月修订的词表中曾列入本词表中而不再继续用作标引的主题词，用黑体单列在区域分类的最后部分。

三、标引方法

(一)一份文件的标引，除类别词外最多不超过5个主题词。主题词标在文件的抄送栏之上，顶格写。

（二）标引顺序是先标类别词，再标类属词。在标类属词时，先标反映文件内容的词，最后标反映文件形式的词。如《国务院关于加强水土保持工作的通知》，先标类别词“农业”，再标类属词“水土保持”，最后标上“通知”。

（三）一份文件如有两个以上的主题内容，先集中对一个主题内容进行标引，再对第二个主题内容进行标引。如《国务院关于在若干城市试行国有企业兼并破产和职工再就业有关问题的通知》，先标反映第一个主题内容的类别词“经济管理”，再标类属词“企业”、“破产”；然后标反映第二个主题内容的类别词“劳动”，再标类属词“就业”；最后标“通知”。

（四）根据需要，可将不同类的主题词进行组配标引。如《国务院关于“九五”期间深化科学技术体制改革的决定》，可标“科技、体制、改革、决定”。

（五）当词表中找不出准确反映文件主题内容的类属词时，可以在类别词中选择适当的词标引。同时将能够准确反映文件内容的词标在类属词的后面，并在该词的后面标“△”以便区别。

（六）列在区域分类最后，用黑体标出的主题词只供检索用，不再用作标引。

（七）附表中的主题词与主表中的主题词具有同等效力，标引方法相同，不同的是，如果附表中所列的国家、地区的实际名称发生了变化，使用本表的各单位可先按照变化后的标准名称进行修改和使用。国务院办公厅秘书局将定期修订附表。

四、词表管理

（一）本词表由国务院办公厅秘书局负责管理和解释，具体工作由档案数据处承办。

（二）本词表自 1998 年 12 月 1 日起执行，1994 年 4 月修订的词表同时废止。

国务院公文主题词表

01. 综合经济（77 个）

01A 计划

规划　统计　指标　分配　统配　调拨

01B 经济管理

经济　管理　调整　调控　控制　结构　制度　所有制　股份制责任制
流通　产业　行业　改革　改造　竞争　兼并　开放　开发　协作　资源
土地　资产　资料　产权　物价　价格　投资　招标　经营　生产　转产
项目　产品　质量　承包　租赁　合同　包干　国有　国营　私营　集体
个体　企业　公司　集团　合作社　普查　工商　商标　注册　广告　监督

增产　效益　节约　浪费　破产　亏损　特区　开发区　保税区　展销　展览　商品化　横向联系　第三产业　生产资料

02. 工交、能源、邮电(69 个)

02A 工业

冶金　钢铁　地矿　机械　汽车　电子　电器　仪器　仪表　化工　航天　航空　核工　船舶　兵器　军工　轻工　有色金属　盐业　食品　印刷　包装　手工业　纺织　服装　丝绸　设备　原料　材料　加工

02B 交通

铁路　公路　桥梁　民航　机场　航线　航道　空中管制　飞机　港口　码头　口岸　车站　车辆　运输　旅客

02C 能源

石油　煤炭　电力　燃料　天然气　煤气　沼气

02D 邮电

通信　电信　邮政　网络　数据　民品　厂矿　空运　三线　通讯　水运　运费

03. 旅游、城乡建设、环保(42 个)

03A 旅游

03B 服务业

饮食业　宾馆

03C 城乡建设

城市　乡镇　基建　建设　建筑　建材　勘察　测绘　设计　市政　公用事业　监理　环卫　征地　工程　房地产　房屋　住宅　装修　设施　出让　转让　风景名胜园林　岛屿

03D 环保

保护区　植物　动物　污染　生态　生物　风景　饭店　城乡　国土　沿海

04. 农业、林业、水利、气象(56 个)

04A 农业

农村　农民　农民负担　农场　农垦　粮食　棉花　油料　生猪　蔬菜　糖料　烟草　水产　渔业　水果　经济作物　农副产品　副业　畜牧业　乡镇企业　农膜　种子　化肥　农药　饲料　灾害　以工代赈　扶贫

04B 林业

绿化　木材　森林　草原　防沙治沙

04C 水利

河流　湖泊　滩涂　水库　水域　流域　水土保持　节水　防汛　抗旱　三峡

04D 气象

气候　预报　预测　烟酒　土特产　有机肥　多种经营　牧业

05. 财政、金融(57个)

05A 财政

预算　决算　核算　收支　财务　会计　税务　税率　审计　债务　积累　经费　集资　收费　资金　基金　租金　拨款　利润　补贴　折旧费　附加费　固定资产

05B 金融

银行　货币　黄金　白银　存款　贷款　信贷　贴现　通货膨胀　交易　期货　利率　利息　贴息　外汇　外币　汇率　债券　证券　股票　彩票　信托　保险　赔偿　信用社　现金　留成　流动资金　储蓄　费用　侨汇　折旧率

06. 贸易(52个)

06A 商业

商品　物资　收购　定购　购置　市场　集贸　酒类　副食品　日用品　销售　消费　批发　供应　零售　拍卖　专卖　订货　营业　仓库　储备　储运　货物

06B 外贸

对外援助　军贸　进口　出口　引进　海关　缉私　仲裁　商检　外商　外资　合资　合作　关贸　许可证　驻外企业　贸易　倒卖　外向型　议购　议售　垄断　经贸　贩运　票证　外经　交易会

07. 外事(42个)

07A 外交

对外政策　对外关系　领土　领空　领海　外交人员　建交　公约　大使　领事　条约　协定　协议　议定书　备忘录　照会　国际　涉外事务　抗议

07B 外事

国际会议　国际组织　对外宣传　出访　出国　出入境　签证　护照　邀请　来访　谈判　会谈　会见　接见　招待会　宴会　外国人　外宾　对外友协　外国专家　涉外

08. 公安、司法、监察(46 个)

08A 公安

警察　武警　警衔　治安　非法组织　安全　保卫　禁毒　消防　防火　检查　扫黄　案件　处罚　户口　证件　事件　危险品　游行　海防　边防　边界　边境

08B 司法

政法　法制　法律　法院　律师　检察　程序　公证　劳改　劳教　监狱

08C 监察

廉政建设　审查　纪检　执法　行贿　受贿　贪污　处分　侦破

09. 民政、机构、人事等(80 个)

09A 民政

基层政权　选举　行政区划　地名　人口　双拥工作　社会保障　社团　救灾　救济　募捐　婚姻　移民　抚恤　慰问　调解　老龄问题　烈士　纠纷　残疾人　墓地　殡葬　社区服务

09B 机构

驻外机构　体制　职能　编制　精简　更名

09C 人事

行政人员　干部　公务员　考核　录用　职工　家属　子女　知识分子　专家　参事　院士　文史馆员　履历　聘任　任免　辞退　退职　职称　待遇　离休　退休　交流　安置　调配　模范　表彰　奖励

09D 劳动

就业　失业　招聘　合同制　工人　保护　劳务　第二职业　事故

09E 工资

津贴　奖金　福利　收入　老年　简历　劳资　人才　招工　待业　补助　拥军优属　丧葬　奖惩

10. 科、教、文、卫、体(73 个)

10A 科技

科学　技术　科普　科研　鉴定　标准　计量　专利　发明　实验　情报　计算机　自动化　信息　卫星　地震　海洋

10B 教育

学校　教师　招生　学生　培训　毕业　学位　留学　教材　校办企业

10C 文化

文字　文史　文学　语言　艺术　古籍　图书　宣传　广播　电视

电影　出版　版权　报刊　新闻　音像　文物　古迹　纪念物　电子出版物

10D 卫生

医院　中医　医疗　医药　药材　防疫　疾病　计划生育　妇幼保健　检验　检疫

10E 体育

运动员　教练员　运动会　比赛　馆所　院校　校舍　地方志　软科学　社科

11. 国防(24 个)

11A 军事

军队　国防　空军　海军　征兵　服役　转业　民兵　预备役　军衔　复员　文职　后勤　装备　战备　作战　训练　防空　军需　武器　弹药　人武　退伍

12. 秘书、行政(74 个)

12A 文秘工作

机关　国旗　国徽　机要　印章　信访　督查　保密　公文　档案　会议　文件　秘书　电报　提案　议案　谈话　讲话　总结　批示　汇报　建议　意见　文章　题词　章程　条例　办法　细则　规定　方案　布告　决议　命令　决定　指示　公告　通告　通知　通报　报告　请示　批复　函　会议纪要

12B 行政事务

行政　工作制度　纪念活动　庆典活动　休假　节假日　着装　参观　接待　措施　调查　视察　考察　礼品　馈赠　服务　出席　发言　转发　名单　批准　审批　信函　事务　活动　纪要　督察

13. 综合党团(54 个)

13A 党派团体

共产党　民主党派　共青团　团体　工会　协会　学会　民间组织　文联　学联　妇女　儿童　基金会

13B 统战

政协　民主人士　爱国人士

13C 民族

民族区域自治　民族事务

13D 宗教

寺庙

13E 侨务

外籍华人　归侨　侨乡

13F 港澳台

香港问题　澳门问题　台湾问题

13G 综合

整顿　形势　社会　精神文明　法人　发展　其他　试点　推广　青年　政治　范围　党派　组织　领导　方针　政策　党风　事业　咨询　中心　清除附表